GESTÃO ESTRATÉGICA DE PESSOAS
Evolução, Teoria e Crítica

Dados Internacionais de Catalogação na Publicação (CIP)
(Câmara Brasileira do Livro, SP, Brasil)

Mascarenhas, André Ofenhejm
  Gestão estratégica de pessoas : evolução, teoria e crítica / André Ofenhejm Mascarenhas. -- São Paulo : Cengage Learning, 2017.

  4. reimp. da 1a ed. de 2008.
  Vários colaboradores.
  ISBN 978-85-221-0498-7

  1. Administração de pessoal 2. Planejamento estratégico I. Título.

08-08459   CDD-658.3

Índice para catálogo sistemático:
1. Gestão de pessoas : Administração de empresas   658.3
2. Pessoas : Gestão : Administração de empresas   658.3

GESTÃO ESTRATÉGICA DE PESSOAS
Evolução, Teoria e Crítica

**André Ofenhejm Mascarenhas
e colaboradores**

Austrália • Brasil • Japão • Coreia • México • Cingapura • Espanha • Reino Unido • Estados Unidos

Gestão Estratégica de Pessoas – Evolução, Teoria e Crítica

André Ofenhejm Mascarenhas

Gerente Editorial: Patricia La Rosa

Editora de Desenvolvimento: Danielle Mendes Sales

Supervisora de Produção Editorial: Fabiana Alencar Albuquerque

Produtora Editorial: Ana Lucia Sant'Ana dos Santos

Copidesque: Maria Alice da Costa

Revisão: Adriane Peçanha e Carla Montagner

Diagramação: Ponto & Linha

Capa: Eduardo Bertolini

© 2009 Cengage Learning Edições Ltda

Todos os direitos reservados. Nenhuma parte deste livro poderá ser reproduzida, sejam quais forem os meios empregados, sem a permissão, por escrito, da Editora. Aos infratores aplicam-se as sanções previstas nos artigos 102, 104, 106 e 107 da Lei nº 9.610, de 19 de fevereiro de 1998.

Esta editora empenhou-se em contatar os responsáveis pelos direitos autorais de todas as imagens e de outros materiais utilizados neste livro. Se porventura for constatada a omissão involuntária na identificação de alguns deles, dispomo-nos a efetuar, futuramente, os possíveis acertos.

A Editora não se responsabiliza pelo funcionamento dos sites contidos neste livro que possam estar suspensos.

Para informações sobre nossos produtos, entre em contato pelo telefone **0800 11 19 39**

Para permissão de uso de material desta obra, envie seu pedido para
direitosautorais@cengage.com

© 2009 Cengage Learning. Todos os direitos reservados.

ISBN-13: 978-85-221-0498-7
ISBN-10: 85-221-0498-0

Cengage Learning
Condomínio E-Business Park
Rua Werner Siemens, 111 – Prédio 11 – Torre A – Conjunto 12
Lapa de Baixo – CEP 05069-900 – São Paulo – SP
Tel.: (11) 3665-9900 – Fax: (11) 3665-9901
SAC: 0800 11 19 39

Para suas soluções de curso e aprendizado, visite
www.cengage.com.br

Impresso no Brasil.
Printed in Brazil.
1 2 3 4 5   16 15 14

A quem me dedicar?
À minha família e aos meus amigos.
Amo vocês.

Agradecimentos

Esta obra é parte de um projeto acadêmico mais amplo. Por ora, proponho uma interpretação da evolução dos conceitos, teoria e crítica segundo o *mainstream* em *gestão estratégica de pessoas*. Conhecer em profundidade o *mainstream* seria uma etapa fundamental para a construção de críticas e proposições inovadoras que, ao levarem em conta nossas particularidades históricas, sociais e culturais, avançariam a compreensão teórica e a prática da gestão de pessoas no Brasil. Para tal, deveríamos pensar criticamente os pressupostos, os comprometimentos, as prioridades e as fronteiras deste debate.

Neste momento, gostaria de agradecer àqueles que me apoiaram e que me apoiam neste e em outros projetos. Este livro é resultado de vários anos de pesquisas, ao longo dos quais fui auxiliado por parceiros, amigos, acadêmicos e praticantes de gestão de pessoas cujas contribuições foram fundamentais para a construção do texto que se segue.

Agradeço em especial à equipe da Editora Cengage Learning, que sempre confiou em meu trabalho. Minha família e meus amigos também sempre merecem meu reconhecimento, pelo apoio e paciência ao me escutarem ao longo desses últimos anos. Ao meu orientador, Prof. Flávio Carvalho de Vasconcelos, à Profa. Isabella F. G de Vasconcelos e ao Prof. Gideon Kunda, minha gratidão pela amizade, pela confiança e pela inspiração. À reitoria, ao departamento de administração e à equipe do mestrado em administração do Centro Universitário da FEI e à equipe do Centro de Estudos em Estratégia e Competitividade da EAESP/FGV, pelo grande apoio e contribuições a este projeto. Pelas leituras críticas, discussões e sugestões, agradeço ao Prof. Eros Nogueira, ao Prof. Lindolfo Galvão de Albuquerque e à Profa. Lívia Barbosa. Pelos questionamentos sempre muito estimulantes sobre este e outros assuntos, agradeço a meus alunos no Centro Universitário da FEI e aos professores Rodrigo Velasques, Fábio Alvim Klein, Felipe Zambaldi e Charles Kirschbaum, além de Felipe Mascarenhas, Felipe Olmos e

Ana Lúcia Severo, grandes amigos e interlocutores acadêmicos que sempre me dão o privilégio do debate. Meu agradecimento ao Prof. Luis Hernan C. Pinochet, pela contribuição na fase inicial deste projeto. Aos meus coautores, agradeço pela dedicação em enriquecer este texto; é uma honra tê-los neste projeto. Em tempo, meu reconhecimento a amigos e professores que me acompanharam ao longo do mestrado e do doutorado na EAESP/FGV, bem como nos encontros da ANPAD, proporcionando-me um ambiente acadêmico de primeira linha, no qual dei os primeiros passos como pesquisador. Obrigado pelo estímulo e pelas oportunidades. Pelo apoio e abertura à investigação de suas realidades organizacionais, agradeço às equipes de RH da Souza Cruz e da DaimlerChrysler, na esperança de continuarmos a desenvolver um relacionamento construtivo e profícuo para a geração de conteúdo em gestão de pessoas. Por fim, aos leitores deste livro ficam meus agradecimentos e o convite ao debate, às críticas e às sugestões não apenas sobre este texto, mas principalmente sobre a prática, o ensino e a pesquisa em gestão de pessoas no Brasil. Muito obrigado!

Sobre os colaboradores

Charles Kirschbaum. Doutor em administração pela EAESP/FGV. É professor dos cursos de graduação e mestrado acadêmico em administração do Centro Universitário da FEI/SP. Interesses de pesquisa: teoria organizacional, redes sociais, ambiente institucional e gestão estratégica.

Isabella Francisca Freitas Gouveia de Vasconcelos. Doutora em administração pela HEC (Ecole des Hautes Etudes Commerciales), França. Professora dos cursos de graduação e mestrado acadêmico em administração do Centro Universitário da FEI/SP. Professora visitante da Université de Pau et des Pays de L´Adour, França. Interesses de pesquisa: gestão de pessoas, paradoxos organizacionais, inovação e teoria das organizações.

Marcelo Pereira Binder. Doutor em administração pela EAESP/FGV. É professor do curso de graduação em administração da EAESP/FGV e do programa de mestrado em administração da Uninove. Interesses de pesquisa: estratégia empresarial, recursos e competências organizacionais.

Reinaldo Belickas Manzini. Mestre em administração pelo Centro Universitário da FEI/SP. É diretor-executivo da Symnetics Consultoria Empresarial. Interesses de pesquisa: estratégia, gestão da inovação, modelo de negócios inovadores e cultura organizacional.

Sumário

Agradecimentos VII
Sobre os colaboradores IX
Introdução XV
Fundamentos de gestão estratégica de pessoas XXIII

Parte 1	**Gestão estratégica de pessoas como alinhamento sistêmico**	1
Capítulo 1	As abordagens contingencial, universalista e cultural	3
	A abordagem contingencial	3
	A abordagem universalista	13
	A abordagem cultural	17
Capítulo 2	A atuação estratégica do RH	31
	Diagnóstico das condições de negócio	32
	Planejamento estratégico de pessoas	36
	Planejamento das atividades e dos processos de gestão de pessoas (planejamento tático de gestão de pessoas)	41
	Acompanhamento e avaliação das políticas de RH	50
Capítulo 3	Críticas às propostas pioneiras de gestão estratégica de pessoas	57
	A crítica conceitual	57
	A crítica empírica	66
	A crítica cultural	72
	A crítica prescritiva	85

Parte 2	**Gestão estratégica de pessoas como potencial competitivo**	91
Capítulo 4	A *vantagem competitiva* e a gestão de pessoas	93
	Recursos, competências e capacidades	94
	A visão baseada em recursos (RBV)	95
	Competências e capacidades dinâmicas	100
	A aprendizagem organizacional	108
Capítulo 5	Reconceituando o modelo de gestão estratégica de pessoas	123
	Dos comportamentos às competências	132
	Do alinhamento estratégico à flexibilidade organizacional	138
	Das culturas organizacionais fortes à diversidade cultural	144
Capítulo 6	Reestruturando a função gestão de pessoas	151
	Tornar-se um parceiro estratégico	154
	Tornar-se um especialista administrativo	158
	Tornar-se um agente de mudanças contínuas	161
	Ser um "defensor" dos funcionários	163
	Competências para a reestruturação da gestão de pessoas	167
Parte 3	**Temas contemporâneos em gestão estratégica de pessoas**	171
Capítulo 7	Gestão das competências	173
	A competência individual	174
	A competência organizacional	181
	Gestão das competências	187
	Gestão por competências	191
	Desenvolvimento de competências	197
	Avaliação das competências	203
	Coaching e *mentoring*	205
	Das áreas de treinamento e desenvolvimento (T&D) às universidades corporativas (UC)	208
	Críticas às propostas de gestão das competências	213

Capítulo 8	Gestão das mudanças	217
	Gestão das mudanças – em busca de entendimentos alternativos	218
	Mudança organizacional, segundo uma perspectiva dialética	222
	Paradoxos organizacionais	225
	O paradoxo *discurso* versus *prática*.	225
	O paradoxo *passado* versus *futuro*	226
	Estudo de caso: reconstruindo competências na gestão de pessoas na DaimlerChrysler	227
	Estudo de caso: o processo de mudança	229
	Análise do caso	234
	Gerindo paradoxos para a mudança transformacional	236
Capítulo 9	Gestão e avaliação de resultados em gestão de pessoas . .	241
	Balanced Scorecard aplicado à função gestão de pessoas . . .	242
	Avaliando ativos intangíveis	249
	O *Balanced Scorecard* no Brasil	250
	O *Balanced Scorecard* e a visão baseada em recursos (*resource-based view*)	253
Capítulo 10	Gestão da diversidade.	255
Capítulo 11	Sistemas de informação em gestão de pessoas	267
	Estudo de caso: RH autoatendimento na Souza Cruz S.A. . . .	268
	O histórico da área de RH e o projeto CSRH	269
	O atendimento aos clientes internos	270
	A operação dos subsistemas de RH	271
	Processos estratégicos de gestão de pessoas	273
	Informatização da gestão de pessoas e o modelo de consultoria interna de RH.	276
Referências bibliográficas		281

Introdução

Esta obra traz uma interpretação (certamente não exaustiva) da evolução dos conceitos, teorias e críticas em *gestão estratégica de pessoas*. Tendo o cuidado de compreender que existem diversas definições sobre a natureza da função de gestão de pessoas, podemos conceituá-la como a mobilização, a orientação, o direcionamento e a administração do fator humano no ambiente organizacional. Talvez o leitor busque neste livro um manual de melhores práticas em RH que possam ser aplicadas universalmente. Cremos que este livro fornecerá ideias aos gestores de RH; no entanto, devemos alertar ao leitor que a pretensão de existência de um modelo de gestão universalmente adequado é uma questão clássica em gestão de pessoas, estando sujeita a diversas críticas, como veremos ao longo do texto que se segue.

De fato, os modelos de gestão adotados pelas empresas são sempre únicos, influenciados por uma infinidade de contingências históricas e específicas a cada organização. Entre as diversas visões possíveis, a literatura utiliza o conceito de *modelo de gestão de pessoas* para discutir as maneiras como essa função é operacionalizada nas organizações. Trata-se de um recurso teórico e metodológico, uma abstração útil para a análise das diversas maneiras como a gestão de pessoas acontece em diferentes contextos.

Um modelo de gestão de pessoas traduziria uma realidade multifacetada e historicamente construída, refletindo particularidades tais como a adoção de ideologias e modelos consagrados de gestão, as demandas e possibilidades do contexto tecnológico, as interpretações e as inclinações idiossincrásicas dos indivíduos, os conceitos da cultura organizacional, as iniciativas estratégicas com implicações para a gestão de pessoas e as imposições institucionais, entre muitos outros aspectos.

Um modelo de gestão de pessoas transcenderia a operação dos tradicionais subsistemas de RH (treinamento, remuneração, movimentação de pessoas etc.), abrangendo os princípios, os conceitos, as políticas, as práticas e as prioridades em uma organização, que fundamentariam a definição e a utilização de ferramentas de gestão para direcionar o comportamento humano no trabalho, incluindo estratégias de ação de gestores e de funcionários, e de líderes e de liderados.

Segundo Fischer (2001, p. 16), um modelo de gestão de pessoas se manifestaria "como uma síntese, como um vetor que resulta das estratégias colocadas em prática por diferentes agentes organizacionais, quais sejam: empresários, gerentes, especialistas da área e os próprios funcionários". Na prática, cada organização caracteriza-se por uma configuração única da função gestão de pessoas, alicerçada em uma cultura e em competências que seriam o resultado de processos históricos de aprendizagem. Assim, um modelo de gestão de pessoas seria a representação de uma realidade socialmente construída, apresentando-se aos indivíduos como uma entidade dinâmica, fragmentada e complexa.

Apesar de podermos reconhecer em cada organização um modelo particular de gestão de pessoas, um olhar mais cuidadoso perceberá padrões de adoção de práticas que são, na verdade, compartilhadas por comunidades de organizações. Por que as empresas compartilham práticas se suas demandas diferem e, a princípio, exigiriam práticas específicas? A teoria institucional da sociologia oferece algumas explicações: (1) as empresas estariam submetidas a pressões institucionais que levariam à difusão de práticas e tenderiam a se copiar quando há incerteza ambiental, fazendo das fórmulas adotadas por empresas com prestígio modelos a serem difundidos entre seus competidores; (2) outra razão estaria relacionada ao papel dos profissionais de RH e de consultores na difusão das práticas; (3) por fim, a imposição governamental ou mesmo de organizações parceiras para a adoção de novos modelos de gestão levaria a sua adoção "à força".

Powell e DiMaggio (1991) referem-se a essas explicações dos conceitos de isomorfismo mimético, normativo e coercitivo, respectivamente. Sugerimos que, entre as pressões institucionais mais relevantes à compreensão do desenvolvimento dos modelos de gestão de pessoas, o isomorfismo normativo seja central, porque diz respeito à formação do profissional de RH. Associações de classe, mídia especializada, consultores, profissionais de RH, universidades, centros de pesquisa, treinamento e desenvolvimento são tradutores e disseminadores de modelos, normas ou metodologias de trabalho, construindo e difundindo padrões de comportamento e prioridades a uma classe profissional (Lacombe, 2006).

Assim, as teorias e os conceitos discutidos nesta obra podem ser entendidos como um referencial normativo altamente institucionalizado entre profissionais de RH. Em resumo, os debates em torno da *gestão estratégica de pessoas* refutam a tradicional visão do RH como gestor de funções administrativas para pensar no fator humano como fonte de vantagem competitiva. Estes debates caracterizam-se pela apropriação seletiva de referenciais teóricos de outras subáreas em administração (em especial, comportamento organizacional, teoria das organizações e estratégia), que deveriam ser pensados em termos de suas implicações para a gestão de pessoas.

Snell et al. (2005) discutem a evolução da *gestão estratégica de pessoas* em termos da existência de três paradigmas, ou modelos teóricos caracterizados pela adoção de certas premissas, conceitos e objetivos (ver o Quadro 1). Apesar de a ideia de estratégia de recursos humanos já se fazer implicitamente presente antes da década de 1980, seria dessa época a hipótese do alinhamento sistêmico, segundo a qual a função de gestão de pessoas poderia (e deveria) contribuir mais efetivamente para a consecução dos objetivos de uma organização.

Em um primeiro momento, os debates caracterizaram-se pela preeminência de uma abordagem comportamental que salientava o ajuste necessário do comportamento organizacional às demandas estratégicas. Considerava-se que cada organização deveria pensar (ou "formatar", para os mais críticos) o comportamento organizacional em termos das contingências do negócio (posicionamentos estratégicos, fase do ciclo de vida organizacional etc.), o que contribuiria a patamares mais elevados de desempenho. Os indivíduos assumiriam papéis organizacionais para a implantação das estratégias e seus comportamentos seriam um fator mediador entre a definição dessas estratégias e sua efetiva implantação bem-sucedida, o que impunha o alinhamento estratégico da gestão de pessoas ao objetivo fundamental dos gestores de RH.

Por exemplo, as propostas de gestão da cultura organizacional buscam padronizar as dimensões afetiva e cognitiva dos indivíduos, que deveriam internalizar e exibir respostas padronizadas e coerentes com as estratégias ante os estímulos e desafios impostos pelo cotidiano dos negócios. Para a construção de culturas organizacionais adequadas, as dimensões funcionais da gestão de pessoas (subsistemas de recrutamento, seleção, socialização, remuneração, treinamento etc.) reforçariam certos significados culturais, devendo ser consideradas elementos a ser combinados de forma que construam sistemas amplos e integrados ao gerenciamento do fator humano nas organizações.

As propostas pioneiras de *gestão estratégica de pessoas* estariam associadas a perspectivas clássicas em estratégia, segundo uma visão da firma baseada na indústria (*industry-based view of the firm*). Essas propostas assumiam como premissa a noção de adaptação, isto é, as práticas de gestão de pessoas deveriam ser definidas em termos dos posicionamentos de mercado adotados pelas organizações (entre outras contingências externas à função), contribuindo para a implantação da estratégia, sendo esta um conjunto de atividades distintas da formulação da estratégia. Dá-se destaque às questões de alinhamento interno e externo da gestão de pessoas, bem como ao debate em torno da abordagem universalista, que postulava a existência de práticas de gestão cuja adoção estaria diretamente ligada a patamares mais elevados de desempenho organizacional. Discutiremos com mais detalhes estes e outros conceitos na Parte 1 deste livro.

Em um segundo momento, a renovação do modelo de *gestão estratégica de pessoas* se dá em consequência da influência crescente da visão baseada em recursos (*resource-based view of the firm*), de perspectivas baseadas em conhecimento (*knowledge-based views of the firm*) e das noções de aprendizagem organizacional e capacidades dinâmicas na explicação da vantagem competitiva.

Esses referenciais emergentes em estratégia dão destaque aos indivíduos e seus relacionamentos, ao conhecimento tácito, às competências organizacionais distintivas, à gestão da mudança e à efetividade de sistemas complexos de gestão de pessoas. Dada a erosão das bases até então associadas à vantagem competitiva segundo uma visão da firma baseada na indústria (tais como o acesso privilegiado a mercados, capital e tecnologias), esta não viria simplesmente de posicionamentos estratégicos bem implantados por meio de papéis organizacionais atribuídos aos indivíduos, mas sim de configurações exclusivas de recursos e competências valiosas e de difícil imitação.

Como agentes de competitividade, os indivíduos e suas competências seriam o capital humano disponível para a organização, importante não somente por implantar com sucesso certas configurações estratégicas (que, dado o dinamismo dos atuais cenários de negócios, podem perder sua efetividade ou ser copiadas), mas principalmente por sua capacidade de pensar rumos estratégicos, construir estratégias emergentes, viabilizando a aprendizagem e a inovação.

A renovação do modelo de *gestão estratégica de pessoas* assimilaria então uma inflexão coerente com as propostas da visão baseada em recursos: em vez de pensarmos as práticas de gestão de pessoas como decorrência do planejamento estratégico que deveriam implantar, esse processo também seria pensado em termos das competências e do potencial de seus recursos humanos. Entre as implicações dessas propostas, as fronteiras entre formulação e implantação da estratégia se tornariam menos claras, estando esses processos intimamente conectados.

Uma vez que o domínio de ativos valiosos de conhecimento (*knowledge assets*) passa a ser fator-chave para o sucesso de uma organização, a formulação da estratégia apoia-se na identificação de competências e capacidades distintivas que permitam a própria execução da estratégia (Snell et al., 2005, p. 635). Segundo essa perspectiva renovada, os comportamentos continuam sendo fundamentais, mas deixam de ser pensados somente por sua convergência às estratégias corporativas. Estes são então considerados em termos de sua contribuição para a formulação e implantação da estratégia, e a construção de organizações mais dinâmicas e inovadoras que seus concorrentes.

As ideias de capital social e de empreendedorismo estão associadas à construção e à renovação dos recursos e competências que gerarão vantagem competitiva, sendo esta a essência da função de gestão de pessoas. A noção de alinhamento estratégico torna-se mais complexa, assimilando uma dimensão dinâmica capaz de viabilizar a mudança e a adaptação. A ênfase na construção de culturas fortes, caracterizadas pela grande coesão e compartilhamento de valores, é substituída pela valorização da diversidade cultural que, entre outros benefícios, favoreceria a criatividade potencializando a aprendizagem. Discutiremos com mais detalhes estes e outros conceitos na Parte 2 deste livro.

A evolução das ideias em *gestão estratégica de pessoas* sugere diversas implicações para a prática organizacional. Entre essas implicações, a adoção dos avanços teóricos recentes pressuporia o desenvolvimento das competências dos agentes envolvidos com a gestão de pessoas, incluindo profissionais de RH e líderes de equipes, condição esta necessária à crescente valorização dessa função, como também sugerida em teoria. É possível perceber uma evolução convergente entre os referenciais teóricos em estratégia empresarial, estudos organizacionais e *gestão estratégica de pessoas*, o que levaria ao maior entrelaçamento entre abordagens desenvolvidas em campos acadêmicos distintos.

Segundo Vasconcelos e Cyrino (2000), haveria uma convergência crescente entre os debates em estratégia e estudos organizacionais. Por exemplo, a noção de capacidades dinâmicas incorporaria questões de comportamento organizacional (como processos internos, cultura e mudança) como nenhuma outra teoria em estratégia. Coerentemente, Snell et al. (2005) notam inter-relações cada vez mais complexas e abrangentes entre a literatura em estratégia e em *gestão estratégica de pessoas*. Essas tendências indicariam maior valorização da função de gestão de pessoas no âmbito organizacional com consequências abrangentes para a ortodoxia em gestão de RH.

Da atuação administrativa, desvinculada da gestão estratégica, a função de gestão de pessoas (coordenada pelo RH, mas descentralizada para os líderes de equipes) passaria a abranger a gestão dos processos e dos recursos que gerariam vantagem competitiva. Da atuação analítica e mecanicista associada à tese do alinhamento sistêmico, a função de gestão de pessoas incorporaria a ênfase no relacional, no empreendedorismo e na inovação, competências capazes de diferenciar uma organização em seu cenário de negócios. Como consequência, a renovação do modelo de *gestão estratégica de pessoas* nos sugere a importância de uma série de temáticas para a compreensão do pensamento atual da área.

Entre esses temas, discutiremos, na Parte 3 deste livro, a gestão das competências, a gestão das mudanças, a gestão e avaliação de resultados em gestão de pessoas, os sistemas de informações em RH e a gestão da diversidade. Dada a tendência à interdisciplinaridade crescente, também sugerimos a relevância de aprofundarmos a reflexão nessas subáreas e temáticas visando a efetividade da prática contemporânea em gestão de pessoas. Fica aqui o convite a reflexões mais aprofundadas que permitam práticas mais esclarecidas.

Quadro 1
Paradigmas em gestão estratégica de pessoas

Paradigmas em gestão estratégica de pessoas	Adequação indivíduo-cargo	Alinhamento sistêmico	Recursos humanos como potencial competitivo
Vetores de competitividade	• Integração vertical • Economias de escala • Eficiência e produtividade	• Globalização • Diversificação • Qualidade total e reengenharia	• Competição baseada em conhecimento • Mudança e inovação • Alianças e parcerias
Ênfase da estratégia de RH	• Administração • Tarefas • Cargos	• Implantação da estratégia • Comportamentos • Culturas • Papéis organizacionais	• "Formação" da estratégia • Competências • Conhecimentos, cultura e aprendizagem
Lógica prevalente	• Análise dos cargos • Dedutiva	• Síntese, integração • Dedutiva	• Transformacional • Indutiva
Parâmetros de planejamento	• Divisão de tarefas • Padronização do trabalho • Estabilidade no emprego • Eficiência • Facilidade de substituição de RH • Minimização dos investimentos	• Alinhamento interno • Alinhamento externo • Sistemas de trabalho de alto desempenho • Configurações • Modelos contingenciais	• Valor estratégico dos recursos • Imitabilidade dos recursos • Criação, transferência e integração do conhecimento. • Agilidade, flexibilidade e alinhamento • Sistemas complexos de gestão de pessoas

(continua)

(continuação)

Paradigmas em gestão estratégica de pessoas	Adequação indivíduo-cargo	Alinhamento sistêmico	Recursos humanos como potencial competitivo
Questões de gestão e avaliação de resultados	• Eficiência (custo por funcionário) • Rotatividade e absenteísmo • Tamanho do departamento de RH	• Sinergia entre práticas • Consenso e convergência • Implantação da estratégia • Desempenho da firma	• Capital intelectual • Capital organizacional • Competências • *Balanced scorecard*

Fonte: Adaptado de Snell et al. (2005).

Fundamentos de gestão estratégica de pessoas

André Ofenhejm Mascarenhas
Charles Kirschbaum

Apesar de a emergência da *gestão estratégica de pessoas* ser tradicionalmente associada à tese do alinhamento sistêmico, Snell et al. (2005) discutem o paradigma da adequação indivíduo-cargo, que traria implícita a ideia de estratégia de recursos humanos. Desde a Revolução Industrial, a ênfase na eficiência, na produtividade, na integração vertical e na expansão da produção impunha às organizações a necessidade de se administrar o fator humano coerentemente, já que este seria um dos recursos mais custosos e de difícil gestão. À medida que as organizações se tornavam mais complexas, as exigências associadas à administração dos recursos humanos impunham a especialização da função de gestão de pessoas. O paradigma da adequação indivíduo-cargo baseava-se nos princípios de gestão racional e autoridade impessoal, difundidos pela escola clássica de administração (Shafritz e Ott, 2001).

A estratégia de RH implícita a esse paradigma seria o alinhamento entre os requerimentos dos cargos e posições hierárquicas e os indivíduos que os preencheriam (*person-job fit*). Divisão de tarefas, padronização das atividades, especialização e minimização de custos estariam entre os principais parâmetros da operação dos subsistemas de RH, entre os quais a seleção de pessoal, o treinamento e a remuneração. Entre os métodos analíticos fundamentais para a atuação dos administradores de RH, a análise dos cargos permite sua decomposição em tarefas, atividades e responsabilidades, bem como a identificação das habilidades e conhecimentos necessários à sua execução.

De fato, essa lógica permearia todas as atividades emergentes de RH, permitindo também a definição dos critérios mais elementares para a avaliação da efetividade da estratégia de recursos humanos (tais como custo por contratação, absenteísmo, efetividade dos sistemas de recrutamento e seleção, rotatividade). Contudo, apesar de esse paradigma ter introduzido critérios lógicos e maior precisão a uma função gerencial até então desempenhada informalmente, as concepções de indivíduo e grupo inerentes a esse modelo sofreram críticas fundamentais ao longo do século XX. A respeito dessas críticas, apesar de não terem impactado a ponto de transformar as premissas básicas do paradigma da adequação indivíduo-cargo (que se vêem presentes na prática contemporânea da gestão), elas definiram as bases para modelos mais sofisticados e amplos de gestão de pessoas.

Entre as críticas à adequação indivíduo-cargo, a escola de relações humanas teve o mérito de chamar a atenção dos administradores para a complexidade do comportamento dos indivíduos nas organizações, que não dependia apenas de estímulos econômicos, mas deveria ser entendido em termos de sua imbricação no sistema sociocultural. O indivíduo não seria um ser utilitarista em busca da satisfação de suas necessidades egoístas, como implícito ao conceito até então hegemônico de *homo economicus*. O indivíduo seria um ser social, em constante interação com outros indivíduos e a eles ligado por laços afetivos e culturais. O conceito de organização informal diz respeito ao conjunto de relações sociais não previstas no organograma oficial da empresa, que têm caráter espontâneo, e no qual reinam comportamentos afetivos e jogos de poder. A organização não deveria ser entendida somente como um sistema de relações hierarquizadas e atividades fragmentadas a ser racionalmente planejado e controlado, como implícito no paradigma de adequação indivíduo-cargo.

A escola de relações humanas definiu as bases para a compreensão da organização como um complexo sistema social no qual os indivíduos se aliam a outros espontaneamente, constroem relações sociais que transcendem suas posições formais, produzem interpretações culturais que divergem das intenções da administração, tendo assim sua produtividade mediada por diversos fatores até então ignorados pelos teóricos clássicos. Esta não dependia apenas da efetividade do controle e da remuneração monetária, mas também da inserção social dos indivíduos nos grupos de trabalho. Os comportamentos dos grupos informais eram influenciados por padrões culturais negociados e hábitos trazidos de fora da organização, que tinham impacto no sistema produtivo. Pesquisas mostravam que o sistema produtivo planejado pela administração não era plenamente implementado em consequência de conflitos entre as normas culturais e comportamentos informais e as exigências do sistema produtivo formal, diminuindo a produtividade geral.

Essas conclusões transformaram o comportamento humano em um dos principais debates no campo da administração, colocando em dúvida a ideia até então muito influente de que o planejamento de sistemas produtivos racionais e eficientes seria o suficiente para se alcançar os resultados pretendidos pela administração (Motta e Vasconcelos, 2002; Roethlisberger, 2001; Mayo, 1933).

A emergência de debates em torno do comportamento humano nas organizações apoiou-se em contribuições das ciências humanas, sugerindo uma série de novas premissas a serem incorporadas à prática gerencial. A relação entre indivíduos e organizações não deveria ser de estrita dependência, mas de codependência. Não somente os indivíduos dependeriam das organizações, mas também estas dependeriam do envolvimento, da satisfação e da motivação que fluiriam em decorrência do desenvolvimento dos indivíduos no ambiente de trabalho.

Com base nessas ideias, teorizações sobre o comportamento humano nas áreas de antropologia e psicologia aplicada, por exemplo, indicavam um novo patamar de complexidade da função de gestão de pessoas. Por exemplo, ao classificar e hierarquizar as diversas necessidades humanas, a teoria motivacional humanista de Maslow (2001) seria um passo primordial para o reconhecimento dos indivíduos como seres complexos. A pirâmide das necessidades sugeria que a energia motivacional seria dirigida inicialmente à satisfação de necessidades simples e fundamentais, que se relacionam à fisiologia e à segurança do ser humano. Após satisfazê-las em patamares mínimos, o indivíduo procurará satisfazer progressivamente suas necessidades mais complexas, relacionadas à sociabilidade, autoestima e potencial de desenvolvimento.

Entre as ideias propostas por Maslow, uma necessidade já satisfeita não mais seria um ativador do comportamento. O surgimento da teoria das necessidades de Maslow, em 1943, era uma crítica poderosa às ideias correntes de motivação nas organizações, pois sugeria a existência de necessidades humanas complexas e diversificadas, que deveriam receber a atenção dos administradores. Questiona-se a ideia de que os indivíduos pudessem ser motivados por meio de poucos estímulos homogêneos. Ao se considerar a hierarquia de necessidades de Maslow, cada indivíduo exibe realidades motivacionais distintas de acordo com o grau de satisfação de cada necessidade. No caso da administração, essa teoria pode ser vista como um passo primordial ao reconhecimento da individualidade do ser humano e de sua realidade motivacional.

Ao final da década de 1950, Douglas McGregor baseia-se nas teorias de motivação para propor um argumento muito importante em favor de reformas nas ideologias gerenciais, com implicações profundas para a função de gestão de pessoas. Em sua obra *The human side of entreprise* (2001, orig. 1957), o autor sugeria que a adoção de pressupostos até então hegemônicos de gestão gerava problemas indesejados nas organizações. A esses pressupostos McGregor dá o nome de teoria X, segundo a qual o ser humano seria naturalmente avesso ao trabalho, evitando-o sempre que puder. Por conseguinte, a administração precisaria incrementar o controle, os esquemas de incentivos e denunciar a insubordinação, segundo um estilo de gestão centralizador e autoritário. Para McGregor, os pressupostos da teoria X, quando operacionalizados, tornavam-se uma profecia que se autorrealizava. O exercício do controle intenso e a centralização administrativa deixavam os indivíduos frustrados e insatisfeitos, estimulando reações como passividade, desinteresse e resistência, fenômenos que levavam à queda da produtividade.

McGregor sugere que essas reações não seriam provocadas pelo caráter indolente da natureza humana, como assumia a teoria X, mas em consequência da privação da satisfação das necessidades humanas complexas. Tarefas repetitivas e estilos autoritários de gerência poderiam ser associados a essas privações e, consequentemente, a essas reações que, por sua vez, justificariam o próprio estilo autoritário de gerência, realizando a profecia. Para McGregor, a teoria X ignorava as necessidades complexas do ser humano, e as práticas de gestão nela alicerçadas promoviam a insatisfação, a frustração e o desinteresse dos indivíduos ao não lhes oferecer fatores de satisfação às necessidades superiores, que emergiriam naturalmente em consequência da satisfação das necessidades básicas. Entre suas conclusões, seria necessário reconhecer as necessidades complexas dos seres humanos e oferecer fatores de satisfação a elas. Caso contrário, a energia motivacional do indivíduo não seria continuamente canalizada para a organização.

Ao detectar a importância da satisfação das diversas necessidades dos indivíduos quanto à produtividade, a perspectiva humanística assumia a organização como um sistema psicossocial complexo, estimulando discussões amplas sobre motivação e liderança, sugerindo novas preocupações e prioridades aos administradores. A valorização das necessidades psicossociais complexas do homem surge como um fator destinado a aumentar a produção. A teoria motivacional de Maslow teve grande aceitação entre os administradores, e influenciou profundamente o desenvolvimento de abordagens posteriores de gestão de pessoas. A pirâmide de necessidades foi incorporada ao conjunto de teorias utilizadas (e pouco contestadas) pelos gestores de pessoas para o desenvolvimento e a justificação de sistemas e práticas gerenciais.

A identificação do que seria o rol de necessidades humanas universais permitiu o desenvolvimento de ferramentas de gestão que viabilizassem fatores de satisfação para elas, como manifestadas no ambiente de trabalho. Assim, poderíamos satisfazer necessidades básicas dos indivíduos por meio de boas condições de trabalho, remuneração, alimentação etc. As necessidades sociais poderiam ser satisfeitas por meio da inserção dos indivíduos nos grupos. Além disso, ao construirmos um contexto desafiador de trabalho, no qual seu desempenho fosse reconhecido e oportunidades de crescimento fossem oferecidas, as necessidades mais complexas dos indivíduos poderiam ser satisfeitas.

Essas propostas alinhavam-se às mudanças sugeridas por McGregor. A motivação, a dedicação ao trabalho, o potencial de desenvolvimento e a capacidade de assumir responsabilidades e dirigir seu comportamento proativamente para a consecução dos objetivos organizacionais seriam elementos presentes em todas as pessoas. Esses fatores deveriam ser estimulados pela gerência cuja responsabilidade seria proporcionar condições para que as pessoas reconhecessem e desenvolvessem essas características por si próprias, buscando a satisfação de suas necessidades mais complexas. Outros teóricos aprofundaram e desenvolveram as implicações dessas ideias (Likert, 1967, Argyris, 1964, Argyris, 1957; Herzberg, 1966).

A incorporação das críticas ao paradigma da adequação indivíduo-cargo implicava o aporte crescente às ciências do comportamento humano e a consequente incorporação de ferramentas gerenciais nelas alicerçadas. Dadas essas novas prioridades, a empresa responsabilizava-se pela motivação dos funcionários enquanto estes deveriam envolver-se permanentemente com o trabalho, em um contrato de co-dependência no longo prazo. Os desdobramentos dessas ideias para a prática gerencial fizeram surgir novas ferramentas de gestão de pessoas. Essas ferramentas seriam úteis à construção de sistemas produtivos que valorizassem o envolvimento, a integração e o desenvolvimento dos indivíduos, satisfazendo necessidades complexas e garantindo, assim, maior produtividade e qualidade.

Por exemplo, movimentos em prol de maior envolvimento dos funcionários nos desafios dos sistemas produtivos aconteceram ao longo do século XX, em diversos países europeus e também no Japão. Esses movimentos (entre os quais a *democracia industrial*) caracterizaram-se, entre outras coisas, pela ênfase na descentralização do controle e na autonomia dos indivíduos, no treinamento de lideranças, na valorização da atuação multifuncional, na criação de um ambiente que favorecesse a criatividade e a inovação. Foram enfatizados também o aperfeiçoamento contínuo e a redefinição dos cargos, que não deveriam ficar restritos a um conjunto limitado de tarefas.

Iniciativas de humanização em prol de melhorias das condições de trabalho, reestruturação, ampliação, enriquecimento das tarefas e criação de grupos semiautônomos (tais como grupos de melhorias) seriam inovações capazes de potencializar a satisfação das necessidades dos indivíduos (Skinner, 1997). Em resumo, a noção de adequação indivíduo-cargo ganhava novos significados, transcendendo seus aspectos técnicos e incorporando fatores sociais e psicológicos que teriam impacto na produtividade dos indivíduos.

A crença na aplicabilidade das ciências do comportamento na gestão de pessoas e a ideia de que a satisfação das necessidades dos funcionários era uma condição ao seu envolvimento no trabalho permitiram que a área de RH desenvolvesse uma atuação mais ampla nas organizações, assumindo a função de intermediária entre as necessidades da empresa e as dos funcionários, segundo o que se denominou "atuação administrativa" do RH (Nogueira, 1982).

A área de RH deveria responsabilizar-se pela determinação de normas que regulassem os relacionamentos na empresa, incluindo as relações entre chefes e subordinados, que deveriam assumir um caráter mais humanizado. Entre outras funções, o RH deveria zelar pelo cumprimento dessas normas e operar os subsistemas de RH, ou os processos que operacionalizavam demandas de gestão de pessoas, satisfazendo imperativos organizacionais e necessidades básicas e complexas dos indivíduos. Estava implícita aí a ideia de que "as pessoas atuariam em consonância com os interesses organizacionais uma vez que suas necessidades básicas e complexas estivessem sendo satisfeitas". Em paralelo, teóricos da gestão de RH davam ênfase aos aspectos técnicos desses subsistemas, bem como às ferramentas que a área deveria utilizar para operacionalizá-los com maior eficiência e eficácia. Assim, dentro do paradigma da adequação indivíduo-cargo, as práticas de gestão de pessoas são debatidas segundo perspectivas focadas nas atividades em si.

Na década de 1980, tornaram-se claros os limites do paradigma da adequação indivíduo-cargo, bem como das ideias humanistas que criticavam seus pressupostos. Apesar de todas as inovações, essas abordagens não geravam o comprometimento e o alinhamento à organização, como cada vez mais demandado com o acirramento da competição nos cenários de negócios. Na realidade, os pioneiros da perspectiva humanista foram alvos de críticas que denunciavam a visão ainda estreita do ser humano. Críticos sugeriam que a preocupação dos teóricos das relações humanas com a cooperação dos indivíduos no trabalho era justificada pelos objetivos da administração, e impunham à análise do comportamento humano um foco limitado.

Na prática, as técnicas utilizadas pelos gestores de pessoas funcionavam parcialmente, produzindo resultados insuficientes e temporários, não gerando comprometimento efetivo com a organização. Em especial, o avanço rápido das corporações japonesas, que roubavam mercados de suas competidoras, estimularam teóricos norte--americanos a repensar as abordagens hegemônicas de gestão de pessoas. Até então não eram levados em consideração os limites da psicologia humanista, as implicações da cultura organizacional e nacional à gestão de pessoas, a existência de conflitos de interesses nas organizações e a variedade e complexidade das necessidades dos indivíduos, entre outras críticas.

Diversos autores salientaram o fracasso experimentado por muitas corporações norte-americanas em conquistar a lealdade dos funcionários. Questionou-se gradativamente a ideia segundo a qual as pessoas se envolveriam e atuariam em consonância com os interesses organizacionais uma vez que suas necessidades estivessem sendo satisfeitas.

> A empresa tem metas de longo prazo e de natureza genérica – lucros e crescimento. Mas os funcionários normalmente se concentram em horizontes de curto prazo, a fim de atender suas necessidades em termos de remuneração, salários, condições de trabalho, tratamento justo e promoção. Não é fácil estabelecer uma ligação entre estes dois conjuntos de metas. (Skinner, 1997, orig. 1981, p. 6)

Os limites das abordagens predominantes foram colocados principalmente em termos da geração de *comprometimento* entre os funcionários (ver o Quadro 2). Ainda na década de 1980, após a diminuição do vigor das teorias de caráter humanístico, a atenção de teóricos passou a centrar-se na ligação entre as práticas de gestão de pessoas e os esforços relacionados à implantação das intenções estratégias da organização. Questionou-se a ênfase histórica nos aspectos técnicos dos subsistemas de gestão de RH em prol de abordagens mais integradas e alinhadas com as necessidades estratégicas das organizações. Até então, a área de RH desenvolvia-se como uma função relativamente desvinculada de preocupações estratégicas, sendo vista como um centro de custo responsável por administrar processos de RH e por manter o moral alto entre os funcionários, e não como um departamento que devesse contribuir significativamente para a definição e consecução dos objetivos estratégicos.

Em termos de pesquisa, o conhecimento fragmentado sobre as atividades de pessoal, centrado no aperfeiçoamento dos aspectos técnicos dos subsistemas de RH, não assumia a necessária articulação dos elementos do modelo de gestão de pessoas às demandas estratégicas da organização. Ainda inspiradas no *one best way* da administração científica, as ideias em gestão de pessoas sugeriam que a satisfação das necessidades dos indivíduos garantiria a sua motivação para o trabalho; entretanto, nada diziam a respeito de que motivação seria gerada dessa maneira (Beer et al, 1984; Bertero, 1982; Lundy, 1994).

Garantir que o comportamento organizacional fosse compatível com as demandas estratégicas das organizações em seus ambientes de competição requeria promover o alinhamento dos interesses e dos comportamentos dos indivíduos com essas demandas. Nesse momento, teóricos da gestão de pessoas incorporam ideias em discussão nas subáreas de estudos organizacionais e estratégia, que experimentavam a consolidação de teorias que mudaram nosso entendimento das relações entre a organização e seu ambiente competitivo. Discutiremos a seguir o paradigma do alinhamento sistêmico, segundo uma *perspectiva comportamental* para a gestão de pessoas.

Quadro 2
Críticas ao paradigma da adequação indivíduo-cargo

Adequação indivíduo-cargo	Críticas
O paradigma da adequação indivíduo-cargo introduziu critérios lógicos e maior precisão a uma função gerencial até então desempenhada informalmente. Suas ideias básicas são relevantes até hoje no dia a dia dos gestores de pessoas.	As concepções simplificadas de indivíduo e organização inerentes a esse modelo sofreriam sérias críticas ao longo do século XX, o que permitiu a definição das bases de modelos mais sofisticados de gestão de pessoas.
Com base nos princípios de gestão racional e autoridade impessoal, a estratégia de RH seria promover a alocação de indivíduos em cargos preestabelecidos (*person-job fit*).	O planejamento racional de sistemas produtivos não seria suficiente para se alcançar os resultados pretendidos pela administração. A produtividade e a qualidade não dependiam somente da boa adequação indivíduo-cargo, em suas dimensões técnicas.
A lógica da função de gestão de RH estaria fundamentada na divisão de tarefas, padronização das atividades, especialização e minimização de custos. O método analítico fundamental seria a análise dos cargos.	Críticas fundamentadas nas ciências do comportamento sugeriam uma atuação mais ampla das áreas de RH, que deveriam reconhecer e satisfazer necessidades complexas dos indivíduos, bem como o caráter social de seu comportamento.
Os subsistemas de RH surgem em decorrência da crescente complexidade das organizações, que deveriam então administrar seus funcionários como qualquer outro recurso. Selecionar os indivíduos mais adequados aos cargos, remunerá-los, supervisionar seu trabalho e eventualmente demiti-los eram prioridades inerentes à administração do pessoal.	O funcionamento adequado dos sistemas produtivos dependeria do envolvimento e da satisfação dos funcionários. Para tal, a operação dos subsistemas de RH também deveria permitir a motivação dos indivíduos. A noção de adequação indivíduo-cargo ganharia novos significados, transcendendo seus aspectos técnicos e incorporando fatores psicossociais com impacto na produtividade.
Segundo a "atuação administrativa", a área de RH era vista como um centro de custo responsável por suprir o sistema produtivo de recursos humanos e por manter o moral alto dos funcionários.	A satisfação de necessidades genéricas dos indivíduos não garantiria os comportamentos requeridos. Questiona-se a convergência natural de interesses na organização. As pessoas não atuavam necessariamente alinhadas aos interesses organizacionais uma vez que suas necessidades estivessem sendo satisfeitas. Assim, a área de RH deveria desenvolver uma atuação mais proativa, contribuindo para a consecução das estratégias.

PARTE 1
GESTÃO ESTRATÉGICA DE PESSOAS COMO ALINHAMENTO SISTÊMICO

Com a percepção dos limites da adequação indivíduo-cargo, surgiram ideias que buscavam aperfeiçoar os modelos de gestão de pessoas. Era necessário ir além das práticas tradicionais de gestão de pessoas para permitir que o comportamento organizacional fosse compatível com as demandas e estratégias da organização em seus ambientes de competição.

Nesse curso de desenvolvimento, os debates em torno de novos modelos de gestão de pessoas assimilaram ideias da teoria das organizações que, desde a década de 1960, caracterizava-se pela diminuição do vigor da perspectiva humanística. Perspectivas mais racionalistas a explicação e intervenção nas organizações se tornariam as principais perspectivas em discussão por, pelo menos, duas décadas (Barley e Kunda, 1992).

De fato, diversos autores pós-1960 retomaram algumas das preocupações que marcaram os primeiros teóricos organizacionais ao desenvolverem ideias que davam conta do planejamento, estruturação e controle dos sistemas produtivos. Esses autores se beneficiaram dos diversos avanços no pensamento administrativo, entre eles, as influências da teoria dos sistemas, adotando a premissa de que as organizações seriam sistemas abertos, em constante interação com o meio ambiente.

Com a *perspectiva contingencial*, os estudos organizacionais passaram a considerar variáveis externas e internas às organizações como elementos cruciais para pensarmos as várias dimensões da administração, entre elas a estrutura organizacional e o modelo de gestão de pessoas. Enquanto os teóricos destacavam a heterogeneidade dos ambientes de competição, definindo as organizações como sistemas abertos que deveriam adaptar-se às condições ambientais, outros punham ênfase na associação entre tipos de tecnologia e certas estruturas organizacionais.

Essas ideias sugeriam que cada firma deveria adotar estruturas e estratégias organizacionais particulares que, ao possibilitar a adaptação adequada ao seu ambiente, permitiriam melhor desempenho no cenário de negócios.

CAPÍTULO 1
As abordagens contingencial, universalista e cultural

André Ofenhejm Mascarenhas

As novas abordagens em discussão sugeriam a necessidade de se repensar os modelos de gestão em termos da promoção do padrão de comportamento adequado às organizações, inseridas em cenários de competição que lhes impunham necessidades estruturais, estratégicas, gerenciais e culturais específicas. Assim, o modelo de gestão de pessoas passa a ser considerado uma dimensão essencial à inserção competitiva dos negócios.

A abordagem contingencial

Como discute Vasconcelos (2004), diversos autores contribuíram para as discussões contingencialistas de forma a sofisticar as ideias sobre as relações entre a estrutura organizacional, as condições ambientais, entre outras variáveis. Autores como Burns e Stalker (1961), Lawrence e Lorsch (1967), Perrow (1967) e Thompson (1967) desenvolveram parâmetros ou critérios para as escolhas de estruturas e de processos organizacionais, consideradas a natureza do ambiente e as escolhas estratégicas da alta administração. As obras desses autores fornecem três visões diferentes, mas complementares das relações entre as organizações e o ambiente no qual estão inseridos. Foram enfatizadas as noções de que (1) a organização e seu ambiente estão em estado de dependência mútua, interagindo continuamente; (2) as organizações devem adaptar-se às restrições e contingências impostas pelos seus ambientes; e (3) as organizações são compostas por subsistemas de gestão interdependentes. Em relação a essa última noção, o trabalho de Lawrence e Lorsch (1967) destacava os subsistemas interdependentes mais importantes de uma organização, que deveriam assumir orientações distintas, dependendo das particularidades do ambiente e das escolhas estratégicas da organização. Entre estes destacamos o *subsistema humano*, composto pelos sistemas de gestão de pessoas e os mecanismos de motivação dos indivíduos na organização.

Na realidade, esse subsistema se insere em um quadro conceitual mais amplo, no qual as organizações são vistas como sistemas sociais baseados em maneiras distintas de diferenciação e integração das tarefas individuais nesses subsistemas cujas interações deveriam ser coordenadas. A conclusão fundamental do trabalho de Lawrence e Lorsch é a noção de *alinhamento estratégico (strategic fit)* entre o modelo de gestão e as características do ambiente cuja adoção contribuiria ao desempenho das organizações em seus ambientes de competição (Miles e Snow, 1978; Vasconcelos, 2004).

As primeiras propostas de modelos estratégicos de gestão de pessoas tinham também como referência estudos na emergente área de estratégia empresarial. Desde a década de 1960, estudos pioneiros sugeriam um alinhamento necessário entre as particularidades e desafios impostos pelo ambiente, as estratégias empresariais e a estrutura organizacional. Por exemplo, em seu estudo clássico sobre a indústria norte-americana, *Strategy and structure: chapters in the history of industrial enterprise*, Chandler (1962) lança a importante ideia, muito citada posteriormente, de que *a estrutura de uma organização é derivada de sua estratégia*.

Esse autor propôs uma teoria que salientava as relações entre as estratégias e as estruturas das organizações, considerando a inserção dinâmica da organização em seu ambiente competitivo. Chandler identificou quatro estágios distintos no ciclo de vida das grandes corporações norte-americanas, ou quatro "capítulos" na história dessas organizações. Cada capítulo supunha estratégias organizacionais distintas, demandando transformações em sua estrutura para que operassem eficientemente. Segundo esse autor, as organizações que não adaptassem suas estruturas às novas estratégias empresariais enfrentariam problemas de eficiência.

Chandler (1962) destacou a necessidade do suporte organizacional à implementação das estratégias; entretanto, não foi discutida a adequação do modelo de gestão de pessoas às estratégias das organizações. Posteriormente, Galbraith e Nathanson (1978) expandiram a análise de Chandler em *Strategy implementation: the role of structure and process*, ao sugerirem o alinhamento necessário entre a estrutura organizacional, a estratégia e questões de gestão de pessoas, como medidas de desempenho, sistemas de remuneração e carreiras organizacionais. O modelo de gestão de pessoas passa a ser considerado um subsistema organizacional que deve interagir com outras dimensões da organização para dar conta dos desafios impostos pelo ambiente, ou ainda, para contribuir para a consecução das estratégias empresariais. Estas podem ser conceituadas como os processos pelos quais a missão e os objetivos organizacionais são definidos e os recursos disponíveis são utilizados para atingi-los.

Em síntese, o *alinhamento estratégico da gestão de pessoas* deveria permitir a mobilização das pessoas para a execução dos objetivos e estratégias organizacionais (Tichy et al., 1982; Mintzberg et al., 2000).

O *alinhamento estratégico da gestão de pessoas* pode ser analisado em termos de dois componentes do conceito: (1) o alinhamento externo (ou, ainda, alinhamento vertical) e (2) o alinhamento interno (ou, ainda, alinhamento horizontal) (Baird e Meshoulam, 1988). O *alinhamento externo* diz respeito à adequação do modelo de gestão de pessoas às contingências externas a ele, em especial os desafios do ambiente de competição, base para a formulação da estratégia empresarial. Assim, o modelo de gestão de pessoas de uma organização deveria ser formatado de modo que refletisse o estágio de desenvolvimento da empresa em seu ciclo de vida; convergisse para os objetivos da estratégia empresarial; e ainda deveria assimilar as características culturais e institucionais da sociedade em que a organização se inseria.

Já o *alinhamento interno* diz respeito à necessidade de o modelo de gestão de pessoas se reforçar internamente, haja vista as estratégias empresariais e o modelo organizacional. O alinhamento interno deve ser perseguido por meio da definição de estratégias de gestão de pessoas, isto é, macroobjetivos de gestão de pessoas apoiados por políticas e processos de RH coerentes, complementares e bem articulados entre si.

Segundo Baron e Kreps (1999), o alinhamento interno pode ainda ser entendido em termos de três dimensões desejáveis: a consistência individual (*single employee consistency*), ou a coerência mútua e complementaridade das políticas que incidem sobre funcionários, a consistência entre funcionários (*among employee consistency*), ou a consistência das condições de trabalho entre indivíduos exercendo funções ou desempenhando tarefas similares, e a consistência temporal (*temporal consistency*), ou a coerência no tratamento de funcionários no decorrer de dado período.

Essas ideias foram muito importantes ao desenvolvimento da gestão de pessoas, e seriam a espinha dorsal de uma perspectiva pioneira à GEP, denominada *instrumentalismo utilitarista* (*utilitarian instrumentalism*), ou *modelo hard* de *gestão estratégica de pessoas* cuja ênfase recairia na necessidade de se alinhar os comportamentos dos indivíduos às necessidades ou posicionamentos estratégicos da organização. Como discute Legge (2005), as proposições pioneiras do *modelo hard* assumem os indivíduos como recursos a serem geridos da mesma maneira que os demais recursos organizacionais. Esses princípios compõem ainda o que se denominou *modelo instrumental de gestão de pessoas* (Brabet, 1993). Esse modelo postula que o mercado se impõe à empresa e sua estratégia é definida por seus diretores em função das oportunidades do mercado. A gestão de pessoas tem a função de implantar essa estratégia, adaptando-se a ela ao buscar a maximização dos resultados e do desempenho dos empregados. Estes são considerados seres que buscam satisfazer seus interesses pessoais, mas condicionáveis por meio de técnicas comportamentalistas com base no conceito de estímulo-resposta. Os profissionais de RH consideram que é possível induzir os indivíduos a adotar os comportamentos esperados, medindo-se as suas respostas aos estímulos dados. Segundo esse modelo, a área de RH tem o papel de contribuir à implantação da estratégia da empresa no que diz respeito às dimensões humanas e sociais, sendo, portanto, uma espécie de intermediária entre a direção e os demais grupos organizacionais. Os profissionais de RH devem fomentar a construção da dinâmica social considerada mais adequada aos objetivos da organização por meio da formulação de políticas de gestão de pessoas e pelo desenvolvimento e operação dos subsistemas de gestão de pessoas – como seleção, avaliação, remuneração e desenvolvimento – de forma alinhada às necessidades das organizações e implicando o menor custo possível. A existência de uma suposta *racionalidade superior,* a da direção, caracteriza esse modelo, sugerindo a passividade e a necessidade de controle e supervisão dos demais grupos organizacionais: somente a direção possui as capacidades e a visão de mundo adequada para conduzir a coletividade ao sucesso. Assim, a diversidade de opiniões e os conflitos seriam disfuncionais ao sistema social. Deveriam ser evitados ou resolvidos rapidamente, pois se considerava que alto grau de conformidade por parte dos indivíduos favoreceria a produtividade na empresa (Brabet, 1993). Entre as propostas *hard* pioneiras, os teóricos de Michigan, Devanna e Fombrun e Tichy (1984) davam ênfase ao *alinhamento estratégico da gestão de pessoas*, noção representada graficamente pela Figura 1.1.

Proposições também pioneiras à *gestão estratégica de pessoas* foram denominadas *modelo soft*, ou humanismo de desenvolvimento (*developmental humanism*) (Legge, 2005). Segundo essas propostas, o alinhamento estratégico também é considerado um princípio básico à gestão de pessoas, mas a ênfase dos teóricos recai sobre o potencial de contribuição criativa dos indivíduos para a organização. Estes são considerados ativos valiosos cujo envolvimento com os desafios organizacionais assume uma relevância superior àquela inerente ao modelo *hard*. Os indivíduos seriam potenciais fontes de vantagem competitiva por meio de seu comprometimento e emprego de suas capacidades e competências às situações de negócios. Os funcionários são tidos como indivíduos proativos, capazes de contribuir com a formulação e implementação estratégicas, e não

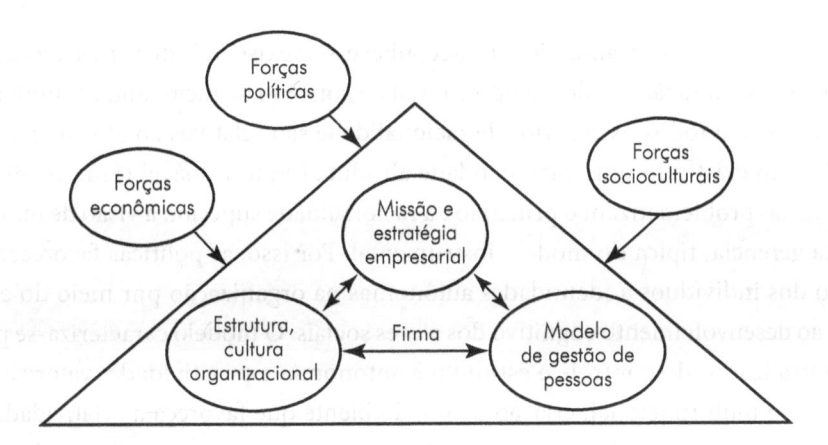

Figura 1.1.
Alinhamento estratégico da gestão de pessoas.
Fonte: Adaptado de Tichy, Fombrun e Devanna (1982)

simplesmente seres passivos, recursos à disposição dos estrategistas. Entre os pioneiros do modelo *soft*, pesquisadores de Harvard, também na década de 1980, sugeriam que haveria quatro dimensões da gestão de pessoas a serem pensadas estrategicamente: (1) *influência dos funcionários*, (2) *organização do trabalho*, (3) *sistemas de recompensa* e (4) *fluxo de RH – processos de recrutamento, desenvolvimento e demissão*. Ao discutirem a relevância do *alinhamento estratégico*, esses autores postulavam a necessidade de estratégias da gestão de pessoas que garantissem o alinhamento interno e externo.

Teóricos anglo-saxões do modelo *soft* defendem que o envolvimento dos indivíduos dependeria de práticas mais complexas à motivação no trabalho, o que se reflete em políticas mais sofisticadas de remuneração, comunicação e relações do trabalho, por exemplo. Essas práticas foram denominadas HCM (*high commitment model*, ou modelo de alto comprometimento), ou ainda HCWS (*high commitment working systems*, ou sistemas de trabalho de alto comprometimento).

Coerente com o modelo *soft*, pesquisadores franceses definiram com base em amplas pesquisas empíricas o *modelo político de gestão de pessoas*, que assume os indivíduos como sujeitos qualificados, com potencial de desenvolvimento, buscando concretizar ativamente seus interesses. O modelo político diferencia-se do modelo instrumental pela importância dada à dimensão política na organização e pela incorporação da ideia de conflito e divergência, tendo em vista os diferentes interesses dos atores organizacionais. Reconhece-se a existência de várias lógicas de ator e critérios de ação válidos, tendo em vista o conceito de racionalidade limitada, segundo o qual todos os critérios de racionalidade são relativos ao ator social que decide, não existindo uma racionalidade absoluta inquestionável (Simon, 1955). Essas ideias problematizam o princípio da racionalidade superior, a visão de mundo da alta gerência, típica do modelo instrumental. Por isso, as políticas favorecem o acesso dos indivíduos a identidades autônomas na organização por meio do estímulo ao desenvolvimento cognitivo dos atores sociais. O modelo caracteriza-se pela descentralização do controle e estímulo à autonomia e proatividade, valorização da atuação multifuncional, criação de um ambiente que favoreça a criatividade, o questionamento e a mudança. Ao assumir que a empresa é construída socialmente por meio da ação política dos diversos grupos organizacionais, o modelo político assume a centralidade do debate e da negociação na organização, a fim de promover o divergente e o contraditório em busca de soluções mais completas em torno das quais se obtenham consensos. A diversidade de perspectivas culturais é incentivada, permitindo a verificação de várias lógicas de ação diante de uma questão organizacional. Um bom gerente teria como objetivo obter consensos à ação, integrando as visões e os interesses particulares dos indivíduos e dos grupos, negociando esses consensos com a direção da empresa. As políticas de recursos humanos são vistas como contingentes, soluções temporárias e características de situações específicas. Apesar disso, os profissionais da área de RH buscam organizar a gestão de pessoas como um modelo ideal a ser concretizado no longo prazo, envolvendo o desenvolvimento qualitativo da mão de obra, a autonomia e a democratização das relações.

As discussões sobre o alinhamento estratégico levaram ao que se denominou *abordagem contingencial da gestão de pessoas*, segundo a qual o modelo de gestão de pessoas deve alinhar-se às escolhas estratégicas da organização de forma a contribuir efetivamente para a consecução de seus objetivos de longo prazo. Cada organização deveria buscar a adequação da gestão de pessoas, induzindo comportamentos coerentes por meio das políticas e práticas de gestão de pessoas, de forma a permitir desempenhos melhores no cenário competitivo. Questiona-se o debate em torno de *um* modelo ideal de gestão de pessoas, adequado a todas as organizações. Ao contrário, dever-se-ia sofisticar a atuação da área de RH por meio da adoção das novas proposições conceituais e metodológicas à configuração dos modelos de gestão de pessoas, enfatizando as contingências com as quais se deparava cada organização. Assim, a abordagem contingencial assume as ênfases diferentes dos modelos *soft* e *hard*, que seriam compatíveis com as organizações dependendo de suas demandas estratégicas. Essas duas abordagens pioneiras não foram consideradas necessariamente incompatíveis, mas foram sobrepostas ou dispostas como opções estratégicas às organizações. Diante dessas distinções, o *subsistema de planejamento de RH* ganha importância ao ser considerado o conjunto de processos de análise e previsão relacionados ao desenvolvimento estratégico do modelo de gestão de pessoas. Por exemplo, em cenários instáveis, o modelo de gestão de pessoas mais adequado seria uma versão do tipo *soft*, pois a organização deveria enfatizar a tolerância à imprevisibilidade, à ambiguidade e a propensão ao risco entre os indivíduos, estimulando seu engajamento em dinâmicas mais complexas de trabalho. Empresas que lidam com o desenvolvimento rápido da tecnologia deveriam encorajar o envolvimento dos funcionários em processos estratégicos de mudança e inovação, o que demandaria a construção de estruturas organizacionais flexíveis, nas quais os indivíduos assumem mais responsabilidades nos processos decisórios. Diferentemente, essas mesmas práticas seriam luxos desnecessários a empresas atuantes em cenários estáveis, cujos modelos de gestão de pessoas precisariam reforçar comportamentos repetitivos, a ênfase na continuidade dos processos e na produtividade. Em proposições mais complexas, cada organização poderia conviver com as abordagens *soft* e *hard* simultaneamente, já que as políticas de gestão de pessoas poderiam enfatizar comportamentos diferentes a cada grupo organizacional (Snell e Dean, 1992). No processo de planejamento, diversas variáveis deveriam ser levadas em conta, entre as quais o uso da tecnologia. Organizações industriais com níveis baixos de informatização poderiam manter pequenos núcleos de funcionários-chave, executivos responsáveis por demandas de marketing, planejamento, financeiro, entre outras, e submetidos a relações de trabalho coerentes com o modelo *soft*, enquanto os trabalhadores da produção submetem-se a relações de trabalho coerentes com o modelo *hard*. Ao aumentarmos o nível de informatização da linha de montagem, os funcionários da produção devem estar qualificados para tarefas menos repetitivas e mais complexas, fazendo das práticas alinhadas ao modelo *soft* mais coerentes.

Autores desenvolviam a perspectiva contingencial à gestão de pessoas segundo uma *abordagem comportamental*, isto é, assumiam os comportamentos dos indivíduos como mediadores entre a estratégia da organização e o seu desempenho no cenário de negócios, sugerindo que, dependendo dos desafios estratégicos específicos, padrões distintos de comportamento dos indivíduos e grupos seriam demandados (ver a Tabela 1.1.), o que implica diferentes políticas de gestão de pessoas (ver a Tabela 1.2.) (Wright e

McMahan, 1992). Entre as proposições contingenciais, autores sugeriram que o modelo de gestão de pessoas fosse pensado em termos das particularidades do mercado no qual a organização inseria-se (Cook e Ferris, 1986), em termos do estágio do ciclo de vida da organização (Baird e Meshoulam, 1988; Storey e Sisson, 1993), em termos do padrão de estratégias adotadas pela organização (Schuler e Jackson, 1987a, 1987b). No que diz respeito aos estágios de ciclo de vida das organizações, esses pressupostos são ilustrados na Tabela 1.3. Com base na perspectiva comportamental da gestão de pessoas, o *planejamento estratégico de recursos humanos* assumiria inicialmente três perspectivas: (1) a busca do alinhamento das características executivas e das práticas de gestão de pessoas às estratégias empresariais (Lengnick-Hall e Lengnick-Hall, 1988). Uma das abordagens comuns baseava-se no emparelhamento de habilidades administrativas às características gerais da indústria ou do mercado. Gerstein e Reisman (1983), por exemplo, sugeriram um "diagnóstico da situação do negócio" como precondição para o estabelecimento de características executivas requeridas às situações. Além dessa primeira perspectiva, o planejamento estratégico de pessoas deveria centrar-se (2) na previsão de demandas relacionadas à força de trabalho, dadas certas orientações estratégicas, situações organizacionais e condições ambientais e, ainda, (3) na inserção do modelo de gestão de pessoas aos esforços de alinhamento entre estratégia e estrutura organizacional (como veremos na próxima seção, questões culturais também passam a ser consideradas ao planejamento estratégico de recursos humanos). A literatura discutia métodos de previsão de necessidades e perfis de mão de obra, dados certos objetivos estratégicos e apresentava ferramentas para a promoção do emparelhamento entre a gestão de pessoas, a estratégia empresarial, a estrutura organizacional e as demandas do ambiente de negócios.

Tabela 1.1.
Comportamentos para estratégias competitivas distintas

1. Comportamento repetitivo, previsível	versus comportamento inovador, criativo
2. Comportamento focado no curto prazo	versus comportamento focado no longo prazo
3. Comportamento cooperativo, interdependente	versus comportamento independente, autônomo
4. Comportamento com pouca ênfase na qualidade	versus comportamento com muita ênfase na qualidade
5. Comportamento com pouca ênfase na quantidade	versus comportamento com pouca ênfase na quantidade
6. Pouca propensão ao risco	versus muita propensão ao risco
7. Muita ênfase em processos	versus muita ênfase em resultados
8. Preferência por evitar responsabilidades	versus preferência por assumir responsabilidades
9. Pouca flexibilidade a mudanças	versus muita flexibilidade a mudanças
10. Propensão à estabilidade	versus tolerância à ambiguidade e à imprevisibilidade
11. Uso de competências limitadas	versus uso de competências complexas
12. Pouco envolvimento com a organização ou com o trabalho	versus muito envolvimento com a organização ou com o trabalho

Fonte: Schuler, R.; Jackson, S. Linking competitive strategies with human resource management practices. *Academy of Management Executive*, v. 1, n. 3, p. 207-219, 1987a.

Tabela 1.2.
Menu de políticas de gestão de pessoas

Opções de planejamento	
Informal	Formal
Curto prazo	Longo prazo
Simplificação dos cargos	Enriquecimento dos cargos
Pouco envolvimento do funcionário	Grande envolvimento do funcionário
Segurança no emprego	Ausência de segurança no emprego

(continua)

(continuação)

Opções de recrutamento e seleção

Fontes internas	Fontes externas
Processos reduzidos	Processos extensivos
Critérios explícitos	Critérios implícitos
Socialização limitada	Socialização intensa

Opções de avaliação

Critérios de comportamento	Critérios de competências	Critérios de resultados
Propósito: desenvolvimento	Propósito: correção	Propósito: manutenção
Baixa participação do funcionário		Alta participação do funcionário
Critérios de curto prazo		Critérios de longo prazo
Critérios de grupo		Critérios individuais

Opções de remuneração

Salários básicos altos	Salários básicos baixos
Equivalência interna	Equivalência externa
Benefícios padronizados	Benefícios flexíveis
Incentivos	Ausência de incentivos
Incentivos coletivos	Incentivos individuais
Sistema hierárquico padrão	Remuneração por habilidades e competências

Opções de treinamento e desenvolvimento

Ênfase no curto prazo	Ênfase no longo prazo
Ênfase nas tarefas	Ênfase nas estratégias
Ênfase na produtividade	Ênfase na qualidade de vida
Processos informais, espontâneos (*coaching, on-the-job*)	Processos formais, sistematizados (cursos externos, centros de treinamento)
Orientação individual	Orientação coletiva

Fonte: Adaptado de Schuler, R.; Jackson, S. Linking competitive strategies with human resource management practices. *Academy of Management Executive*, v. 1, n. 3, p. 207-219, 1987a.

Tabela 1.3.
Práticas de gestão de pessoas, segundo o estágio do ciclo de vida organizacional

Funções de pessoas	Estágios do ciclo de vida organizacional			
	Start-up	Crescimento	Maturidade	Declínio
Recrutamento, seleção e movimentação	Atraia talentos técnicos e profissionais	Recrute o número e a combinação adequada de funcionários qualificados. Planeje a sucessão gerencial. Gerencie a movimentação no mercado interno de trabalho.	Encoraje a rotatividade de forma a minimizar demissões e proporcionar novas vagas. Encoraje a mobilidade de forma a permitir reorganizações que alteram cargos.	Planeje e implemente reduções e realocações de pessoal.
Remuneração e benefícios	Atenda ou supere a remuneração média do mercado para atrair talentos.	Atenda à remuneração média do mercado, mas considere questões de equivalência interna. Estabeleça estruturas formais de remuneração.	Controle a remuneração	Aumente o controle sobre custos com pessoal.
Treinamento e desenvolvimento	Defina capacidades requeridas e comece a estabelecer planos de carreira.	Desenvolva uma equipe de gestão eficiente por meio do desenvolvimento gerencial e organizacional.	Mantenha a flexibilidade e as capacidades de uma força de trabalho madura.	Implemente iniciativas de retreinamento e serviços de consultoria de carreira.
Relações de trabalho	Estabeleça uma filosofia e organização básica das relações com funcionários.	Mantenha a tranquilidade, a motivação e o moral entre os funcionários.	Controle os custos com pessoas e mantenha a motivação dos indivíduos. Aumente a produtividade do trabalho.	Mantenha a tranquilidade entre os funcionários.

Fonte: Legge, K. *Human Resource Management. Rhetorics and Realities.* Nova York: Palgrave, 1. ed., p. 105, 1995; adaptado de Storey e Sisson, 1993, p. 61.

A abordagem universalista

A emergência simultânea dos modelos *hard* e *soft* não deixou de gerar paradoxos e fragmentação à teoria sobre a *gestão estratégica de pessoas*. Adeptos da abordagem contingencial seriam questionados pelas propostas universalistas de autores alinhados às concepções do modelo *soft* de gestão de pessoas. As *proposições universalistas* assumiam como premissa a existência de algumas práticas de gestão de pessoas cuja adoção estaria diretamente relacionada a níveis superiores de desempenho organizacional. Muito relevantes ao modelo de *gestão estratégica de pessoas* foram as propostas feitas por Walton (1997) e Pfeffer (1994; 1998), nas décadas de 1980 e 1990.

Em um contexto de acirramento da competição e ante o fracasso das estratégias tradicionais de gestão de pessoas, problematiza-se a tradicional ênfase no controle dos indivíduos no trabalho. Coerente com a perspectiva comportamental da gestão de pessoas, gerar comportamentos caracterizados pelo comprometimento demandaria a reestruturação das práticas de RH e da cultura dominante nas organizações. De acordo com essa estratégia, os indivíduos são estimulados não somente a implantar certo cenário estratégico com a máxima eficiência dentro de seus limites de responsabilidade, mas lhes são associadas novas responsabilidades relacionadas à melhoria contínua das operações da empresa. Para Walton (1997, p. 99), uma *estratégia de comprometimento* da força de trabalho requer que:

> as atividades [sejam] projetadas para ser mais amplas do que antes, para combinar planejamento e implementação e incluir esforços para aperfeiçoar as operações, não apenas mantê-las. Espera-se que as responsabilidades individuais mudem à medida que as condições mudam, e as equipes, não os indivíduos, sejam as unidades organizacionais responsáveis pelo desempenho.

Nesse sentido, a autonomia no trabalho aumentaria à medida que as ações fossem coerentes com as necessidades estratégicas do negócio. Uma estratégia de comprometimento dependeria de práticas mais complexas da motivação no trabalho, o que se reflete em políticas mais sofisticadas de remuneração, comunicação e relações do trabalho, por exemplo. Essas práticas foram denominadas HCM (*high commitment model*, ou modelo de alto comprometimento, que enfatiza a motivação dos funcionários por meio da segurança no emprego, do planejamento dos cargos e do desenvolvimento dos indivíduos, caminhos ao aumento da produtividade e dos lucros), ou ainda HCWS (*high commitment working systems*, ou sistemas de trabalho de alto comprometimento, que enfatizam a autonomia e o empoderamento dos funcionários por meio de políticas agressivas de remuneração à custa da segurança no emprego e da ênfase no mercado interno de trabalho). O modelo de alto comprometimento de Pfeffer (1994), por exemplo, associa dezesseis práticas de gestão de pessoas que estariam ligadas a níveis superiores de desempenho organizacional. São elas: (1) senso de segurança no emprego; (2) seletividade no recrutamento; (3) a oferta de altos salários; (4) o pagamento de incentivos; (5) tornar o funcionário acionista; (6) o compartilhamento de informações; (7) a participação e a delegação de poder (empoderamento, ou *empowerment*); (8) a formação de equipes autônomas de trabalho e o redesenho de tarefas; (9) o treinamento e desenvolvimento de habilidades; (10) o *job-rotation* ou revezamento de tarefas; (11) o igualitarismo simbólico (eliminar símbolos que separam ou discriminam as pessoas); (12) a menor distância entre as diversas faixas salariais; (13) a promoção interna; (14) as perspectivas em longo prazo; (15) a definição e aplicação de medidas de avaliação das políticas de gestão de pessoas; e, por fim, (16) a definição de filosofias ou visões administrativas dominantes, que indiquem os modos de os indivíduos lidarem com as questões cotidianas (ou valores explícitos de uma cultura organizacional). Encorajamos os leitores interessados a consultar o autor para o aprofundamento de cada uma dessas propostas.

Como discute Albuquerque (1999), uma estratégia de comprometimento assume como premissa a ideia de que todos os funcionários são parceiros nas atividades de gestão estratégica, o que implica investimentos por parte da empresa no desenvolvimento das capacidades dos indivíduos e em sistemas de gestão de pessoas capazes de mobilizá-las efetivamente de acordo com as metas organizacionais. Uma estratégia de comprometimento requer práticas mais individualizadas de gestão de pessoas, o que salienta a importância do líder de equipe, em interação diária com seus subordinados.

Na realidade, o papel do líder de equipes, ou dos gerentes de linha, é um dos itens mais relevantes para a estratégia de comprometimento, e um dos temas mais debatidos no âmbito do modelo de *gestão estratégica de pessoas*. A mudança drástica de atitudes esperada dos funcionários era uma questão crucial e de complexa implementação, o que colocava em destaque as funções dos líderes de equipes em adição ao papel de coordenação a ser exercido pela área de RH. Na prática, enquanto a área de RH se responsabilizaria pela estruturação de sistemas gerenciais que reforçassem novas expectativas de comportamentos, os gerentes de linha seriam os líderes-inspiradores das equipes de trabalho, reunidos em torno das metas empresariais ou departamentais.

Como discute Legge (2005), enquanto em modelos anteriores os gerentes de linha eram responsáveis pela administração corriqueira dos funcionários, no sentido de que todos os gerentes têm, em algum momento, de exercer a responsabilidade pelos seus subordinados, na *gestão estratégica de pessoas*, estes são considerados:

gerentes de negócios responsáveis pela coordenação e pelo direcionamento de todos os recursos nas unidades de negócios em busca de resultados em sua equipe. [...] uma relação clara é traçada entre a consecução destes resultados e o uso apropriado e proativo dos recursos humanos na unidade de negócios. (Legge, 2005, p. 113)

Essa mudança fundamental nos chama a atenção para os estilos de liderança mais apropriados à geração de comprometimento. Em substituição à liderança transacional, típica de uma estratégia de controle e caracterizada pela relação de troca não duradoura entre o líder e o liderado, a liderança transformacional é o processo segundo o qual o líder influencia na definição da realidade dos liderados. Esse processo se caracteriza pela articulação da experiência e dos significados compartilhados pelo grupo social de forma a viabilizar determinados modos de ação. Esse tipo de liderança se caracteriza pela sensibilidade, por parte do líder, aos interesses e às necessidades intrínsecas dos liderados, para que aconteça a satisfação motivacional que permite a ação. Trata-se de uma abordagem mais sofisticada à gestão das motivações, o que implica relacionamentos de duplo sentido, pelos quais o líder conhece as necessidades dos liderados e estes influenciam os comportamentos do líder ao informar-lhe a respeito de suas capacidades e possibilidades de atuação (Smircich e Morgan, 1982). Ao influenciar a reconfiguração da realidade dos liderados, o líder transformacional também exerce a função de agente de mudanças ou gestor da cultura organizacional. A Tabela 1.4. traz, de maneira comparativa, as características das duas estratégias de gestão de pessoas – controle e comprometimento.

Tabela 1.4.
Estratégias de controle e comprometimento de gestão de pessoas

Dimensões da gestão de pessoas	Sistemas de RH	
	Estratégia de controle	Estratégia de comprometimento
Princípios de planejamento de cargos	• Divisão do trabalho • Responsabilidades restritas dos cargos • Separação entre planejamento e execução	• Cargos mais amplos • Combinação de planejamento e execução • Ênfase nos times de trabalho
Expectativas em relação ao desempenho	• Padrões medidos definem o desempenho mínimo.	• Ênfase em objetivos amplos que tendem a ser dinâmicos e orientados ao mercado. • Avaliação dos resultados feita pelos grupos envolvidos nos processos.

(continua)

(continuação)

Dimensões da gestão de pessoas	Sistemas de RH	
	Estratégia de controle	Estratégia de comprometimento
Organização e administração	• Controle *top-down* • Racionalidade superior da administração • Símbolos de status marcam hierarquia • Administração tem obrigações somente com *shareholders*	• Estrutura organizacional horizontal • Objetivos compartilhados para coordenação • Diferenças de status minimizadas • Atenção a interesses de todos os *stakeholders*
Remuneração	• "Pagamento justo pelo dia de trabalho" • Remuneração individual atrelada ao cargo	• Reforço das conquistas dos grupos de trabalho • Remuneração atrelada a competências, desempenho, desenvolvimento, entre outros critérios. • Divisão de lucros, distribuição de ações, entre outras sistemáticas sofisticadas de remuneração.
Políticas de "voz do funcionário"	• Opinião do funcionário permitida em uma agenda limitada. Ênfase nos riscos do participante. • Informações empresariais distribuídas de forma restrita 'a quem precisa saber'.	• Participação do funcionário estimulada em diversas questões. Ênfase nos benefícios aos participantes. • Informações empresariais amplamente distribuídas. Indivíduos envolvidos no planejamento e na resolução de problemas.
Relações de trabalho	• Interesses de funcionários e empresários vistos como antagônicos. • Interesses dos empregados deveriam ser negociados de forma a alinhá-los aos interesses da organização.	• Mutualidade nas relações de trabalho; interesses complexos e divergentes são reconhecidos e continuamente negociados.

Fonte: Adaptado de Lundy (1994) e Walton (1997).

A abordagem cultural

Enquanto diversos autores desenvolviam esquemas, estratégias e propostas contingenciais e universalistas com ênfase nos comportamentos requeridos e no planejamento de atividades e sistemas de RH, outra corrente de pesquisa e consultoria surgia com força nos países centrais, especialmente nos Estados Unidos, enfatizando os aspectos simbólicos do trabalho, ou a *cultura organizacional*.

Em administração, o conceito de cultura organizacional consolidou-se nas décadas de 1980 e 1990, tornando-se, então, uma noção central com base na qual se desenvolveriam teorias e proposições muito importantes da *gestão estratégica de pessoas*. Na década de 1970, um grupo de pesquisadores começou a desenvolver as implicações da ideia segundo a qual não poderíamos compreender as dinâmicas organizacionais em sua devida complexidade se não estudássemos as organizações como instâncias caracterizadas por práticas culturais.

Essa visão das organizações pressupõe a existência de significados e valores compartilhados, bem como o envolvimento moral, sugerindo a importância de se considerarem as manifestações culturais dos grupos para a compreensão de sua atuação na organização. Na década de 1980, consolida-se o predomínio de uma abordagem gerencialista da cultura organizacional (Martin, 2002). De acordo com Barley et al. (1988), essa abordagem se originou de uma série de obras de consultores e pesquisadores aplicados, direcionadas à prática empresarial.

Esses autores (Silverzweig e Allen, 1976; Ouchi e Price, 1978; Peters, 1978, entre muitos outros) argumentavam que estratégias racionalistas da gestão de pessoas geravam até então retornos marginais em termos de produtividade e desempenho, sugerindo que os administradores prestassem mais atenção aos aspectos simbólicos da vida organizacional. Segundo os teóricos culturalistas, existiria um universo de questões e fenômenos socioculturais que deveriam ser compreendidos se quiséssemos desenvolver nossas organizações. Os administradores estariam subestimando a importância da autoridade moral, dos significados compartilhados, da integração social, da qualidade da liderança e dos valores culturais.

Os estudos sobre cultura organizacional implicavam a adoção de um conjunto distinto de premissas e abordagens metodológicas, que permitiriam o desenvolvimento de maneiras novas de entender as organizações e estudá-las, bem como novas ferramentas de intervenção e desenvolvimento, prontamente incorporadas às discussões sobre a *gestão estratégica de pessoas*. Para muitos críticos das teorias organizacionais até então dominantes, os sistemas formais de gestão e de autoridade racionalmente construídos não restringem as preferências pessoais dos membros da organização. Diferentemente, estes direcionam seus comportamentos com base nas possibilidades dadas pelas premissas culturais, valores e crenças compartilhados pela coletividade. Nesse sentido, as estruturas e os sistemas formais de gestão (entre os quais, os sistemas de gestão de pessoas) poderiam fornecer dados importantes para o entendimento das dinâmicas organizacionais; essas dimensões, entretanto, não explicariam muitas diferenças de desempenho das organizações, que tanto intrigavam os teóricos. Por exemplo, entre os problemas típicos de mudança cultural, é possível citar a inadequação dos valores organizacionais da AT&T após a desregulamentação do mercado norte-americano:

> Os problemas básicos da AT&T [...] não estavam em sua estrutura, sistemas de informação [...]. Ao invés disso, existia uma cultura organizacional que não era mais apropriada ao novo mundo desregulamentado no qual a empresa inseria-se. A tradicional cultura da AT&T estava centrada em premissas como (1) o valor da superioridade técnica, (2) a posse da superioridade técnica pela AT&T e (3) o direito ao domínio da empresa nos mercados de telecomunicações. Assim, aperfeiçoar questões como objetivos, estrutura, processos não solucionariam os problemas monumentais da empresa. A solução requeria a mudança na cultura compartilhada na organização – mudar premissas básicas e inconscientes a respeito do que seria necessário para se alcançar o sucesso num mercado competitivo de telecomunicações. (Shafritz e Ott, 2001, p. 363)

Em especial, os autores estavam preocupados com o avanço das empresas japonesas em território norte-americano e buscaram explicar diferenças de desempenho em termos das particularidades culturais dessas empresas, que refletiriam a cultura nacional do Japão. Ainda na década de 1980, o predomínio de uma abordagem gerencialista da cultura organizacional pode ser associado ao sucesso comercial de três *best-sellers*: *Teoria Z*, de Ouchi (1982), *Vencendo a Crise*, de Peters and Waterman (1982), e *Corporate Cultures*, de Deal e Kennedy (1982), além de artigos de capa em revistas especializadas importantes.

Como explica Freitas (2007), o sucesso de *Teoria Z* deveu-se à comparação que o autor empreendeu entre características e significados culturais em empresas norte-americanas e japonesas, propondo um modelo que combinasse os melhores atributos dessas duas culturas. Isso rendeu forte movimento de turismo empresarial para o Japão, a importação e a elaboração de técnicas gerenciais capazes de reforçar características culturais consideradas desejáveis. Entre essas características, o orgulho por trabalhar na empresa, a ênfase na coletividade, a informalidade e a orientação holística e igualitária nos relacionamentos.

> O igualitarismo é a característica principal das organizações do Tipo Z. Igualitarismo implica que cada pessoa possa aplicar livre-arbítrio e trabalhar com autonomia sem supervisão rigorosa, porque todos merecem confiança. Novamente, a confiança marca a crença de que [...] pessoa alguma está a fim de prejudicar a outra. Esta característica, talvez mais do que qualquer outra, responde pelos altos níveis de compromisso, de lealdade e de produtividade nas firmas japonesas e nas organizações do tipo Z. (Ouchi, 1982, p. 84)

Seguindo a lógica de Ouchi, muitos outros autores sugeriam que, para que se pudesse prever, entender ou intervir no funcionamento de uma organização, deveríamos conhecer e manipular seus padrões culturais específicos, ou sua cultura organizacional. No que diz respeito à promoção do comprometimento, segundo a proposição de Walton (1997), dever-se-ia considerar a obsolescência de significados compartilhados e associados à estratégia de controle, o que indicava a relevância da reconstrução de culturas organizacionais.

É possível apontar alguns traços comuns às propostas prescritivas de gestão da cultura organizacional, ou *gestão simbólica*. Em primeiro lugar, são utilizados conceitos integrativos de cultura, que abrangem os significados culturais amplamente compartilhados e consensuais entre os membros do grupo (Martin, 2002). Define-se cultura, por exemplo, como "o sistema de valores e crenças compartilhados pelos indivíduos, e que estabelece regras e expectativas comportamentais no grupo".

Segundo essa perspectiva, a cultura é uma variável que caracteriza dada coletividade, é compartilhada, no sentido de ser amplamente aceita e não haver ambiguidades, transformando-se lentamente (Schein, 1991; Schultz e Hatch, 1996). A adoção de conceitos integrativos permitia que se tratasse a cultura como uma variável objetiva, decomponível em partes ou elementos e associável a outras variáveis organizacionais. Ao se associar a cultura a certos patamares de desempenho organizacional, justificar-se-ia a sua manipulação pela gerência em prol de resultados melhores.

Em segundo lugar, podemos conceituar a cultura por meio de seus elementos. Segundo Martin (2002) e Freitas (2007), entre as manifestações culturais, é possível apontar uma variedade de elementos, tais como os rituais, os mitos, as histórias, as metáforas, as linguagens, os artefatos físicos, bem como os valores e as visões de mundo, as práticas sociais formais e informais. O estudo das manifestações culturais permitiria entendermos a cultura como algo concreto, uma variável objetiva; seus elementos possuem funções de manutenção e coordenação do sistema sociocultural, e poderiam ser utilmente manipulados pela liderança. Por exemplo, a missão e a visão de uma empresa podem ser entendidas como declarações de valores organizacionais, ou definições sobre o que é importante, prioritário, certo ou errado no grupo. Os valores organizacionais devem permear a maneira como todos os seus membros direcionam seus comportamentos.

Nesse sentido, uma placa com a missão e a visão da empresa pode ser considerada um elemento cultural – um totem – carregado de significados que, ao serem explicitados, devem ser compartilhados pelas pessoas. Artefatos físicos, como o mobiliário de uma sala, podem trazer consigo informações úteis aos relacionamentos entre os indivíduos (por exemplo, salas fechadas impõem limites à interação informal).

Histórias seriam narrativas de eventos ocorridos que informariam os indivíduos sobre valores do grupo, enquanto os tabus demarcariam as áreas de proibição, orientando o comportamento com ênfase no não permitido. Um mito é uma história atemporal e universal compartilhada cujos conteúdos moldam e refletem a experiência humana no grupo, exprimindo desejos, medos, esperanças, objetivos, ajudando-os na autocompreensão. Em uma organização, os mitos podem ser entendidos como histórias, de sucesso ou de fracasso, que informam os indivíduos, demarcando comportamentos aprovados ou desaconselhados, explicitando procedimentos, valores e estratégias de ação.

Os rituais podem ser conceituados como dramas, em analogia com uma peça de teatro com papéis e *scripts*, executada para uma audiência. Um ritual é uma série de atividades cuidadosamente planejadas e executadas em contextos sociais, com começos e fins bem delimitados e caracterizados por papéis sociais bem-definidos. Um ritual é ainda um fenômeno repetitivo, isto é, pode ser transformado em rotina no contexto cultural. A Tabela 1.5. traz os rituais mais comuns nas organizações. Entre suas funções no contexto organizacional, os rituais:

> [...] comunicam a maneira como as pessoas devem se comportar, sinalizam os padrões de intimidade e decoro aceitáveis, exemplificam a maneira como os procedimentos devem ser executados, liberam tensões e ansiedades, visto que geralmente têm um lado criativo ou lúdico, dramatizam os valores básicos e exibem experiências que poderão ser lembradas com mais facilidade. (Freitas, 2007, p. 19)

VanMaanen e Kunda (1989, p. 49) discutem os rituais como instrumentos de controle normativo nas organizações, incidindo nas emoções e na autopercepção dos indivíduos:

> O ritual é uma atividade [social] de caráter simbólico, governada por regras, que direciona a atenção de seus participantes para objetos de pensamento e sentimentos dos quais devem compartilhar significados especiais. [...] Os rituais podem viabilizar um senso de unidade e caráter. A ordem moral de uma coletividade é exibida por meio de rituais públicos, e seus membros são mais ou menos pressionados pelos outros "m cena" a revelar sua adesão ou a se distanciar desta ordem por meio de sua presença e participação. Ocasiões rituais podem ser vistas como mecanismos pelos quais certos membros da organização influenciam como outros membros devam pensar ou sentir – o que eles querem, o que eles temem, o que eles consideram adequado e possível e, por que não, quem eles são.

Em terceiro lugar, apesar de muitos autores reconhecerem a cultura como uma entidade dinâmica de caráter histórico, seria possível intervir nesse processo racionalmente, promovendo processos de aprendizagem que acelerariam as transformações culturais desejadas (Schein, 1985). Haveria culturas mais ou menos apropriadas ao sucesso do grupo organizacional, e estes poderiam promover mudanças que viabilizassem padrões culturais mais propícios para o seu desenvolvimento. As estratégias de mudança teriam como objetivo a construção de *culturas fortes*. Estas seriam caracterizadas pela grande consistência interna entre os conteúdos culturais, que reforçariam os comportamentos esperados e gerariam a conformidade voluntária aos valores organizacionais considerados os mais adequados. Entre esses valores, os gerentes vêm-se afligindo com a prioridade alternada dada à qualidade, ao comprometimento, à cooperação, à inovação, à produtividade, à qualidade de vida, à responsabilidade social, entre outras questões.

Tabela 1.5.
Tipos mais frequentes de rituais nas organizações

Rituais de iniciação	Têm seu foco na doutrinação de funcionários novos ou recém-promovidos. Por exemplo, processos de integração de novos funcionários.
Rituais de reconhecimento	Têm seu foco no reconhecimento daqueles que apresentaram bom desempenho, contribuindo ao sucesso do grupo. Por exemplo, premiação de funcionários exemplares.
Rituais de degradação	Têm seu foco na difamação ou remoção daqueles que apresentaram desempenho ruim. Por exemplo, uma avaliação de resultados ruim que gere desligamentos da equipe.
Rituais de renovação	Têm seu foco no reforço de laços sociais ao chamar a atenção da coletividade a uma questão específica. Por exemplo, uma reunião de um grupo de trabalho desestimulada para a delegação de novos desafios.
Rituais de integração	Têm seu foco na solidificação de laços pessoais entre os participantes que, muitas vezes, pertencem a níveis de status social diferentes e são chamados a suspender suas diferenças. Por exemplo, a confraternização de fim de ano com os diretores do departamento.
Rituais de redução de conflitos	Têm seu foco na reconstituição de laços sociais por ocasião de momentos estressantes que possam ter abalado relacionamentos. Por exemplo, encontros da uma equipe de trabalho fora do expediente, depois de uma semana difícil de trabalho.

Fonte: Adaptado de Trice e Beyer, 2001.

Segundo Deal e Kennedy (2000), uma cultura forte é um sistema de regras informais que mostra às pessoas como devem se comportar nas ocasiões, tornando-as mais seguras em relação ao que devem fazer e, portanto, mais dispostas a integrar-se à coletividade. Teóricos da cultura organizacional argumentam que a coesão e a lealdade são as fontes mais importantes da produtividade e, portanto, os gestores assumiriam a responsabilidade por formatar fenômenos culturais e processos sociais, instituir normas e valores e, assim, inspirar e motivar os funcionários, direcionando seus sentimentos, predisposições e emoções na direção mais apropriada ao sucesso da coletividade.

Estratégias de mudança cultural seriam caracterizadas por diversas mudanças articuladas entre si e que se refletiriam nas "experiências que as pessoas têm". Ao promovê-las, a intenção dos administradores seria construir um ambiente no qual indivíduos possam vivenciar certas experiências culturais significativas, capazes de levá-los à reformulação de seus esquemas cognitivos e afetivos, gerando comprometimento espontâneo.

Trata-se de construir um ambiente em que as pessoas experimentem emoções de *pertencimento*, assumindo-se parte da coletividade e envolvidas com seus objetivos e filosofias de trabalho. Muitos autores propõem tipologias de culturas ou fases de desenvolvimento cultural, que seriam objetivos a ser perseguidos pela coletividade (Dyer, 1985; Schein, 1985; Wiener, 1988).

O diagnóstico e a manipulação dos elementos ou manifestações culturais seriam as estratégias básicas ao reforço ou à transformação da cultura organizacional considerada adequada. As propostas de gestão simbólica dão atenção aos aspectos simbólicos e aos aspectos objetivos de um grupo organizacional. No diagnóstico cultural, deve-se reconhecer que uma cultura organizacional abrange práticas sociais persistentes – dimensão objetiva da organização – às quais poderiam ser associados significados – a dimensão simbólica da organização.

Assim, os esforços de mudança ou reforço deveriam compreender tanto as ideologias ou os significados como as diversas práticas sociais que as expressam. Para tal, autores sugerem metodologias capazes de trazer à tona os valores e premissas inconscientes compartilhadas pelos indivíduos, que poderiam ser objeto de intervenção.

Schein (2004) delineia abordagens de pesquisa e intervenção, entre as quais o método clínico, liderado por um consultor externo que deve ter liberdade para tocar em quaisquer assuntos relevantes para a cultura, levantando dados que componham um panorama cultural da organização. Entre as vantagens do método clínico, um consultor externo está distante do cotidiano das pessoas, e pode captar nuanças da realidade que passam despercebidas pelos membros da organização.

Deal e Kennedy (1982) sugerem a importância de se estudar os arranjos físicos, as comunicações internas, observar as pessoas e como empregam seu tempo, entrevistá-las, observar conteúdos discutidos em eventos, reuniões, entre uma variedade de ações capazes de gerar *insights* sobre a cultura organizacional.

Diagnosticar a cultura organizacional significa levantar dados sobre como as pessoas entendem e operacionalizam o dia a dia da organização, como avaliam suas possibilidades de ação, e analisar se essa realidade é a ideal, considerando-se as intenções estratégicas da firma. Com base nessas análises, as propostas de gestão simbólica colocavam em destaque os processos de liderança e a derivação de instrumentos práticos capazes de transformar ou reforçar significados, induzindo comportamentos considerados adequados, gerando, consequentemente, resultados organizacionais superiores (Freitas, 1991). Assim, partindo de certos estímulos socioculturais, os indivíduos resolveriam problemas organizacionais, aprenderiam ao refletir sobre suas experiências, internalizariam novas crenças e padrões afetivos, adotando novos padrões de comportamento a serem passados para as novas gerações (Sergiovanni e Corbally, 1984; Schein, 1985).

De acordo com a ideia de mudança cultural planejada, esse esforço deve articular os diversos atores sociais, entre os quais o RH, área responsável pela liderança do processo. Estes deveriam assumir papéis como a promoção de discussões em busca de novos consensos culturais, da aceitação, da consolidação e da manutenção da nova cultura, constituindo-se também em um exemplo efetivo da mudança da cultura perante os outros indivíduos.

Segundo Schein (1985), por ter peso simbólico relevante nas organizações, os líderes podem transmitir suas crenças, valores e premissas utilizando-se de mecanismos como (1) a atenção, o controle e a mensuração regular de temas e conteúdos selecionados; (2) a reação a incidentes críticos e crises organizacionais; (3) a alocação de recursos, que reflete preferências culturais; (4) a modelagem de papéis sociais em processos de *coaching*; (5) a alocação de recompensas e status; (6) processos de recrutamento, seleção e avaliação; (7) o design de estruturas organizacionais, que refletem conteúdos culturais; (8) o design de sistemas e procedimentos organizacionais, que refletem conteúdos culturais; (9) a manipulação de conteúdos culturais em práticas ritualizadas, comunicação e gerenciamento de impressão; (10) o design de prédios e espaços, que refletem conteúdos culturais; (11) a promulgação de histórias sobre eventos e pessoas significativos, que informam conteúdos culturais; e (12) a promulgação formal de crenças e filosofias empresariais. Nesse sentido, a cultura de uma organização é vista como resultado da conceituação gerencial. Entre as tecnologias de gerenciamento desenvolvidas, os valores que a gerência considera ideais para o sucesso do negócio seriam transmitidos por seminários, *workshops*, mídia interna, discursos gerenciais, treinamento e desenvolvimento etc. A cultura torna-se uma variável autônoma, algo que pode ser formatado pela equipe gerencial para maximizar os resultados de uma organização.

As propostas de gestão simbólica trazem implícita a suposição de que administradores podem promover o desenvolvimento da coletividade ao influenciar os indivíduos por meio da construção de culturas caracterizadas por certos valores, pensamentos e emoções. Em um trabalho etnográfico em duas empresas consideradas detentoras de culturas fortes – a Tech, empresa de alta tecnologia, e a Disneylândia, ambas na Califórnia, Estados Unidos –, VanMaanen e Kunda (1989) discutem como a alta gerência influencia a cultura de trabalho em suas organizações.

Em primeiro lugar, essas empresas praticam a seleção, a codificação e a exposição de valores centrais relacionados ao trabalho, promovendo a consciência daqueles conteúdos mais adequados entre os membros das organizações. Isso acontece por meio de uma variedade de métodos e práticas ritualizadas, tais como a exposição pública e repetida da história organizacional, pensada seletivamente de maneira a expor padrões de conduta coerentes e passíveis de recompensa e aprovação. Esses processos são operacionalizados por meio da Universidade Corporativa da Disneylândia e dos manuais da cultura organizacional, na Tech.

Em segundo lugar, é dada grande importância à entrada de novos membros na organização, o que implica o recrutamento de funcionários com perfis homogêneos e coerentes com os conteúdos culturais, socialização intensiva dos novatos com seus colegas, políticas de promoção de relacionamentos intensos e harmônicos entre colegas, histórias de heroísmo e covardia corporativa, além da estruturação de várias oportunidades (cotidianas ou ritualizadas) para se testar a aderência de um indivíduo ao grupo (VanMaanen e Kunda, 1989, p. 87).

Em terceiro lugar, promove-se a interação social, os contatos face a face e a construção de laços entre os indivíduos no contexto de equipes de trabalho, contextos nos quais interesses e ações egoístas seriam sobrepostos pelas ideologias dominantes, difundidas pelas lideranças. De fato, é dada atenção considerável à supervisão e ao monitoramento da extensão e da qualidade da coesão dos grupos em torno de valores organizacionais pelas lideranças. A expressão de emoções é incentivada nessas organizações, já que as pessoas são ensinadas a dizer o que lhes vem à mente, mas os julgamentos tendem a ser rápidos e superficiais.

Nesses contextos, todos são estimulados a desencorajar o egoísmo e as tendências divergentes. Na Disneylândia, muitos supervisores demonstravam, na época do estudo, um estilo de liderança intrusivo, intimista, cuja atenção direcionava-se, frequentemente, aos aspectos pessoais dos liderados. Mesmo que de forma superficial, a atenção às emoções dos liderados é vista como uma dimensão crucial das estratégias de gestão simbólica nessas organizações, por permitir o seu direcionamento e convergência em torno das emoções sancionadas, tais como o pertencimento.

Dessa forma, os autores mostram que a construção de culturas fortes implica expectativas e regras comportamentais internalizadas por meio da influenciação no nível da autopercepção e das emoções, tais como a afetividade. Certamente, há custos pessoais significativos nesses processos.

A grande popularidade alcançada pelo conceito de cultura organizacional e pelas propostas de gestão simbólica é analisada por Wood Jr. (2000), que destaca o surgimento das *organizações de simbolismo intensivo*, um novo tipo ideal que daria conta das implicações da incorporação da retórica da cultura nas organizações. O tipo ideal seria uma maneira de se pensar as organizações, com base em exemplos incompletos em virtude de sua inexistência no mundo real como exemplo acabado.

O autor conceitua as organizações de simbolismo intensivo em torno de quatro dimensões principais. Em primeiro lugar, nessas organizações, a liderança assume o caráter de liderança simbólica. Isso significa dizer que os líderes exercem suas funções por meio do controle dos significados e da manipulação simbólica, criando e recriando referências aos indivíduos por meio de artefatos culturais, empregando retórica, imagens e metáforas.

Em segundo lugar, as inovações e as mudanças na organização são tratadas como eventos dramáticos, com forte componente teatral. Em substituição a estratégias essencialmente objetivas e racionais de comunicação, considera-se a teatralização como um elemento de persuasão usado pelos líderes, que devem gerar empatia, entusiasmo e suporte às mudanças. A retórica e a manipulação de símbolos e significados em grandes eventos corporativos contribuem para avaliação, legitimação e implementação de mudanças.

Em terceiro lugar, líderes e liderados utilizam maciçamente técnicas de gerenciamento da impressão, com o objetivo de criar entendimentos comuns sobre eventos e estratégias organizacionais. Nesse sentido, a retórica incorpora linguagem metafórica, imagens, fábulas, poesias, criando grandes narrativas que escondem contradições, mistificando ações e decisões. "Um ator eloquente, empregando habilidades retóricas, corporifica emoções e mostra sentimentos de outras pessoas como se fossem os seus próprios. O discurso e a imagem ganham precedência sobre a realidade" (Wood Jr. 2000, p. 26).

Em quarto lugar, o uso de analistas simbólicos torna-se uma prática das organizações. Esses profissionais lidam com problemas ou questões organizacionais por meio da manipulação de símbolos, traduzindo realidades idealizadas em imagens ou mensagens que possam ser comunicadas e, eventualmente, institucionalizadas. Segundo o autor, as organizações de simbolismo intensivo são como "arenas teatrais" ou "cenários cinematográficos", nas quais diversas peças acontecem simultaneamente e em que o passado e a realidade são idealizados, reinterpretados, editados e exibidos (p. 27).

Podemos considerar as *organizações de simbolismo intensivo* como instâncias nas quais valores, significados e símbolos são manipulados para a construção dos consensos culturais considerados apropriados para a consecução de estratégias corporativas. Como tal, os esforços de gestão simbólica poderiam ser associados à construção e à renovação de *sistemas de valores organizacionais*, conceituados como as ideias e ideais sociais que a coletividade viria a compartilhar ou, de acordo com Wiener (1988), o núcleo de uma cultura.

Culturas fortes seriam caracterizadas pela intensidade do compartilhamento dessas ideias ou valores culturais, o que dependeria da eficácia de estratégias de gestão e manipulação de símbolos e da convergência das pessoas para os significados aos quais são expostos. Coerente com o modelo típico-ideal das organizações de simbolismo intensivo, Wiener (1988) discute os processos e funções associadas à mudança e à manutenção de sistemas de valores organizacionais.

O autor destaca (1) os processos de recrutamento e seleção de indivíduos predispostos a se adaptar à cultura organizacional; (2) a transmissão dos valores organizacionais aos indivíduos por meio de mecanismos de socialização; e (3) os processos de suporte e renovação do sistema de valores, ou da cultura, por meio de práticas ritualizadas.

No que diz respeito ao recrutamento e à seleção de indivíduos, o autor chama a atenção para os diferentes níveis de predisposição que os indivíduos têm em se adaptar aos valores dominantes em dado contexto social, o que ele denomina valores genéricos de lealdade e obrigação, conceituado como "a crença individual de que o indivíduo tem a obrigação moral de engajar-se em certos modos de conduta" (Wiener, 1988, p. 541).

Também destacam a relevância de acessarmos o nível de congruência entre os valores individuais e os valores organizacionais, o que geraria consistência ao sistema de valores organizacionais. Assume-se aí a relevância do repertório cultural dos indivíduos, inseridos em grupos diversos e socializados de maneiras particulares, para a construção de culturas organizacionais fortes. Quanto à transmissão dos valores organizacionais aos indivíduos, os mecanismos de socialização são considerados processos pelos quais aqueles novos membros da organização são expostos ao sistema de valores organizacionais.

A eficácia da socialização também dependeria de fatores como a predisposição do indivíduo em adaptar-se a uma nova cultura e o nível de congruência entre valores individuais e organizacionais. O sistema de valores organizacionais seria reforçado ou renovado continuamente por práticas rituais, processos marcados pela retórica, pela teatralização, pela manipulação de significados. O modelo prescritivo de Wiener (1988) pode ser representado graficamente pela Figura 1.2.

Em uma obra etnográfica crítica ao tema, Kunda (1992) ilustra o uso da retórica e da manipulação simbólica para a construção de um sistema de valores organizacionais (*a visão correta dos negócios*) por meio da atuação dos analistas culturais. Trata-se do caso da Tech, empresa norte-americana produtora de alta tecnologia.

> "Jogadas de poder não funcionam. Você pode fazer o que quiser com eles [funcionários]. Eles têm de querer. Então você tem de trabalhar através da cultura. A ideia é educar as pessoas sem que elas saibam. Ter a religião e não saber como a assimilaram!" (p. 5).

E há maneiras de fazê-lo, o autor continua:

> Hoje o Dave vai fazer sua primeira apresentação em Lyndsville... "Apresentações são importantes nessa cultura", ele diz. "Você tem que se entrosar, passar a eles a religião, passar a sua mensagem. É um mecanismo para transmitir a cultura."... "O Dave é claro sobre o que ele quer alcançar: gerar um pouco de entusiasmo, deixar que eles soltem suas emoções, celebrar alguns dos sucessos, mostrar a eles que eles não estão sozinhos, fazer com que sua presença seja sentida. E talvez dar a eles um exemplo da visão correta dos negócios". (p. 5-6)

Como descreve Kunda (1992), apresentações sobre a cultura organizacional são usadas como mecanismos para a socialização de novos empregados, uma introdução aos princípios culturais da organização.

> Perto do hall de entrada do prédio, uma sala de conferência está sendo preparada para mais uma rotina de "formação cultural". Sozinha na sala, Ellen Cohen está se preparando para apresentar seu "módulo de cultura" para a "Introdução a Tech", um *workshop* para recém-contratados... Ela é uma engenheira "totalmente ligada à cultura". Nos últimos anos ela se tornou a especialista na cultura da companhia. "Eu me cansei de programação. Toda pessoa tem seu limite. Eu conhecia o meu. Então eu aceitei uma posição gerencial e sou paga para fazer cultura agora". (p. 6)

A gestão simbólica na organização apoia-se em manuais e comunicações internas que tratam de disseminar o que a direção considera serem os padrões apropriados de interação social.

> Ela está preparando seu material agora, esperando os participantes chegarem. Em uma mesa ela está organizando as apostilas. Cada uma inclui cópias de seu trabalho "O Manual de Operações da Cultura – versão 2"; uns impressos oficiais da companhia, uma cópia da última edição do Tech Talk, com uma entrevista com o presidente e várias frases de seu discurso "Nós somos um". (p. 6)

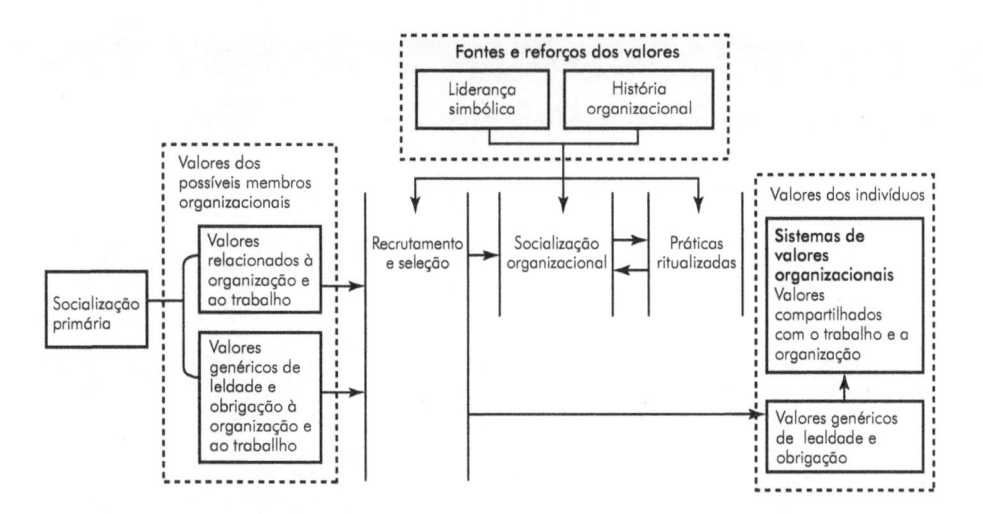

Figura 1.2.
Processos e eventos que contribuem para a transmissão e manutenção de um sistema de valores organizacionais.
Fonte: Wiener, Y. Forms of value systems: A focus on organizational effectiveness and cultural change and maintenance. *Academy of Management Review*, v. 13, n. 4, p. 534-45, 1988.

2
CAPÍTULO
A atuação estratégica do RH

André Ofenhejm Mascarenhas

A grande inovação associada à *abordagem contingencial* dizia respeito à necessidade de se alinhar estratégias e práticas de gestão de pessoas aos desafios específicos das organizações na busca de padrões de comportamento compatíveis. Conforme ressalta Albuquerque (1987), essas inovações conceituais eram consequência da percepção da existência frequente de um distanciamento (um *gap*) entre as necessidades previstas para a implantação das estratégias corporativas e as realidades das organizações em termos de pessoas para implantá-las.

Diminuir essa distância implicava executar o *planejamento estratégico de pessoas* (PEP), atrelado às decisões estratégicas da empresa, decisões estas tomadas pela alta direção. De fato, nas décadas anteriores ao surgimento da *gestão estratégica de pessoas*, as organizações experimentaram a sofisticação e a multiplicação das práticas e técnicas de gestão de pessoas, o que salientava a necessidade de se pensar a adequação mais precisa entre os desafios específicos das organizações e essas práticas. Assim, a emergência da GEP fez que os papéis de gestão de pessoas e da área de RH fossem questionados, e diversos autores defenderam a sofisticação da atuação da área de RH. Compreender essas novas demandas requer que precisemos alguns conceitos.

No nível corporativo, a *estratégia* pode ser conceituada como uma série de escolhas fundamentais sobre os fins e os meios de uma organização. Mais recentemente, a estratégia vem sendo conceituada como as políticas e os procedimentos associados, em primeiro lugar, em garantir a viabilidade da organização e, em segundo, a vantagem competitiva sustentável (Legge, 2006).

A *gestão estratégica* pode ser definida como *os* esforços para a formulação e implementação das estratégias empresariais. A formulação das estratégias vem sendo abordada tradicionalmente como um processo de planejamento envolvendo, em geral, duas etapas: (1) a primeira, de caráter quase permanente, abrange a definição do negócio, bem como a explicitação da missão da organização e seus princípios; (2) a segunda, de caráter transitório, implica a determinação de objetivos estratégicos e seus respectivos indicadores de acompanhamento, assim como a formulação das estratégias correspondentes para alcançá-los.

No nível da gestão de pessoas, o *planejamento estratégico de pessoas* pode ser conceituado como os processos por meio dos quais são antecipadas demandas ambientais e dos negócios, bem como direcionadas essas demandas em suas dimensões de gestão de pessoas. Segundo as propostas de *gestão estratégica de pessoas*, seria necessário associarmos esses dois grupos de processos. Para tal, diversos autores propuseram modelos prescritivos e processuais, ou "roteiros", a ser empregados pelos profissionais de RH, envolvidos com o planejamento estratégico de pessoas, bem como com a implementação e a avaliação das estratégias. Por exemplo, Milkovich e Boudreau (1997) descreveram o *modelo de diagnóstico*, coerente com a perspectiva contingencial e constituído por quatro etapas, que são:

1. Diagnóstico as condições de negócio.
2. Definição das estratégias de gestão de pessoas.
3. Planejamento das atividades de RH.
4. Avaliação e acompanhamento.

Diagnóstico das condições de negócio

O ponto de partida da análise proposta pelos autores é o *diagnóstico das condições de negócio*, que implica reconhecermos a dotação específica de recursos da empresa e sua inserção estratégica, atual e ideal (futura), no mercado e na sociedade.

Os autores consideram que cada organização se insere em certo ambiente institucional, econômico e cultural, sendo dotada também de recursos físicos, humanos, financeiros e organizacionais (uma cultura organizacional) cuja interação e gestão influenciam a implementação adequada das estratégias empresariais e, até certa medida, determinam a estrutura do modelo de gestão de pessoas.

A atuação estratégica do RH basear-se-ia em análises minuciosas das variáveis do contexto de negócios, de forma a viabilizar o alinhamento estratégico. Essa primeira fase incorpora a análise de duas grandes categorias inter-relacionadas de interesse aos profissionais de RH: as condições externas e as condições internas. Entre as *condições externas* destacam-se as particularidades do ambiente sociocultural, econômico, político e institucional, entre as quais o nível de qualificação dos indivíduos na região, as condições de competitividade do mercado de trabalho, níveis de desemprego, questões de cultura e diversidade cultural na sociedade, as leis e tendências da legislação do trabalho, entre outras.

Entre as *condições internas* destacam-se as decisões, intenções e inserção estratégica da empresa, a estrutura e a cultura organizacional, os padrões tecnológicos, as condições financeiras da organização, a qualificação e competências dos funcionários, entre outros fatores. De fato, o diagnóstico das condições do negócio deve contribuir para a formulação das estratégias empresariais, sendo essas definições essenciais à formulação das estratégias de gestão de pessoas. Mas como podemos entender o processo de formulação da estratégia?

Como explica Vasconcelos (2007), algumas teorias em Estratégia seriam fortemente influenciadas pelo pensamento militar, por pressupostos econômicos de decisão racional e pela ideia do mercado como um sistema autorregulado de alocação de recursos escassos. A economia clássica baseia-se em uma concepção absoluta de racionalidade, pressupondo o conhecimento total das opções disponíveis de ação por parte do planejador e do tomador de decisões. Com base no processamento das informações, o planejador ou o tomador de decisão pode pesar todas as opções de ação possíveis e escolher a opção "ótima", de acordo com critérios e objetivos determinados.

Essas pressuposições perpassam as escolas de Estratégia chamadas *design, planejamento* e *posicionamento*, segundo Mintzberg et al. (2000), em *Safári de estratégia*. Essas escolas têm em comum a ênfase na prescrição, isto é, estão preocupadas em como as estratégias *devem* ser formuladas, e não em como *são*, de fato, formuladas (p. 14), enfatizando o caráter deliberado, intencional e racional do processo de gestão estratégica. Chamaremos essa visão da formulação da estratégia de um *processo de planejamento*.

As duas primeiras escolas citadas (design e planejamento) assumem algumas premissas comuns e são complementadas pela terceira escola (posicionamento), constituindo-se no que Whittington (2002) denominou *abordagem clássica* à Estratégia. No que diz respeito às três escolas, formulação e implementação das estratégias são considerados dois processos distintos (Walker, 2004). A formulação da estratégia deve ser um processo consciente e controlado de pensamento, que precede a sua implementação. Esta acontece após os conteúdos estratégicos estarem definidos, e esses dois processos envolvem responsabilidades e grupos organizacionais distintos.

De fato, essa premissa encontra sustentação no modelo burocrático. A divisão de tarefas justificaria a separação entre a formulação e a implementação das estratégias, controlada pelos gerentes médios e executada, em última análise, pelos funcionários nas unidades de negócios. No que diz respeito especificamente às duas primeiras escolas (design e planejamento), dá-se ênfase à discussão das etapas do processo de formulação da estratégia. Seus teóricos sugeriam que os indivíduos nas organizações coletassem informações, pensassem e definissem suas estratégias e objetivos, implementando as diretrizes estabelecidas e, ao término do ciclo, analisassem os resultados e incorporassem as experiências a uma nova etapa inicial de formulação das estratégias.

Para ambas as escolas, a *análise SWOT* era uma metodologia básica do processo de planejamento para a definição das estratégias (outras metodologias incluem os sistemas de planejamento estratégico, a matriz BCG, as curvas de aprendizagem, os 7 Ps, a análise da indústria) (Mintzberg et al., 2000). (Ver o Quadro 2.1.) A essência dessa técnica seria encontrar uma combinação ótima entre posicionamentos possíveis de mercado e as capacidades da organização, o que também permitiria identificar necessidades estratégicas de gestão de pessoas. Ao final do processo, cabe aos altos executivos então definir a melhor estratégia, identificando a melhor oportunidade de a empresa competir com altas chances de sucesso (Mintzberg, 1994).

Essa visão da formulação da estratégia pressupõe a existência de melhor método de interpretação da realidade e decisão, o da alta direção, que concentraria as informa-

Quadro 2.1.
Premissas do planejamento estratégico

	Planejamento estratégico
Premissas básicas	Assumem-se pressupostos econômicos de decisão racional, a ênfase na prescrição e no caráter deliberado, intencional e racional do processo de formulação da estratégia. "Formular a estratégia é construir um plano."
Características da gestão estratégica	A formulação da estratégia deve ser um processo consciente e controlado de pensamento, que precede a sua implementação.
Responsabilidades pelas estratégias	A definição final das estratégias é responsabilidade exclusiva dos altos executivos. A escola de planejamento introduz a figura dos planejadores especializados, ligados diretamente aos altos executivos.
Características do processo de formulação da estratégia	Segundo a escola de design, o processo de formulação da estratégia deveria ser informal, baseado nas visões do líder. Já a escola de planejamento propõe a formalização desse processo por meio da utilização de metodologias e ferramentas de análise. Ambas as escolas apoiam-se nos princípios do modelo SWOT.

Fonte: Elaborado pelo autor com base em Mintzberg et al. (2000).

ções, as capacidades analíticas e a visão ampla da realidade para decidir os caminhos que toda a organização deveria trilhar. Sobre o que diferencia as duas escolas, a escola de planejamento aborda metodologias de análise e planejamento mais sofisticadas e formalizadas – como o modelo de Ansoff (1965) –, refutando também a informalidade do processo de planejamento (como proposto pela escola de design) e responsabilizando a execução das análises aos planejadores especializados, diretamente ligados aos diretores que tomariam as decisões.

Ao se centrarem nas características do processo de planejamento estratégico, as escolas de design e planejamento não abordam o conteúdo das estratégias. A escola de design, por exemplo, limita-se a sugerir que o conteúdo das estratégias deva ser único, integrado e criativo, específico para a empresa. A discussão sobre o conteúdo das estratégias é feita pela *escola de posicionamento*, muito influente nas décadas de 1980 e de 1990 (Mintzberg, 1994; Mintzberg et al., 2000).

De fato, os proponentes da escola de posicionamento não se afastaram radicalmente das premissas das escolas de design e de planejamento, assumindo o processo de planejamento estratégico como formalizado, executado por especialistas e controlado pela alta direção. Suas proposições geraram uma grande quantidade de estudos comprobatórios e aperfeiçoamentos.

Michel Porter (1989) é o autor mais influente dessa escola. A essência de seu pensamento é o argumento de que o bom desempenho de uma empresa ocorre em função da atratividade de seu setor, fruto da conjugação de suas forças competitivas, e do posicionamento que a empresa constrói nesse mercado. Porter defende que as diferenças na rentabilidade das empresas devam ser entendidas como consequências das decisões de posicionamento no setor tomadas pelas organizações.

A ênfase da formulação da estratégia deveria ser dada à análise do ambiente externo (o autor propõe uma metodologia de análise da indústria, tornada clássica em estratégia), sendo a estrutura do setor preponderante à escolha estratégica das empresas, para que então possa ser selecionada a estratégia genérica mais adequada àquela situação.

Porter (1989) enfatiza a análise externa à empresa, já que sua estratégia deve surgir de uma análise sofisticada das regras competitivas que determinam a atratividade do setor. A formulação das estratégias está baseada na noção de adaptação. Relacionar a empresa ao seu ambiente seria a essência do processo de formulação da estratégia, já que a estrutura da indústria tem forte influência nas regras do mercado e nas possibilidades de ação das empresas.

Mas quais são as estratégias genéricas que, selecionadas, garantiriam a sobrevivência da empresa no longo prazo? Em cada unidade de negócios, Porter propõe que o posicionamento assuma a forma de (1) *liderança em custos* (a empresa resolve competir com base em grandes volumes e custos baixos cobrados de seus clientes. A estratégia de liderança em custos requer ganhos de experiência, produção em larga escala em grandes instalações, economias de escala e esforços constantes para a redução de custos operacionais totais), (2) *diferenciação* (a empresa resolve competir oferecendo um produto percebido pelo mercado como singular, pelo qual se está disposto a pagar um preço mais alto. A estratégia de diferenciação promove a lealdade à marca por meio de diferenciais de qualidade, atributos únicos, ou melhor desempenho, que justificariam margens mais altas), ou *foco* (a empresa resolve focalizar determinados segmentos, linhas de produtos ou áreas geográficas. A estratégia de foco pode ser associada à liderança em custos, quando se oferece baixo custo a um mercado estreito, ou à diferenciação, quando se oferecem produtos diferenciados a um mercado estreito) (Porter, 1989; Mintzberg, 1994; Mintzberg et al., 2000).

Planejamento estratégico de pessoas

As abordagens clássicas da área de Estratégia que revisamos indicavam a importância da separação entre as atividades de formulação das estratégias e sua implementação. Essas abordagens sustentavam também que cada conjunto de atividades deveria ser executado por grupos distintos nas organizações: a alta direção se responsabilizaria pelos processos de formulação da estratégia, enquanto os gerentes e supervisores estariam encarregados da implementação das estratégias em seus níveis de atuação, em consonância com os planos corporativos.

A *formulação das estratégias de gestão de pessoas* pela diretoria de pessoas é um processo coerente com a definição prévia de planos estratégicos divisionais, segundo os quais as implicações das macroestratégias corporativas às diferentes instâncias da empresa seriam detalhadas. O posicionamento com base em cada uma das estratégias genéricas demandaria estratégias e práticas distintas de gestão de pessoas. O próprio Porter (1989), ao discutir estratégias genéricas e estrutura organizacional, afirma que cada estratégia implica qualificações e exigências diferentes ao seu sucesso, além de culturas e estruturas organizacionais distintas.

Está em moda amarrar a seleção e a motivação de executivos à missão de uma unidade empresarial, quase sempre expressa em termos de construir, manter ou colher parcela de mercado. De igual importância, senão maior, é combinar a seleção e a motivação de executivos com a estratégia genérica que está sendo seguida. (Porter, 1989, p. 210)

Sobre a cultura de uma empresa, Porter (1989, p. 21) diz que:

estratégias genéricas diferentes envolvem culturas diferentes. A diferenciação pode ser facilitada por uma cultura que estimule a inovação, a individualidade e o ato de assumir riscos (Hewlett-Packard), enquanto a liderança em custo pode ser facilitada pela disciplina e atenção aos detalhes (Emerson Eletric).

Segundo Armstrong (2006), a *estratégia de gestão de pessoas* expressaria as intenções da organização em termos de pessoas (que podem se resumir às proposições do tipo *hard* ou *soft*, por exemplo), direcionando o planejamento, a definição de políticas e práticas de pessoas, bem como as maneiras como estas serão integradas às estratégias corporativas.

Assim, a área de RH passaria a assumir a responsabilidade por articular-se ao processo de planejamento estratégico corporativo e ao seu desmembramento em planos divisionais, contribuindo com informações ao processo e derivando seus planos estratégicos. Sofisticam-se as relações entre a área de RH e as equipes responsáveis pelo planejamento estratégico.

Segundo Golden e Ramanujam (1985), são dois os tipos pioneiros de articulação entre a área de pessoas e as equipes de planejamento estratégico que surgem com a GEP: (1) a "conexão de mão única" segundo a qual as equipes da área de RH assumem responsabilidades relacionadas à implementação das estratégias por meio do planejamento de políticas e de práticas de gestão de pessoas. Segundo esse tipo de articulação, entretanto, a área de gestão de pessoas não tem nenhum papel na formulação das estratégias empresariais; e (2) a "conexão de mão dupla", ilustrada pela Figura 2.1., e segundo a qual a área de RH contribui para a formulação das estratégias corporativas, fornecendo informações sobre o ambiente interno e externo à organização em suas dimensões humanas, discutindo possibilidades estratégicas articulando-se também por meio do planejamento de políticas e de práticas de gestão de pessoas.

De qualquer maneira, o *planejamento estratégico de pessoas* é visto neste momento como um processo paralelo ao planejamento estratégico geral da empresa, baseado no pressuposto da *adaptação*, isto é, a ideia de que as etapas de definição das estratégias de gestão de pessoas estão subordinadas às etapas do planejamento estratégico da com-

Figura 2.1.
Planejamento estratégico e planejamento estratégico de pessoas

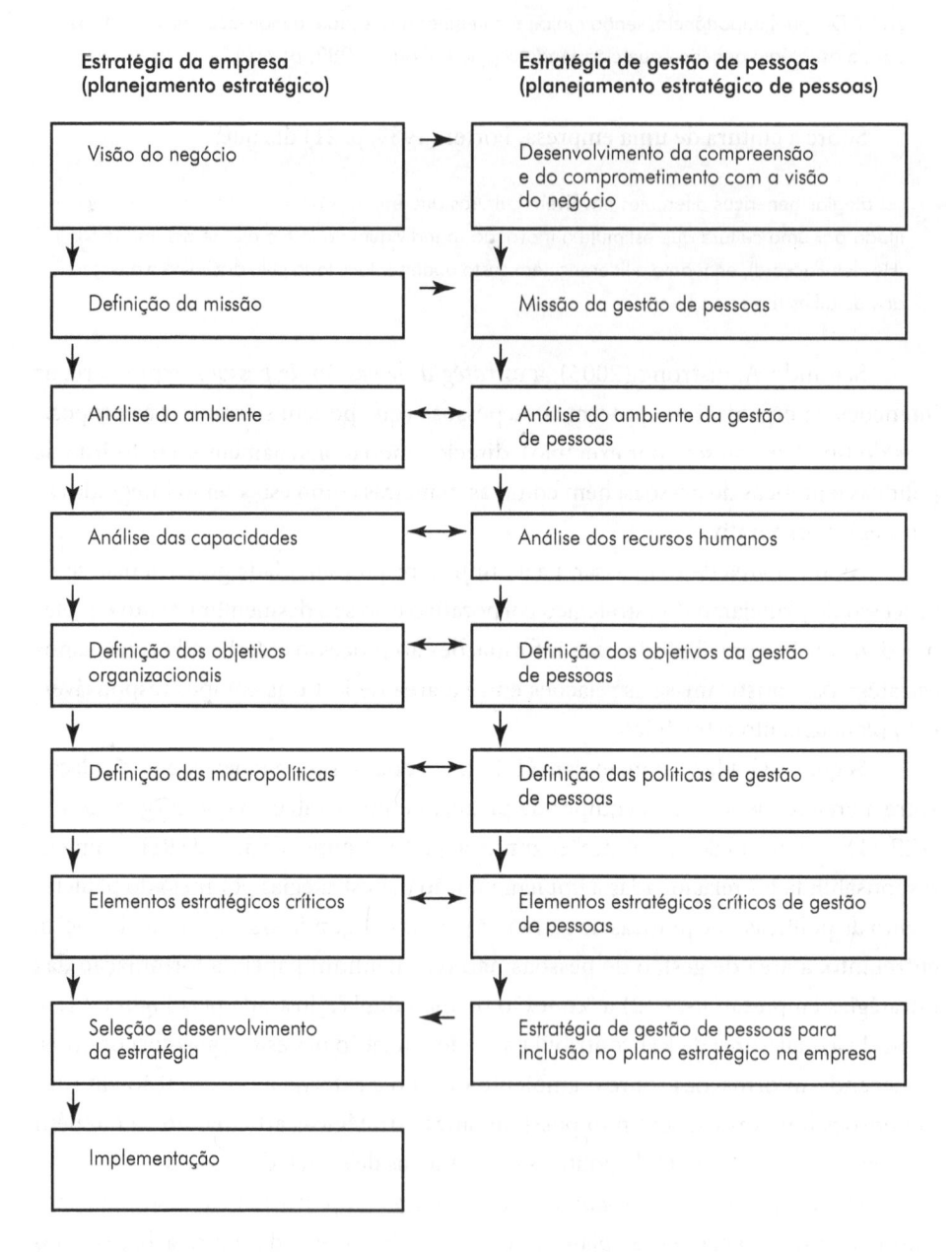

Estratégia da empresa (planejamento estratégico)	Estratégia de gestão de pessoas (planejamento estratégico de pessoas)
Visão do negócio	→ Desenvolvimento da compreensão e do comprometimento com a visão do negócio
↓	↓
Definição da missão	→ Missão da gestão de pessoas
↓	↓
Análise do ambiente	↔ Análise do ambiente da gestão de pessoas
↓	↓
Análise das capacidades	↔ Análise dos recursos humanos
↓	↓
Definição dos objetivos organizacionais	↔ Definição dos objetivos da gestão de pessoas
↓	↓
Definição das macropolíticas	↔ Definição das políticas de gestão de pessoas
↓	↓
Elementos estratégicos críticos	↔ Elementos estratégicos críticos de gestão de pessoas
↓	↓
Seleção e desenvolvimento da estratégia	← Estratégia de gestão de pessoas para inclusão no plano estratégico na empresa
↓	
Implementação	

Fonte: Adaptado de Albuquerque, L. Gestão estratégica de pessoas. In: Fleury, M. (Org.). *As pessoas na organização*. São Paulo: Gente, 2002.

panhia (Golden e Ramanujam, 1985; Lengnick-Hall e Lengnick-Hall, 1988; Almeida et al., 1993; Purcell, 2001; Schuler et al., 2001; Albuquerque, 2002).

Percebe-se, assim, a íntima relação ideal entre as atividades de planejamento estratégico corporativo e as etapas do planejamento estratégico de gestão de pessoas. Se, na primeira fase do modelo de diagnóstico, levantam-se informações importantes para a compreensão da situação e das necessidades da gestão de pessoas, isto é, como a empresa se encontra em termos de cultura, estrutura e pessoas para implementar as suas estratégias (Mirvis, 1985), na segunda fase, a empresa precisa definir princípios, objetivos, estratégias de gestão de pessoas de forma a viabilizar a implementação das estratégias empresariais no que diz respeito a variáveis humanas e organizacionais.

Nessa fase, a ênfase ainda é dada a proposições mais gerais que a organização busca implementar, o que implica fazer o seguinte questionamento: "nossa cultura organizacional é coerente com nossas estratégias pretendidas?" As estratégias de gestão de pessoas constituem-se em conteúdos ou valores culturais (princípios de gestão de pessoas) com forte ênfase ou direcionamento à ação, que deveriam ser internalizados pelos indivíduos, o que possivelmente dependeria de práticas de gestão simbólica, definidas na próxima etapa do modelo.

Na realidade, a definição de estratégias e filosofias pela alta direção de pessoas constitui-se com mais frequência em um plano de ação, valores e intenções manifestas e idealizadas, a serem concretizadas ou não, dependendo, entre vários outros fatores, da efetividade da atuação da área e dos demais gestores de pessoas à implementação das diretrizes, dada a realidade dos grupos organizacionais.

Por exemplo, a estratégia de gestão de pessoas do tipo *soft* 1, de uma empresa de serviços, põe ênfase na busca da realização pessoal dos indivíduos na organização como precondição ao sucesso corporativo. A estratégia de gestão de pessoas do tipo *soft* 2, de uma empresa caracterizada pela inovação constante em linha de produtos, põe ênfase na aquisição e suporte aos melhores talentos. Em comum, essas estratégias do tipo *soft* colocam ênfase no desenvolvimento, na individualização, na atenção à motivação. Diferentemente, as premissas de modelos do tipo *hard* aparecem nas estratégias 3 e 4, típicas de organizações burocratizadas de produção em massa com baixos níveis de informatização. Em comum, a ênfase nos objetivos coletivos, no alinhamento, na harmonia e no uso de termos impessoais como força de trabalho e recursos humanos. (Ver o Quadro 2.2.)

As estratégias e filosofias de gestão de pessoas são frequentemente quebradas em proposições mais estreitas, mais operacionais, que serão a base do planejamento tático dos subsistemas de gestão de pessoas, a próxima fase do modelo de diagnóstico.

Quadro 2.2.
Estratégias ou filosofia de gestão de pessoas

Estratégia ou filosofia de gestão de pessoas do tipo *soft* 1
Baseamo-nos no princípio de que uma equipe proporciona os melhores serviços aos consumidores dedicando-se com alegria, respeito e amizade, sentindo-se satisfeita e respeitada no trabalho, apoiada e estimulada pela autonomia, responsabilidade e pelo desenvolvimento.
Estratégia ou filosofia de gestão de pessoas do tipo *soft* 2
Queremos ser uma organização na qual as melhores pessoas possam fazer seus melhores trabalhos.
Estratégia ou filosofia de gestão de pessoas do tipo *hard* 3
Somos uma organização que busca perpetuar-se por meio de uma força de trabalho qualificada, alinhada às metas coletivas, e orgulhosa por construir um ambiente de trabalho justo e acolhedor.
Estratégia ou filosofia de gestão de pessoas do tipo *hard* 4
A competitividade de nossa organização depende do trabalho dedicado e harmônico de seus recursos humanos, motivados e qualificados.

Na definição de uma cultura organizacional adequada, as questões a seguir são relevantes: "Em torno de quais valores, comportamentos e premissas de ação deveríamos centrar nossos esforços, promovendo o compartilhamento e a internalização, dadas nossas definições estratégicas?" Por exemplo, "Qual o relacionamento que a organização deve construir com os indivíduos, se limitado a exercer o controle e a recompensar o desempenho ou se baseada na busca do comprometimento, da autonomia e do desenvolvimento?" Ou ainda, "Quais são os perfis profissionais adequados à consecução dos objetivos organizacionais?"

Entre diversas outras categorias, essas estratégias operacionais podem ser classificadas segundo o Quadro 2.3. Cada proposição estratégica de gestão de pessoas tem implicações táticas específicas, que devem ser planejadas na próxima etapa do processo.

Quadro 2.3.
Estratégias operacionais de gestão de pessoas – questões definidoras

Administração do desempenho. Com base em que premissas a organização valorizará o desempenho?

Remuneração. Como a organização definirá e administrará os critérios dos sistemas de remuneração?

Relações com funcionários. Quais os papéis na gestão de pessoas? Como serão os princípios nas relações com sindicatos? Que formatos e conteúdos de contrato de trabalho promoveremos?

Treinamento e desenvolvimento. Qual é a relevância desses processos para nossa organização?

Recrutamento e seleção. Quais são os princípios e os objetivos que devem ser perseguidos com esses processos?

Comunicação com funcionários. Qual ênfase gostaríamos de dar à transmissão e internalização de valores corporativos?

Gestão da cultura e da mudança. Em quais abordagens da mudança organizacional acreditamos?

Planejamento das atividades e dos processos de gestão de pessoas (planejamento tático de gestão de pessoas)

Assumindo as muitas possibilidades dos subsistemas tradicionais operados pela área de RH, a terceira fase do modelo de diagnóstico prevê o planejamento tático no nível das atividades e dos processos de gestão de pessoas. Com relação à construção de culturas organizacionais fortes, a mudança cultural nas organizações é um processo complexo e que teria na área de RH a liderança mais apropriada. Por ser a cultura uma variável cujos conteúdos são persistentes e multifacetados, a mudança cultural demanda alterações em vários elementos e em seus conteúdos para que, juntos, eles possam refletir novos padrões de normas, significados, valores e expectativas de comportamento. Entre esses elementos estão práticas sociais sistemáticas, que também seriam objeto de esforços de mudança.

De fato, os subsistemas de gestão de pessoas promovem significados intrínsecos, devendo ser pensados como ferramentas para a mudança cultural, capazes de mobilizar as pessoas para a busca dos objetivos estratégicos. Mudanças nos sistemas de recompensa e incentivos e nos sistemas de recrutamento e seleção de novos membros aos grupos, a promoção de valores culturais por meio do alinhamento dos sistemas de socialização, de comunicação, de treinamento e desenvolvimento dos indivíduos, estilos de liderança, a construção de novas habilidades individuais, bem como a implementação de novas estruturas e estratégias organizacionais podem contribuir para a internalização de novas expectativas e a promoção de certos comportamentos.

Em um nível mais tático, as decisões giram em torno de como fazer que os objetivos de gestão de pessoas sejam efetivamente alcançados. As diversas decisões relacionadas às políticas e às ferramentas de RH têm, muitas vezes, implicações indiretas importantes na consecução desses objetivos, o que salienta a importância do *alinhamento interno*.

Esse conceito é relevante neste momento, já que os subsistemas de RH deveriam ser coerentes entre si e com os objetivos da gestão de pessoas, definidos na fase anterior. Decisões de remuneração influenciam outros aspectos do modelo de gestão de pessoas. Por exemplo, sistemáticas de remuneração por desempenho podem reforçar valores como a ênfase no curto prazo, enquanto sistemáticas de remuneração por competências podem estimular o desenvolvimento, sendo frequentemente recomendadas para organizações que busquem implementar dinâmicas de aprendizagem contínua.

Da mesma maneira, o *feedback* para o grupo reforça relacionamentos mais cooperativos em uma empresa, enquanto o *feedback* individual pode promover um ambiente de maior competição entre os indivíduos. Assim, as definições a respeito das políticas de gestão de pessoas não são somente operacionais, mas devem contemplar as suas inter-relações mais amplas.

Uma proposição clássica foi a de Schuler e Jackson (1987a), que se baseia nas ideias de Porter e nos princípios da perspectiva comportamental para descrever modelos genéricos de gestão de pessoas caracterizados pelo alinhamento interno e externo. Os autores destacam se tratar de tipos ideais aplicados a unidades de negócios, áreas funcionais ou até mesmo empresas inteiras; entretanto, seria possível encontrarmos estratégias que se sobrepõem (Schuler e Jackson, 1987a; Purcell, 2001). Certamente, os modelos táticos descritos a seguir não são exaustivos.

Em primeiro lugar, os autores descrevem uma estratégia de gestão de pessoas para a *inovação*, que implica a promoção de comportamentos criativos, a cooperação e a coordenação, média priorização à qualidade e à produtividade, alta propensão ao risco, alta tolerância ao fracasso, à ambiguidade e à imprevisibilidade. Entre as políticas de RH consistentes, citam-se o recrutamento externo de talentos, a minimização do controle, investimentos em desenvolvimento, definições amplas de carreira, ênfase na experimentação, entre outras. Como citam os autores, "para encorajar seus funcionários a serem inovadores, a 3M desenvolveu uma doutrina informal permitindo que seus funcionários usem 15% de seu tempo para projetos próprios" (Schuler e Jackson, 1987a, p. 209).

No que diz respeito à estratégia de *diferenciação pela qualidade*, os autores explicam que a ênfase na qualidade total implica atenção especial às pessoas, já que boas ideias ao aperfeiçoamento de produtos, serviços e processos vêm das pessoas. Para implementá-las, a ênfase no comprometimento, na cooperação, no trabalho em equipe e na autonomia também são relevantes. Esses comportamentos devem ser estimulados por políticas de RH consistentes: "a existência de práticas de *feedback*, trabalho em equipe é permitido e facilitado, tomada de decisões e a responsabilidade são parte da descrição de cargos de cada funcionário, e classificações de cargos são mais flexíveis" (Schuler e Jackson, 1987a, p. 210). Como o aperfeiçoamento da qualidade requer a mudança de processos de produção de maneira a envolver funcionários, a propensão à flexibilidade seria valorizada.

Por fim, uma estratégia de *redução de custos* requer comportamentos repetitivos e previsíveis, ênfase nos resultados de curto prazo, individualização, alta priorização à produtividade e muito baixa propensão ao risco. Entre as políticas de gestão de pessoas coerentes estariam as descrições de cargo rígidas e explícitas, deixando pouco espaço para ambiguidade, as carreiras definidas de maneira estreita e um nível relativamente alto de conforto e estabilidade no emprego para encorajar a especialização, a *expertise* e a eficiência, a avaliação de desempenho focada no curto prazo e em resultados, além de pouco investimento em treinamento e desenvolvimento. O Quadro 2.4. complementa essas ideias.

Nesta mesma direção, em 1984, Miles e Snow (1984) haviam dado uma contribuição importante para discussões sobre a gestão de pessoas ao associarem sua tipologia de orientações estratégicas a macroestratégias e práticas de gestão de RH.

Segundo a tipologia de Miles e Snow (1978), as organizações com orientação estratégica *prospectiva* buscam ativamente novos mercados e produtos como estratégia para o crescimento. Essas organizações promovem frequentemente a inovação nos ambientes competitivos, que devem ser acompanhadas pelos competidores. Também costumam ter uma linha diversificada de produtos e contam com mão de obra especializada nas áreas

Quadro 2.4.
Modelos genéricos de gestão de pessoas

Estratégia genérica	Comportamentos adequados	Políticas e práticas de RH
Inovação	Nível alto de comportamentos criativos. Ênfase no médio e longo prazo. Comportamentos cooperativos e interdependentes em alta intensidade. Média priorização da qualidade. Média priorização da quantidade. Priorização dos processos e dos resultados equivalente. Alta propensão ao risco. Alta tolerância à ambiguidade e à imprevisibilidade.	Ênfase no recrutamento externo de talentos. Cargos requerem interação e coordenação entre grupos de indivíduos. Avaliações de resultado tendem a refletir realizações coletivas e em médio e longo prazos. Cargos flexíveis que permitem o desenvolvimento de uma variedade de competências, passíveis de ser empregadas em outras posições na empresa. Sistemas de remuneração flexíveis que enfatizam a equivalência interna em vez da equivalência externa ou de mercado. Carreiras definidas de maneira ampla para promover o desenvolvimento de uma variedade de competências.
Diferenciação pela qualidade	Comportamentos relativamente repetitivos e previsíveis. Ênfase no médio prazo. Comportamentos cooperativos e interdependentes em intensidade moderada. Alta priorização da qualidade. Média priorização da quantidade. Alta priorização dos processos. Baixa propensão ao risco. Comprometimento com os objetivos da organização.	Descrições de cargo relativamente flexíveis, deixando algum espaço à ambiguidade. Alta participação dos indivíduos em decisões relevantes às condições imediatas de trabalho e ao emprego em si. Composição de critérios coletivos e individuais à avaliação de desempenho que é focada no médio prazo e em resultados. Tratamento relativamente igualitário dos funcionários e algum nível de garantia no emprego. Treinamento e desenvolvimento extensivo e contínuo de funcionários.
Redução de custos	Comportamentos repetitivos e previsíveis. Ênfase no curto prazo. Atividades individualizadas. Média priorização da qualidade. Alta priorização da quantidade. Alta priorização dos resultados. Muito baixa propensão ao risco. Nível relativamente alto de conforto e estabilidade no emprego.	Descrições de cargo rígidas e explícitas, deixando pouco espaço à ambiguidade. Cargos e carreiras definidas de maneira estreita para encorajar a especialização, a *expertise* e a eficiência. A avaliação de desempenho focada no curto prazo e em resultados. Monitoramento dos níveis de remuneração do mercado como critério a decisões de remuneração. Sistemas rígidos de controle. Níveis mínimos de treinamento e desenvolvimento de funcionários.

Fonte: Adaptado de Schuler, R.; Jackson, S. Linking competitive strategies with human resource management practices. *Academy of Management Executive*, v. 1, n. 3, p. 207-19, 1987a.

de pesquisa de mercado e desenvolvimento de produtos. Já as organizações *defensivas* buscam manter e aperfeiçoar a variedade de produtos nos mercados tradicionalmente explorados, com ênfase em grandes volumes e baixos custos. Essas organizações mantêm linhas mais restritas de produtos, mas buscam aperfeiçoar continuamente seus métodos e processos de produção, dentro dos limites impostos pelos mercados explorados. Entre as áreas de especialização dessas organizações estão a engenharia de processos, o controle de custos e eficiência da produção. As organizações defensivas e prospectivas apresentariam diferenças significativas entre si no que diz respeito a estrutura organizacional, métodos de trabalho e sistemas de gestão de pessoas.

Como sustentam os autores, a área de RH deveria assumir papéis consultivos mais proativos, de forma a contribuir para o desenvolvimento organizacional por meio do planejamento e da operação de sistemas de gestão de pessoas capazes de reforçar as escolhas estratégicas das organizações. Por exemplo, uma empresa prospectiva deve desenvolver sistemas de gestão de pessoas com ênfase na aquisição de talentos no mercado. Esses sistemas devem ser coerentes entre si de forma a promover a mudança e o empreendedorismo na organização. Em uma organização defensiva, o modelo de gestão de pessoas deve reforçar o desenvolvimento das pessoas, isto é, as pessoas devem ser encorajadas a desenvolver seus padrões de atuação a patamares ótimos, nas descrições de cargo e posições organizacionais planejadas.

De fato, Miles e Snow (1984) desenvolvem suas ideias e apontam diversas implicações das orientações estratégicas das empresas na estrutura organizacional e no modelo de gestão de pessoas. Essas ideias seriam usadas como base para diversos outros teóricos da abordagem contingencial da gestão de pessoas.

No âmbito da *gestão estratégica de pessoas*, ficava evidente a necessidade de se promover mais efetivamente os padrões técnicos e comportamentais adequados às organizações, o que fez que o subsistema de *gestão do desempenho* (*performance appraisal*) fosse destacado por constituir-se em uma espécie de elo entre os demais. Se, desde há algum tempo, muitos chefes já avaliavam seus funcionários (em termos de seu desempenho ante as descrições de cargos, por exemplo), com a necessidade de se alinhar os comportamentos individuais às expectativas organizacionais (agora renovadas em termos de maior comprometimento e busca da qualidade total, por exemplo), os teóricos passaram a sugerir mais enfaticamente a formalização dessas práticas por meio de metodologias sistematizadas e articuladas, capazes de viabilizar e reforçar esse alinhamento, direcionando então outras atividades e processos de gestão de pessoas.

Como consequência, a partir de 1980, foram muitas as propostas conceituais relacionadas à gestão do desempenho. Lucena (1992) e Pontes (1986), por exemplo, destacam ser a gestão do desempenho uma metodologia capaz de verificar se os objetivos organizacionais – desdobrados em metas divisionais, grupais e individuais – estariam realmente sendo alcançados.

De fato, a gestão do desempenho abrange várias esferas da organização. No nível individual, a gestão do desempenho assume a importância de compararmos os comportamentos dos indivíduos às expectativas da organização. No nível divisional, a gestão do desempenho é um conjunto de técnicas para a avaliação dos objetivos e metas coletivos da área, bem como para análise e proposição de soluções para os desvios de rota. De maneira análoga, a gestão do desempenho também ocorre entre os grupos ou equipes de trabalho. Segundo Lucena (1992), o processo de gestão do desempenho pode ser descrito por meio de quatro fases principais:

1. *Negociação do desempenho.* A primeira fase do processo de gestão do desempenho é a negociação do desempenho. Em uma unidade divisional da empresa, o chefe deveria especificar as atribuições e responsabilidades de seus subordinados, em consonância com os objetivos divisionais e as estratégias empresariais. Deveriam ser explicitadas as metas e indicadores a ser utilizados como critério para a comparação entre as expectativas da administração e o desempenho real dos indivíduos. Negociar o desempenho implica explicitar a atuação dos indivíduos no âmbito dos cargos que ocupam na organização cujos conteúdos sugerem as responsabilidades, tarefas e desafios que lhes são atribuídos. Coletivamente, negociar o desempenho se refere a explicitar expectativas em relação à atuação da equipe no que diz respeito aos desafios e projetos específicos sob sua atribuição. Na gestão do desempenho, muitas empresas se tornam contextos ambíguos, nos quais os indivíduos convivem, ao mesmo tempo, com a certeza das tarefas prescritas e a imprevisibilidade das mudanças.

2. *Análise da capacitação profissional.* Na segunda fase do processo de gestão do desempenho, o chefe deve verificar se seus subordinados possuem a qualificação necessária para o cumprimento das tarefas e metas acordadas. Em uma organização, os indivíduos devem dominar os pré-requisitos a determinado cargo ou projeto designado. A segunda fase da gestão do desempenho baseia-se no princípio de que ninguém pode exigir de alguém um nível de desempenho para o qual não se está

qualificado. O resultado dessa fase pode assumir a forma de planos de capacitação individual ou coletiva a ser implementados durante o processo. Nessa fase, o subsistema de treinamento assume uma função importante para gestão do desempenho ao viabilizar o cumprimento desses planos de capacitação.

3. *Acompanhamento do desempenho.* A terceira fase do processo de gestão do desempenho acontece à medida que os trabalhos são efetivamente realizados. Se o processo de gestão do desempenho se inicia em janeiro e dura 12 meses, são feitas reuniões regulares durante o ano para que a chefia possa acompanhar e analisar a qualidade dos trabalhos realizados, bem como o cumprimento de metas e objetivos. Na realidade, o acompanhamento do desempenho dos funcionários pode acontecer em bases mais informais, quando o chefe acumula indícios da qualidade do desempenho das pessoas sob sua responsabilidade por meio de observações informais e rotineiras. Nessa fase, deve-se acompanhar também o andamento do processo de qualificação dos indivíduos e a aplicação dos novos conhecimentos e habilidades no contexto de trabalho. As dificuldades dessa etapa não são desprezíveis.

4. *Avaliação do desempenho.* Esta é a etapa de consolidação das informações levantadas nas fases anteriores. Definidas, inicialmente, as metas e os objetivos individuais ou grupais, acompanha-se a atuação das pessoas e, ao final do ciclo, a chefia constrói um entendimento sobre o desempenho na equipe. As reuniões realizadas durante o ano e as observações da supervisão deverão ser o subsídio para a avaliação de resultados, que tradicionalmente assume a forma de um formulário preenchido pelo chefe e enviado à área de RH. A avaliação do desempenho é a base para a definição de diversos critérios de gestão de pessoas, de acordo com as particularidades do sistema adotado pela empresa. Essas informações deveriam ser utilizadas para o planejamento das várias atividades e processos da área de RH.

Com a emergência da *gestão estratégica de pessoas,* diversos autores destacam as vantagens de uma *abordagem integrada de gestão de pessoas* que utilizasse como base as informações geradas por meio da aplicação das sistemáticas de avaliação de desempenho. Segundo esses autores, a verificação do alinhamento dos desempenhos individuais e grupais às estratégias da empresa deveria ser o ponto de partida para a derivação de parâmetros para a gestão de carreiras, o desenvolvimento, o planejamento de pessoas, os aumentos salariais, as advertências e outras decisões de gestão de pessoas, que passariam a adotar progressivamente critérios de desempenho ou de integração do(s) indivíduo(s) às expectativas da organização.

Por exemplo, Bergamini (1983) e Pontes (1986) enfatizam que a avaliação de desempenho poderia integrar as atividades de todos os subsistemas que compunham a gerência de RH, promovendo o *alinhamento estratégico da gestão de pessoas*. Essas sistemáticas seriam capazes de controlar a validade dos procedimentos e decisões de seleção de pessoas, à medida que os indivíduos selecionados exibissem certos patamares de desempenho em seus postos de trabalho. Além dessa função, destacava-se a utilidade da avaliação de desempenho ao planejamento de iniciativas de treinamento e capacitação, bem como a medição do impacto dessas iniciativas ao desempenho individual e organizacional.

No que diz respeito à remuneração e à movimentação de pessoas, considerava-se ainda que a avaliação de desempenho fosse capaz de estimular determinadas atitudes e comportamentos desejados no ambiente de trabalho ao ser considerada parâmetro para promoções e aumentos de salários. Por fim, ainda podemos destacar as relações entre a avaliação de desempenho e o planejamento de pessoal que, segundo uma definição mais *hard*, são os procedimentos com base nos quais a organização se prepara para ter as pessoas certas nos lugares certos, em quantidades necessárias e adequadas.

Muitos dos procedimentos de planejamento de pessoal estão intimamente ligados às decisões de movimentação de pessoas, que, por sua vez, deveriam se estruturar com base nas novas metodologias. Assim, ao fornecer aos gerentes e à área de RH dados e parâmetros aos diversos processos de gestão de pessoas, a *avaliação de desempenho* teria como funções principais: (1) fornecer *feedback* adequado a todos os funcionários sobre seu desempenho; (2) promover valores, expectativas e comportamentos coerentes com estratégias empresariais, refletindo portanto conteúdos culturais idealizados; e (2) servir de base à integração dos subsistemas de gestão de pessoas, até então pouco articulados em termos das necessidades estratégicas da organização (Levinson, 1997; Armstrong, 2006). A Figura 2.2. ilustra a função integradora da avaliação de desempenho.

A consolidação das metodologias de gestão do desempenho nas organizações fomentou uma discussão ampla sobre suas vantagens, desvantagens, dificuldades e desafios. Já na década de 1960, antes da emergência da *gestão estratégica de pessoas*, autores apresentavam técnicas que poderiam viabilizar a construção de modelos mais coerentes de gestão de pessoas. Destacava-se que a definição clara de objetivos e de critérios de avaliação dos comportamentos poderia aperfeiçoar a gestão de pessoas nas empresas, já que até então chefes costumavam avaliar seus subordinados com base em parâmetros pouco claros e efetivos.

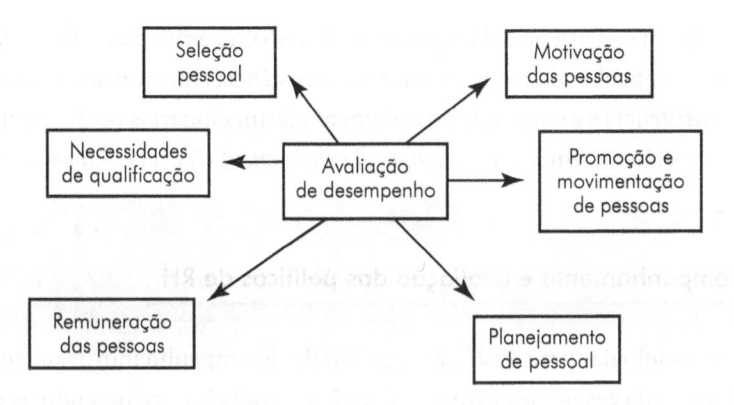

```
        ┌──────────┐                    ┌──────────┐
        │ Seleção  │                    │Motivação │
        │ pessoal  │                    │das pessoas│
        └──────────┘                    └──────────┘
              ↑                              ↑
┌──────────────┐     ┌──────────────┐      ┌──────────────┐
│ Necessidades │ ←── │  Avaliação   │ ──→  │ Promoção e   │
│de qualificação│    │ de desempenho │     │movimentação  │
└──────────────┘     └──────────────┘      │ de pessoas   │
                          ↓   ↓            └──────────────┘
        ┌──────────┐                    ┌──────────┐
        │Remuneração│                   │Planejamento│
        │das pessoas│                   │ de pessoal │
        └──────────┘                    └──────────┘
```

Figura 2.2.
Avaliação de desempenho como integrador do modelo de *gestão estratégica de pessoas* (GEP).

De fato, a gestão do desempenho foi vista como uma iniciativa capaz de vincular de maneira mais estreita a administração dos negócios à administração de recursos humanos, demanda esta crescente e que acabou contribuindo para a formulação dos princípios da *gestão estratégica de pessoas* (GEP).

Na década de 1960, eram discutidas novas metodologias de gestão, como a *administração por objetivos* de Peter Drucker (1962) que propunha a definição e o desdobramento de metas em todas as instâncias nas organizações, desde a alta direção, que deveria estabelecer os objetivos da empresa, até os indivíduos na base organizacional, que assumiriam as metas operacionais definidas com os gerentes de cada área.

Segundo Lucena (1992), até então, a área de RH operava subsistemas desvinculados das demais operações das empresas. As decisões de gestão de pessoas eram tomadas com base em critérios definidos pelo RH. Os sistemas de avaliação de desempenho serviam para gerar subsídios para as decisões como aumentos salariais e promoções sem, no entanto, assimilar parâmetros que vinculassem a gestão dos negócios à gestão de pessoas.

A integração dos diversos subsistemas de RH em torno de critérios de desempenho estava por trás da força das metodologias emergentes. A ideia era viabilizar o *alinhamento vertical*, vinculando expectativas de comportamentos a metas divisionais e corporativas, e o *alinhamento horizontal*, associando as decisões de gestão de pessoas entre si e em torno das estratégias, viabilizando a coerência mútua e complementaridade das políticas que incidem sobre funcionários (consistência individual ou *single emplo-*

yee consistency), a consistência das condições de trabalho entre indivíduos, exercendo funções ou desempenhando tarefas similares (consistência entre funcionários ou *among employee consistency*) e a coerência no tratamento de funcionários no decorrer de dado período (consistência temporal ou *temporal consistency*) (Baron e Kreps, 1999).

Acompanhamento e avaliação das políticas de RH

As novas metodologias para avaliação e gestão do desempenho inovavam ao promover a vinculação da gestão de pessoas às decisões estratégicas, reforçando os comportamentos coerentes com as estratégias empresariais. Como consequência, surgem diversas discussões correlatas, entre as quais questionamentos sobre o "impacto dos processos e decisões de gestão de pessoas à consecução das estratégias das empresas".

Autores questionaram as ferramentas e métodos de gestão utilizados até então pela área de RH, sugerindo a necessidade de se verificar em que medida as iniciativas de gestão de pessoas efetivamente contribuíam para o sucesso organizacional. Com o advento da GEP, intensifica-se esse debate cuja relevância sentimos principalmente hoje. Tratava-se também de um esforço para tentar diminuir a subjetividade com que eram tratadas tradicionalmente as decisões de gestão de pessoas.

Os profissionais de RH deveriam sistematizar sua atuação de forma a viabilizar sua inserção estratégica nas organizações. Essa nova inserção não seria viável, caso não fosse possível contar com métodos mais objetivos para o acompanhamento e a avaliação das práticas de gestão de pessoas, instrumentos que pudessem, inclusive, medir o impacto dessas iniciativas na consecução das estratégias das empresas.

Nesse sentido, acadêmicos e profissionais da área propõem novas ferramentas de gestão e intensificam as discussões sobre o impacto da remuneração variável e do treinamento, entre outras decisões de gestão de pessoas, nas estratégias empresariais. No que diz respeito à promoção da qualificação, a sistematização do processo de gestão do desempenho era uma oportunidade para que fossem discutidos o *planejamento e a implementação das iniciativas de treinamento*, capazes de corrigir desvios entre o comportamento esperado dos indivíduos e aqueles efetivamente avaliados (Castro, 2001).

Nesse contexto, ganha destaque o *levantamento de necessidades de treinamento*, um instrumento de gestão de pessoas capaz de diminuir em grande medida a subjetividade que marcava as decisões no âmbito do subsistema de treinamento nas empresas. Segundo Nogueira (1982), durante a década de 1970, a literatura registrou o insucesso de muitos programas de qualificação e associou esses fracassos à identificação inadequada das necessidades e prioridades de treinamento. Havia a percepção entre os profissionais de RH de que a área promovia frequentemente iniciativas de treinamento sem um diagnóstico aprofundado da situação e sem perspectivas claras dos seus objetivos.

Em pesquisa realizada na Petrobras durante a década de 1970, Carvalho (1977) constatou que as necessidades de treinamento eram definidas com base em consultas às chefias, procedimento este que adotava como pressupostos as ideias – muitas vezes errôneas – de que o chefe planeja em longo prazo e conhece bem as necessidades e possibilidades de qualificação. Essa sistemática pode ser associada à percepção de que muitas vezes os treinamentos promovidos pela área de RH não eram eficazes.

Com a consolidação da gestão do desempenho, passa-se a considerar que uma necessidade de treinamento surge quando, definidas as responsabilidades, os objetivos ou as metas individuais, o desempenho desse indivíduo no trabalho é avaliado como abaixo das expectativas. Nas proposições primitivas à avaliação do desempenho, uma avaliação individual negativa nas grandes empresas industriais mecanizadas e burocratizadas poderia ser associada à baixa qualidade dos trabalhos realizados, indisciplina, relacionamento inadequado com colegas, tempos excessivos na execução das tarefas, frequente perda ou desperdício de material de trabalho, alta frequência de acidentes ou negligência com os equipamentos de segurança. Geraria-se então uma necessidade de treinamento.

Bohlander et al. (2003) elencam três etapas principais do processo de *levantamento de necessidades de treinamento*, que deve considerar as limitações de orçamento e de tempo da área de treinamento das organizações. A primeira fase é uma *análise estratégica da empresa*, com base na qual podem ser definidas as prioridades de investimento em treinamento. Essa análise deve se basear nas estratégias da organização, seus principais problemas atuais e suas perspectivas futuras. Por exemplo, em uma empresa de serviços, índices elevados de reclamações dos clientes indicam a necessidade prioritária de treinamentos aos atendentes. Uma nova unidade de negócios ou um novo departamento funcional frequentemente requerem investimentos significativos em treinamento. Nessa etapa do processo, são identificados grupos de indivíduos que devem receber treinamento de forma prioritária.

Em segundo lugar, deve-se empreender uma *análise das tarefas*, isto é, uma investigação dos conteúdos das atividades exercidas, no presente ou no futuro, pelos indivíduos que devem receber treinamento com prioridade. Essa análise deve servir de subsídio para a identificação dos conteúdos dos programas de treinamento a serem viabilizados.

Por fim, o levantamento de necessidades de treinamento completa-se com uma *análise das necessidades individuais*. Informações levantadas ao longo do processo de gestão do desempenho geram planos de capacitação que são tomados como base para a escolha daqueles indivíduos que, ao desempenhar suas atribuições com pouca qualidade, devem receber investimentos em treinamento. Com base na análise das avaliações de desempenho, a área de RH consegue formar "turmas" de indivíduos que deveriam ser treinados com prioridade em determinados conteúdos ou habilidades.

Apesar de as etapas do processo de *levantamento de necessidades de treinamento* sugerirem a atuação isolada dos profissionais de RH da empresa, trata-se de um processo que demanda a interação entre estes e outros grupos organizacionais. De fato, as percepções subjetivas dos indivíduos e a verificação de sua disposição ao treinamento, além da negociação de questões políticas e operacionais relevantes, são dimensões essenciais para a estruturação das iniciativas de treinamento. (Ver o Quadro 2.5.)

Quadro 2.5.
Etapas do *levantamento de necessidades de treinamento*

Análise da empresa	Dadas as limitações de orçamento e de tempo da área de RH, devem ser definidos os grupos que receberão investimentos em treinamento com prioridade. Essa análise deve se basear nas estratégias da organização, seus principais problemas atuais e perspectivas futuras.
Análise das tarefas	Devem-se investigar os conteúdos das atividades exercidas, no presente ou no futuro, pelos indivíduos que devem receber treinamento com prioridade. Essa análise deve servir de subsídio para a identificação dos conteúdos dos programas de treinamento a serem viabilizados.
Análise das necessidades individuais	Cruzam-se os processos de *avaliação de desempenho* e de *levantamento das necessidades de treinamento*: as informações levantadas na segunda e quarta fases da gestão do desempenho geram planos de capacitação a ser tomados como base para a escolha dos indivíduos que devem receber investimentos em treinamento.

Fonte: Elaborado pelos autores com base em Bohlander, G. et al. Treinamento e desenvolvimento In: Bohlander, G. et al. *Administração de recursos humanos*. São Paulo: Thomson Learning, 2003.

Na diretoria de RH, as áreas de T&D (treinamento e desenvolvimento) deveriam suprir as carências dos indivíduos no que diz respeito a conhecimentos, habilidades e atitudes adequados ao processo produtivo. As ações tradicionais de T&D baseiam-se frequentemente em um modelo esquemático composto pelas seguintes questões:

1. Quem deve ser treinado? Historicamente, essa área encontra na avaliação de desempenho, nos requisitos dos cargos, na avaliação de necessidades de treinamento, entre outros instrumentos, o apoio para a definição de prioridades de treinamento entre os indivíduos e grupos na organização.
2. Em que treinar? Os conteúdos dos treinamentos podem ser estratégicos ou operacionais. As áreas de T&D entendem que consultores ou instrutores devem trazer o que existe de mais avançado para suas organizações.
3. Para que treinar? A área de T&D deve estipular objetivos claros relacionados à aprendizagem planejada. Quais são o tipo e a natureza da mudança de comportamento esperada? Como medir essa mudança? Essas questões destacam a necessidade de a área estabelecer indicadores capazes de medir a eficácia de suas ações.
4. Quem vai treinar? As áreas de T&D utilizam muito frequentemente o trabalho de instrutores ou consultores externos para a viabilização de suas ações, ao contratar, coordenar e avaliar a atuação desses profissionais.
5. Onde treinar? Muitas grandes empresas constroem "centros de treinamento e desenvolvimento" para centralizar as atividades da área de T&D cujas vantagens seriam os ganhos de escala nesses processos, o maior direcionamento às necessidades da organização e a proximidade do local de trabalho. A contratação de consultores externos se faz com frequência sob a forma de cursos *in company*, isto é, na empresa. Em outros casos, o indivíduo é treinado no próprio local de trabalho, ou, então, é convidado a visitar outra instituição para um curso, estágio ou visita externa.
6. Como treinar? A atividade dos instrutores implica a definição dos métodos de treinamento mais adequados, que devem estar alinhados às abordagens aceitas pela área de T&D. Entre esses métodos se encontram o treinamento no posto de trabalho, a rotação de cargos, o estágio, técnicas de explanação oral, debates, treinamento a distância, simpósios e palestras, jogos de empresas, dramatização, estudos de caso, entre muitos outros. Mais recentemente, muitas organizações estruturaram programas de *ensino a distância*, em que tecnologias avançadas são utilizadas para viabilizar processos de aprendizagem que independam da presença de um instrutor, e que flexibilizem os conceitos de "turma" e "horário de aula" (Pinto, 1999; Rittner, 1999; Cordeiro, 2001).

7. Quando treinar? Por fim, as ações de treinamento e desenvolvimento devem tomar o menor tempo possível dedicado ao trabalho (Carvalho, 1994).

Apesar desses avanços, sempre foi uma questão crítica em RH o *acompanhamento e a avaliação das políticas de gestão de pessoas* no que diz respeito à sua capacidade de alcançar os objetivos estratégicos predefinidos. Existe uma grande discussão envolvendo os retornos que os investimentos em gestão de pessoas trazem para a organização. Uma das maiores dificuldades da área de RH sempre foi a avaliação dos resultados de suas práticas. A grande subjetividade que as caracteriza dificulta a definição de indicadores objetivos, capazes de quantificar o retorno sobre o investimento em gestão de pessoas. Há quem sugira a impossibilidade e irrelevância da definição desses critérios objetivos de avaliação, já que os investimentos em gestão de pessoas gerariam retornos muitas vezes intangíveis e de difícil mensuração, ainda que imprescindíveis.

Assim, é comum que os indicadores de desempenho utilizados pela área, quando existentes, sejam voltados, sobretudo, a processos e tarefas, e não a resultados efetivos (Becker et al., 2001). Monitora-se a quantidade de horas de treinamento por funcionário e o número de candidatos por vaga anunciada, e não o que os processos de treinamento e recrutamento realmente representam em termos de contribuição real para a organização. Entretanto, o advento da GEP salientou a necessidade de avaliarmos objetivamente as políticas e práticas de gestão de pessoas, sob pena de o departamento de RH ser considerado um centro de custos, e não uma função crucial nas organizações e, por isso, reduzível ao mínimo indispensável, terceirizável ou até mesmo extinguível.

A definição de indicadores de avaliação das práticas de RH deveria assumir os objetivos da gestão de pessoas como parâmetros. Isso implica dizer que cada subsistema de RH deveria ser planejado e avaliado em relação à sua capacidade de contribuir para a consecução dos macroobjetivos de gestão de pessoas. Entre as diversas dificuldades enfrentadas pelos profissionais de RH, destaca-se inclusive sua formação básica que, por ser frequentemente alinhada às humanidades, não facilita o planejamento e a manipulação de métodos quantitativos.

As atividades de acompanhamento e avaliação normalmente requerem a definição de uma série de indicadores que, integrados, seriam capazes de sistematizar os efeitos das políticas e atividades de gestão de pessoas na organização. Assim, por exemplo, a definição de políticas de recrutamento e desenvolvimento por meio de programas de estágio requer a definição de indicadores da efetividade estratégica desses programas. Um exemplo seria o acompanhamento da trajetória dos estagiários durante um período de cinco a dez anos para que se possa saber a porcentagem desses estudantes que foram efetivados, aqueles que foram promovidos nesse período e, ainda, aqueles que foram demitidos ou deixaram a empresa. É possível ainda fazer um acompanhamento mais qualitativo da trajetória dos estagiários, avaliando-se suas contribuições individuais para a empresa.

A implementação dos programas de treinamento e desenvolvimento em outros formatos também demandava a identificação e a operacionalização de ferramentas capazes de medir o impacto desses investimentos na consecução das estratégias das empresas. Trata-se de fechar o ciclo denominado por Bohlander et al. (2003) *abordagem sistêmica do treinamento*, representada pela Figura 2.3.: uma vez identificadas prioridades e necessidades de capacitação e implementados os processos de treinamento, a área de RH deveria empregar métodos objetivos de análise que pudessem mensurar os impactos dessas iniciativas.

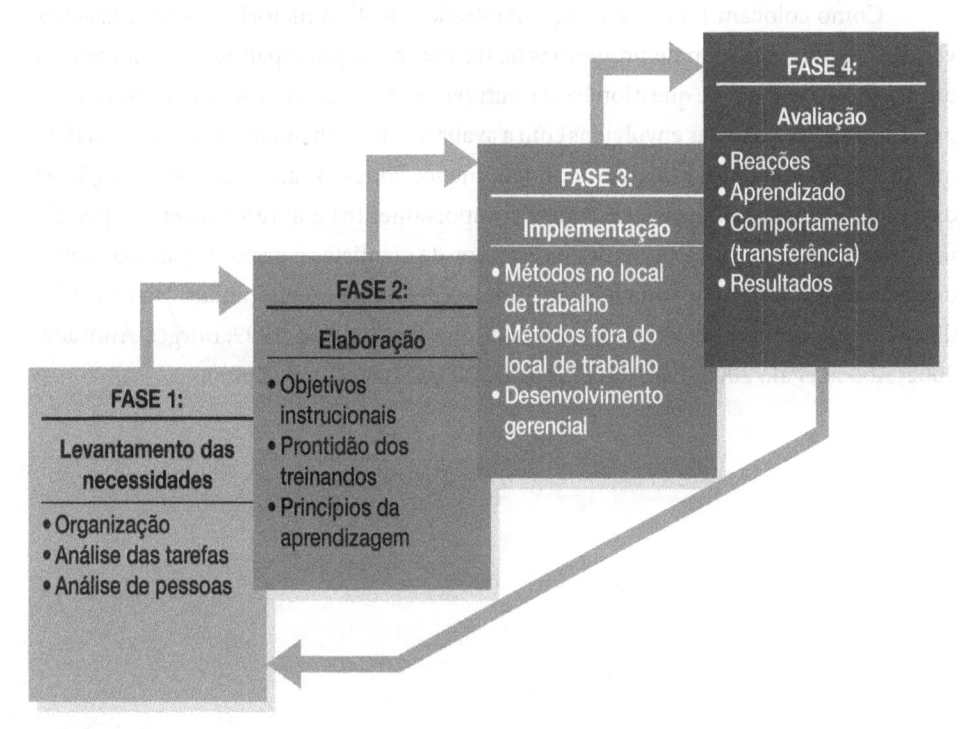

FASE 1:
Levantamento das necessidades
- Organização
- Análise das tarefas
- Análise de pessoas

FASE 2:
Elaboração
- Objetivos instrucionais
- Prontidão dos treinandos
- Princípios da aprendizagem

FASE 3:
Implementação
- Métodos no local de trabalho
- Métodos fora do local de trabalho
- Desenvolvimento gerencial

FASE 4:
Avaliação
- Reações
- Aprendizado
- Comportamento (transferência)
- Resultados

Figura 2.3.
Abordagem sistêmica do treinamento.
Fonte: Adaptado de Bohlander, G. et al. Modelo estratégico de treinamento. In: BOHLANDER, G. et al. *Administração de recursos humanos*. São Paulo. Cengage Learning, 2015.

Um modelo clássico de avaliação do impacto do treinamento é proposto por Kirkpatrick (1976). Segundo o autor, haveria quatro dimensões relevantes a essa avaliação: (1) *reações*, ou os comportamentos e o *feedback* dos participantes em relação ao programa. Essa dimensão destaca a importância da satisfação do indivíduo com o conteúdo do programa de treinamento, com as instalações e recursos disponibilizados, e com o(a) instrutor(a) que liderou o processo; (2) *aprendizagem*, que diz respeito à avaliação das diferenças de comportamentos dos treinandos, antes e depois do treinamento e em termos dos objetivos do processo; (3) *comportamento no cargo*, que abrange as melhorias no desempenho do treinando em seu posto de trabalho, como consequência da aplicação dos novos conhecimentos e capacidades adquiridas no processo de treinamento; e (4) *resultados*, que enfocam as mudanças decorrentes do processo de treinamento no nível organizacional, isto é, o que o processo acrescentou na organização ou em certas esferas sociais dela.

Como colocam Freitas e Borges-Andrade (2004), a maioria das organizações vem avaliando o impacto de programas de treinamento, principalmente na dimensão das reações, por meio de questionários e entrevistas ao final do processo. Entretanto, a porcentagem de empresas envolvidas com a avaliação do treinamento decresce à medida que incorporamos mais dimensões do fenômeno. Podemos associar essa situação às dificuldades metodológicas em avaliar comportamentos e aprendizagem, especialmente no nível macro. São grandes os esforços de cientistas e gestores para dar conta desse desafio, que assume uma relevância crescente nos contextos atuais. No Brasil, há diversos pesquisadores envolvidos com essas questões (Abbad, 1999; Borges-Andrade, 2002; Abbad et al., 2003; Lacerda e Abbad, 2003; Oliveira et al., 2003).

CAPÍTULO 3
Críticas às propostas pioneiras de gestão estratégica de pessoas

André Ofenhejm Mascarenhas

São diversas as críticas feitas aos pressupostos, conceitos e práticas associadas às proposições pioneiras de *gestão estratégica de pessoas*. Em primeiro lugar, devemos discutir os pressupostos centrais de integração entre estratégia empresarial e estratégia de gestão de pessoas (o alinhamento estratégico da gestão de pessoas), que assumem uma perspectiva clássica dentro da disciplina Estratégia Empresarial, passível de diversos questionamentos que apontam suas limitações. Chamaremos essa discussão *crítica conceitual*.

Em segundo lugar, devemos discutir a *crítica empírica*, segundo a qual grande parte das pesquisas que buscam relacionar mais diretamente as práticas de gestão de pessoas aos patamares de desempenho das empresas em seus contextos competitivos é pouco conclusiva, denunciando a fragilidade dos pressupostos centrais da GEP, que não ficariam imunes a suspeitas sobre sua efetividade empírica.

Em terceiro lugar, discutiremos a *crítica cultural*, que denuncia as dificuldades práticas para a implementação do alinhamento estratégico da gestão de pessoas por meio de estratégias de gestão simbólica. Essa crítica pode ser estendida aos pressupostos básicos das abordagens tradicionais de gestão da mudança, discussão esta a qual retornaremos posteriormente.

Por fim, discutiremos a *crítica prescritiva*, que introduzirá novos conceitos relevantes para a compreensão da evolução da *gestão estratégica de pessoas*.

A crítica conceitual

Vimos que a *perspectiva clássica* da gestão estratégica, como chamada por Whittington (2002), pode ser associada à visão da formulação da estratégia como um processo de planejamento, abrangendo as ideias das escolas de design, planejamento e posicionamento, ideias estas discutidas por Mintzberg et al. (2000). Estas são propostas prescritivas de gestão estratégica; as duas primeiras escolas se focam no processo de formulação das estratégias em si, como deve acontecer, enquanto a terceira também aborda o conteúdo das estratégias.

Segundo Lengnick-Hall e Lengnick-Hall (1988), pode-se dizer que as primeiras propostas de *gestão estratégica de pessoas* assumiam três pressupostos alinhados às premissas da abordagem clássica da gestão estratégica. O primeiro pressuposto refere-se ao fato de o rumo estratégico da organização já ter sido decidido antes da estratégia de gestão de pessoas. No modelo de GEP, a estratégia de gestão de pessoas deveria ser um desdobramento (adaptação) das definições estratégicas gerais da empresa.

O segundo refere-se à crença de que o processo de implementação da estratégia empresarial implica somente identificar e utilizar meios para se atingir objetivos, e não tem qualquer papel na formulação da própria estratégia. Esses dois processos são independentes, como também assume a perspectiva clássica da gestão estratégica.

O terceiro refere-se às responsabilidades por esses processos. A formulação das estratégias seria competência da alta direção. Os recursos humanos seriam considerados meios para a implementação das estratégias, e não tomavam parte em processos de geração ou seleção de estratégias empresariais.

De fato, esses pressupostos são coerentes com o caráter deliberado, intencional e racional da visão clássica do planejamento estratégico, centralizado nos planejadores e na alta direção, e que deveria preceder a sua implementação.

A visão clássica é, entretanto, apenas uma entre as diversas perspectivas possíveis da gestão estratégica. Por se tratar de uma abordagem prescritiva cuja proposta em comum seria delinear métodos e procedimentos para a formulação da estratégia, o desenvolvimento da visão clássica não se comprometeu com a descrição ou a explicação de como as estratégias são efetivamente formuladas e implementadas na prática, preocupações estas de outras escolas de estratégia.

Na realidade, formular e implementar estratégias são atividades que podem ser analisadas e executadas segundo uma diversidade de premissas. No que diz respeito aos modelos prescritivos de *gestão estratégica de pessoas*, essa multiplicidade de perspectivas possíveis dificulta a associação rápida entre a construção do futuro de uma organização e suas implicações em termos de gestão de pessoas. O leitor que desconhece a diversidade teórica em Estratégia tenderia a menosprezar a ambiguidade que caracterizaria esses esforços.

São diversas as propostas metateóricas que buscam dar conta da multiplicidade de perspectivas em Estratégia Empresarial (Vasconcelos, 2007). Por exemplo, Whittington (2002) classifica as perspectivas em Estratégia segundo dois eixos que se interceptam na Figura 3.1. Esses dois eixos representam os resultados da estratégia em termos de conteúdo, e os processos pelos quais elas são formuladas e implementadas.

Na vasta literatura sobre o assunto, o autor identifica quatro abordagens genéricas da gestão estratégica. A *abordagem clássica*, já bem caracterizada, tem como principais características seu caráter deliberado, racional e centralizado. Formulação e implementação são processos independentes cujo objetivo seria a maximização dos lucros da companhia. "Para os clássicos, dominar os ambientes interno e externo exige um bom planejamento. A estratégia é importante nessa análise racional, e as decisões objetivas fazem a diferença entre o sucesso prolongado e o fracasso" (p. 3).

A *abordagem evolucionária* questiona o caráter racional da abordagem clássica, denunciando a irrelevância do planejamento estratégico em consequência da imprevisibilidade dos ambientes de negócios. Essa abordagem assume a metáfora da evolução biológica dizendo que somente aquelas empresas capazes de descobrir as melhores estratégias de maximização dos lucros sobreviverão. A competição nos mercados selecionaria as empresas mais aptas a adequar-se e a evoluir, o que desloca ao mercado o poder de selecionar estratégias bem-sucedidas, e não aos gerentes. Nos mercados, as estratégias acertadas surgiriam no decorrer do processo de seleção.

Resultados
Maximização dos lucros

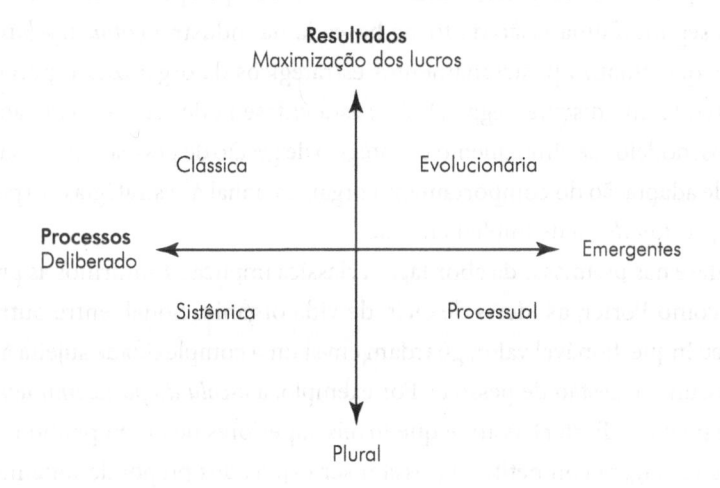

	Clássica	Evolucionária	
Processos Deliberado			Emergentes
	Sistêmica	Processual	

Plural

Figura 3.1.
Perspectivas genéricas sobre estratégia.
Fonte: Whittington, R. *O que é estratégia*. São Paulo: Thomson Learning, 2002.

A *abordagem processual* concorda com os evolucionários no que diz respeito à relativa irrelevância do planejamento formal (estratégia deliberada), mas são mais otimistas em relação ao controle que a empresa exerce na construção de seu destino. Para autores como Henry Mintzberg, a estratégia emerge como resultado de um processo de aprendizado e comprometimento (estratégia emergente), que não necessariamente precisa ser a estratégia ótima, já que os processos de seleção no mercado são imperfeitos, ninguém realmente sabe o que é uma estratégia ótima.

Por fim, a *abordagem sistêmica* assume a relevância da estratégia deliberada, como na abordagem clássica, sendo mais otimistas que os defensores da abordagem evolucionária quanto à possibilidade de a empresa definir e implementar ativamente estratégias bem-sucedidas diante das forças do mercado, e menos pessimistas em relação à abordagem processual quanto à capacidade de os gerentes conceber e implementar planejamentos estratégicos racionais. A abordagem sistêmica põe ênfase no "encaixe" social da atividade econômica. Os conceitos relativos à gestão estratégica dependem do contexto sociocultural no qual o grupo está inserido, o que relativiza as técnicas e objetivos defendidos pelos proponentes da abordagem clássica. Não importaria necessária e exclusivamente a maximização dos lucros como objetivo a ser perseguido, mas as diferentes sociedades e mercados valorizam outros critérios e métodos que também são racionais, válidos e coerentes nesses contextos.

Um dos questionamentos mais poderosos às primeiras propostas de *gestão estratégica de pessoas* diz respeito à ênfase demasiada na perspectiva clássica da gestão estratégica, segundo uma visão da firma baseada na indústria (*industry-based view of the firm*), que enfatiza posicionamentos estratégicos da organização perante seus competidores. Como discute Legge (1985), essa ênfase pode ser associada ao caráter simplista dos modelos de alinhamento estratégico de gestão de pessoas, que assumem as premissas de adaptação do comportamento organizacional às estratégias corporativas, em abordagens *top-down* de implementação.

A ênfase nas premissas da abordagem clássica implica assumirmos as propostas de autores como Porter, as ideias de ciclo de vida organizacional, entre outras, que, apesar de seu inquestionável valor, guardam em si uma complexidade sujeita a críticas quando o assunto é gestão de pessoas. Por exemplo, a *escola do posicionamento* (cujo principal expoente é Porter) assume que níveis superiores de desempenho organizacional (ou a vantagem competitiva) possam ser explicados preponderantemente por fatores externos à empresa.

Assim, para entendermos o desempenho de uma empresa, essa perspectiva teórica salienta a importância da estrutura de sua indústria ou setor de atividades, minimizando os fatores internos da organização. É fácil entendermos que a ampla assimilação das ideias e premissas da *escola de posicionamento* condenava a gestão de pessoas a um segundo plano no que dizia respeito à explicação do desempenho das empresas.

Os trabalhos da *escola de posicionamento* utilizavam o setor como unidade de análise, e cada empresa era vista somente como um conjunto de atividades organizadas. As diferenças internas entre as empresas eram praticamente desconsideradas, pois estas eram comparadas em termos de diferenças de posicionamento no mercado.

Apesar dos esforços de autores pioneiros que buscaram derivar as implicações das ideias de Porter da gestão de pessoas, o comportamento organizacional só contribuiria para a explicação do desempenho de uma firma na medida em que reforçasse o seu posicionamento de mercado considerado ótimo (Vasconcelos e Cyrino, 2000). Essa limitação da *perspectiva comportamental da gestão de pessoas* tornar-se-ia clara com o desenvolvimento posterior das teorias em Estratégia.

As primeiras proposições de *gestão estratégica de pessoas* foram discutidas criticamente por Kamoche (1998), para quem a ênfase pioneira do modelo *soft* sobre o potencial de contribuição dos indivíduos à organização sofreria com a conceituação débil da natureza dos recursos humanos, caracterizando-se pela contradição.

As implicações do modelo *soft* teriam sua relevância diminuída em decorrência de: (1) os imperativos organizacionais associados à visão da firma baseada na indústria (*industry-based view of the firm*), tais como a geração de produtividade, rentabilidade e eficiência de custos; (2) a reformulação dos mecanismos de controle gerencial, que refletem os imperativos organizacionais presumindo a congruência de interesses na organização; e (3) a busca por maior status na organização por parte dos profissionais de RH.

Segundo uma visão da firma baseada na indústria, a relevância dos imperativos organizacionais ao desenvolvimento de uma agenda ao funcionamento das organizações imporia dificuldades de legitimação a funções que não fossem facilmente compatibilizadas com a produtividade, rentabilidade e eficiência de custos (para citar três prioridades). "Uma agenda baseada em tais critérios provavelmente excluirá preocupações com funções ou atividades cuja contribuição é considerada tênue ou simplesmente indeterminada" (Kamoche, 1998, p. 284). Esse seria o caso da função de gestão de pessoas e da área de RH cujas atividades tradicionais seriam operacionais, não estratégicas, mas poderiam alcançar níveis mais elevados de status na organização ao serem associadas à qualidade de "estratégicas".

Em consequência, as proposições pioneiras de GEP teriam sido a reformulação e a sofisticação dos mecanismos de controle gerencial sobre os funcionários (tais como as propostas de controle normativo via cultura), agora integrados "estrategicamente" e coordenados pela área de RH. Todas essas propostas serviriam à agenda dominante nas organizações, permitindo o aumento do status dos profissionais de RH em consequência da nova possibilidade de se demonstrar o valor funcional da gestão de pessoas.

Dessa forma, as proposições pioneiras de GEP perpetuariam temas e preocupações tradicionais, tais como o controle dos indivíduos, o alinhamento (artificial) de interesses e a convergência com as estratégias corporativas. Contudo, da replicação de premissas, técnicas e instrumentos usados tradicionalmente com outros recursos resulta o não reconhecimento da natureza complexa dos recursos humanos, gerando problemas de credibilidade (ver adiante as críticas às abordagens de gestão da cultura organizacional). Para tal, uma alternativa seria incorporar o conceito de estratégia segundo as proposições da visão da firma baseada em recursos (*resource-based view of the firm*), como discutiremos adiante.

Ainda sobre a ênfase na perspectiva clássica, Whittington (2002) diz ser essa visão mais facilmente associável a indústrias maduras, de capital intensivo e com poder de monopólio, nas quais grandes planos representam uma chance de modelar o futuro, o que restringe a validade das primeiras propostas da *gestão estratégica de pessoas*.

Diversos autores sustentam ser a prática da gestão estratégica significativamente diferente em organizações, inseridas em outras dinâmicas de mercado. Por exemplo, em sua obra *Ascensão e queda do planejamento estratégico*, Henry Mintzberg ataca as premissas do planejamento estratégico como defendido por visões clássicas, discutindo as limitações das noções de previsibilidade e formalização e defendendo a ideia de *visão estratégica*, uma lógica subjacente ao grupo organizacional que informaria os indivíduos em suas iniciativas, conceito este mais apropriado para os esforços de se pensar estrategicamente os rumos da organização.

Assim, pensar estrategicamente envolveria análise, intuição e criatividade para se chegar a uma síntese, uma perspectiva integrada do negócio capaz de transcender as categorias ou conceitos tradicionais da organização, uma visão de futuro não tão precisamente articulada para dar espaço a uma variedade de iniciativas potencialmente estratégicas.

De fato, ao discutirmos a *abordagem processual*, a gestão estratégica pode ser considerada holisticamente um esforço coletivo no qual padrões de ação emergem como resultado de *processos de aprendizagem*, envolvendo não somente a alta direção, mas os indivíduos em interação em diversos níveis da estrutura organizacional. Estes acumulam conhecimentos, experiências e criam conjuntamente oportunidades que eventualmente se tornam iniciativas estratégicas.

O conceito de *estratégia emergente* se refere a linhas de ação reconhecidas como estratégicas somente na medida em que vão sendo desenvolvidas e implementadas, ou até mesmo só depois de totalmente implementadas, sendo então a estratégia global da organização influenciada por decisão tomada, por projeto implementado e levado adiante (Mariotto, 2003).

De acordo com a abordagem processual, a clássica sequência "formulação – implementação" da estratégia perde parte de seu poder normativo, já que a estratégia é *formada* (*crafted*) durante a ação. O autor também questiona os papéis tradicionais de planejadores e estrategistas, visto que a "formação" da estratégia seria coordenada por quem quer que decida quais projetos ou iniciativas serão implementados. Por serem decisões complexas e entrelaçadas, por meio das quais diversas pessoas influenciam com seus conhecimentos específicos os rumos das ações estratégicas, não se pode definir com precisão os responsáveis pelos projetos e estratégias emergentes, reconhecendo-se a diluição do poder na organização.

Mintzberg descreve o que ele chamou de *organização inovadora*, na qual essa visão holística de gestão estratégica como aprendizagem seria mais comum. A empresa inovadora seria uma tendência, uma espécie de organização orgânica, ou uma "adhocracia", em que as atividades são organizadas em projetos e segundo as suas especificidades, sendo dependentes do conhecimento exigido para cada situação (Mintzberg, 1979).

Como discutem Mintzberg et al. (2000), o *empreendedorismo interno* se refere às iniciativas de grupos de funcionários alocados em diversos níveis organizacionais, que têm autonomia e suporte para perseguir ideias promissoras e desenvolver projetos, novos produtos e processos. Esses funcionários devem lutar pelo reconhecimento de seus esforços com outros grupos da organização, uma vez que os recursos para a implementação dos projetos são escassos.

Assim, as iniciativas estratégicas surgem muitas vezes da base da organização, recebem o apoio de gerentes de nível médio, que buscam então a autorização dos diretores da empresa. Nesses contextos, perde importância a ideia da *racionalidade superior* da alta direção, que deve permitir que as estratégias emergentes surjam da articulação do conhecimento em todos os níveis organizacionais. Além de direcionar os esforços dos indivíduos, a gerência tem papel seletivo, isto é, deve fomentar a criação de um ambiente no qual proposições criativas possam emergir, para então selecioná--las, incentivando-as ou interrompendo-as.

Ao analisarmos as demais abordagens da gestão estratégica, como classificadas por Whittington (2002), percebemos mais limites das proposições pioneiras de *gestão estratégica de pessoas*. Por exemplo, a *abordagem evolucionária* denuncia a irrelevância do planejamento estratégico, pois as empresas inserem-se em ambientes sujeitos a forças competitivas imprevisíveis que selecionam as melhores iniciativas estratégicas.

As implicações dessas propostas à gestão de pessoas sugerem limitações do conceito de alinhamento estratégico: a construção de culturas fortes, coerentes com estratégias de longo prazo, gerando comprometimento em torno de linhas de ação deliberadas pela alta direção poderia ser uma iniciativa contraproducente.

Para teóricos alinhados à abordagem evolucionária, é mais provável que a adaptação da firma ao mercado ou ao contexto competitivo seja obra do acaso, da boa sorte ou até de erros, do que do desenvolvimento de uma estratégia corporativa deliberada. Investir nessas estratégias poderia ser uma ilusão perigosa, por causa da imprevisibilidade das forças de seleção do mercado.

Entre as propostas evolucionárias:

> os gerentes realizarão melhor trabalho dedicando-se à modesta tarefa de garantir que o que estão fazendo agora é bem-feito e eficaz. (...) É aconselhável que não tentem adivinhar o que acontecerá no mercado, investindo pesadamente em um único planejamento principal. A abordagem mais eficaz poderia ser experimentar o maior número possível de pequenas iniciativas, verificar as que prosperam e as que fracassam e, então, construir sobre as bem--sucedidas (...). (Whittington, 2002, p. 250)

A *abordagem sistêmica* sugere que os pressupostos e modelos de alinhamento estratégico da gestão de pessoas são componentes de propostas de gestão localizadas de maneira histórica e cultural (mais especificamente, originaram-se no mundo anglo--saxão, nas décadas de 1980 e 1990, associadas à influente perspectiva clássica de gestão estratégica), podendo não exercer qualquer tipo de relevância em outras sociedades nas quais redes de indivíduos formulam e implementam estratégias segundo os próprios conceitos e procedimentos culturais, em contextos institucionais e situações históricas específicas, nas quais a coerência original do modelo de *gestão estratégica de pessoas* pode ser questionável.

De fato, para os teóricos da abordagem sistêmica, a ideia de estratégia é complexa, devendo ser entendida em termos de seu "encaixe" na vida social. Ao assumir a relatividade das formas e dos fins da gestão estratégica, devemos também considerar o relativismo das propostas de *gestão estratégica de pessoas*, o que se faz urgente em contextos multiculturais de gestão. É a sensibilidade sociológica inerente à abordagem sistêmica que nos indica a necessidade de pensarmos o "encaixe" social das iniciativas e modelos de gestão de pessoas e, em última análise, a própria relevância local dos modelos genéricos discutidos nesta obra.

Por exemplo, Brewster (1995) questiona a relevância dos modelos pioneiros de *gestão estratégica de pessoas* na Europa, já que estes estariam fundamentados em um ideal norte-americano, a autonomia organizacional. A incorporação do modelo em países da Comunidade Européia seria problemática em razão das institucionalidades diferentes, tais como cultura e legislação, padrões de propriedade, atuação sindical, entre outros.

No que se refere ao contexto brasileiro, fica aqui o questionamento sobre a pertinência das premissas, fins e meios, como discutidos nesta obra, da *gestão estratégica de pessoas*. Esse questionamento potencialmente engendra a reconceituação da *gestão estratégica de pessoas*, dada a nossa realidade.

Entender a gestão estratégica como um processo de aprendizagem (abordagem processual) não exclui a ideia tradicional de planejamento estratégico (abordagem clássica). Na verdade, uma grande estratégia planejada e deliberada bloqueia a aprendizagem, enquanto uma formulação da estratégia totalmente emergente implica a perda dos referenciais. Da mesma maneira, pode-se assumir a relevância simultânea das abordagens sistêmica e evolucionária à compreensão da gestão estratégica nas organizações. Estas são visões complementares que se enriquecem mutuamente.

Com base em ampla pesquisa empírica, Vasconcelos (2007) discute o entendimento de altos executivos brasileiros, que parecem concordar parcialmente com as premissas das diferentes abordagens, adotando posturas pragmáticas de acordo com a situação prática. O autor mostra que os pressupostos das diversas abordagens em Estratégia não são nem sistematicamente rejeitadas nem unanimemente aceitas, e afirma que, na prática, muitas organizações efetuam um sofisticado planejamento estratégico e, simultaneamente, buscam não perder de vista as estratégias emergentes que possam surgir no meio ambiente de negócios e no interior da organização, reconhecendo também as restrições institucionais, políticas, culturais e ambientais à gestão estratégica.

Ao conciliar visões aparentemente divergentes da gestão estratégica, os executivos relativizam o processo de planejamento, uma vez que passam a adotar uma postura de escuta à base social de sua organização e aos demais atores no cenário de negócios, não impondo mais sua lógica de decisão de maneira inflexível (Vasconcelos, 2001).

Vasconcelos (2007) finaliza seu estudo chamando a atenção dos leitores para o fato de a mente dos estrategistas parecer funcionar bem com inconsistências, paradoxos, modelos múltiplos e frequentemente conflitantes, fenômeno o qual denominou *síndrome do ornitorrinco*. A questão que se coloca agora (e que não é respondida pelas proposições pioneiras da GEP) diz respeito às implicações dessas visões alternativas e complementares à abordagem clássica em estratégia da *gestão estratégica de pessoas*. "Como incorporar a complexidade das práticas, visões e pressupostos de gestão estratégica ao modelo de *gestão estratégica de pessoas*?" Esse desafio vem sendo discutido na atualidade, como veremos adiante.

A crítica empírica

O advento da GEP foi importante por ter redirecionado as atenções e os esforços de pesquisadores e especialistas em gestão de pessoas. Até a década de 1980, a produção científica sobre a gestão de pessoas era focada nos subsistemas de RH e seus aspectos técnicos, sem a preocupação com suas dimensões e impactos estratégicos.

Assim, discutia-se o aperfeiçoamento técnico do subsistema de remuneração de pessoas, de administração de benefícios etc., sem considerá-los parte de um esforço mais amplo capaz de mobilizar e direcionar os comportamentos às particularidades estratégicas da organização. As práticas de gestão de pessoas não eram estudadas em termos de suas contribuições ao desempenho das firmas. Com a emergência da GEP, diversas pesquisas tratam de relacionar mais diretamente as práticas de gestão de pessoas aos patamares de desempenho das empresas em seus contextos competitivos.

Contudo, grande parte dessas pesquisas é pouco conclusiva. Legge (1995, 2006) denuncia a *crítica empírica* à GEP, segundo a qual as premissas da *gestão estratégica de pessoas* carecem de investigações empíricas mais rigorosas e aprofundadas, premissas estas que incluem a natureza dos processos de gestão estratégica e de sua integração com a gestão de pessoas.

Nesse sentido, o advento da GEP traz evidências e novidades relevantes ao campo da gestão de pessoas que, entretanto, não ficam imunes a críticas sobre sua efetividade empírica. Apesar do senso comum, as primeiras conclusões sobre o assunto são controversas.

Com base em amplas revisões bibliográficas, Purcell (1999), Dyer e Reeves (1995), Becker e Gerhart (1996), Wood e Wall (2002) e Legge (2006) destacam que muitas pesquisas analisadas careciam de uma base empírica mais ampla e uma base teórica mais rigorosa. Sem fundamentação empírica suficientemente sólida, Legge (2006) sugere que as propostas apresentadas nesta Parte 1 foram usadas como base normativa da prescrição de práticas, constituindo-se em abstrações, racionalizações ou simplificações muito gerais para prover auxílios significativos aos gerentes. De qualquer maneira, ao inserirem na agenda de questionamentos e pesquisas a importância das práticas de gestão de pessoas para a compreensão do desempenho das organizações, conclusões iniciais indicam caminhos e perspectivas promissoras aos profissionais dessa área. Vejamos a seguir as principais abordagens ao assunto.

Conforme discutem Delery e Doty (1996), a pesquisa sobre o impacto das práticas de gestão de pessoas na performance das organizações assumiu três perspectivas teóricas principais: a abordagem universalista, a abordagem contingencial e a abordagem configuracionista.

Vimos que a *abordagem universalista* sugere a existência de algumas práticas universais de gestão de pessoas cuja adoção estaria diretamente relacionada a níveis superiores de desempenho organizacional. Recentemente, essa abordagem vem sendo associada aos argumentos neo-institucionalistas de isomorfismo estrutural, segundo os quais as organizações procuram implantar *best practices*, buscando a legitimidade no campo, o acesso a recursos e a sobrevivência. Essas práticas foram denominadas HCM (*high commitment model*, ou modelo de alto comprometimento), ou, ainda, HCWS (*high commitment working systems*, ou sistemas de trabalho de alto comprometimento), entre outras.

Entre seus defensores, destacamos Pfeffer (1994, 1998), Walton (1985) e Huselid (1995). Por exemplo, o estudo de Huselid (1995) abrangeu aproximadamente mil organizações norte-americanas e sugeriu que a adoção de práticas sofisticadas de gestão de pessoas tem impactos positivos em índices de gestão de RH, como rotatividade de pessoal e produtividade, bem como nos índices de rentabilidade de médio e longo prazos das organizações.

Há uma quantidade significativa de evidências empíricas que associam a adoção de uma *estratégia de comprometimento* a níveis superiores de desempenho das empresas, como indica Guest (1997). Um desses estudos foi conduzido por Arthur (1994) em trinta siderúrgicas de pequeno porte espalhadas pelos Estados Unidos.

Segundo o autor, as fábricas foram classificadas conforme suas estratégias de gestão de pessoas, controle ou comprometimento. Aquelas que promoviam o comprometimento apresentavam índices melhores de produtividade, menor rotatividade de pessoal e taxas mais baixas de desperdício. Apesar dessas evidências estatísticas, a abordagem universalista é controversa. Por exemplo, sobre o estudo de Arthur (1994), Wood e Wall (2002) afirmam que a causalidade entre as variáveis associadas não é clara, indicando a possibilidade de interpretações divergentes.

> Os resultados poderiam mostrar que as práticas conduziram a desempenho superior, mas poderiam igualmente mostrar que as siderúrgicas com melhor desempenho são mais capazes de investir em treinamento, empregados mais habilitados e outros aspectos da gestão de pessoas. (p. 68-9)

Além dessas limitações metodológicas, a abordagem universalista não está imune a outras críticas. Ao serem diretamente relacionadas ao desempenho superior das organizações, por que as *best practices* seriam ainda tão pouco difundidas? (Legge, 2005; Purcell, 1999). Pesquisas analisadas por Legge (2005) mostram que, no mundo anglo-saxão, apenas pequena parcela das empresas adotava amplos sistemas de trabalho de alto comprometimento (HCWS). Essas pesquisas mostram que esses sistemas são mais comuns em organizações que competem com base em qualidade, expostas à competição internacional, e empregando tecnologia avançada.

Assim, sugere-se a relevância da lógica contingencial para pensarmos a adoção das *best practices*. De fato, até mesmo seus defensores salientam, com mais ou menos convicção, que as *best practices* de gestão de pessoas não são necessariamente as mais adequadas a todos os contextos organizacionais. Os problemas de uma abordagem universalista certamente passam por questões culturais, institucionais e históricas, que nos remetem à relatividade e à especificidade associadas à adoção de práticas alicerçadas em valores e significados específicos. Dessa forma, a abordagem sistêmica de Whittington (2002) nos fornece elementos úteis também à crítica das propostas universalistas (Lawler, 1992; Pfeffer, 1994; Dyer e Reeves, 1995; Becker et al., 1997; Legge, 2001; Storey, 2001; Wood e Wall, 2002). Segundo Legge (2005, p. 230-231):

> O que é definido como *best practice* é função da cultura nacional e das instituições, como é claro no caso das implicações diferentes das práticas de RH das instituições social-democráticas da economia de mercado coordenada da Alemanha quando comparadas com a ênfase no curto prazo dos modelos liberais de mercado anglo-americanos.

Para muitos teóricos da *gestão estratégica de pessoas*, a abordagem universalista peca ao não discutir as relações entre práticas de gestão de pessoas e a estratégia empresarial, questão esta que seria o cerne da GEP. A abordagem universalista negaria em si os fundamentos básicos do modelo, assumindo premissas de difícil sustentação

(Purcell, 1999). Apesar de essa crítica indicar a relevância da *abordagem contingencial*, esta também não encontra evidência empírica conclusiva. Na abordagem contingencial, o efeito das práticas de gestão de pessoas ao desempenho das organizações dependerá de fatores situacionais, entre os quais, a literatura dá destaque às estratégias corporativas.

Por exemplo, Rajagopalan (1996) adota a tipologia de orientações estratégicas de Miles e Snow (1978) ao estudar as relações entre as estratégias das empresas e a adoção de certos sistemas de remuneração. O autor afirma que, entre as empresas com a orientação estratégica defensiva, a adoção de planos anuais de distribuição de bônus em dinheiro aos executivos, com base em critérios contábeis de desempenho, poderia ser associada a patamares mais elevados de desempenho organizacional, em relação a empresas com o mesmo direcionamento estratégico, mas que adotaram outros sistemas de remuneração.

Da mesma forma, organizações com orientação estratégica prospectiva experimentaram níveis mais elevados de desempenho ao adotarem a distribuição de ações aos seus gerentes com base em critérios mercadológicos. Rajagopalan (1996), entre outros autores, destaca a necessidade de políticas de gestão de pessoas que promovam padrões distintos de comportamento, considerados os desafios estratégicos que cada tipo de organização enfrenta (Calori e Sarnin, 1991; Gómez-Mejía e Balkin, 1992; Terpstra e Rozell, 1993).

Outros estudos documentaram relações entre estratégias específicas e práticas de seleção, remuneração (Kerr, 1985) e treinamento e desenvolvimento (Kerr e Slocum, 1987), não relacionando essas conexões ao desempenho da empresa.

Apesar de a abordagem contingencial encontrar alguma sustentação estatística em estudos disponíveis, entre eles Delery e Doty (1996) e Schuler et al. (1989), outros autores denunciam problemas metodológicos que obscureceriam as conclusões (Purcell, 1999). Legge (2006) denuncia a falta de estudos de caso em profundidade, combinados à propensão a métodos quantitativos baseados em questionários com baixos índices de respostas, o que poderia ser associado à fundamentação empírica débil e à ênfase apenas prescritiva dos primeiros modelos da GEP.

Mueller (1996) também questiona pesquisas que associam desempenho organizacional a práticas de gestão de pessoas. Considerar que políticas de gestão de pessoas são respostas racionais a problemas organizacionais, levando a níveis superiores de performance são associações que podem estar no nível da retórica da administração, assumida *a valor de face* por pesquisadores que usam frequentemente entrevistas ou questionários como instrumentos de levantamento de dados.

Segundo o autor, iniciativas de gestão de pessoas e níveis de desempenho estão separados por uma lacuna epistemológica (pois as pesquisas ainda não conseguiram estabelecer uma base sólida de conhecimento sobre relações de causa e efeito) e prática (porque gerentes estão muito dispostos a seguir modismos sem conseguir avaliar seu impacto real no desempenho organizacional) (Mueller, 1996, p. 157; Miles e Snow, 1984; Schuler e Jackson, 1987a; Sonnenfeld e Peiperl, 1988; Doty et al., 1993; Lado e Wilson, 1994). "Os resultados [destas pesquisas] não nos provêm evidências claras de que a integração estratégia-gestão de pessoas relaciona-se ao desempenho da empresa" (Legge, 1985, p. 117).

Mais recentemente, outra perspectiva teórica consolidou-se entre os estudos que tratam das relações entre o desempenho das organizações e suas práticas de gestão de pessoas. A hipótese da *abordagem configuracionista* sustenta haver certas configurações de práticas de gestão de pessoas que, ao se reforçarem mutuamente, são mais capazes de gerar valor a certa organização, diferenciando-a de outras organizações e gerando resultados superiores por meio das pessoas. Recentemente, a perspectiva configuracionista vem sendo associada à visão baseada em recursos (ver o próximo capítulo), segundo a qual a vantagem competitiva sustentável advém do desenvolvimento e exploração de recursos e competências únicas, de difícil imitação (Legge, 2006). Aprofundaremos essas ideias nos próximos capítulos. O Quadro 3.1. resume nossa discussão.

Quadro 3.1.
A pesquisa sobre a gestão de pessoas e o desempenho das organizações

Abordagem universalista	Sugere que haja algumas práticas universais de gestão de pessoas cuja adoção está diretamente relacionada a níveis superiores de desempenho organizacional. Entre estas práticas estariam os sofisticados métodos de recrutamento interno e externo, programas formais de desenvolvimento de pessoas, sistemas de avaliação e gestão do desempenho, sistemas de remuneração baseados em desempenho etc.
Abordagem contingencial	Com base nos preceitos da abordagem contingencial, sugere que certas práticas de gestão de pessoas são mais adequadas que outras, em dado contexto organizacional. Destaca a necessidade de padrões distintos de comportamento, considerados os desafios estratégicos particulares que cada tipo de organização enfrenta.
Abordagem configuracionista	Haveria coleções de práticas de gestão de pessoas capazes de gerar valor a uma organização por meio das pessoas. Salienta a importância do alinhamento interno do modelo de gestão de pessoas ao destacar configurações específicas de múltiplas práticas interdependentes, de difícil imitação.

Fonte: Elaborado pelos autores com base em Delery e Doty (1996).

As pesquisas sobre a gestão de pessoas e o desempenho das organizações também abrangem o conceito de cultura organizacional. A emergência dessa temática logo suscitou o interesse dos teóricos em estabelecer algum tipo de associação entre resultados empresariais e a construção ou a existência de uma cultura forte. As conclusões são, contudo, controversas. Diversos autores salientam as dificuldades que pesquisadores enfrentam ao investigar a mudança cultural e seus impactos nas organizações. Haveria dificuldades metodológicas relacionadas à apreensão da realidade das mudanças, já que investigar a construção de culturas implica verificarmos a efetividade de transformações subjetivas empreendidas pelos indivíduos (tais como valores, crenças e premissas compartilhadas de ação), desafio este que esbarra nas limitações das pesquisas.

Ao se buscar associar cultura, mudança cultural e desempenho, é necessária a estruturação de pesquisas amplas e de longo prazo, lidando não somente com a complexidade das variáveis e conceitos inerentes à problemática, mas também com a diversidade de situações de negócios que multiplicam os parâmetros contingentes das pesquisas. Apesar de generalizações serem consideradas extremamente difíceis a essa temática, algumas pesquisas trazem resultados relevantes.

Calori e Sarnin (1991), por exemplo, fizeram um estudo com empresas francesas não diversificadas, envolvidas em setores maduros e adeptas de uma estratégia de diferenciação de produtos. Limitadas a essa amostra, algumas hipóteses emergiram desse estudo.

Em primeiro lugar, a intensidade e a homogeneidade da cultura organizacional (cultura forte) seriam positivamente correlacionadas ao crescimento da organização. Em segundo, alguns atributos culturais e as práticas gerenciais associadas seriam correlacionados positivamente com o crescimento da organização. Esses atributos seriam: espírito de equipe, satisfação individual, espírito de debate e abertura, responsabilidade, confiança, abertura ao ambiente, adaptação, empreendedorismo, entre outros. Em terceiro, alguns atributos culturais e as práticas gerenciais associadas seriam correlacionados positivamente com os índices de retorno sobre investimento e retorno sobre vendas. Esses atributos seriam: abertura ao ambiente, participação em atividades locais, contribuição à sociedade, solidariedade e flexibilidade.

Mais abrangente, a obra de Kotter e Heskett (1992) consolida diversos estudos sobre as relações entre cultura e performance organizacional, indicando relações positivamente correlacionadas entre essas variáveis. Entre as conclusões dos autores, "a cultura corporativa pode ter um impacto significativo no desempenho econômico de longo prazo". Culturas que dão ênfase a dimensões-chave da administração (clientes, acionistas e funcionários) e que contam com liderança de gerentes em todos os níveis apresentam desempenho muito superior às culturas que não enfatizam esses aspectos.

Os autores ilustram suas conclusões comparando números de desempenho obtidos durante um período de onze anos.

A crítica cultural

As décadas de 1980 e 1990 foram caracterizadas pelo ímpeto das ideias de gestão da cultura organizacional. No âmbito da *gestão estratégica de pessoas*, teóricos e consultores sugeriam a possibilidade de intervenção na cultura das organizações por meio da implementação de estratégias amplas que acionassem padrões culturais específicos, construindo culturas caracterizadas por certos valores, premissas, pensamentos e, por que não, emoções.

Entre seus objetivos, a ênfase na qualidade, na orientação aos clientes e no comprometimento com a organização vem sendo questões sensíveis aos gerentes desde a década de 1980. Apesar de os autores reconhecerem o caráter histórico da construção de uma cultura, para uma parte deles seria possível intervir nesse processo racionalmente, induzindo novas posturas desejadas. A literatura nacional e internacional traz inúmeros relatos (científicos e não científicos) de casos bem-sucedidos de mudança cultural (tais como Thornbury, 1999 e Craig e Roy, 2004).

Entretanto, as propostas de gestão simbólica são questionadas em abordagens mais críticas cujos trabalhos tendem a questionar a eficácia dos métodos de mudança cultural. Entre essas críticas, diversos trabalhos denunciam a inadequação de uma visão tradicional de organização que tende a pressupor de maneira acrítica a conformidade dos indivíduos às estruturas e práticas organizacionais idealizadas, assumindo elevados níveis de consenso entre seus membros, ignorando a fragmentação de interesses e interpretações, bem como as maneiras criativas como os sujeitos apreendem e atuam perante os estímulos organizacionais (Benson, 1977). Trabalhos baseados em referenciais interpretativos e críticos dão ênfase aos indivíduos e aos grupos e às maneiras como estes interpretam, negociam e implementam os estímulos da alta direção.

Assim, esses estudos consideram as organizações sistemas sociais produzidos pelas interações dos indivíduos que, com base em suas perspectivas culturais e munidos de interesses, construiriam e transformariam as estruturas sociais (Berger e Luckmann, 2003). Comportamentos deveriam ser reconhecidos como reflexo das interpretações que as pessoas constroem ativamente acerca de suas realidades e das negociações interessadas que mantêm com outros indivíduos, de maneira a viabilizar posturas específicas, não necessariamente alinhadas às expectativas da alta direção. Esses estudos permitem que os pesquisadores interpretem a riqueza das realidades culturais nas organizações e reconheçam o caráter complexo da mudança cultural, que não dependeria simplesmente de estímulos gerenciais.

Os estudos interpretativos buscam captar os significados associados aos fenômenos cotidianos pelos indivíduos. Articulados, esses significados formam padrões culturais dinâmicos, caracterizados pelo consenso, pela ambiguidade e pelo conflito em torno dos estímulos organizacionais. Martin (1992, p. 134) define a ambiguidade como a falta de clareza entre os sujeitos que torna plausíveis múltiplas interpretações de um fenômeno, em vez de uma só.

Estudos denominados *diferenciação* centram-se no que é interpretado de maneira inconsistente e ambígua entre os grupos na organização. Essa abordagem assume que o contexto organizacional é composto por subculturas, e que o consenso existe somente no âmbito dessas subculturas. Membros dessas subculturas interagem com base nos próprios sistemas de valores e sensos de prioridades e convivem em harmonia, de maneira independente, ou em conflito.

Estudos chamados *fragmentação* centram-se na ambiguidade característica dos grupos humanos, sugerindo ser esta uma característica central ao conceito de cultura. Quando se utilizam essas abordagens, as várias lógicas culturais em uma organização, muitas vezes divergentes, não são silenciadas. As manifestações culturais estão imbricadas em processos históricos e contextos sociais caracterizados por relações de poder e conflito. Os indivíduos estão posicionados em esferas distintas da estrutura organizacional, possuem repertórios socioculturais e interesses distintos e, por isso, constroem interpretações diferentes dos fenômenos do cotidiano, de forma que o consenso cultural torna-se um mito.

Mascarenhas et al. (2004) discutem esses fenômenos como *paradoxos culturais na gestão de pessoas*, que podem ser comparados a *clivagens interpretativas*, ou a existência simultânea de interpretações inconsistentes ou até contraditórias de um mesmo fenômeno, resultado de leituras diferentes da realidade organizacional, o que gera padrões de conduta imprevisíveis (Kunda, 1992; Jaime Jr., 2002).

Assim, não compartilhamos necessariamente todos os significados e intenções com base nos quais outras pessoas ou grupos (por exemplo, a gerência) dão sentido às suas ações, o que sugere limitações das estratégias de gestão simbólica. Como discutem VanMaanen e Kunda (1989), por exemplo, o uso ritualizado de atividades e eventos organizacionais não significa que estes gerem interpretações convergentes, ou que os rituais, pela mera existência, sirva aos propósitos da alta direção.

Diversos trabalhos retratam a existência dos *paradoxos culturais na gestão de pessoas*. Em uma perspectiva de diferenciação da cultura organizacional, o trabalho de Zacarelli et al. (2007) analisa um processo de mudança no modelo de gestão de pessoas de uma multinacional no Brasil, a implementação do IDP (plano de desenvolvimento pessoal), parte de uma nova abordagem de desenvolvimento de pessoas na organização, metodologia que assume a necessidade de a organização promover continuamente a atualização das competências de seus funcionários. Nesse artigo, são analisadas as contradições que caracterizaram o processo de mudança, como percebidas pelos grupos envolvidos. Três subculturas são identificadas na organização, agregando indivíduos com percepções e interesses distintos, exibindo reações contraproducentes ante os objetivos da organização.

Entre os três grupos, no âmbito da subcultura *tudo muda e nada muda aqui dentro*, os sujeitos percebiam o discurso do IDP e a mobilização como incoerentes com as práticas históricas da organização. Sabiam desde o início *que não seria feito*. O grupo *o futuro que nunca chegará* (cujos integrantes realizaram os planos de desenvolvimento pessoal, mas não os viram implementados) experimentou uma sensação de injustiça e frustração muito grande com a empresa, do tipo *me fizeram acreditar e ter esperança e não cumpriram; nunca chegarei lá* etc.

Nesse caso, a estratégia de comunicação da empresa vendia os ideais de qualificação contínua, gerando expectativas entre os indivíduos, que reagiram com apatia ou frustração à percepção de injustiça e incoerência no processo. A piora do clima organizacional deveu-se às frustrações geradas por essas contradições, como também narram outros estudos (Vasconcelos e Vasconcelos, 2001; Dejours, 1987; Enriquez, 1991; Kets-de-Vries, 1995; Gabriel, 1999; Caldas e Wood Jr., 1999).

Em um trabalho que destaca a fragmentação das culturas organizacionais, Silva e Vergara (2003) investigam processos de mudança em cinco grandes empresas brasileiras, com 75 indivíduos, com o objetivo de captar os significados atribuídos aos eventos e as maneiras como estes se percebiam sujeitos nos processos, capazes ou não de atribuir sentido às mudanças e rumo à sua atuação profissional.

Como discutem os autores:

ainda que se leve em conta a coincidência de percepções entre os funcionários de uma mesma instituição quanto ao tipo de eventos que caracterizam as mudanças, não há como afirmar que o modo como cada um interpreta o significado destes eventos seja, realmente, *comum*. Não há como afirmar nem mesmo que existe *um único* tipo de significado atribuído por cada indivíduo. São variados os tipos de sentimentos, as interpretações, as implicações percebidas, seja no nível individual, seja no nível coletivo. (Silva e Vergara, 2003, p. 17)

Os autores questionam as premissas de muitas teorias ou propostas de mudança organizacional, que assumem a necessidade ou a possibilidade de se construir um sentido único às mudanças, a ser "comprado" ou assimilado pelos indivíduos.

Parece ingenuidade pensar que é possível fazer com que uma coletividade de indivíduos *pensantes* possa interpretar uma realidade segundo uma ótica padronizante, ainda que, muitas vezes, eles sejam capazes de reproduzir fielmente o discurso oficial "vendido" pela organização. (Silva e Vergara, 2003, p. 19)

Outro estudo que destaca a fragmentação das culturas organizacionais foi realizado por Turnbull (2001), em uma empresa de grande porte britânica, apelidada de Aeroco. A autora concentra sua investigação em um grupo específico de funcionários, os gerentes médios (uma subcultura, que compartilha interesses, medos, status etc.) cujas interpretações e respostas a um grande programa de mudança cultural variava muito. A autora observa que os gerentes médios são, com frequência, um grupo organizacional ao qual se associa a responsabilidade pela implementação prática de programas de mudança cultural, sendo eles mesmos (suas respostas, suas interpretações) pouco investigados pelos pesquisadores, apesar de seu aspecto crítico ao sucesso das mudanças.

Os gerentes médios estão situados entre as demandas e ideologias propostas (ou impostas) pela alta direção e os problemas práticos de aprendizagem, mudança ou, ao contrário, resistência, resignação e indiferença entre os subordinados. O estudo da autora baseou-se em 77 entrevistas nas diversas unidades de negócios da empresa, durante um período de dezoito meses. O programa de mudanças foi denominado *Worldclass* (Classe Mundial), e centrava-se em torno da disseminação dos valores "inovação e tecnologia", "pessoas", "clientes", "parcerias" e "desempenho", por meio de um programa extenso de educação corporativa.

Como resultado de sua investigação, a autora construiu uma tipologia de respostas aos estímulos corporativos, sugerindo a fragmentação de uma subcultura. Em primeiro lugar, os *pensadores críticos* eram gerentes comprometidos com as mudanças, cientes de sua relevância, mas detentores de posturas críticas e provocadoras. Posicionavam suas divergências sem medo, favorecendo o debate e demonstrando um nível de maturidade e profundidade de análise pouco comum ao restante da amostra pesquisada. Pouco numeroso, esse grupo assumia papéis de agentes de mudança ao clamarem pelo aprofundamento das questões críticas ao processo.

Os *profissionais intocados* formavam um grande grupo que se dizia pouco interessado pelo programa, embora demonstrasse relativo comprometimento com a organização. Apesar de avaliarem positivamente o programa, assumiam que seu impacto cotidiano seria insignificante. Os *evangelistas* também eram um grupo pouco numeroso, que se mostrava comprometido com a organização e suas mudanças em qualidade de fervor religioso. Entre seus membros, indivíduos acostumados a trabalhar por longos períodos, em detrimento da vida fora da empresa. Esses indivíduos prefeririam não questionar a ideologia imposta pela alta direção.

Os *abertamente cínicos* era um grupo pequeno, mas que se atrevia a declarar seu cinismo em relação ao programa idealizado pela alta direção, visto como uma estratégia de controle. Entre os cínicos, profissionais com muito tempo de casa, que revelavam certo desapontamento em suas carreiras, e outros com menos tempo, mas cientes de sua importância à empresa e, por isso, confiantes em exibir comportamentos tidos como desconcertantes por outros.

Os *céticos* se conformavam às novas diretrizes ideológicas, preferindo não se destacar pelo questionamento, mas se mostravam descrentes na relevância ou no sucesso do programa com seus subordinados ou colegas.

Por fim, os *atores* assumiam portar-se conforme a ideologia organizacional apesar de seu ceticismo, e por razões como insegurança no emprego ou falta de confiança. Na companhia dos abertamente cínicos, esses indivíduos deixavam "a máscara cair" frequentemente, sendo também contraditórios nas entrevistas, mas prefeririam abraçar os papéis sociais oficiais.

O estudo de Turnbull também nos chama a atenção ao caráter imprevisível dos programas de mudança cultural, interpretados e operacionalizados por gerentes médios e seus subordinados, incidindo diretamente na construção de sua identidade e, por isso, gerando respostas variadas e complexas às demandas organizacionais por coesão social. A autora finaliza sua discussão questionando a eficácia dos programas de mudança cultural, interpretados por muitos como modismos pouco sustentáveis no longo prazo.

Segundo críticos da gestão simbólica, essas propostas ignoram dimensões importantes que caracterizam a dinâmica cultural por estarem baseadas em uma pretensa preponderância das visões da administração sobre a cultura organizacional – que seria a cultura desejada –, ignorando a real complexidade cultural que caracteriza a organização. Ao impor valores e ideias, sugerindo expectativas de comportamento, as inconsistências culturais, os interesses divergentes e a ambiguidade são excluídos ou ignorados, o que tem implicações à gestão.

Os críticos da gestão simbólica denunciam sua natureza manipuladora: estas seriam estratégias de controle normativo do comportamento por meio de mecanismos (nem sempre) sutis de persuasão e coerção (Kunda, 1992). A cultura organizacional "oficial" seria uma ideologia gerencial que "sugere" comportamentos e visões adequadas, excluindo entendimentos desviantes.

Para a gerência, entender e operacionalizar o conceito de cultura implica considerá-la um aglutinador do comportamento organizacional. Essa ideia se baseia no conceito de cultura como uma composição de símbolos e valores que devem ser compartilhados por um grupo, no qual a palavra *compartilhar* quer dizer *concordar e se comprometer*.

Entretanto, as subculturas nas organizações construiriam as próprias interpretações culturais dos estímulos da organização, atuando conforme os próprios sensos de prioridade, assumindo posturas frequentemente divergentes daquelas preconizadas pela gerência, dentro de suas margens de manobra.

Assim, os autores afirmam que os paradoxos, as contradições e as divergências são características das iniciativas de mudança cultural, dificultando a construção de sentidos comuns pelo grupo organizacional, fazendo do processo pouco previsível, de complexo gerenciamento. Entendidas como resultados imprevistos a uma ação ou estratégia, essas *consequências inesperadas* seriam características dos processos de mudança e gestão simbólica (Harris e Ogbonna, 2002).

Entre esses críticos, Kunda (1992) destaca serem arriscadas as estratégias de mudança cultural por meio da ordenação racional de processos socioculturais que ignoram a variedade de repertórios culturais encontrados nas organizações. O autor ilustra as contradições e as consequências inesperadas de estratégias de mudança cultural ao explorar as maneiras pelas quais os engenheiros da Tech (como já mencionamos, uma companhia de alta tecnologia sediada nos Estados Unidos) interpretam os padrões da cultura organizacional promovidos pela administração e formam seu comportamento real no ambiente organizacional.

O autor constrói uma descrição dos valores que deveriam guiar o cotidiano organizacional dos grupos, mas que geram divergências, descontentamento, estresse.

Nesse sentido, o autor discute comprometimento na organização, misturado com cinismo e ironia, e mostra os limites das técnicas de mudança cultural e a necessidade de se gerenciar a contradição. O estudo pioneiro de Kunda direciona nossa atenção às maneiras como indivíduos e grupos constroem sua autopercepção na organização, interpretando sinais organizacionais e os transformando em comportamentos não intencionados pelos administradores.

A autopercepção dos indivíduos forma-se com base tanto nas maneiras como estes se identificam com papéis sociais que lhes são prescritos como nas maneiras com que estes se distanciam desses papéis (Goffman, 1961). Em sociedades complexas, a autopercepção dos indivíduos é construída em muitos contextos de interação, entre os quais o trabalho, a organização, de forma que possamos falar em um *eu organizacional* (*organizational self*), ou "os significados subjetivos atribuídos ao *eu* que emerge do equilíbrio entre a aceitação e rejeição da ideologia organizacional e do papel social prescrito" (Kunda, 1992, p. 162). Pode-se dizer que, na Tech, a construção da autopercepção dos indivíduos abrange processos como o gerenciamento dos limites entre a vida no trabalho e a vida pessoal (limites estes frequentemente obscurecidos pelas demandas cotidianas), e o gerenciamento dos papéis sociais prescritos pela ideologia oficial.

De fato, a cultura organizacional formata papéis sociais cuja incorporação é esperada, mas que gera respostas individuais de distanciamento (*role distancing*) e adoção (*role embracement*). A adoção de papéis organizacionais prescritos exige a expressão de identificação com os conteúdos desses papéis, ou, pelo menos, com parte deles, dependendo da situação.

A adoção de papéis organizacionais na Tech assume, com frequência, uma orientação geral positiva à empresa, uma combinação de emoções e crenças rotuladas de "lealdade". À alta direção da empresa, trata-se de uma questão de maturidade, visão que também pode ser interpretada em termos de uma experiência "religiosa", de conversão a uma causa maior (a causa organizacional), caracterizada pelo autossacrifício. A adoção dos papéis organizacionais geralmente assume a forma de uma troca voluntária com a empresa, e seria explicada em termos da identificação emocional com a figura carismática do presidente, da percepção do bom tratamento que a companhia dispensa aos funcionários, do bom ambiente informal de convívio, da segurança em se trabalhar em uma grande corporação, da diversidade de oportunidades internas e da postura geral positiva da empresa no mercado.

Contudo, se a adoção da ideologia organizacional revela a sobreposição entre o eu organizacional e a cultura oficial, essa sobreposição é temporária, já que os indivíduos lhes reservam o direito de controlar a extensão e o grau em que assumem a ideologia corporativa. Distanciar-se do papel social prescrito seria uma capacidade valorizada pelos indivíduos. Seriam "sábios" aqueles que conhecem "o que realmente está acontecendo", e que demonstram "liberdade" ou "independência" em relação aos conteúdos prescritos pela cultura. "Ser 'sábio' implica que, apesar dos comportamentos e expressões indicando a identificação [adoção], o indivíduo é totalmente ciente dos significados subjacentes e, assim, livre do controle [cultural]: autônomo o suficiente para saber o que acontece e digno o suficiente para expressar esse conhecimento" (Kunda, 1992, p. 178).

Entre os modos de "ser sábio" estão o cinismo, o racionalismo que questiona particularidades da cultura oficial, o conhecimento ou o senso comum divergente, construídos paralelamente às prescrições da cultura e discutidos como tal. O distanciamento também ocorre no que diz respeito às emoções prescritas pela cultura oficial, assumindo três formas principais: a negação, a despersonalização e a dramatização. Negação significa apresentar os motivos pelos quais alguém adota conteúdos dos papéis prescritos como puramente instrumentais, como se o relacionamento com a empresa fosse baseado em razões essencialmente econômicas, excluindo qualquer vínculo emocional. Despersonalização implica expressar emoções no ambiente de trabalho como se fossem, de alguma maneira, distintas das dimensões reais da vida afetiva, "distanciadas do 'autêntico' sentido de eu de alguém" (Kunda, 1992, p. 183). Por fim, a dramatização é a expressão de emoções de maneira calculada, estrategicamente direcionada, o que incluiria a falsa expressão de adoção dos papéis organizacionais prescritos.

Assim, Kunda revela que a visão da administração sobre a cultura organizacional não é assimilada de maneira sistemática e previsível pelos sujeitos, mas de maneira criativa, contraditória e, muitas vezes, contraprodutiva (Harris, 2002; Harris e Ogbonna, 2002a; Stanley et al., 2005). VanMannen e Kunda (1989) fazem um balanço dos primeiros estudos sobre cultura organizacional, enfocando os limites das estratégias de intervenção e controle normativo:

> Provavelmente a maioria de nós vive em um estado um tanto emocionalmente dissonante em nossas organizações de trabalho. Visto como um mecanismo de controle, a cultura corporativa nos pede que coloquemos nosso coração e nossa alma a serviço do trabalho. Entretanto, há certamente um limite ao qual estaríamos dispostos a vender nossos corações e almas à produção e venda de sabonetes, aspirinas, entretenimento, pesquisa ou computadores. O movimento em torno do conceito de cultura organizacional é encorajador à medida que, ao enfatizar aspectos simbólicos, o ser humano é visto como mais do que meros produtores,

corpos, ou máquinas de calcular. Mas o movimento é assustador à medida que é esperado das pessoas que se alinhem a uma cultura organizada para propósitos comerciais de outros, sobre os quais se tem pouca influência. (VanMaanem e Kunda, 1989, p. 92)

Os trabalhos discutidos até agora se somam a outros (Ogbonna e Harris, 1998; Ogbonna e Wilkinson, 2003) para revelar os limites à manipulação cultural. Estes assumem a forma de ambiguidades, contradições e respostas inesperadas à cultura corporativa, encarada como um mecanismo de controle. Não considerar as interpretações divergentes, as resistências, a indiferença, as dissonâncias e o estresse seria simplificar a realidade organizacional, impedindo o (difícil) gerenciamento das maneiras como grupos interpretam, valorizam e agem sobre os estímulos culturais, impulsionando ou direcionando a mudança real. Diversas consequências inesperadas típicas à construção de culturas organizacionais "fortes" são discutidas pela literatura.

No nível individual, estudos mostram o fenômeno da *dissonância emocional*, ou a reivindicação pessoal de exibição de sentimentos e emoções em relação a um objeto ou evento sem que o indivíduo realmente os sinta. A dramatização, como mencionada no estudo de Kunda (1992), seria um exemplo de dissonância emocional (Hochschild, 1983). Ogbonna e Wilkinson (1990) descrevem a *concordância resignada* (*resigned behavior compliance*), ou o alinhamento aos estímulos culturais da organização sem mudanças reais no nível cognitivo, isto é, mudanças de percepção, de valores e crenças.

Entre essas posturas, Ogbonna e Harris (1998) discutem a *concordância de valor instrumental* (*instrumental value compliance*), ou a incorporação de novos comportamentos ou até de novos elementos cognitivos, coerentes com a ideologia oficial, por meio da adaptação de valores e em virtude de interesses de médio e longo prazos na organização, tais como a permanência no emprego. De qualquer maneira, presume-se que muitas "mudanças culturais" vividas pelos indivíduos nas organizações gerem *dissonância cognitiva*, ou o choque de valores.

Segundo Festinger (1957, p. 12-3), o indivíduo perceberia inconsistências entre cognições, encontrando-se em situações de impasse e desconforto psicológico. Esse indivíduo tentaria então reduzir esse desconforto ao adotar algumas estratégias possíveis, entre as quais contestar seus valores, adaptando-os ou adotando novos valores e novos comportamentos (por exemplo, adicionando novos elementos cognitivos e incorporando os estímulos organizacionais), ou conservá-los, negando a mudança.

Nesse caso, a mudança acontece apenas no nível do discurso, do alinhamento resignado e interessado, condenando ao fracasso programas de mudança cultural que buscam promover entre os indivíduos o engajamento real e espontâneo a novos valores, diminuindo os custos com o monitoramento da conformidade (Grey, 2004).

Na melhor das hipóteses, "os indivíduos agem de maneira consistente com os valores organizacionais expostos, fingindo em vez de acreditar genuinamente" (Harris e Ogbonna, 1999, p. 189). Em geral, os estudos de Ogbonna e Harris, entre outros pesquisadores, documentam realidades complexas em se tratando de iniciativas de mudança cultural.

No nível macro ou coletivo, as consequências inesperadas de estratégias de mudança cultural são discutidas por Harris e Ogbonna (2002b), em amplo estudo de múltiplos casos em dez grandes empresas britânicas.

Os autores identificaram oito consequências inesperadas. Cada evento ou resultado inesperado foi vivenciado por pelo menos duas das organizações estudadas, e a metade desses eventos foi vivenciada por quatro ou mais organizações.

Em primeiro lugar, os autores descrevem a *ritualização da mudança cultural*. Nas empresas que consideraram a mudança cultural uma iniciativa de longo prazo, contínua, durante a qual objetivos deveriam ser fragmentados para serem atingidos incrementalmente, o processo sofreu com a falta de integração entre os estímulos organizacionais que, dentro do referencial de tempo imposto pela administração, resumiram-se à simples ritualização por ocasião dos encontros corporativos anuais, gerando interpretações negativas de insucesso.

O *sequestro dos processos* de mudança cultural diz respeito à desvalorização dos ideais originais ao longo do planejamento ou da implementação das iniciativas de mudança. Os autores relatam casos em que departamentos, indivíduos ou grupos políticos fortes e não especialistas alteraram os propósitos originais dos projetos, dando outro foco ao processo, impondo o fracasso dos planos originais.

A *erosão cultural* refere-se à extensão em que os valores e ideais originais do processo de mudança foram erodidos ou desvalorizados em razão dos eventos subsequentes. Apesar de mudanças comportamentais terem sido registradas pelos autores, o reforço e a sustentação dessas mudanças no médio prazo mostraram-se frágeis, levando ao fracasso dos projetos.

Reinvenção cultural corresponde às instâncias nas quais o projeto de mudança, enquanto dissemina "novos" valores e expectativas de comportamentos, camufla e perpetua velhas interpretações e maneiras de agir. A mudança serve como uma nova embalagem ao tradicional.

A *mudança cultural intratável* (*ivory tower cultural change*) diz respeito aos processos de mudança cultural planejados de tal maneira que aspectos de sua implementação ou assimilação mostraram-se posteriormente impossíveis ou inadequados. Nesses casos, os responsáveis pelo planejamento das ações são vistos como deslocados da realidade organizacional, e o processo como um todo sofre com a falta de credibilidade e engajamento.

A *falta de atenção aos aspectos simbólicos* do processo de mudança cultural é também associada a consequências inesperadas. Isso significa que, nesses processos, comunicações verbais e não verbais, entre outros estímulos culturais, devem ser considerados símbolos que carregam em si significados inerentes à cultura sendo promovida. Símbolos organizacionais incoerentes com a "cultura oficial" implicam mensagens inconsistentes aos indivíduos, o que pode ter impactos no gerenciamento do processo. *Esforços não coordenados e não controlados* são associados a consequências inesperadas em processos de mudança cultural por produzir inconsistências na "cultura oficial". Novamente, as consequências incluem perda de credibilidade, confusão, indiferença.

Por fim, os autores incluem a *concordância resignada* cujas consequências podem ser o fingimento e a inconstância de posturas e ações dos indivíduos. Entre as conclusões dos autores, efeitos inesperados e resultados imprevistos podem ser explicados pela natureza complexa dos indivíduos, dos grupos humanos e da interação social. "Evidências sugerem que, tanto consciente como inconscientemente, funcionários evitam ou resistem às tentativas gerenciais de controlar sua atuação profissional e de prescrever valores e crenças" (Harris e Ogbonna, 2002b, p. 46).

Sobre a realidade brasileira, corroboramos as críticas à gestão simbólica com base em estudos antropológicos que discutem as dificuldades locais na consolidação de metodologias de gestão do desempenho, reforçando as constatações de teóricos da cultura organizacional. Entre as consequências inesperadas dessa tendência, Lucena (1992) diz que muitos chefes parecem cumprir com as etapas do processo por mera formalidade, já que são cobrados a entregar documentos e informações para subsidiar o processo de planejamento estratégico de recursos humanos.

Análises da administração pública brasileira mostram que os esforços para a gestão do desempenho nessa esfera conseguiram resultados muito aquém do planejado. Autores abordam a existência de uma *cultura de leniência* em muitas organizações, segundo a qual os gestores desconsideram os critérios de avaliação e todos os avaliados recebem notas satisfatórias ou até máximas, causando a perda da legitimidade do sistema (Grillo, 1982; Abbad et al., 1996; Meyer et al., 1997).

De maneira geral, essas críticas denunciam a frequente falta de comprometimento com a gestão do desempenho no Brasil, metodologias que buscam implementar nas organizações uma ética baseada no reconhecimento do *mérito* de cada um. Por mérito entendemos o "reconhecimento público da capacidade de cada um realizar determinada tarefa ou posicionar-se em determinada hierarquia com base nos seus talentos ou esforço pessoal" (Barbosa, 1999, p. 31).

No Brasil, uma das críticas mais importantes às técnicas de avaliação de desempenho parte da constatação de que a configuração original desses sistemas baseava-se em uma noção de *meritocracia* diferente de como compartilhado na sociedade brasileira. De fato, o termo "meritocracia" guarda em si uma complexidade de significados que, explorados, sugerem explicações quanto à frequente falta de comprometimento com a avaliação de resultados em muitas organizações brasileiras.

"Igualdade e meritocracia" é um estudo comparativo entre culturas no que diz respeito ao entendimento do conceito de *mérito*. Segundo Barbosa (1999), devemos reconhecer uma diferença importante entre meritocracia como *critério de ordenação social* e como *ideologia*. No primeiro caso, o mérito é considerado critério de ordenação dos indivíduos em uma sociedade apenas em determinadas circunstâncias. No segundo, o mérito é considerado um valor social básico, o critério moralmente correto para toda e qualquer ordenação social. A sociedade norte-americana seria fundada na meritocracia como ideologia, ao passo que a brasileira adota esse critério em certas circunstâncias, mas não o tem como valor básico e fundamental. Podemos dizer que, nos Estados Unidos, o conceito de igualdade refere-se à igualdade de oportunidades nas esferas civil e política, excluindo a econômica, já que se reconhece a existência de atributos naturais distribuídos aleatoriamente entre os indivíduos (talento, vontade de realização) com implicações economicamente relevantes.

Nessa sociedade, o *self-made man* é um indivíduo financeiramente independente, graças ao seu esforço pessoal. Assim, valoriza-se o talento, a determinação e o desempenho, fatores que diferenciam os indivíduos e são considerados critérios legítimos à avaliação e à hierarquização das pessoas. As realizações são consideradas logros pessoais, independentes de condições sociais específicas. Em uma sociedade meritocrática como a norte-americana, considera-se necessário garantir a igualdade de condições formais para a competição e a definição de critérios objetivos de avaliação e hierarquização das pessoas, critérios livres de interesses particulares, privilégios hereditários ou sociais, ou de vieses subjetivos.

De maneira geral, uma sociedade meritocrática caracteriza-se pela competição entre os indivíduos por meio da comparação relativa dos resultados de seus esforços, pela responsabilidade exclusiva do indivíduo pelos seus resultados e pela recompensa conferida aos melhores (Barbosa, 1999). É nesse contexto cultural que surgem as abordagens de gestão do desempenho.

No Brasil, os métodos de gestão do desempenho encontraram um contexto cultural significativamente diferente. Não somos uma sociedade que adotou a meritocracia como valor fundamental, mas, sim, como um critério de ordenação social invocado em certas circunstâncias. Mais do que um direito ou uma formalidade na concepção jurídica do termo, na sociedade brasileira, "igualdade" é um fato moral.

Seríamos membros da humanidade, compartilhamos a mesma condição física e perspectivas idênticas em relação ao nosso destino. Estamos todos sujeitos a uma ordem social complexa que se nos impõe. Ao contrário dos norte-americanos, não consideramos naturais as diferenças entre os indivíduos, o que não nos autoriza a considerá-las critérios para avaliação e hierarquização das pessoas. Em nossa base cultural, levamos em conta as diferenças entre as pessoas como fruto de condições sociais distintas e injustas, geradoras de oportunidades somente para alguns. Tendemos a ver o indivíduo como um ser reativo, ao contrário do ser humano ativo e modificador do meio ambiente como percebido nos Estados Unidos.

Assim, entendemos o desempenho em grande medida como o resultado das influências do ambiente e das circunstâncias, variáveis sobre as quais o indivíduo tem pouco ou nenhum controle. As diferenças de desempenho não são consideradas consequências dos talentos individuais, mas são associadas a variáveis históricas e sociais. É como se o indivíduo não fosse o responsável pelo seu desempenho.

No Brasil, tendemos a minimizar o mérito das pessoas, associando suas realizações muitas vezes aos seus contatos pessoais, à sua ascendência social privilegiada ou, em casos mais extremos, à corrupção ou ao acesso privilegiado aos meios necessários. Esses entendimentos culturais impõem dificuldades à avaliação e hierarquização das pessoas por seus resultados. Evidências apontam que, muitas vezes, procedimentos originais são alterados ou burlados em prol da coerência com os valores culturais consolidados. Em substituição, autores indicam a frequente adoção de critérios de gestão de pessoas que destacam a importância das relações pessoais no ambiente de trabalho (Bresler, 1997; Davel e Vasconcellos, 1997). Como diz Barbosa (1996, p. 90):

Em um universo como este, a luta pelo reconhecimento do mérito individual é extremamente difícil e polêmica. (...) Polêmico porque, socialmente, quem clama explicitamente pelo reconhecimento público de suas produções individuais é visto de forma bastante negativa. O reconhecimento público das produções individuais tem que vir junto com uma boa política de relações humanas. No Brasil, quem quer fazer carreira, de forma ostensiva pelo seu alto desempenho é, via de regra, hostilizado, porque este agente, através de sua trajetória, impõe a todos, no contexto onde se encontra, a explicitação de uma competição baseada em uma concepção de desempenho por produções objetivamente mensuráveis, do tipo "eu fiz, eu vendi, eu realizei etc.", que desconhece as variáveis [históricas e sociais] apontadas anteriormente e que gera um ambiente agressivo devido à hierarquia que irá instituir se tiver seu reconhecimento estabelecido.

A crítica prescritiva

A crítica prescritiva às propostas pioneiras de GEP sugere que o modelo de gestão de pessoas deveria ser entendido de forma mais ampla, sendo considerado um conjunto de recursos, práticas, políticas e valores diretamente implicados com a definição e com a implantação dos rumos estratégicos de uma organização e, eventualmente, até das contingências ambientais às quais as organizações deveriam adaptar-se. Portanto, deveríamos ir além das propostas pioneiras de GEP ao elevar o status da gestão de pessoas nas discussões sobre a gestão estratégica. Considerar-se-ia, então, o potencial da função de gestão de pessoas ao direcionamento dos indivíduos à mudança e à dinamização da organização, de maneira que estes pudessem influenciar ativamente a evolução do ambiente competitivo.

Como vimos, os primeiros teóricos da GEP assumiam que o rumo estratégico da organização já deveria ter sido decidido antes da estratégia de gestão de pessoas. Esta seria um desdobramento das definições estratégicas gerais da empresa, e o processo de implantação da estratégia empresarial exigiria somente identificação e utilização de meios para se atingir objetivos, não tendo qualquer papel na formulação da própria estratégia. Ao considerar esses dois processos como independentes, ignora-se aí o potencial das pessoas e da qualidade das práticas de gestão de pessoas em contribuir para formulação das estratégias e definição dos rumos da organização.

De fato, desenvolvimentos teóricos da área de Estratégia colocam essa crítica em destaque. As ideias que compõem a *abordagem processual*, segundo Whittington (2002), consideram os processos de formulação e implantação das estratégias indissociáveis, o que salienta a complexa interdependência dos indivíduos nos vários níveis da organização quanto à definição dos seus rumos estratégicos. Ao ressaltarmos esse potencial, precisaríamos desenvolver novos enfoques da gestão de pessoas, novas maneiras de entendermos e gerirmos o comportamento humano nas organizações de forma a viabilizarmos o desenvolvimento dos diversos grupos organizacionais e o seu envolvimento em processos de questionamento, proposição e desenvolvimento de ideias inovadoras que possam ser consideradas estratégias emergentes. Modelos contemporâneos de gestão de pessoas com ênfase na promoção da aprendizagem organizacional e no desenvolvimento de competências são propostas alinhadas a essas necessidades.

No entanto, podemos ir além nas críticas às proposições pioneiras de *gestão estratégica de pessoas*. Como discutem Hendry e Pettigrew (1990), grande parte das discussões sobre a *gestão estratégica de pessoas* tinha como foco o alinhamento estratégico das ações de RH, isto é, o alinhamento entre as práticas de gestão de pessoas e as estratégias, considerando-se as condições ambientais. Contudo, essas discussões adotavam perspectivas da gestão estratégica (como as proposições da escola de planejamento e posicionamento) que ignoram a complexidade de muitas organizações atuais.

Como discutem Mintzberg et al. (2000) e Mintzberg (1978), a visão da gestão estratégica como aprendizagem organizacional salienta menos o que as organizações deveriam fazer e muito mais o que elas realmente fazem quando encontram com ambientes complexos, instáveis e imprevisíveis. Segundo essa perspectiva, a formulação da estratégia é um processo muito menos explícito, consciente e planejado do que as propostas pioneiras de GEP assumiam, de maneira que a expressão "formação da estratégia" designaria melhor esses processos. Ao contrapormos as noções pioneiras de GEP à realidade dessas organizações, percebemos as dificuldades que os gestores de RH têm ao tentar derivar as implicações das estratégias em termos de pessoas.

O processo de "formação das estratégias" é complexo, difuso e dinâmico de maneira que dificilmente se pode identificar a "finalização da estratégia", para então se iniciar a formulação das estratégias de gestão de pessoas. Bamberger e Phillips (1991, p. 157) conceituaram a estratégia de gestão de pessoas como "um padrão emergente em um fluxo de decisões relacionadas à gestão de pessoas ao longo do tempo". Como mostram vários estudos, os administradores de RH sempre se depararam com muitas dificuldades ao tentarem derivar práticas de gestão de pessoas das estratégias empresariais, principalmente em organizações muito diversificadas e complexas, nas quais não se tem uma estratégia clara e integrada.

Na prática, o planejamento estratégico de pessoas torna-se um processo caro e limitado, adicionando mais complexidade às decisões, requerendo comprometimentos de recursos de RH que frequentemente se mostram inadequados ou desnecessários. O alinhamento das práticas de gestão de pessoas às estratégias empresariais (e divisionais, funcionais, por categorias de funcionários etc.) requereria ainda a modelagem de todas as variáveis e os fatores estratégicos relevantes, bem como a estimação de suas inter-relações, tornando-se um esforço questionável quando assumimos a preeminência da mudança e da aprendizagem organizacional, cujas implicações incluiriam flexibilizar esse mesmo alinhamento (Purcell, 1999; Mueller, 1996; Golden e Ramanujam, 1985; Buller, 1988; Burack, 1986; Martell e Carroll, 1995; Albuquerque, 1987; Bosquetti e Albuquerque, 2005; Coda et al., 2005).

Em contextos complexos e dinâmicos, as dificuldades relacionadas ao alinhamento estratégico da gestão de pessoas podem ser agrupadas em duas categorias principais. Primeira, ao discutirmos as implicações para a gestão de pessoas da adoção de uma estratégia de diferenciação, a questão que surge é: *"até que ponto as empresas aderem, no médio e longo prazos, a um padrão estratégico deliberado, convergente, com implicações claras para a gestão de pessoas?"* Novamente, ao assumirmos a visão processual da gestão estratégica, os processos de formulação e implantação das estratégias não devem ser considerados dissociados, o que traz um novo conjunto de dificuldades (ou oportunidades) aos gestores e planejadores de políticas de RH. A gestão estratégica vista como um processo contínuo de aprendizagem organizacional salienta as interações entre os diversos grupos e níveis da organização em seus esforços de formular e implementar proposições que possam se tornar estratégicas. Deveríamos, então, entender a gestão estratégica como um processo descentralizado, que envolve múltiplos níveis e etapas e que, com frequência, gera padrões pouco identificáveis ou formalizáveis por meio de planos estratégicos regulares.

Em muitas organizações, uma porcentagem muito pequena dos planos estratégicos formalizados pela alta direção é plenamente implementada, já que a gestão estratégica acontece por meio de reformulações e contribuições incrementais. Em muitos casos, estratégias corporativas complexas são racionalizações *ex post* que refletem um conjunto de decisões incrementais e pouco articuladas entre si. Estudos de caso realizados em pequenas e médias empresas na Inglaterra mostram que o planejamento estratégico de pessoas não apresentava uma visão realista dos desafios organizacionais e que seria mais adequada uma abordagem processual descrevendo cenários internos e externos de maneira menos ordenada (Arthur e Hendry, 1990).

Nesse sentido, surge outra questão aos profissionais de RH: *"como derivar necessidades de gestão de pessoas de padrões estratégicos que ainda não conhecemos?"* Considerando que as estratégias de muitas organizações são padrões dinâmicos e multifacetados, fica muito difícil a sua formalização e a identificação das suas implicações para a gestão de pessoas. A segunda categoria de problemas diz respeito à natureza complexa das questões de gestão de pessoas. Ao considerarmos as organizações inseridas em contextos dinâmicos, as proposições pioneiras da GEP são de difícil implantação. Assumia-se a possibilidade de se derivar políticas de gestão de pessoas que efetivamente contribuíssem para a implantação das estratégias corporativas. Entretanto, os primeiros teóricos da GEP assumiam que os ambientes competitivos mudavam lentamente.

De fato, o processo de desenvolvimento das capacidades dos indivíduos para a implantação de uma estratégia de diferenciação pode levar um tempo de que muitas organizações não dispõem, uma vez que mudanças imprevistas nas dinâmicas competitivas podem demandar transformações dos perfis de funcionários ou das competências da organização. Além disso, a análise das implicações das estratégias para a gestão de pessoas assume um nível de precisão dos processos de administração de RH de difícil verificação prática (Hendry e Pettigrew, 1990; Brewster, 1995; Purcell, 2001; Mintzberg e Waters, 1985).

Considerando os ambientes cada vez mais dinâmicos nos quais as organizações se inserem, Lengnick-Hall e Lengnick-Hall (1988) discutem as limitações da premissa de *adaptação* do modelo de gestão de pessoas às contingências externas a ele. Como também salientam esses autores, os estudos sobre o alinhamento estratégico da gestão de pessoas assumiam que o ambiente competitivo mudava lentamente. Na realidade, se levarmos em conta muitas organizações contemporâneas, pensar no alinhamento estratégico requer que consideremos alvos mutantes. Lengnick-Hall e Lengnick-Hall querem dizer que, se considerarmos que as condições ambientais se transformam segundo um ritmo nunca antes experimentado, e as estratégias organizacionais devem dar conta continuamente dessas mudanças por meio de contribuições radicais ou incrementais, o modelo de gestão de pessoas também deve assimilar esse caráter dinâmico e multifacetado. Segundo os autores, a noção original de alinhamento estratégico da gestão de pessoas deveria então ser revista para também refletir as possíveis necessidades futuras da organização, e não somente as condições ambientais e estratégicas atuais ou passadas:

> pesquisas mostram que buscar o alinhamento não é sempre desejável. O foco na maximização do alinhamento pode ser contraproducente se mudanças organizacionais são necessárias, ou se a organização adotou estratégias competitivas conflitantes para responder a um ambiente competitivo complexo. (Lengnick-Hall e Lengnick-Hall, 1988, p. 460)

Como sugerem Wright e Snell (1998), o alinhamento estratégico não deve ser a única preocupação das organizações. Ao considerarmos o crescente dinamismo dos cenários competitivos, surge a necessidade de desenvolvermos a *flexibilidade organizacional*, conceituada como a capacidade de a organização reconfigurar recursos e atividades como resposta a desafios de mercado, reorientações estratégicas e tendências ambientais. Entre essas respostas, destacamos a construção contínua de competências organizacionais, das quais trataremos a seguir. O alinhamento estratégico não deixa de ser fundamental, já que as necessidades estratégicas da organização devem ser satisfeitas pelas pessoas, apoiadas por políticas e práticas de gestão que promovam comportamentos alinhados a essas necessidades (Lengnick-Hall e McDaniel, 1984; Smith, 1982; Lengnick-Hall e Lengnick-Hall, 2003).

Entretanto, a organização deve desenvolver sua capacidade de alterar os parâmetros do alinhamento estratégico quando as dinâmicas competitivas ou as orientações estratégicas se alterarem. Assim, o alinhamento estratégico da gestão de pessoas passa a ser um conceito caracterizado por um componente dinâmico, a flexibilidade também necessária à empresa inserida em contextos caracterizados por descontinuidades e imprevisibilidade. Segundo Wright e Snell (1998), nesses contextos, viabilizar o alinhamento estratégico da gestão de pessoas depende do nível de flexibilidade existente na organização. (Ver o Quadro 3.2.)

Quadro 3.2.
Críticas prescritivas à *gestão estratégica de pessoas*

Proposições pioneiras da GEP assumiam um *determinismo contingencial*, isto é, a ideia de que as contingências do negócio determinam a configuração do modelo de gestão de pessoas. O papel dos profissionais de RH seria a simples adaptação de suas políticas às exigências vinculadas às estratégias.	Não deveríamos considerar o modelo de gestão de pessoas um conjunto de valores, práticas e políticas formatadas para a implantação de certa orientação estratégica; deveríamos considerá-lo um conjunto de recursos, práticas e políticas capaz de direcionar a organização à mudança e à dinamização, assumindo que as pessoas possam influenciar ativamente a evolução do ambiente competitivo.
A GEP adotava perspectivas tradicionais da gestão estratégica, como as proposições clássicas da escola de planejamento e posicionamento, alinhadas à visão da formulação da estratégia como um *processo formal de planejamento*.	Ao adotar as perspectivas clássicas, os modelos pioneiros de GEP perdem em realidade perante a complexidade e o dinamismo de muitas organizações atuais. Ao adotarmos a visão processual da gestão estratégica, entendemos os processos de formulação e implantação das estratégias como indissociáveis, envolvendo múltiplos níveis organizacionais e etapas, e gerando, frequentemente, padrões estratégicos pouco identificáveis ou formalizáveis por meio de planos regulares.

(continua)

(continuação)

Ao adotar perspectivas clássicas da gestão estratégica, a GEP assumia a existência de estratégias empresariais claras, das quais seria possível derivar estratégias de gestão de pessoas.	Ao assumirmos a visão processual da gestão estratégica, surge a questão: "como derivar necessidades de gestão de pessoas de padrões estratégicos que ainda não conhecemos?" Considerando que as estratégias de muitas organizações são dinâmicas, multifacetadas, ou ainda, racionalizações *ex post* da direção, fica muito difícil a formalização da estratégia de gestão de pessoas. Assim, esta poderia ser conceituada como "um padrão emergente em um fluxo de decisões relacionadas à gestão de pessoas ao longo do tempo".
Os modelos pioneiros de GEP assumiam que o processo de implantação da estratégia empresarial não tinha qualquer papel na formulação da própria estratégia. Ao considerar esses dois processos como independentes, ignorava-se aí o grande potencial das pessoas e práticas de gestão de pessoas em contribuir para a formulação de estratégias emergentes.	Segundo a visão processual, os processos de formulação e implantação das estratégias não podem ser vistos como dissociados, o que salienta o potencial de influência dos vários níveis da organização à definição dos seus rumos estratégicos. Ao ressaltarmos esse potencial, precisaríamos desenvolver novos enfoques da gestão de pessoas, de forma a viabilizarmos o desenvolvimento dos diversos grupos organizacionais e o seu envolvimento em processos de questionamento e proposição de ideias inovadoras.
Segundo as propostas pioneiras de GEP, poderíamos derivar políticas de gestão de pessoas que efetivamente contribuíssem para a implantação das estratégias corporativas – o chamado alinhamento estratégico da gestão de pessoas. Os primeiros teóricos desse modelo assumiam que os ambientes competitivos mudavam lentamente.	Em ambientes mais dinâmicos, o alinhamento estratégico da gestão de pessoas deveria também refletir as necessidades futuras da organização, e não simplesmente as condições estratégicas atuais ou passadas. Assim, nesses cenários, surge a necessidade de desenvolvermos a *flexibilidade organizacional*, conceituada como a capacidade de a organização reconfigurar recursos e competências como resposta a novas tendências estratégicas.

PARTE 2

GESTÃO ESTRATÉGICA DE PESSOAS COMO POTENCIAL COMPETITIVO

A *gestão estratégica de pessoas* desenvolveu-se a partir das ideias que compõem a *perspectiva contingencial*. Ao considerarmos a ideia de alinhamento estratégico da gestão de pessoas, assumimos que cada orientação estratégica ou configuração organizacional demanda práticas específicas de gestão de pessoas, o que implica a construção de certa *cultura organizacional* capaz de reforçar papéis organizacionais e direcionar o comportamento dos indivíduos.

Assim, parte das propostas pioneiras de *gestão estratégica de pessoas* pressupunha um *determinismo contingencial*, isto é, a ideia de que contingências do negócio determinam a configuração do modelo de gestão de pessoas. Aos profissionais de RH, assumir a premissa do determinismo contingencial significava limitar o seu papel nas organizações à adaptação das políticas de gestão de pessoas às exigências vinculadas às estratégias. Na realidade, entre as críticas à própria *teoria da contingência*, o papel principal da administração seria identificar as contingências à organização e adaptar os modelos de gestão a esses imperativos. Ignorava-se aí o potencial que a ação administrativa teria no sentido de influenciar e modificar ativamente o meio ambiente (Hendry e Pettigrew, 1990; Mintzberg et al., 2000).

Na década de 1990, contudo, a evolução dos debates em torno do modelo de GEP caracterizou-se por críticas prescritivas que denunciavam o foco estreito dessas ideias. Como colocam Lengnick-Hall e Lengnick-Hall (1988), as organizações que assumissem orientações estratégicas de maneira exclusivamente reativa, como se o ambiente impusesse as possibilidades estratégicas, teriam menos chances de sucesso no longo prazo. Ao contrário, estas chances aumentariam no caso de uma orientação estratégica que considerasse as condições ambientais, mas que não fosse subordinada exclusivamente a essas condições. Considera-se que as organizações poderiam influenciar de fato seus ambientes competitivos, potencial este que não deveria ser ignorado. Atualmente, muitos autores em gestão de pessoas assumem essa premissa.

CAPÍTULO 4

A vantagem competitiva e a gestão de pessoas

André Ofenhejm Mascarenhas
Marcelo Pereira Binder

Vimos nos capítulos anteriores que o surgimento da *perspectiva contingencial da gestão de pessoas* caracterizou-se pelas discussões em torno dos comportamentos esperados dos funcionários, culturas organizacionais adequadas, seleção entre abordagens *soft* e *hard*, alinhamento interno e externo da gestão de pessoas, entre outros conceitos que assumiam a centralidade das estratégias empresariais à composição do modelo de gestão de pessoas. No capítulo anterior, discutimos diversas críticas a essas propostas que, principalmente a partir da década de 1990, diminuíram a preeminência desses conceitos.

De forma simultânea, houve a renovação da influência das teorias em Estratégia às discussões em gestão de pessoas. Entre essas teorias, destacamos desenvolvimentos associados a uma tradição importante de estudos que, desde a década de 1970, explora as origens da *vantagem competitiva*. Dizemos que uma empresa detém vantagem competitiva sustentável quando apresenta, consistentemente, resultados acima da média de seu setor de atuação. Se pensarmos na vantagem competitiva como um objetivo de todas as empresas, essa tradição de estudos trata das explicações ao seu sucesso ou fracasso, daí sua popularidade. Presenciamos a consolidação de diferentes quadros teóricos que tratam dessa temática, discutindo a dinâmica dos resultados empresariais superiores.

Segundo Vasconcelos e Cyrino (2000), seria possível classificarmos as ideias sobre o tema em quatro grandes abordagens. Discutimos na Parte I a *escola de posicionamento*, que tem em Porter (1989) seu autor mais influente. Conforme os proponentes dessa escola, os patamares de desempenho empresarial poderiam ser explicados preponderantemente por fatores externos à empresa (a estrutura do setor) e pelo seu posicionamento no mercado, o que condenava a gestão de pessoas a um segundo plano na explicação do desempenho das empresas. Ao se centrarem nos setores como unidades de análise principais e entenderem cada empresa somente como um conjunto de atividades organizadas, de acordo com certos posicionamentos de mercado, suas particularidades internas eram deixadas em segundo plano. Assim, reservavam ao comportamento organizacional o papel de reforçar o posicionamento de mercado que maximizaria a rentabilidade da empresa.

Mais recentemente, perspectivas alternativas ao entendimento da vantagem competitiva dão destaque aos recursos e às dinâmicas internas às organizações como determinantes de níveis superiores de desempenho. Como argumentam Vasconcelos e Cyrino (2000), há uma convergência crescente entre os temas das áreas de estratégia e teoria das organizações, movimento este que tem implicações abrangentes para a gestão de pessoas. De coadjuvante à explicação do sucesso das empresas, a gestão de pessoas passa a ser considerada uma função fundamental para a compreensão e geração de níveis superiores de resultados organizacionais.

Dadas as críticas às proposições pioneiras à *gestão estratégica de pessoas*, as perspectivas em estratégia discutidas a seguir indicam novos princípios a serem incorporados ao debate.

Recursos, competências e capacidades

As origens da teoria dos recursos são encontradas em ideias de autores que, nas décadas de 1960 e 1970, já discutiam as empresas como conjuntos únicos de recursos produtivos integrados ao longo da histórica organizacional (portanto, mais do que unidades administrativas pouco diferenciadas) (Penrose, 1995), detentoras de competências distintivas a serem exploradas para a geração de vantagem competitiva (Andrews, 1971). O desenvolvimento dessa corrente estratégica se intensifica a partir da década de 1980, questionando as noções consolidadas da *escola de posicionamento*, tornando-se, nos anos de 2000, um corpo teórico central no campo da estratégia empresarial. A teoria dos recursos busca entender a diferença entre a performance das firmas. Se o setor onde as empresas operam fosse o determinante primordial de seu desempenho e as diferenças internas das empresas tivessem pouca relevância, estas tenderiam a apresentar desempenho econômico similar. Na prática, firmas de um mesmo setor apresentam desempenho econômico diverso, e isso ocorre porque elas detêm e exploram recursos e capacidades internas heterogêneas, o que as levaria a patamares distintos de resultados.

Dessa forma, a teoria dos recursos sugere encontrar-se a fonte da vantagem competitiva, primariamente, no conjunto de recursos e competências controlados pelas empresas e, secundariamente, na estrutura das indústrias nas quais elas se posicionam (Wernerfelt e Montgomery, 1986; Rumelt, 1991). Essas ideias foram um avanço fundamental nas discussões sobre a estratégica das organizações na medida em que deslocavam a ênfase da análise estratégica dos determinantes externos (como em Porter) para os determinantes internos. Como consequência, a pesquisa em estratégia avançou em direção à compreensão dos porquês de muitas empresas alcançarem altos níveis de sucesso, apesar de operarem em ambientes de negócio nos quais a rentabilidade geral é baixa. A teoria dos recursos desenvolve-se em duas direções, uma perspectiva centrada nos recursos propriamente ditos, e outra baseada nos conceitos de competências e capacidades dinâmicas da empresa. Dentro dessa linha de pensamento, as empresas são consideradas "feixes de recursos" (Wernerfelt, 1984) ou "conjuntos de competências e capacidades" (Prahalad e Hamel, 1994, 1997).

A visão baseada em recursos (RBV)

O desempenho da empresa depende dos *recursos* que esta possui e que lhe permitem implantar estratégias diferenciadas. Para entendermos o desempenho das organizações, a teoria dos recursos acredita ser necessário analisarmos não somente a estrutura, as oportunidades e as ameaças do ambiente competitivo, isto é, o cenário externo, mas enfatizarmos os pontos fortes e fracos característicos da empresa, que poderiam ser discutidos em termos de *recursos* dessa companhia. Wernerfelt (1984, p. 172) conceitua um recurso como qualquer ativo (tangível ou intangível), atrelado à organização. Podemos dizer que os *recursos* de uma empresa em dado momento são ampla variedade de atributos tangíveis e intangíveis que lhe permitem (ou não) conceber e implantar estratégias à competição no cenário de negócios.

Entre esses atributos, Barney (1991, p. 101) inclui todos os bens, capacidades, processos, atributos da firma, relacionamentos, conhecimentos etc. Assim, o conceito de recurso na RBV não inclui apenas os recursos físicos e financeiros, mas abrange os recursos intangíveis (Hall, 1992) ou recursos invisíveis (Itami, 1987). Esses autores assumem a *heterogeneidade de recursos*, que seriam distribuídos assimetricamente entre as empresas; estas seriam consideradas diferentes conjuntos de recursos, desenvolvidos e integrados ao longo de sua história, e a *imobilidade de recursos*, que não poderiam ser facilmente copiados, comercializados ou desenvolvidos.

Na opinião de Barney (1986), podem-se classificar os recursos de uma empresa em: financeiros, físicos, humanos e organizacionais. Os *recursos financeiros* incluem todos os tipos de capital que a organização dispõe para a implantação de ações estratégicas. Os *recursos físicos* incluem a tecnologia física, fábricas e equipamentos, localização geográfica e acesso a matérias-primas. Os *recursos humanos* incluem a qualificação, a experiência, o julgamento, a inteligência e os relacionamentos dos funcionários. Por *recursos organizacionais* entendem-se os atributos da organização que permitem que outros recursos sejam explorados efetivamente para a geração da vantagem competitiva, ou seja, se a empresa está organizada de modo que possa extrair valor dos recursos. São exemplos desse tipo de recurso a estrutura organizacional formal da empresa, a cultura organizacional e os sistemas de coordenação e controle.

Entre os recursos de uma firma, o *conhecimento* disponível a ela poderia ser conceituado de forma ampla como a informação cuja validade foi testada e estabelecida (diferenciando-se de opiniões e especulações não validadas), incluindo o conhecimento codificado e explícito e o conhecimento tácito (Liebeskind, 1996, p. 94). Para vários teóricos, conhecimentos seriam os recursos mais relevantes às firmas (Grant, 1996). Dierickx e Cool (1989) dão muita ênfase ao desenvolvimento interno dos recursos, denominando-o *acumulação*, um processo contínuo e persistente, resultado do desenvolvimento pela empresa de um conjunto consistente de políticas ao longo do tempo. Os recursos seriam, pois, acumulados ao longo de um histórico de ações. O trabalho de Dierickx e Cool (1989) é em particular, importante porque foca precisamente os tipos de recursos centrais a RBV: recursos não negociáveis, desenvolvidos e acumulados pela empresa, o que limita a imitação por possuírem dimensões tácitas, serem socialmente complexos e surgirem como resultado da aprendizagem da empresa.

Assim, na perspectiva da RBV o papel estratégico da gestão não é apenas alocar recursos escassos entre objetivos definidos e alternativos, mas também a gestão estratégica dos processos de acumulação, coordenação e difusão dos recursos (Prahalad e Hamel, 1997).

A teoria dos recursos assume algumas premissas que a distanciam da abordagem da escola de posicionamento. Para a escola do posicionamento, uma decisão de ingresso em um mercado depende de análises racionais da atratividade do setor e das estratégias dos competidores, que indicariam os posicionamentos mais rentáveis e os recursos necessários à entrada. Segundo essa perspectiva, não se problematiza o processo de identificação e desenvolvimento desses recursos, que se resumiria à análise de uma variedade de alternativas de investimentos. Os autores alinhados à teoria dos recursos refutam essa simplificação e partem da visão da empresa como uma *coleção única de recursos* existentes, com os quais devem operar e competir (de fato, recursos, por si só, não permitem a implantação de estratégias, que dependeria das capacidades e competências da firma, conforme definidas adiante). Dada essa premissa, esse corpo teórico sugere que rendas ricardianas seriam auferidas quando uma firma explora recursos e competências valiosas e raras de forma eficiente e eficaz.

Em seu tratado sobre renda, Ricardo (1926, apud Liebeskind, 1996) ilustra suas ideias com o exemplo da terra boa, recurso que produziria mais por hectare que a terra ruim, implicando custos menores por unidade agrícola produzida. A renda extra gerada pelos ganhos de eficiência só se sustentaria enquanto esse recurso fosse explorado por somente uma entidade capitalista, caso contrário a renda seria diminuída. Na competição contemporânea, os recursos de uma empresa não são apenas aqueles que ocorrem naturalmente, como a localização geográfica, mas também, e principalmente, aqueles desenvolvidos deliberada ou historicamente, tais como as capacidades da força de trabalho, os sistemas de produção e os relacionamentos com os clientes (Liebeskind, 1996, p. 94).

A teoria dos recursos associa a heterogeneidade e a imobilidade de recursos às diferenças de desempenho econômico. A vantagem competitiva viria da exploração eficiente de recursos capazes de gerar níveis superiores de rentabilidade, o que sugere estar a explicação do bom desempenho atrelada a vantagens de eficiência no nível da firma (*firm-level efficiency advantages*).

Em resumo, a teoria dos recursos enfatiza estratégias para a exploração das competências e dos recursos disponíveis à firma. A decisão de ingresso da empresa em um mercado requer que identifiquemos seus recursos e suas competências únicas e diferenciadas para então decidir em que mercados estes poderiam ser explorados de maneira a maximizar os níveis de renda. Empresas que exploram eficientemente recursos únicos e valiosos apresentariam desempenho superior à média. Identificá-los, contudo, não é tarefa fácil. Empresas que competem no mesmo setor possuem competências e recursos distintos, mas também semelhantes, o que dificulta a explicação de diferenças de rentabilidade.

Essas situações podem ainda refletir a ambiguidade causal (*causal ambiguity*), que ocorre quando os recursos valiosos e únicos explorados pela organização com vantagem competitiva não podem ser perfeitamente identificados (Peteraf, 1993; Lippman e Rumelt, 1982). Ambiguidade causal é comum quando esses recursos são tais como entidades sociais complexas ou conhecimentos tácitos, que tendem a ser mais idiossincrásicos para a empresa que os explora. Por causa da ambiguidade causal, a imitação não é necessariamente um atalho à vantagem competitiva. Caso não fosse assim, a gerência racional faria questão de garantir a posse e a exploração daqueles recursos considerados cruciais à alta rentabilidade.

Segundo Barney (2002), uma empresa tem *vantagens competitivas* em um mercado quando sua estratégia permite a criação de valor econômico enquanto outras empresas não estão engajadas em ações semelhantes. A vantagem competitiva tornar-se-ia sustentável quando não fosse mais possível ou desejável a outras firmas copiarem a estratégia da primeira. Assim, a vantagem competitiva de uma empresa dependeria de um estado persistente de heterogeneidade de recursos, que não poderiam ser copiados ou transferidos.

Para Barney (2002), a *vantagem competitiva* vem, primariamente, dos *recursos estratégicos* desenvolvidos e controlados pelas empresas. Nem todos os recursos podem ser classificados como estratégicos. Alguns recursos são requisitos básicos de competitividade, apenas dão paridade competitiva à empresa, mas não garantem vantagem competitiva. Sua falta gera desvantagem competitiva. Os recursos estratégicos são aqueles considerados elementos valiosos, raros, de difícil ou custosa imitação e substituição, além de bem gerenciados pela organização.

Estes são os quatro pré-requisitos de um modelo de análise apelidado de VRIO. O primeiro pré-requisito diz respeito à capacidade de esses recursos permitirem que a empresa responda adequadamente a oportunidades e ameaças do ambiente de competição. Trata-se da *questão do valor*, que liga a análise interna dos pontos fortes e fracos à análise externa de oportunidades e ameaças. Deve-se responder à seguinte questão: esse recurso permite implantar estratégias que ofereçam valor ao mercado? No caso da terra boa de Ricardo (1926), esse recurso é valioso por produzir mais por hectare que a terra ruim, o que significa custos menores por unidade agrícola produzida ou valor ao mercado.

No que se refere à gestão de pessoas, as competências, os relacionamentos, o julgamento e a criatividade dos integrantes de uma equipe de pesquisa e desenvolvimento (P&D) podem ser considerados recursos valiosos a uma organização se permitirem a geração de valor por meio da elaboração e implantação de uma estratégia bem-sucedida baseada no lançamento de produtos inovadores no mercado.

O segundo pré-requisito diz respeito à *raridade* desse recurso. Se um recurso tem valor para a empresa, isto é, preenche o primeiro pré-requisito, ele não poderá estar disponível a outras empresas se quiser ser considerado uma fonte de vantagens competitivas. A questão da raridade destaca que os recursos que trazem vantagem competitiva para uma empresa são aqueles que permitem a implantação de uma estratégia de criação de valor que não é simultaneamente empregada por outras empresas.

O terceiro pré-requisito corresponde à possibilidade de *imitação ou substituição* desse recurso. Além de ser classificado como valioso e raro, o recurso só continuará sendo estratégico se outros competidores não puderem imitá-lo perfeitamente ou substituí-lo por outro, implantando estratégias similares. Assim, a organização só consegue sustentar a vantagem competitiva se mantiver a estratégia da empresa isolada de cópia por parte de outras empresas. Sobre esses dois pré-requisitos, assume-se ser a exclusividade na exploração de recursos valiosos uma dimensão fundamental à geração sustentável de alta rentabilidade, o que põe em destaque o conceito de *barreiras à mobilidade de recursos (resource mobility barriers)* (Peteraf, 1993; Mueller, 1996).

Por exemplo, como é possível a um concorrente imitar as dinâmicas sociais ou as características distintivas de uma equipe bem-sucedida de P&D sem transferi-la à sua empresa? Mesmo nesse caso, recursos tais como certa cultura organizacional na qual está originalmente inserida tal equipe de P&D poderia ser associada a seus altos níveis de desempenho, não sendo suscetível de cópia ou transferência entre organizações por não serem facilmente replicáveis segundo esforços planejados e racionais da gerência.

De fato, é possível dizermos que a existência de um forte conjunto de valores gerenciais que define como uma equipe conduz suas atividades pode ser uma explicação ao desempenho superior dessa equipe. Pesquisas mostram que uma cultura organizacional é um fenômeno histórico, o que impede outras firmas de copiarem suas características formadoras (Barney, 1995; Purcell, 2001). A discussão anterior nos remete ainda ao quarto pré-requisito de Barney (2002), acrescentado em seus escritos posteriores, e que diz respeito à *organização* para a utilização eficaz dos recursos.

Considerando que um recurso é valioso, raro, de difícil imitação e insubstituível, ele só será estratégico se a empresa estiver organizada adequadamente para explorá-lo. Diversos atributos organizacionais são relevantes para pensarmos essa questão, tais como a cultura da empresa, os sistemas de gestão de pessoas e a estrutura organizacional formal e informal. Estes são chamados *recursos complementares*, que possuem capacidade limitada de gerar vantagens competitivas por si só, mas, combinados com outros recursos que preenchem os pré-requisitos anteriores, permitem que a empresa realize seu potencial para a vantagem competitiva sustentável. (Ver o Quadro 4.1.)

Quadro 4.1.
Modelo VRIO: pré-requisitos para um recurso ser considerado estratégico

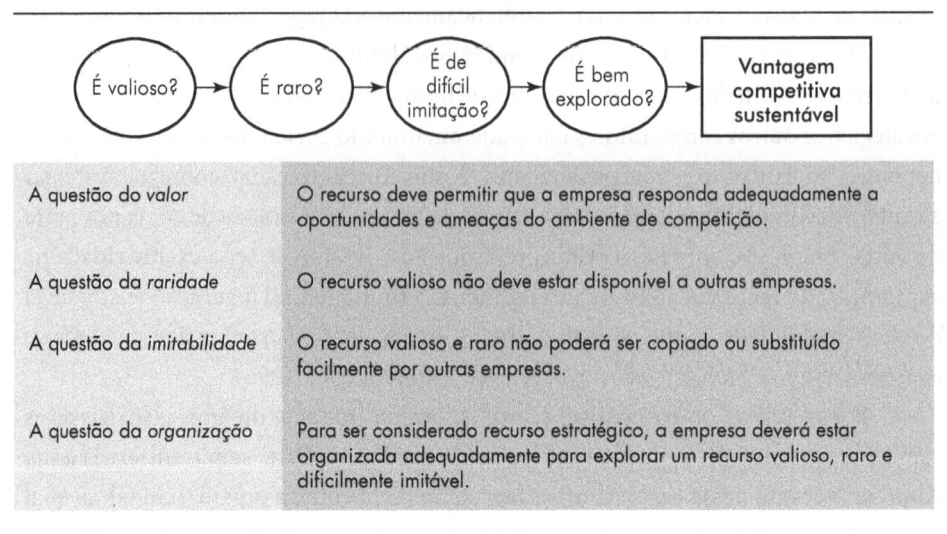

É valioso? → É raro? → É de difícil imitação? → É bem explorado? → Vantagem competitiva sustentável

A questão do *valor*	O recurso deve permitir que a empresa responda adequadamente a oportunidades e ameaças do ambiente de competição.
A questão da *raridade*	O recurso valioso não deve estar disponível a outras empresas.
A questão da *imitabilidade*	O recurso valioso e raro não poderá ser copiado ou substituído facilmente por outras empresas.
A questão da *organização*	Para ser considerado recurso estratégico, a empresa deverá estar organizada adequadamente para explorar um recurso valioso, raro e dificilmente imitável.

Fonte: Elaborado pelos autores com base em Barney (1991).

Competências e capacidades dinâmicas

Uma linha de pensamento que se formou dentro da teoria dos recursos, se consolidou e ganhou espaço trata das competências e capacidades dinâmicas. Teece et al. (1997, p. 516) conceituam a competência organizacional como "recursos específicos à firma agregados em clusters integrados, incorporando indivíduos e grupos e permitindo que certas atividades sejam desempenhadas", sendo as *competências distintivas* aquelas de difícil imitação ou replicação.

Uma competência organizacional não é constituída por recursos isolados (como uma competência individual ou uma tecnologia patenteada), mas pelo resultado de uma *complexa harmonização* de múltiplos recursos disponíveis à organização e integrados ao longo de sua história. Pelo menos no curto prazo, as organizações seriam em certo grau dependentes de seus recursos e competências atuais. Isso aconteceria porque as empresas não teriam a capacidade de desenvolver novas competências integrando novos recursos rapidamente, além de certos recursos não estarem prontamente acessíveis para ser integrados, tais como o conhecimento tácito, a experiência de produção e a reputação da marca (Teece et al., 1997).

Assim como os recursos, as competências estão distribuídas de forma heterogênea entre as empresas, e não seriam copiadas, comercializadas ou desenvolvidas facilmente. A teoria dos recursos incorpora ainda o conceito de *path dependency* (dependência de trajetória), segundo o qual as estratégias que a empresa pode desenvolver são função da história da organização, ou das decisões e caminhos que a firma percorreu ao longo de sua história. "Os investimentos prévios de uma firma e seu repertório de rotinas (sua história) constrangem seu comportamento futuro" (Teece et al., 1997, p. 522-523). Porém, o ponto mais importante discutido por esses autores foi a necessidade de uma competência ou capacidade ser dinâmica.

Entre as diversas críticas feitas às prescrições pioneiras da teoria dos recursos, esse referencial teria forte componente estático, enfatizando o equilíbrio. Segundo essa lógica, a firma só consegue sustentar a vantagem competitiva se mantiver sua estratégia isolada de cópia por parte de outras empresas, explorando seus recursos raros e valiosos.

Contudo, como reconhece Barney (2002, p. 171), o que hoje é uma fonte de vantagem competitiva (uma estratégia única que gera alta rentabilidade) pode, com a mudança do ambiente competitivo, se tornar uma fonte de fraqueza da empresa para enfrentar a concorrência, uma competência essencial tornando-se uma rigidez essencial da organização (Leonard-Barton, 1992).

Como ilustram Teece et al. (1997), empresas bem conhecidas competindo em setores de tecnologia vêm acumulando valiosos recursos tecnológicos protegidos por patentes, o que não vem se mostrando suficiente para sustentar vantagens competitivas no médio e longo prazos. As prescrições pioneiras da teoria dos recursos contribuiriam para a escolha de estratégias capazes de garantir vantagem competitiva sustentável na medida em que as dinâmicas de mercado permanecessem relativamente estáveis, premissa esta implícita à noção de rendas ricardianas.

No entanto, um recurso estratégico pode perder esse status no caso de inovações ou mudanças significativas nas dinâmicas de mercado (ver o caso da Kodak e de suas competências com filmes fotográficos). Faz-se necessário, então, analisarmos um referencial teórico complementar, capaz de dar conta das questões relacionadas ao dinamismo atual do mercado, no sentido de explorarmos melhor a questão da sustentabilidade das vantagens competitivas.

Entre os pioneiros dessa discussão, Nelson e Winter (1982) assumem como premissa que as firmas estejam em um contexto evolucionário ou schumpeteriano, e não em um contexto de equilíbrio. Schumpeter foi o principal expoente de uma corrente importante de pensamento econômico que enfatiza o desequilíbrio constante do mercado e suas dinâmicas de competição e inovação.

> Simplesmente produzindo de forma competente uma dada variedade de produtos por meio de uma dada variedade de processos não vai garantir que uma firma sobreviva por muito tempo. Para ser bem-sucedida durante qualquer período de tempo uma firma precisa inovar.

Segundo Eisenhardt e Martin (2000, p. 1.106), a relevância da noção de *capacidades dinâmicas* baseia-se na percepção de que "a teoria dos recursos não tem explicado adequadamente como e por que certas firmas têm vantagem competitiva em situações de mudança rápida e imprevisível". Novamente, Nelson destaca (1997, p. 264), "as capacidades as quais este grupo de acadêmicos enfatiza são capacidades para a inovação e para tirar vantagem econômica da inovação". Assim, a teoria das capacidades dinâmicas incorpora ideias e ratifica premissas da teoria dos recursos, a ponto de ser considerada um desenvolvimento dessa visão (*resource-based-view*).

Entretanto, enfatiza a noção de rendas schumpeterianas, que seriam aquelas auferidas por empreendedores que introduzem inovações no mercado enquanto estas não são copiadas por outros. As rendas não seriam provenientes somente da estrutura dos recursos estratégicos disponíveis à firma em dado momento, mas também da habilidade da empresa reconfigurá-la ou transformá-la (Quadro 4.2.).

A *teoria das capacidades dinâmicas* entende as firmas como coleções de rotinas, competências e recursos distribuídos assimetricamente no mercado. Como argumentam Teece et al. (1997), a vantagem competitiva de uma organização deve ser pensada em termos da "capacidade gerencial de articular e reconfigurar recursos continuamente de maneira a sustentar posições favoráveis de mercado". Essa proposição sugere grande relevância para a função gestão de pessoas, que estaria por trás da mobilização de capacidades para a reconfiguração da base de recursos. As fontes de vantagem competitiva residiriam nas características distintivas da organização, mais especificamente nas suas capacidades distintivas. O domínio de recursos, competências e capacidades únicas e diferenciadas explicaria o desempenho superior em um mercado. Uma distinção básica diz respeito aos conceitos de *recursos* e *capacidades*.

Como vimos, recursos seriam ativos explorados pelas firmas, sendo específicos a elas e frequentemente difíceis de imitar ou transferir. Recursos podem ser entendidos também como ativos não específicos de uma empresa, transferíveis ou comercializáveis. Capacidades seriam necessariamente específicas às firmas e utilizadas para mobilizar recursos em uma organização (Amit e Schoemaker, 1993; Nelson e Winter, 1982). Em uma definição clássica, *capacidades organizacionais* são aquilo que a organização consegue fazer.

Quadro 4.2.
Recursos, competências e capacidades – conceitos básicos

Considera fundamental a análise dos recursos, competências e capacidades organizacionais para a compreensão do desempenho da empresa. Desloca a ênfase da análise estratégica do ambiente externo (como em Porter) para o ambiente interno. A vantagem competitiva viria da exploração eficiente de recursos e competências valiosas e raras que gerariam níveis superiores de rentabilidade, o que sugere estar a explicação do bom desempenho atrelada a vantagens de eficiência no nível da firma (*firm-level efficiency advantages*).

Uma organização é uma coleção *única de recursos e competências*. Um recurso de uma firma seria qualquer ativo tangível ou intangível atrelado à organização. Os *recursos* de uma empresa em dado momento são ampla variedade de atributos tangíveis e intangíveis que lhe permitem (ou não) conceber e implantar estratégias para a competição no cenário de negócios. Uma *competência organizacional* é um "saber fazer organizacional", resultado da aprendizagem coletiva ao longo de processos históricos de integração de múltiplos recursos disponíveis à organização.

Certos recursos não podem ser prontamente copiados, comercializados ou desenvolvidos (*imobilidade de recursos*). Pelo menos no curto prazo, as decisões organizacionais seriam em certo grau dependentes de seus recursos e competências atuais (*path dependency*), que em alguns casos impedem a mudança (*core rigidities*, ver Leonard-Barton, 1992).

Capacidades dinâmicas dizem respeito à habilidade organizacional de desenvolver novas competências, integrando e regenerando novos e velhos recursos rapidamente e, assim, mudando. Capacidades dinâmicas permitem a sustentação da vantagem competitiva fazendo que a empresa influencie e se adapte continuamente ao dinamismo do mercado.

A ambiguidade causal (*causal ambiguity*) ocorre quando recursos valiosos explorados pela organização não podem ser perfeitamente identificados por ser idiossincrásicos para a empresa (tais como entidades sociais complexas ou conhecimentos tácitos). Por causa da ambiguidade causal, a imitação não é necessariamente um atalho à vantagem competitiva, o que põe em destaque o conceito de barreiras à mobilidade de recursos (*resource mobility barriers*).

Fonte: Elaborado pelos autores com base em Barney (2002), Wernerfelt (1984) e Teece et al. (1997).

Nelson e Winter (1982, p. 263) falam em hierarquias de rotinas organizacionais praticadas, uma dimensão básica de sua noção de capacidades, definindo habilidades organizacionais de ordem inferior e como estas devem ser coordenadas, e procedimentos de decisão de ordem superior à escolha do que será feito nos níveis inferiores. "Em qualquer momento, as rotinas praticadas que são construídas em uma organização definem a série de coisas que esta organização é capaz de fazer confiantemente."

Em uma definição mais específica, *capacidades dinâmicas* seriam a habilidade de a firma integrar, construir e reconfigurar competências internas e externas para dar conta de cenários em rápida transformação. "Capacidades dinâmicas refletem a habilidade de uma organização alcançar formas novas e inovadoras de vantagem competitiva dada a dependência de trajetória (*path dependency*) e posições de mercado" (Teece et. al., p. 516).

Segundo uma definição menos abstrata, Eisenhardt e Martin (2000) conceituam *capacidades dinâmicas* como "os processos que empregam recursos – especificamente aqueles que integram, reconfiguram, adicionam e descartam recursos – para se alinhar e até criar mudanças de mercado". Estas seriam "as rotinas organizacionais e estratégicas por meio das quais as firmas obtêm novas configurações de recursos à medida que mercados emergem, colidem, dividem-se, evoluem e morrem" (Eisenhardt e Martin, 2000, p. 1.107). No que se refere ao nosso exemplo da equipe de P&D, capacidades dinâmicas dizem respeito à capacidade gerencial a adição, substituição, integração e reconfiguração de recursos organizacionais em iniciativas capazes de sustentar posições favoráveis de mercado, fazendo que a empresa evolua constantemente diante do dinamismo do ambiente. Por exemplo, o remanejamento de pesquisadores e a formação de novas equipes para novos projetos (viabilizando a experimentação), a contratação de talentos e a substituição de funcionários para a oxigenação da equipe (novas competências individuais, novos conhecimentos tácitos), a reconfiguração de políticas de P&D e de rotinas de trabalho (facilitando a inovação), as parcerias com universidades e outras empresas (ampliando a base de recursos), a reconfiguração de sistemas de gestão de pessoas (entre os quais os sistemas de gestão do desempenho e remuneração, com impactos na cultura de trabalho), entre muitas outras ações, permitem que a empresa reconfigure suas competências de P&D.

Em um ambiente dinâmico, os recursos e competências estratégicas de uma empresa mudam. Para preservar sua vantagem competitiva, faz-se necessário então garantir o desenvolvimento do seu portfólio de recursos e de suas competências. Às proposições pioneiras da teoria dos recursos deve-se incorporar uma dimensão dinâmica crucial cuja principal implicação prática seria a preocupação com o que as organizações fizeram bem ontem, fazem bem hoje, e também com o que elas podem fazer bem no futuro. Teece et al. (1997) enfatizam alguns fatores inerentes à determinação das capacidades dinâmicas de uma firma. Os autores argumentam que competências ou capacidades distintivas de uma empresa podem ser pensadas em termos de três categorias de fatores: processos, situação em termos de recursos (*asset positions*) e caminhos evolutivos (*paths*).

A essência das competências e capacidades está imbricada nos processos organizacionais de qualquer tipo. Seus conteúdos ou as oportunidades por eles propiciadas para o desenvolvimento de vantagens competitivas em qualquer momento são formatados significativamente pelos recursos que a firma possui [*asset positions*] e pelo caminho evolutivo pelo qual a firma passou [*paths*]. (Teece et al., 1997, p. 518)

Devemos então reconhecer que as capacidades dinâmicas de uma firma dependem de sua dotação específica de recursos (*asset position*) (tais como recursos tecnológicos, humanos, financeiros, organizacionais) e de suas rotinas e processos, formatados ao longo de sua história. Como sugere a noção de dependência de trajetória (*path dependency*), o que a empresa pode fazer ou onde ela pode chegar dependem do caminho evolutivo trilhado até o momento. Essas ideias apontam dificuldades de imitação do desempenho de uma firma, já que a replicação ou a imitação bem-sucedida esbarra frequentemente em fatores como diferenças contextuais, ambiguidade causal e proteção intelectual.

De fato, a vantagem competitiva de uma firma dependeria de competências valiosas no mercado, sustentadas por rotinas de difícil imitação, caso contrário, as rendas seriam diluídas facilmente. Para a manutenção das vantagens competitivas de uma empresa, as rotinas e processos gerenciais teriam as seguintes funções:

1. *Coordenação e integração dos recursos da firma*, em uma perspectiva estática. Processos e rotinas organizacionais de coordenação e integração de recursos, internos e externos (gerentes organizam a produção integrando e coordenando recursos internos e externos, tais como aqueles advindos de parcerias), podem viabilizar a construção de competências distintivas. Pesquisas mostram que a maneira (específica da firma, sendo de difícil imitação) como recursos produtivos são coordenados e integrados pode ter impactos significativos em atributos como qualidade, custos de produção, custo de desenvolvimento etc. Processos (específicos da firma) de coordenação e integração de recursos promovem certa coerência ou racionalidade única ao sistema organizacional cuja replicação ou imitação requer mudanças sistêmicas custosas e arriscadas.

2. *Aprendizagem*, viabilizando a experimentação e a utilização mais eficaz dos recursos, em uma perspectiva dinâmica. Processos de aprendizagem e experimentação permitem que novas oportunidades sejam identificadas e atividades sejam mais bem desempenhadas e rápidas, sendo então as inovações consolidadas em novas rotinas.

3. *Reconfiguração*, em uma perspectiva transformacional, viabilizando a antecipação da necessidade de uma nova estrutura de recursos que viabilizará a continuidade do desempenho superior no mercado (Teece et al., 1997). Processos de reconfiguração incluem a identificação e implantação de "melhores práticas" e a aquisição e/ou desenvolvimento de novas unidades de negócios ou departamentos funcionais.

Hogarth e Michaud (1991) sustentam que, ao assimilarmos essa dimensão dinâmica da construção da vantagem competitiva, deve-se ir além da posse e exploração de recursos estratégicos. Faz-se necessário então viabilizarmos duas dinâmicas, (1) a *alavancagem de recursos* de uma firma; esta deve agir deliberadamente para aperfeiçoar, recombinar e renovar seu estoque de recursos com vistas à criação de novos mercados; e (2) a *regeneração de recursos*, que diz respeito ao desenvolvimento de uma capacidade superior da empresa: a construção de competências ligadas à própria capacidade de gerar novos recursos. Um exemplo são as próprias competências de pesquisa e desenvolvimento, que cumpririam essas funções evitando riscos típicos do referencial pioneiro da teoria dos recursos, a *superespecialização* e a *rigidez de recursos*, que podem impor dificuldades de manutenção do sucesso da firma.

Entre as abordagens coerentes com a noção de capacidades dinâmicas está a *teoria das competências essenciais* (*core competencies*), de Prahalad e Hamel (1997). Esse trabalho gerou grande impacto nos meios acadêmico e executivo, ajudando tanto a consolidar a RBV como a lançar bases sólidas para o desenvolvimento da linha de pensamento sobre competências organizacionais. Segundo os autores, as empresas devem ser vistas como conjuntos de competências e capacidades, e a essência da concorrência é a competição por competências essenciais, que se sobrepõe à noção tradicional de competição por mercados e produtos.

Os autores distanciam-se de premissas assumidas por teorias tradicionais em estratégia, conceituando as organizações como entidades capazes de "criar o futuro", influenciando e sendo influenciadas pelo ambiente de negócios. Promover o alinhamento estratégico não seria suficiente para garantir a competitividade, dada a instabilidade característica dos mercados atuais. Ao contrário, as organizações deveriam estar atentas a descontinuidades na sociedade, para que possam expandir criativamente os limites dos mercados e aproveitar os novos espaços de competição. Essa abordagem salienta a importância do desenvolvimento de competências essenciais das firmas, que dariam foco ao seu horizonte de atuação competitiva, pondo em destaque a importância da contínua evolução da dotação de recursos da empresa.

Prahalad e Hamel (1997) definem uma *competência organizacional* como uma articulação de recursos organizacionais, "um aprendizado da organização, um 'saber-fazer' coletivo e complexo, especialmente no que diz respeito à coordenação de diversas habilidades de produção e à integração de múltiplas correntes de tecnologia".

Segundo a *teoria das competências essenciais*, as organizações devem desenvolver continuamente suas competências, buscando preencher três critérios, sem o que não podem reinventar seu setor e manter níveis elevados de resultado econômico. A competência organizacional essencial deve (a) ser valiosa e versátil, no sentido de proporcionar acesso a ampla variedade de mercados; (b) oferecer reais benefícios aos consumidores e (c) ser de difícil imitação. O domínio de determinada competência essencial definirá em quais mercados a empresa pode competir com sucesso.

Um exemplo clássico é a competência para miniaturização da Sony, que diferencia seus produtos em diversos mercados. Pode-se então entender a organização por meio da metáfora da grande árvore, segundo a qual o tronco e os galhos principais são os produtos essenciais da empresa, os galhos menores são as unidades de negócio e as folhas, as flores e os frutos são os produtos finais. A competência essencial é a raiz que alimenta a árvore. O foco nas competências essenciais deverá acontecer de maneira a criar um sistema integrado que reforce o intercâmbio entre os diferentes tipos de conhecimentos da organização – aqueles relacionados à tecnologia, à produção, ao gerenciamento etc.

O papel da alta gerência seria o de desenvolver a arquitetura estratégica, ou as competências necessárias à criação de novos espaços de competição, alocando recursos para a construção dessas competências e alavancando-as para que possam gerar aplicações valiosas em múltiplos domínios no cenário de negócios. Esse sistema deverá ser uma vantagem competitiva na medida em que não puder ser copiado por competidores. Uma competência essencial permitirá que a empresa tenha condições de criar novos espaços de competição em vez de esforçar-se para se posicionar melhor no espaço competitivo atual. Assim, a empresa dita novos parâmetros no setor em que atua, influenciando a atuação dos demais atores, como fornecedores, concorrentes e clientes.

Para esses autores, "o sucesso competitivo não advém simplesmente das escolhas do presente, e sim da construção de 'capacidades distintivas' durante um período significativo de tempo" (Boxall, 1996, p. 80).

A aprendizagem organizacional

Ao enfatizarmos capacidades dinâmicas e o dinamismo dos mercados, o conceito de *aprendizagem organizacional* assume grande importância por abranger os processos pelos quais a organização desenvolve seu conjunto de competências de maneira contínua para sustentar seu desempenho. A ideia de aprendizagem organizacional diz respeito ao aprimoramento das competências existentes e ao desenvolvimento de novas competências necessárias ao sucesso da organização.

Em termos gerais, a *aprendizagem* pode ser entendida com um processo de mudança de entendimentos e comportamentos partindo da crescente aquisição de conhecimentos sobre si e sobre o meio ambiente. Ao pensarmos a aprendizagem como um fenômeno organizacional, podemos entendê-la como um processo de mudança de entendimentos e comportamentos na organização, que se dá no âmbito das experiências coletivas dos indivíduos.

Segundo uma abordagem cognitiva, podemos conceituar a *aprendizagem organizacional* como o "processo de aperfeiçoamento de ações da organização por meio de melhor conhecimento e compreensão da realidade" (Fiol e Lyles, 1985, p. 803). Podemos também dizer que o *desenvolvimento de competências organizacionais* acontece por meio de processos inter-relacionados de aprendizagem que abrangem três níveis: o indivíduo, os grupos de trabalho e a organização. Relacionada à aprendizagem organizacional está a capacidade de os grupos repensarem continuamente seus modelos mentais e competências existentes, questionando sua relevância para, caso contrário, desenvolver novas competências ou até mesmo um novo modelo de negócios.

Para que a aprendizagem organizacional ocorra, a organização deve construir a habilidade de coletar, sistematizar, socializar, utilizar e reter novos conhecimentos em prol da coletividade. No que se refere à manutenção da vantagem competitiva, essa habilidade permite que a organização prediga, interprete, reaja ou dite as mudanças e oportunidades no ambiente. As dinâmicas de aprendizagem organizacional vêm gerando um longo e complexo debate cujo início deu-se há mais de 30 anos com os trabalhos de Simon (1969), Bateson (1971) e Argyris e Schön (1978), entre outros, intensificando-se mais recentemente. São muitas as definições desse fenômeno; comum a grande parte delas é a ideia de a aprendizagem organizacional ser mais que simplesmente a soma da aprendizagem de seus membros.

A aprendizagem organizacional é um "processo, caracterizado pela interação entre os indivíduos e grupos de trabalho (que aprendem com as experiências cotidianas), inseridos em sistemas sociais e tecnológicos capazes de facilitar o desenvolvimento e a mudança na organização". A aprendizagem organizacional pode ser discutida de diversas maneiras. As pesquisas sobre aprendizagem e cognição nas organizações reconhecem a subjetividade nos processos de levantamento e interpretação de dados.

A *abordagem interpretativa* investiga como significados são criados em torno de informações em um contexto organizacional, colocando em evidência a ideia de que os dados disponíveis poderiam ser percebidos e interpretados de maneiras diferentes pelos indivíduos e grupos nas organizações e entre organizações. Assim, apesar de eventos externos e das informações coletadas serem importantes ativadores da mudança organizacional, suas influências seriam moderadas pelos esquemas interpretativos construídos socialmente.

Um marco da abordagem interpretativa foi o trabalho de Daft e Weick (1984), que descrevem as organizações como *sistemas de interpretação*, socialmente construídos por meio da interação de sujeitos que, dotados de esquemas cognitivos, comunicam significados e negociam ações e decisões por meio de símbolos e da linguagem, construindo *esquemas compartilhados* (Lyles e Schwenk, 1992; Prahalad e Bettis, 1986). No nível individual, *esquemas cognitivos* são conjuntos de conhecimentos (ou de cognições), percepções e informações inter-relacionadas e relativas aos atributos ou à natureza de certa entidade e às suas relações com as outras.

Segundo Daft e Weick (1984), a construção de interpretações coletivas sobre o ambiente é uma atividade básica dos indivíduos nas organizações. Organizações seriam sistemas complexos e abertos, que processam informações variadas como base para suas ações e decisões. Interpretar essas informações seria selecioná-las e traduzi-las, desenvolver modos de compreensão, destacar significados e construir esquemas conceituais negociados entre os sujeitos (Daft e Weick, 1984, p. 286). Assim, não seria possível pensarmos nesses processos como independentes dos seres humanos; são os indivíduos dotados de subjetividade que percebem o ambiente, processam informações e determinam objetivos, apoiados por uma quantidade de métodos e sistemáticas.

Esses processos convergem ao que poderíamos chamar de sistemas cognitivos e memórias organizacionais por meio do compartilhamento das interpretações dos sujeitos, que negociam significados e esquemas cognitivos no cotidiano. Apesar de os administradores não concordarem ou não convergirem necessariamente em suas interpretações e esquemas cognitivos, o ato de organizar implicaria a busca da coerência entre perspectivas divergentes, permitindo interpretações organizacionais. Como "sistemas de interpretação" de estímulos ambientais, as organizações diferem nos modos ou processos pelos quais constroem interpretações do ambiente, o que tem impactos na tomada de decisões e no seu desenvolvimento.

A abordagem cognitiva assume a aplicabilidade desses conceitos à análise da aprendizagem organizacional, assumindo-a frequentemente como a mudança organizacional associada às interpretações organizacionais ou a mudanças nos padrões cognitivos dos tomadores de decisão ou, ainda, dos padrões cognitivos compartilhados pelos indivíduos. Entre os autores, sistemas cognitivos compartilhados são denominados "mapas causais coletivos" (Weick e Bougon, 1986), "modelos mentais compartilhados" (Senge, 1990), "teoria praticada" (Argyris e Schön, 1978), "estruturas de conhecimentos compartilhados" (Lyles e Schwenk, 1992), "padrão de premissas básicas" (Schein, 1985), entre outros.

Por exemplo, ao abordarem a interação entre indivíduos e grupos nas organizações e os mecanismos de defesa psicológica, a perspectiva de Argyris e Schön (1978), em sua obra *Organizational learning – a theory of action perspective*, tem seu foco nas conexões entre a esfera dos indivíduos e a organização, em detrimento das discussões sobre sistemas e estruturas organizacionais, desenvolvidas por vários outros teóricos. Vejamos com mais detalhes as ideias desses dois importantes autores.

Argyris e Schön (1978) discutem as "teorias da ação" e fazem uma distinção importante entre dois tipos, a "teoria adotada" e a "teoria praticada". Eles sugerem que, mesmo sem se dar conta, as pessoas têm "mapas mentais", teorias capazes de informar o que fazer nas situações cotidianas. Ao guiarem efetivamente o comportamento dos indivíduos, esses mapas seriam a "teoria praticada", não necessariamente similar à "teoria adotada", que os indivíduos expõem como justificativa de seus comportamentos.

Nas palavras dos autores:

> quando alguém é perguntado a respeito de como se comportaria em certas circunstâncias, a resposta dada é geralmente sua "teoria adotada" naquela situação. (...) Entretanto, a teoria que efetivamente governa suas ações é sua "teoria praticada". (Argyris e Schön, 1974, p. 6-7)

Para entendermos o funcionamento das teorias da ação, devemos apresentar o modelo dos autores, composto por três elementos: (1) as *variáveis (governing variables)*, que seriam as questões, suas dimensões e variáveis, que as pessoas buscam manter dentro de limites aceitáveis, (2) as *estratégias de ação*, que seriam os planos e ações adotadas pelas pessoas para gerir as variáveis e questões (*governing values*), e (3) as *consequências*, ou o que acontece como resultado das estratégias de ação. Para dar conta das variáveis que caracterizam nosso cotidiano, determinamos e implementamos nossas estratégias de ação com base em nossa "teoria praticada". No caso das consequências de nossas ações serem aquelas desejadas, nossa "teoria praticada" é confirmada; caso contrário, há um descompasso entre as nossas intenções e os resultados de nossa ação, com consequências inesperadas.

Quando algo dá errado e o indivíduo deve corrigir o erro, surge a necessidade da aprendizagem, que assume duas formas. A primeira seria o *single loop learning*, ou a aprendizagem de circuito simples. Esta se baseia na detecção do erro e na sua correção, preservando-se, no entanto, os pressupostos que geraram nossa estratégia de ação. Nesse caso, não há questionamento das variáveis a serem geridas, ou dos valores implícitos à situação. É o caso do indivíduo que transforma suas práticas na medida em que elas não contradigam seus pressupostos e valores de base. Não há incorporação de novos comportamentos que ameacem a sua auto-imagem ou os elementos constitutivos de sua identidade.

Outra forma de aprendizagem é denominada *double loop learning*, ou a *aprendizagem de circuito duplo*. Trata-se de questionar não somente as estratégias de ação, mas as próprias variáveis que tentamos controlar. A aprendizagem de circuito duplo é um processo de percepção e exploração das possibilidades do ambiente, no qual o indivíduo tem, em primeiro lugar, acesso a novas informações. Em segundo, compara as informações obtidas com as normas de funcionamento de dado sistema ou realidade, ao que se segue o questionamento da pertinência dessas normas e a iniciação de ações corretivas apropriadas, que podem envolver a mudança das práticas, prioridades, valores e pressupostos daquele sistema ou realidade. Esse processo pode levar a transformações nas maneiras como compreendemos as variáveis relevantes e como pensamos nossas estratégias e possíveis consequências. Essas ideias podem ser representadas graficamente, como na Figura 4.1.

Esses dois tipos de aprendizagem podem ser pensados tanto no nível do indivíduo como no nível da organização, considerada uma esfera cultural e simbólica, formada por grupos de indivíduos que interagem e constroem, em conjunto, o sentido de sua ação. No que se refere à dinâmica da aprendizagem organizacional, os autores entendem que as pessoas precisam de referências externas para interagir com seus pares na organização; o que as faz formar imagens e representações incompletas das "teorias praticadas" em seu grupo, isto é, de como as pessoas pensam e agem em seu contexto de trabalho. Muitas dessas representações se articulam com "mapas organizacionais", ou descrições públicas e compartilhadas da organização que os indivíduos constroem coletivamente e usam para guiar suas ações no cotidiano.

```
┌─────────────┐         ┌──────────┐         ┌──────────────┐
│  Variáveis  │         │ Estratégia│         │              │
│ (governing  │────────▶│  de ação │────────▶│ Conseqüências│
│  variables) │         │          │         │              │
└─────────────┘         └──────────┘         └──────────────┘
       ▲                     ▲    Aprendizagem de
       │                     └────circuito simples
       │         Aprendizagem de circuito duplo
       └───────────────────────────────────────
```

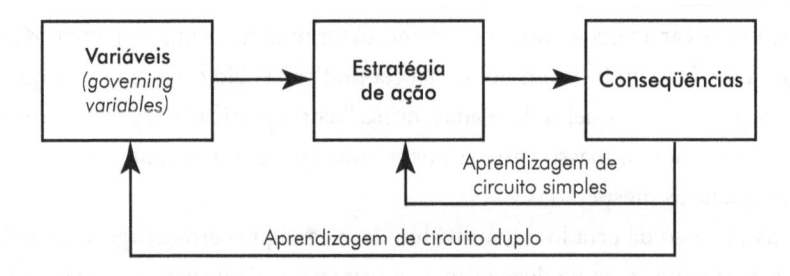

Figura 4.1.
Aprendizagem de circuito simples e circuito duplo.

Fonte: Adaptado de Argyris. C.; Schön, D. Organizational learning: a Theory of Action Perspective Reading Mass. Addison-Wesley, 1978.

Assim, a aprendizagem organizacional acontece à medida que as adaptações, descobertas e inovações são incorporadas às imagens e representações que os indivíduos possuem, e aos mapas que os indivíduos constroem coletivamente; caso contrário, um indivíduo terá aprendido, mas não a organização. No que diz respeito aos tipos de aprendizagem organizacional, Argyris e Schön (1978, p. 2-3) sugerem ser a *aprendizagem de circuito simples* a resposta dos membros de uma organização a mudanças no ambiente interno e externo por meio da correção de erros de forma a manter intocadas as premissas principais das "teorias praticadas" na organização.

De maneira diferente, a *aprendizagem de circuito duplo* é o processo de mudança que resolve problemas por meio do estabelecimento de novas prioridades e de nova importância relativa dos fatos e variáveis. Portanto, em uma organização, a aprendizagem de circuito duplo pode levar a mudanças como a adoção de novos valores, novas regras, novas racionalidades, novos critérios de decisão e solução de problemas. Segundo os autores, a "aprendizagem de circuito duplo ocorre quando o erro é detectado e corrigido de maneira que implique a modificação das normas, políticas e objetivos implícitos de uma organização".

Enquanto Argyris e Schön (1978) falam de "teorias praticadas", Lyles e Schwenk (1992) discutem o conceito de "estrutura de conhecimentos" da organização, que abrange um núcleo de elementos cognitivos caracterizados pelo amplo consenso, entre os quais estariam sua missão, as justificativas para sua existência e sua proposta básica de negócios, por exemplo. Elementos periféricos da estrutura de conhecimentos incluem as relações de causa e efeito, os meios para se alcançar as expectativas estabelecidas pelo núcleo da estrutura, não sendo necessariamente consensuais.

Consistente com as ideias de Daft e Weick (1984), o conceito de "estrutura de conhecimentos" se diferencia do conceito de "esquema" pela sua natureza coletiva, socialmente construída, o que implica a negociação, o consenso e o compromisso. "Mas como se desenvolve uma 'estrutura de conhecimentos'?" Diversos autores nos mostram que se trata de um processo contínuo. Mudanças no ambiente sempre acontecem, sendo interpretadas pelos indivíduos de maneiras diferentes, de forma mais ou menos coerente com a estrutura de conhecimentos atual. Entretanto, quando transformações começam a afetar o desempenho do grupo e os indivíduos passam a não poder explicar o fenômeno adequadamente, cria-se um desafio para a atual estrutura de conhecimentos. Nessas situações, indivíduos ou grupos políticos, dotados de seus esquemas cognitivos, são chamados a defender suas posições no âmbito de processos de negociação, nos quais uns tentam persuadir os outros da validade de suas proposições.

As mudanças nas estruturas de conhecimento são o resultado do impacto dessas proposições alternativas, negociadas em torno das interpretações dos eventos significativos, mediadas pelos conhecimentos tradicionalmente compartilhados e pelas predisposições dos tomadores de decisão dominantes. Nesse processo, a coletividade armazena novas representações e interpretações (incompletas e imprecisas) de eventos complexos na memória organizacional, que depende de mecanismos como políticas, modelos estratégicos, sistemas gerenciais e de metas, rotinas etc. Assim, o que é reinterpretado, armazenado ou recuperado depende ainda da atual "estrutura de conhecimentos", dos eventos indutores da negociação de conhecimentos e da interação entre as pessoas. Questões de poder e cultura afetam esse processo (Lyles e Schwenk, 1992, p. 158).

De acordo com o modelo de Daft e Weick (1984), os processos de coleta e processamento de informações do ambiente precedem a interpretação (ou a tradução e significação desses dados pelas coalizões dominantes, que as integram às teorias cognitivas negociadas). A aprendizagem pode então ser conceituada como o engajamento em esquemas cognitivos, ou "pôr as teorias cognitivas em ação". Segundo Daft e Weick (1984), a aprendizagem implicaria uma nova resposta ou ação ante a interpretação, gerando novos dados a serem interpretados em um mecanismo de *feedback* à ação organizacional. "Nesta perspectiva, a aprendizagem organizacional pode ser considerada uma modificação no sistema de conhecimento organizacional que a capacita a aperfeiçoar seu entendimento e avaliação de seu ambiente interno e externo" (Pawlowsky, 2001, p. 69-70).

Em suma, tanto no nível individual como no nível organizacional, aprender significaria aperfeiçoar os elementos conceituais e operacionais de modelos mentais. A

aprendizagem organizacional aconteceria se os indivíduos explicitarem seus modelos mentais e os modificarem mutuamente pela criação de modelos mentais compartilhados.
Para Fiol e Lyles (1985, p. 804):

> a aprendizagem permite que a organização construa entendimentos organizacionais e interpretações de seu meioambiente (...), resultando em associações, sistemas cognitivos e memórias que são desenvolvidos e compartilhados pelos membros da organização.

Em uma proposta normativa, Stopford (2001) delineia um modelo de aprendizagem organizacional como *respostas guiadas a sinais do mercado*, com base na ideia de que o conhecimento relevante deve fluir pelas estruturas sociais à sua utilização para a criação de valor para a firma.

Distanciando-se de visões que assumem as organizações como inertes, nas quais os gerentes têm pouco poder de intervenção, a organização poderia ser entendida como uma provedora de direcionamento e consistência aos processos pelos quais a aprendizagem de indivíduos (reunidos em comunidades de prática) transfere-se à aprendizagem do grupo. O modelo do autor consiste em cinco componentes inter-relacionados, e está embasado em premissas da abordagem processual de gestão estratégica (Whittington, 2002) e do paradigma cognitivista (Daft e Weick, 1984).

Com o **primeiro componente**, os processos de interpretação caracterizam-se pela diversidade de sinais do mercado (oportunidades, mudanças, ameaças, possibilidades) e pela necessidade de se buscar alguma coerência nessa diversidade, dada a quantidade de conhecimentos aportados pelos indivíduos, guiados por seus esquemas cognitivos.

No **segundo componente**, os processos de seleção devem garantir a escolha de conhecimentos e impulsos à mudança com base na experimentação e em análises da capacidade de resposta organizacional às propostas, dados os estoques atuais e futuros de recursos. De fato, os processos de interpretação já se configuram em seleção, mas as diversas opções e ideias reveladas à organização por esse processo devem ser ainda negociadas em busca de um balanço ideal entre a demanda pela variedade de possibilidades e a necessidade de uma visão compartilhada.

Como **terceiro componente**, considera-se a relevância dos sistemas administrativos, levando-se em conta os meios de se organizar as tarefas e viabilizar operações. Se, de um lado, as rotinas administrativas são essenciais à geração de eficiência e à retenção da aprendizagem associada às iniciativas então selecionadas, do outro, podem tornar-se fontes de inércia organizacional, inviabilizando ou retardando mudanças organizacionais diante de estímulos do mercado. Nesse caso, os sistemas administrativos e rotinas podem "cegar" os gerentes quanto às alternativas para a organização, por se constituírem em referenciais poderosos da experiência passada e das normas presentes de comportamento. Assim, a aprendizagem organizacional requer com frequência que desaprendamos, para reaprender (Stopford, 2001, p. 272).

Como **quarto componente**, surge a importância da liderança. Para o autor, a liderança deve ter uma atuação crucial nos processos anteriormente descritos, movendo--se do papel essencial de manutenção da eficiência e do *status quo* para promover o compartilhamento de significados em torno das perspectivas de mudança. A alta liderança é descrita como "guias ou facilitadores que devem instigar mudanças no ambiente interno que permitam à firma adaptar-se a ou iniciar mudanças no mercado" (Stopford, 2001, p. 266).

Essas perspectivas devem girar em torno da intenção estratégica da organização, o **quinto componente**, composta pelas escolhas da alta gerência sobre objetivos e futuro da organização em termos de vantagem competitiva sustentável. Apesar de não serem princípios estáticos, mas emergirem no decorrer do processo de aprendizagem, as intenções estratégicas de uma organização são um referencial poderoso à sua evolução por auxiliarem gerentes em suas escolhas e em seus dilemas (Stopford, 2001).

Parte dos estudos contemporâneos sobre a aprendizagem organizacional assume a relevância de uma *visão baseada em conhecimentos*, que seriam os recursos estratégicos mais relevantes às firmas. Vários trabalhos sugerem que construir capacidades e aprender requer a integração da base de conhecimentos dos diversos membros e instâncias da organização, colocando em destaque a importância da interação dos sujeitos como mecanismo de evolução organizacional.

Entre os modelos teóricos que tratam do conhecimento nas organizações, Nonaka (1991) discute as interações dinâmicas entre duas dimensões da criação de conhecimentos: a transformação do conhecimento tácito em conhecimento explícito, e vice-versa, e a manipulação, integração e transferência desses conhecimentos entre os níveis individual, grupal e organizacional, que seriam dimensões cruciais aos processos de aprendizagem organizacional.

O *conhecimento tácito* é pessoal, específico ao contexto e às experiências pessoais e difícil de ser comunicado. O *conhecimento explícito* refere-se àquele transmissível às várias esferas da organização, em linguagem formal e sistemática. Nonaka (1991) discute ainda as formas de conversão e disseminação do conhecimento, isto é, como o conhecimento disperso é compartilhado e integrado na empresa, tornando-se a fonte crítica de vantagens competitivas. Quatro seriam os processos de conversão: a socialização (tácito-tácito), a externalização (tácito-explícito), a combinação (explícito-explícito) e a internalização (explícito-tácito). Em uma organização em aprendizagem, esses quatro processos implicam a transferência de conhecimentos entre as pessoas e estão em constante interação dinâmica, no que podemos chamar *espiral de conhecimentos*.

A temática da *gestão do conhecimento* salienta a necessidade de pensarmos em ferramentas capazes de viabilizar esses processos de integração e compartilhamento de conhecimentos, do qual dependeria a construção de capacidades organizacionais distintivas. Entre as abordagens possíveis, seriam críticas a integração e a conversão do conhecimento tácito disponível à organização, que é idiossincrásico, por isso, de difícil imitação. Por se tratar de um conhecimento intrinsecamente relacionado às experiências das pessoas, a proteção do conhecimento tácito depende da sua socialização adequada no grupo ou, em última análise, da retenção dos indivíduos que o possuem.

Para Grant (1996), enquanto a integração do conhecimento explícito levanta proporcionalmente menos questões (em virtude, inclusive, do desenvolvimento da tecnologia), o conhecimento tácito pode ser integrado pela sua codificação em normas e regras explícitas (*direction*), ou pelo estabelecimento de rotinas. "A essência de uma rotina organizacional está no fato de os indivíduos desenvolverem padrões sequenciais de interação que permitem a integração de seus conhecimentos especializados sem a necessidade de comunicá-los" (Grant, 1996, p. 379).

Essas propostas assimilam questões relevantes para a transferência de conhecimentos entre níveis organizacionais, isto é, os conhecimentos dos indivíduos sendo transferidos a outros níveis e, assim, gerando aprendizagem organizacional. Em um hospital, uma equipe de cirurgiões especializados, e em ação coordenada, é um bom exemplo de um mecanismo de conversão de conhecimentos tácitos (socialização) e de integração desses conhecimentos em rotinas, configurando uma competência coletiva.

A ênfase na aprendizagem organizacional, na inovação e no desenvolvimento de competências nos indica ainda a relevância de pensarmos as relações entre organizações. Segundo Inkpen (2005), a complexidade e a incerteza de muitos setores da economia reduzem a possibilidade de sucesso de muitas organizações totalmente autônomas. Nesses contextos dinâmicos de competição, as organizações constroem relacionamentos com outras organizações em busca de sinergias que alavanquem o potencial coletivo de desenvolvimento. Comunidades de práticas constituem-se em elos entre organizações que compartilhem objetivos e recursos.

Entre as vantagens potenciais com a construção de redes de parceiros estratégicos estão o acesso a novas tecnologias e conhecimentos, economias de escala e a redução do risco em decisões conjuntas. Uma *rede interorganizacional* pode ser conceituada como "um arranjo institucional de longa duração entre organizações distintas, mas associadas" (Sydow, 1998, p. 33). Uma característica das parcerias é importante: as entidades parceiras são mutuamente interdependentes à realização das metas acordadas, de maneira que a vulnerabilidade entre organizações é comum. Diversos tipos de arranjos institucionais podem ser considerados parcerias estratégicas: *joint ventures*, arranjos de licenciamento, projetos de desenvolvimento conjunto de projetos, a implantação compartilhada de processos como compras e produção, arranjos estes capazes de alavancar o desenvolvimento de competências organizacionais por meio de recursos compartilhados.

Em uma relação de parceria, as organizações permanecem independentes, mas devem coordenar estruturas de governança com vistas à consecução dos objetivos conjuntos, o que frequentemente requer maior complexidade e custos gerenciais. Uma parceria estratégica envolve a troca de conhecimentos entre as firmas, o que tem uma quantidade de implicações gerenciais e estratégicas considerável. Entre esses conhecimentos, há planos estratégicos futuros, conhecimentos sobre processos de produção ótimos, tecnologias e capacidades coletivas etc. Não apenas entre equipes de trabalho de uma organização, a confiança mútua entre organizações é essencial ao trabalho cooperativo em redes de parcerias, viabilizando a construção de estratégias coletivas, facilitando a coordenação das atividades, promovendo a troca aberta de informações e conhecimento, facilitando o gerenciamento de conflitos, gerando oportunidades para a mudança organizacional.

A *confiança interorganizacional* pode ser conceituada como a crença entre organizações em relação a expectativas mútuas, expressando-se na fé na observância de princípios abstratos e acordados no âmbito de suas relações (Sydow, 1998). Assim, empreendedorismo e aprendizagem organizacional vêm acontecendo no contexto de *redes interorganizacionais* cuja infraestrutura vem sendo facilitada com o desenvolvimento da tecnologia da informação. A aprendizagem acontece no âmbito da execução conjunta de estratégias e resolução de problemas.

Neste momento, devemos enfatizar o fato de haver outras formas de entendermos a noção de aprendizagem organizacional, bem como destacar a existência de críticas relevantes para a abordagem cognitiva e ao tom otimista que marca a literatura contemporânea sobre a temática. Para a compreensão e operacionalização do conceito, são diversas as premissas e abordagens adotadas por especialistas. Em ampla revisão bibliográfica sobre o assunto, Antonello (2005) destaca sete características que parecem permear as diversas perspectivas da aprendizagem organizacional. Portanto, em sentido amplo, esse conceito parece assumir as seguintes dimensões, como resume o Quadro 4.3.

Quadro 4.3.
Aprendizagem organizacional – dimensões conceituais básicas

Foco no processo	A aprendizagem organizacional é um processo contínuo e abrangente.
Noção de mudança	A aprendizagem organizacional envolve mudanças nos padrões de comportamentos.
Natureza coletiva	A aprendizagem organizacional enfatiza a interação e o coletivo.
Foco na criação e na reflexão	A aprendizagem organizacional é o processo-base para o questionamento e para a inovação.
Foco na ação	De uma perspectiva pragmática, pela apropriação e disseminação do conhecimento. De uma perspectiva sociológica, pela ênfase na interação social, na experimentação e no compartilhamento de experiências.
Abordagem contingencial	A aprendizagem ocorre em função da situação e do contexto social, sendo carregada de significações culturais.
Abordagem cultural	Como um fenômeno coletivo e baseado em uma história compartilhada, a aprendizagem organizacional é um processo por meio do qual são construídos os significados comuns à coletividade.

Fonte: Adaptado de Antonello, C. A metamorfose da aprendizagem organizacional – Uma revisão crítica. In: Ruas, R. et al. *Os novos horizontes da gestão* – Aprendizagem organizacional e competências. Porto Alegre: Bookman, 2005.

O tom otimista comum à literatura atual sobre aprendizagem organizacional contrasta com investigações clássicas e contemporâneas sobre o assunto. Entre críticas fundamentais, é possível questionar a premissa segundo a qual toda a aprendizagem é em benefício da organização, levando-a a um estado em que seria mais capaz de lidar com seus desafios e oportunidades. Parte da literatura sobre o assunto assume um tom normativo sobre o fenômeno: *aprender* seria uma espécie de panaceia capaz de alavancar a evolução das organizações ante a evolução dos cenários competitivos.

Contudo, questionam-se os modelos tradicionais e até a natureza da temática, sugerindo que o tema da aprendizagem seja mesmo o tradicional tema da mudança organizacional, requentado. De fato, o tom otimista de parte da literatura sobre o assunto não sobrevive a um olhar mais aprofundado e crítico. Por exemplo, teorias em psicologia social nos mostram que não necessariamente aprendemos para o bem. Podemos vivenciar processos de aprendizagem organizacional ao longo dos quais rotinas, estratégias e visões de mundo são reforçadas, aprofundadas e institucionalizadas; nesses casos, a aprendizagem reproduz o *status quo*.

A literatura sobre a aprendizagem social sugere que os indivíduos aprendem observando modelos de comportamento e replicando-os, caso sejam reconhecidos, legitimados ou recompensados (Michener et al., 2005). Assim, podemos aprender para não mudar. Essas teorias põem ênfase na aprendizagem como o resultado não consciente da observação do passado consolidado ou legitimado cujos conteúdos podem provavelmente incluir hábitos ou procedimentos considerados contraproducentes (Maier et al., 2001). Esses fenômenos seriam ainda mais comuns que a aprendizagem que traz benefícios à coletividade, o que torna o estudo desse fenômeno mais complexo (Lähteenmäki et al., 2001). Além disso, a aprendizagem seria um processo caracterizado por relações de poder, já que indivíduos têm capacidades diferenciadas de impor seus esquemas interpretativos e construir consensos.

Estudos sobre expatriação de executivos caracterizam a ida da "periferia do poder" à matriz como uma experiência distinta daquela da matriz à "periferia do poder". Seria mais difícil aos executivos expatriados da matriz construir alianças com outros indivíduos que lhes permitam obter sucesso como "agentes de mudanças". O impacto que um indivíduo da "periferia" pode exercer no "centro do poder" dependeria de sua capacidade de ação estratégica e política, sem a qual enfrentam dificuldades em se inserir nos jogos de poder na matriz e influenciar a dinâmica local de aprendizagem. Esses estudos vêem as organizações como "reinos de relações de poder e influência" cujas dinâmicas teriam impacto na aprendizagem (Nunes et al., 2007, p. 50).

Argyris e Schön (1978) discutiram questões culturais que (in)viabilizariam a dinâmica da *aprendizagem de circuito duplo* nas organizações, denunciando dificuldades práticas à aprendizagem. Como concluem os autores, a aprendizagem individual ou organizacional requer a superação das atitudes defensivas e de resistência à mudança. A "teoria praticada" pelos indivíduos reflete suas premissas inconscientes, os valores e conceitos inerentes à cultura organizacional. Em muitas organizações, as "teorias praticadas" incorporam valores e procedimentos coerentes com o que eles denominaram modelo, cujos pressupostos promoveriam a *aprendizagem de circuito simples*. Esse modelo se caracteriza pela pouca disposição ao questionamento e pelo desenvolvimento de mecanismos defensivos entre os indivíduos.

De fato, a exposição de ações, as decisões, as opiniões e os sentimentos podem fazer uma pessoa vulnerável às reações das outras. A estratégia de ação primária dos indivíduos seria então buscar o controle do meio ambiente e das tarefas e, ao mesmo tempo, a proteção de si e dos outros. Dessa forma, essas "teorias praticadas" seriam caracterizadas por uma disposição implícita na vitória, de forma a evitar embaraços. Entre seus valores e procedimentos, o modelo I caracteriza-se entre outras coisas pela: (1) disposição em atingir os objetivos definidos pelos outros atores, (2) supressão de sentimentos negativos, (3) ênfase na racionalidade, (4) promoção de comportamentos que desencorajam o questionamento ("Não vamos mais falar sobre o passado, já passou!"), (5) disposição em tratar os pontos de vista dos outros como obviamente corretos e (6) disposição em deixar fatos potencialmente embaraçosos de lado.

Entre as consequências da adoção desses procedimentos estão (1) os relacionamentos defensivos, (2) a baixa liberdade de escolha, (3) a produção reduzida de informações válidas e (4) o teste público de ideias pouco frequente. Ao promovermos a *aprendizagem de circuito duplo*, precisaríamos transformar os pressupostos de nossa "teoria praticada" nas organizações em direção ao que foi intitulado modelo II. Esse modelo se caracteriza (1) pela disposição e habilidade no trato de informações de qualidade, (2) pela disposição ao conflito e à incorporação dos pontos de vista e das experiências dos participantes em vez da imposição de posições fechadas e (3) pela explicitação de posições e decisões e pelo teste público delas. Nas organizações pesquisadas pelos autores, o modelo I era mais comum que o modelo II apesar de os indivíduos declararem frequentemente o modelo II como "teoria adotada", isto é, aquela que justifica seus comportamentos. Assim, existiria uma defasagem entre a "teoria adotada" e a "teoria praticada": os indivíduos podem dizer que são favoráveis a certo tipo de comportamento, podem até acreditar na validade destes, mas bloqueios cognitivos os impedem de adotar tais comportamentos na prática (Argyris et al., 1985).

As pesquisas de Argyris e Schön (1978) sugerem as dificuldades em se promover a aprendizagem nas organizações. Outras críticas denunciam a conceituação débil da natureza da aprendizagem organizacional, que não explicita ou aprofunda os mecanismos pelos quais a aprendizagem de indivíduos é transferida para a organização e vice-versa. Apesar do consenso em torno da ideia de que a aprendizagem organizacional seria mais do que simplesmente a soma da aprendizagem de seus membros, não existe uma definição única a respeito da natureza do processo de aprendizagem organizacional, que é discutida com base em diferentes perspectivas teóricas. Entre as discordâncias em teoria das organizações, Weick e Westley (1996) discutem as dificuldades em se conceituar adequadamente a organização, o que leva à frustração perante as várias teorias que tratam da aprendizagem organizacional como a aprendizagem de indivíduos em um contexto organizacional. Teorias assumem que as organizações possam aprender da mesma maneira que indivíduos, isto é, segundo os mesmos mecanismos que permitem aos indivíduos aprenderem (Weick e Westley, 1996).

Contudo, Cook e Yanow (2001) questionam essas premissas: será que uma organização pode aprender como os indivíduos, se, no limite, não possui nosso aparelho cognitivo? Além disso, aprendizagem de um indivíduo não resultaria necessariamente na aprendizagem organizacional (um sujeito pode melhorar suas capacidades de atendimento ao público sem compartilhar esses conhecimentos com seus colegas), enquanto uma organização poderia aprender sem que isso implicasse aprendizagem no nível dos indivíduos (processos de trabalho ou tecnologias de produção podem mudar, sem que isso necessariamente signifique aprendizagem cognitiva entre os sujeitos envolvidos) (Cummings e Worley, 1997; Lähteenmäki et al., 2001).

Devemos ainda elucidar os processos pelos quais a aprendizagem individual relaciona-se à aprendizagem organizacional. Ou, mesmo questionar se a aprendizagem social (organizacional) não deveria ter sua natureza considerada totalmente distinta daquela individual. Ao criticarem as concepções tradicionais de aprendizagem organizacional, Cook e Yanow (2001) sugerem pensarmos a organização como um contexto cultural, socialmente construído por meio da interação dos indivíduos, que comunicam e negociam significados por meio de símbolos e da linguagem. Para teóricos da cultura nas organizações que adotam uma perspectiva dinâmica, a aprendizagem organizacional implica a evolução dessas representações compartilhadas pelos sujeitos; dessa maneira, a aprendizagem organizacional seria pensada como uma atividade essencialmente coletiva (Mascarenhas, 2008).

Segundo Cook e Yanow (2001, p. 408), a aprendizagem organizacional seria um *processo de mudança cultural*, que poderia ser conceituado como o processo de "aquisição, sustentação ou a mudança dos significados intersubjetivos por meio dos artefatos culturais de sua expressão e transmissão, no âmbito do comportamento coletivo do(s) grupo(s) na organização". Implícita a essa redefinição estaria uma agenda de pesquisa revigorada.

CAPÍTULO 5

Reconceituando o modelo de gestão estratégica de pessoas

André Ofenhejm Mascarenhas

O desenvolvimento recente das teorias em estratégia empresarial requer que sofistiquemos nosso entendimento da gestão de pessoas. As duas últimas décadas de discussões entre especialistas em administração foram marcadas pela percepção da crescente relevância da função gestão de pessoas na compreensão e na geração de desempenho superior nas organizações.

A análise do desenvolvimento recente dos referenciais teóricos sobre a vantagem competitiva sugere uma associação mais íntima entre o desempenho da empresa, seus recursos, competências e seus processos internos, incluindo-se aí as pessoas e os processos de gestão de pessoas. Ao adotarmos a visão baseada em recursos (*resource-based view*), fica clara a maior importância da função gestão de pessoas, que passa a ser entendida como um conjunto privilegiado de princípios, práticas, políticas e processos por meio dos quais competências e recursos organizacionais (estratégicos e complementares) são desenvolvidos; entre eles, o capital humano (as pessoas, dotadas de inteligência, e em relação de emprego com a organização), o capital social (seus relacionamentos) e sistemas de gestão capazes de satisfazer as demandas cotidianas e as expectativas dos grupos, retendo talentos e promovendo a aprendizagem ao reforçarem culturas cooperativas de trabalho.

Como discute Legge (2005), nos Estados Unidos e na Inglaterra, esse movimento pode ser resumido pela crescente preeminência e sofisticação das premissas do modelo *soft*, coerentes também com a ideia de humanismo de desenvolvimento (*developmental humanism*) e com o modelo político de gestão de pessoas, como definido por pesquisadores franceses. Essas ideias e modelos teriam ganhado novo fôlego, dada a crescente influência da visão baseada em recursos no pensamento em gestão de pessoas. No Brasil, autores denominaram esses avanços de modelo de *gestão de pessoas como vantagem competitiva*, definido como "todas as práticas e políticas que afetam o comportamento dos indivíduos em seus esforços para formular e implantar as necessidades estratégicas de um negócio" (Fischer, 2002).

Segundo esse modelo reformulado, a gestão de pessoas não pode se resumir a ações planejadas e integradas por meio das quais são direcionados os comportamentos das pessoas à consecução das estratégias deliberadas da empresa. A contribuição da gestão de pessoas deve ultrapassar as noções reativas da implantação e adaptação, sendo avaliada também pela sua capacidade de gerar e sustentar recursos estratégicos, desenvolver capacidades e competências organizacionais, criar organizações mais flexíveis e inteligentes que seus competidores por apresentarem níveis superiores de cooperação, coordenação e inovação (Boxall, 1996). Assim, o objetivo reformulado da função gestão de pessoas seria fazer das pessoas recursos estratégicos capazes de dinamizar as organizações e garantir a sustentabilidade da sua competitividade por meio da aprendizagem constante (Fischer, 2002, p. 31).

O modelo de GEP pode ser analisado em termos das implicações da *visão baseada em recursos*. O modelo VRIO permitiria direcionar as ações da área de RH e dos gestores de pessoas ao desenvolvimento das características da força de trabalho capazes de gerar e sustentar resultados superiores. No que concerne ao papel da área de RH, a teoria dos recursos sugere que modelos complexos de gestão de pessoas, construídos ao longo da história organizacional e caracterizados pela "contingência idiossincrásica", seriam fontes possíveis de vantagem competitiva, em virtude da dificuldade que outras organizações teriam para copiá-los. Distanciando-se das simplificações e generalizações universalistas e contingencialistas, Becker et al. (1997, p. 41) afirmam que sistemas de trabalho de alto comprometimento (HCWS ou *high commitment working systems*) seriam idiossincrásicos por serem "talhados" segundo as necessidades de cada organização. O desenvolvimento de um modelo de gestão de pessoas refletiria "contingências idiossincrásicas" por ser função das especificidades e da história da organização, o que põe em destaque o conceito de dependência de trajetória (*path dependency*).

Ao longo de sua história, as organizações enfrentam questões de gestão de pessoas, identificando e associando suas variáveis de forma tácita e implícita, estruturando sistemas com base em julgamentos fundamentados em idiossincrasias e conteúdos culturais, desenvolvendo abordagens únicas de gestão de pessoas. Quanto mais complexo é o modelo de gestão de pessoas, mais improvável é sua imitação, o que coloca em destaque o conceito de ambiguidade causal (*causal ambiguity*) (Lado e Wilson, 1994). São essas realidades únicas de gestão de pessoas que, se geradoras de valor para a organização, tornam-se fontes de vantagem competitiva. Como sugere Purcell (1999, p. 35), "a implicação disto tudo é que se aponta à incomparabilidade [do modelo de gestão de pessoas], para a inexistência de um melhor modelo e para a ênfase em organizações individuais em um dado setor ou indústria".

Assim, para Barney e Wright (1998), a função RH deveria estar centrada no desenvolvimento contínuo de um modelo de gestão de pessoas capaz de preencher os pré-requisitos do modelo VRIO, gerando vantagem competitiva. Para os autores, o objetivo da função gestão de pessoas deveria ser "(...) prover a organização com recursos que gerem valor, sejam raros e não possam ser imitados facilmente por outras organizações. (...) Isso requer que o RH dê ênfase ao desenvolvimento de sistemas coerentes de gestão de pessoas capazes de sustentar estes objetivos" (Barney e Wright, 1997, p. 21).

Para Purcell (1999), o conceito de modelo de gestão de pessoas é colocado em evidência: não mais como uma lista precisa de itens a serem alinhados estrategicamente, mas como a arquitetura de processos e práticas de gestão de pessoas que diferenciará uma organização de suas concorrentes, contribuindo para o seu desempenho e longevidade por meio da flexibilidade. Entre as proposições dos autores, a vantagem competitiva viria de conhecimentos específicos da firma (como uma cultura de trabalho ou um sistema produtivo valioso), e não de conhecimentos genéricos, amplamente disponíveis no mercado. A vantagem competitiva viria também de grupos de indivíduos com qualidades distintivas trabalhando em sinergia (uma entidade social complexa), e não de indivíduos isolados cuja visibilidade de seu desempenho atrai ofertas de outras empresas no mercado de trabalho.

Coerente com a visão baseada em recursos, Mueller (1996) propõe um modelo evolucionário de criação de recursos humanos estratégicos nas organizações. Segundo o autor, o aporte à visão baseada em recursos nos faz entender as condições nas quais recursos humanos e organizacionais se tornam raros e de difícil imitação. Políticas de gestão de pessoas relevantes seriam aquelas capazes de preencher os requisitos do modelo VRIO, o que indica a necessidade de se construir capacidades organizacionais para a avaliação da relevância e do impacto de certas políticas, dada a sua realidade específica, em vez de a organização incorporar simplesmente os modismos gerenciais em gestão de pessoas. Elementos de um modelo de gestão de pessoas que contribuem para a vantagem competitiva de uma firma são únicos e particularmente difíceis de imitar. Isso nos leva a questionar se o alinhamento estratégico das políticas de gestão de pessoas é suficiente para a geração de vantagem competitiva, ou se é somente uma dimensão a ser também considerada.

O alinhamento de políticas explícitas e codificadas de gestão de pessoas pode ser copiado facilmente pelos concorrentes, não sendo por si só fonte de vantagem competitiva. Para tal, deve-se enfatizar não apenas o conhecimento explícito, formalizado, oficial, mas também (ou principalmente) os aspectos informais da vida organizacional, o conhecimento tácito e a arquitetura social (Mueller, 1996, p. 758). Por exemplo, considerar o capital humano da organização como um recurso estratégico é mais plausível que assim considerar a equipe de alta gerência, que formula políticas, passíveis de cópia e transferência para outras organizações. A fonte de vantagem competitiva de uma empresa residiria mais provavelmente nas complexas interconexões entre o capital humano, estratégias, práticas e políticas de gestão de pessoas, que gerariam ambiguidade causal. O conceito de *barreiras à mobilidade de recursos* (RMB) faz-se então importante para a compreensão das iniciativas de gestão de pessoas capazes de gerar vantagem competitiva. Apesar de a alta gerência fazer a diferença, a preocupação com as suas políticas explícitas justifica-se apenas enquanto contribuírem efetivamente para a construção de recursos estratégicos. Para isso, precisaríamos atentar, em especial, para os aspectos não codificados e planificados do comportamento organizacional para encontrar barreiras efetivas à mobilidade de recursos (Mueller, 1996, p. 765).

O modelo evolucionário de Mueller (1996) articula cinco proposições que enfatizam a construção destas barreiras.

Quadro 5.1.
Modelo evolucionário de construção de recursos humanos estratégicos

Arquitetura social como RMB	O desenvolvimento de recursos humanos estratégicos acontece ao longo de um processo lento, incremental e evolucionário, resultando em certos padrões sociais ou uma arquitetura social de difícil imitação.
Intenção estratégica como RMB	Uma organização tem uma "intenção estratégica" quando busca persistentemente a construção de recursos estratégicos, tais como seu capital humano. Uma atitude de aperfeiçoamento contínuo, composta por muitas ações e decisões ao longo do tempo, não pode ser facilmente imitada.
Desenvolvimento contextualizado de competências como RMB	O desenvolvimento de capacidades e competências é um processo facilitado por iniciativas estruturadas de gestão de pessoas (que frequentemente retiram os indivíduos de seus contextos de trabalho), mas dependente da inserção dos indivíduos nas rotinas organizacionais e experiências cotidianas, o que dificulta a imitação.
Padrões de cooperação informal como RMB	Padrões de cooperação informal entre os indivíduos são características da arquitetura organizacional, sendo recursos potencialmente valiosos e de difícil imitação. O fato de esses padrões estarem imbricados entre a prática informal e as políticas formais constitui-se em uma barreira à mobilidade de recursos.
Interdependência de recursos como RMB	Os indivíduos em uma organização certamente contribuem para a construção de vantagem competitiva, mas somente em inter-relação com outros recursos, o que nos leva a pensar na interdependência de recursos como uma barreira efetiva à sua mobilização.

Fonte: Elaborado pelo autor com base em Mueller (1996).

Em primeiro lugar, o autor sugere que o desenvolvimento de recursos humanos estratégicos acontece ao longo de um processo lento, incremental e evolucionário, resultando em certos padrões sociais ou em uma arquitetura social. Por sua natureza incerta e complexa, esse mesmo processo é uma barreira à mobilidade de recursos por impedir a cópia rápida e fácil. As implicações dessa visão incluem assumir os limites das políticas de gestão de pessoas para a construção de determinada arquitetura social valiosa ou estratégica. Em geral, o investimento em gestão de pessoas seria caracterizado por certa imprevisibilidade, não geraria retorno imediato e não permitiria redirecionamentos estratégicos rápidos.

Em segundo lugar, o autor sugere a relevância da "intenção estratégica" de uma organização que busca persistentemente a construção de recursos estratégicos, tais como o capital humano. Essa própria intenção estratégica seria um recurso potencialmente valioso e de difícil imitação ao gerar coerência nas ações de gestão de pessoas em uma organização durante um período significativo. Enquanto uma ação ou uma política isolada pode ser facilmente copiada pelos concorrentes, o mesmo não se pode dizer de uma atitude de aperfeiçoamento contínuo, composta por muitas ações e decisões ao longo do tempo, envolvendo um grande número de pessoas e gerando um estoque significativo de conhecimento tácito.

Em terceiro lugar, o autor ressalta que o desenvolvimento de capacidades e competências é um processo dependente da inserção dos indivíduos nas rotinas organizacionais e experiências no trabalho, caso contrário, é provável que novos conhecimentos e atitudes não sejam incorporados, mas esquecidos. Além disso, algumas competências só são desenvolvidas no contexto cotidiano de trabalho, e não por iniciativas formais de treinamento que retiram os indivíduos de suas atividades cotidianas. Dessa maneira, processos de construção de competências valiosas, raras e de difícil imitação podem ser facilitados ou acelerados por políticas ou práticas formais de desenvolvimento de pessoas, mas não substituídos por tais práticas. Por serem facilmente imitáveis, essas práticas formais não viabilizariam a construção de um reservatório de competências valiosas e raras, a não ser que estejam em relação direta com as rotinas organizacionais nas quais os indivíduos estão inseridos. Nesse caso, tem-se uma barreira significativa à mobilidade de recursos.

Em quarto lugar, o autor sugere que os padrões de cooperação entre os indivíduos sejam uma característica da arquitetura organizacional, sendo recursos potencialmente valiosos e de difícil imitação por não poderem ser replicados de maneira fácil ou até mesmo observados por membros externos. Esses padrões de cooperação se formam como resultado de comportamentos informais dos indivíduos, de jogos de poder, da formação de subculturas, de processos de negociação e aglutinação de interesses no nível grupal etc. A cooperação informal não é resultado somente de políticas de gestão de pessoas, que influenciam a construção desses padrões, mas não os definem. Contudo, políticas de gestão de pessoas podem contribuir para a exploração desses padrões "escondidos", por exemplo, por meio da institucionalização de carreiras não especializadas que reconheçam a cooperação. O fato de esses padrões dinâmicos de cooperação estarem imbricados entre a prática informal e as políticas formais constitui--se em uma barreira à mobilidade de recursos.

Por fim, o autor destaca a necessidade de pensarmos o desenvolvimento de recursos humanos estratégicos em interdependência com outros recursos valiosos. Os indivíduos em uma organização certamente contribuem para a construção de vantagem competitiva, mas somente em inter-relação com outros recursos (tais como marcas, patentes, tecnologias de produção, acesso a mercados etc.), o que nos leva a pensar na interdependência de recursos como uma barreira efetiva à sua mobilização (Mueller, 1996).

No que se refere à noção de *capacidades dinâmicas*, destaca-se a necessidade de se acumular e combinar novos e velhos recursos em novas configurações capazes de sustentar a vantagem competitiva de uma empresa. Assim, a *teoria das capacidades dinâmicas* enfatiza a importância dos aspectos organizacionais, gerenciais e de gestão de pessoas como nenhuma outra teoria em estratégia. Suas proposições realçam a relevância da construção de um sistema organizacional capaz de gerar inovações continuamente. Podemos associá-las à emergência, na década de 1990, de outro conceito poderoso, o de *organizações em aprendizagem*. Entre as definições mais citadas, Garvin (2001, p. 54) conceitua-a como a organização que "dispõe de habilidades para criar, adquirir e transferir conhecimentos, e é capaz de modificar seus comportamentos, de modo a refletir os novos conhecimentos e ideias".

Esse conceito põe ênfase nas dimensões organizacionais mais relevantes para a promoção da aprendizagem e da construção contínua de competências. Por trás desse conceito está a ideia de que, uma vez que se pretenda implantar uma dinâmica de aprendizagem contínua na organização, deve-se assumir que as identidades dos indivíduos e da organização são estruturas que se desenvolvem e evoluem continuamente. Por identidade podemos entender o autoconceito que o indivíduo constrói em interação com os outros, e que o identifica como diferente dos demais e similar a outros indivíduos de seu grupo. Por identidade organizacional, podemos entender as crenças compartilhadas pelos indivíduos sobre o que é central e distintivo na organização.

A institucionalização do valor "mudança" como elemento sempre presente na identidade organizacional mostra-se uma etapa fundamental na consolidação de uma organização em aprendizagem. Segundo uma imagem que sintetiza bem as propostas às *organizações em aprendizagem*, os indivíduos cooperariam reunidos em torno de um núcleo central, o banco de dados, organizando-se transitoriamente segundo a extensão e amplitude de suas responsabilidades imediatas com vistas a dois objetivos fundamentais: expandir o saber sobre os negócios e aproveitar as novas oportunidades que se apresentam (Zuboff, 1989). O conhecimento disponível convida os indivíduos a levantar constantemente questões e hipóteses sobre o trabalho, em processos nos quais aspectos fundamentais da organização podem ser vistos de diferentes maneiras. A informatização é uma dimensão das *organizações em aprendizagem*, nas quais o trabalho se transforma em uma constante investigação, e as contribuições dos indivíduos são dependentes de sua capacidade de perceber, refletir e explorar os fluxos de informação.

Uma *organização em aprendizagem* assume a necessidade de se associar o desenvolvimento de competências e recursos estratégicos às visões gerenciais, rotinas e processos que dinamizarão a organização e garantirão a sustentação de sua vantagem competitiva. Caberia à função gestão de pessoas fomentar o desenvolvimento dos indivíduos e dos grupos em interdependência com outros recursos com vistas à evolução contínua das competências estratégicas da empresa. Uma visão processual da gestão estratégica assimila a importância da contínua articulação do conhecimento pelos grupos que, em iniciativas de experimentação, influenciarão a definição coletiva dos rumos da organização. O desenvolvimento de uma competência requer a interação das pessoas e grupos na organização (e entre organizações), o que coloca em destaque a promoção da autonomia e a coordenação de equipes.

Uma nova competência organizacional pode formar-se progressivamente à medida que as pessoas interagem criativamente umas com as outras, formulam proposições criativas e experimentam soluções, desenvolvem e utilizam recursos para resolver problemas e aproveitar oportunidades, retendo conhecimentos em novas rotinas organizacionais. Assim, uma competência pode ser o resultado de um processo histórico particular de aprendizagem coletiva da organização, na qual se consolidam comportamentos únicos ao grupo, de difícil imitação. As questões de gestão da mudança ganham alta relevância nas organizações em aprendizagem, sendo associadas à função gestão de pessoas, tanto por meio dos líderes de equipes, que coordenam interações sociais, como por intermédio da área de RH, chamada a contribuir para as iniciativas estratégicas com seu conhecimento especializado.

Diversos autores mostram que os indivíduos podem adotar uma atitude favorável à mudança, cooperando e desdramatizando essas situações por visualizá-las como possibilidades de desenvolvimento pessoal e organizacional. Nessas organizações, a estratégia de gestão de pessoas deve promover a autonomia, a tomada de riscos, o questionamento e o desenvolvimento dos indivíduos e grupos (Leite e Porsse, 2005; Bitencourt, 2004; Mintzberg, 1994; Purcell, 1999).

Essas ideias colocam em destaque o debate conceitual e os esforços práticos em torno da construção de novas formas organizacionais, incorporando os conceitos de organizações orgânicas (Burns e Stalker, 1961), organizações virtuais (Nohria e Berkley, 1994), organizações pós-burocráticas (Heckscher, 1994), organizações em rede (Powell, 1990), a adhocracia (Mintzberg, 2003), entre outros.

Essas proposições dão ênfase a uma variedade de características típicas de organizações horizontais, nas quais grupos buscam construir consensos por meio da institucionalização do diálogo, definido como o uso da influência e do conhecimento e não do poder formal. Relações sociais seriam formadas da capacidade de persuasão e negociação em torno de soluções adequadas às questões organizacionais. Haveria certa tolerância seletiva em relação à entrada e à saída de indivíduos nesses grupos organizacionais, favorecendo novos conhecimentos necessários à construção de soluções.

Em uma perspectiva prescritiva, diversos autores sugerem que as organizações em aprendizagem desenvolvam as seguintes condições:

1. *Promover continuamente a análise crítica de seus procedimentos e de seus pressupostos de base.* A organização em aprendizagem assume que todos os processos que regulam o trabalho podem ser melhorados continuamente, mesmo quando parecem extremamente eficientes. Além disso, o reexame contínuo dos pressupostos de base do sistema produtivo e da organização social é encorajado, com vistas à inovação.

2. *Promover a comunicação e o compartilhamento de conhecimentos entre os diversos grupos sociais.* É necessário implantar transparência nos procedimentos, garantindo acesso ao conhecimento relevante, que deve estar disponível onde os indivíduos precisarão dele. A gestão do conhecimento é um tema amplamente debatido atualmente e que assimila esses objetivos.

3. *Atribuir um sentido comum à ação (organizational sensemaking).* A fim de promover a aprendizagem, a alta gerência deve tomar a iniciativa de romper com modelos mentais predominantes, reconstruindo continuamente, com os agentes organizacio-

nais, visões compartilhadas de qual deve ser a identidade organizacional, ou o que a organização deve se tornar em um futuro próximo.

4. **Gestão da mudança organizacional.** Em um modelo em que a mudança passa a ser elemento central da identidade organizacional, é necessário reconhecer e negociar interesses divergentes, lidando com bloqueios afetivos gerados pelos mecanismos de defesa e pelas contradições que envolvem a mudança. Com o suporte da função gestão de pessoas, novas competências são construídas, velhas competências são desenvolvidas, o que torna possível a sustentação da vantagem competitiva.

5. *Integrar os diversos grupos sociais à estrutura organizacional.* Na organização em aprendizagem, deve-se reconhecer que os níveis mais operacionais da estrutura acumulam conhecimentos tácitos sobre as atividades, produtos e mercados, desenvolvem abordagens e práticas únicas de trabalho, sendo esses conhecimentos potencialmente muito valiosos. É necessário, então, criar condições para que esses grupos evoluam e integrem-se plenamente à estrutura organizacional, com o desenvolvimento de suas habilidades e da criação de mecanismos efetivos de mobilização desses conhecimentos (Brown e Starkey, 2000; Senge, 1995; Garvin, 2001).

Processos e práticas de gestão de pessoas nas organizações em aprendizagem devem permitir a construção de contextos sociais nos quais todos tenham a possibilidade de exprimir suas racionalidades, construir identidades autônomas, satisfazendo seus objetivos de crescimento pessoal e profissional e desenvolvendo simultaneamente suas competências em prol dos objetivos organizacionais.

No Brasil, apesar de os discursos de executivos, reforçados pela mídia especializada, sugerirem otimismo, a prática diária das organizações mostra que a mudança de um sistema burocratizado para um sistema favorável à aprendizagem contínua é um processo de alta complexidade. Pesquisas sobre gestão de pessoas e cultura brasileira indicam que as características prescritas das organizações em aprendizagem não são sustentadas por traços típicos de nossa cultura (Motta e Caldas, 1997; Barbosa, 1992; Barros e Prates, 1996).

Implicações específicas da noção de capacidades dinâmicas à gestão de pessoas também são discutidas. Por exemplo, Hagan (1996) trata da *teoria das competências essenciais* (*core competencies*), de Prahalad e Hamel (1997), que assumiria um conjunto alternativo de premissas sobre a gestão estratégica, tendo consequências abrangentes da gestão de pessoas. Em especial, Prahalad e Hamel vêem as empresas como conjuntos de competências e capacidades, sendo a essência da concorrência a competição por competências essenciais. Esta permite que a empresa tenha condições de criar novos espaços de competição ("criar o futuro") em vez de esforçar-se para se posicionar melhor no espaço competitivo atual. Uma organização competindo com base em competências essenciais deveria desenvolver a capacidade de aprender continuamente (o que também implica desaprender) para dar conta das descontinuidades e oportunidades típicas dos mercados atuais.

Hagan (1996) formula diversas hipóteses sobre as implicações da competição com base em competências essenciais da gestão de pessoas. Entre essas hipóteses, aquelas associadas ao design de tarefas, desenvolvimento e remuneração postulam que (1) as responsabilidades dos indivíduos requereriam conhecimentos mais especializados, sendo compartilhados por meio do uso extensivo de times de trabalho e pela mobilidade desses especialistas; (2) as firmas assumiriam posturas proativas capazes de garantir a disponibilidade de conhecimentos relevantes e funcionários qualificados por meio de mecanismos como parcerias com institutos de pesquisas, universidades, entre outros; (3) as empresas dariam mais ênfase a iniciativas de desenvolvimento, com reflexos no departamento de RH, tais como a universidade corporativa e a atenção a necessidades específicas de desenvolvimento nas unidades de negócios; (4) os sistemas de remuneração refletiriam abordagens mais complexas à avaliação de desempenho, assumindo critérios qualitativos que reflitam os riscos inerentes aos projetos sendo desenvolvidos; e (5) os sistemas de remuneração seriam mais flexíveis, refletindo menos as práticas dos concorrentes e mais as características e intenções estratégicas da organização.

Dos comportamentos às competências

Entre as implicações das reformulações no modelo de *gestão estratégica de pessoas*, destacamos o novo status a ser atribuído às pessoas nas organizações. Em relação a abordagens anteriores à década de 1980, as discussões pioneiras de GEP já elevavam a importância das pessoas nas organizações, já que são elas quem efetivamente operacionalizam as estratégias e geram os resultados empresariais.

Entretanto, as críticas a essas proposições denunciavam o status ainda reduzido das pessoas, principalmente em sua vertente *hard*. Uma dessas críticas foi discutida por Lado e Wilson (1994) e Wright et al. (1994), com base na teoria dos recursos. De acordo com esses autores, o surgimento da GEP assimilava uma *perspectiva comportamental*, segundo a qual as práticas de gestão de pessoas deveriam ser pensadas de forma a promover comportamentos adequados, consideradas as decisões estratégicas tomadas pela alta direção da empresa. Considerava-se que as práticas de gestão de pessoas reforçassem papéis organizacionais de indivíduos ou grupos, para que estes contribuíssem para a implantação das estratégias.

Contudo, a perspectiva comportamental seria orientada externamente:

> de acordo com esta visão, os resultados e o comportamento organizacional e individual seriam em grande extensão determinados por condições (ou estímulos) ambientais externos; a volição e os processos cognitivos internos, apesar de suficientes, não seriam necessários à compreensão de como resultados organizacionais são gerados. (Lado e Wilson, 1994, p. 701).

A perspectiva comportamental não ofereceria uma explicação para a vantagem competitiva sustentável. Papéis organizacionais seriam observáveis e imitáveis, e as empresas poderiam copiar as práticas que reforçassem papéis organizacionais de outras companhias vistas como possuidoras de vantagem competitiva. Entretanto, essa estratégia não geraria necessariamente o mesmo padrão de resultados acima da média. Segundo Wright et al. (1994), os padrões distintos de resultados experimentados por essas empresas podem ser relacionados à *qualidade* dos recursos humanos em relação de emprego com a organização.

Assim, os autores sugerem que conjuntos similares de papéis organizacionais e práticas de gestão de pessoas podem gerar resultados empresariais muito distintos, e a qualidade dos recursos humanos deveria ser considerada um fator mediador importante nessa relação (Wright e McMahan, 1992; Lado e Wilson, 1994).

Essa crítica salienta a necessidade de considerarmos as pessoas na organização como fontes potenciais de vantagem competitiva. No entanto, as pessoas não deveriam ser consideradas importantes simplesmente por assumirem papéis definidos na implantação das estratégias, mas, sim, porque suas características singulares, seus diferenciais em relação a indivíduos em outras organizações podem contribuir para a geração de resultados empresariais superiores.

Por pessoas, podemos ainda entender capital humano. Ao empregarem as pessoas, as organizações detêm um conjunto específico de capacidades que devem ser utilizadas para a geração de resultados empresariais superiores. Os conhecimentos, os relacionamentos, as experiências e as habilidades das pessoas têm valor econômico para as organizações porque, se integradas e articuladas a seus demais recursos, permitem que elas produzam. Mais do que isso, conhecimentos, experiências e capacidades raras detidas pelas pessoas em uma organização podem gerar-lhe níveis superiores de valor econômico, o que justificaria a estruturação de políticas e práticas de *retenção de talentos*, indivíduos cuja atuação preencheria alguns pré-requisitos.

As pessoas podem ser consideradas recursos estratégicos (talentos) se (1) eles e elas gerarem valor para a organização, isto é, se os resultados de seus esforços alavancarem os resultados da empresa (as pessoas podem se envolver em esforços capazes de diminuir os custos ou aumentar o faturamento da organização), e (2) se eles e elas forem recursos raros (e sugerimos que, de fato, pessoas com competências superiores não estão disponíveis a todas as empresas). Além disso, indivíduos que preencham os dois pré-requisitos anteriores serão especialmente valiosos se organizações competidoras não puderem reproduzir as competências individuais geradoras de resultados superiores e se esses indivíduos atuarem em interdependência com outros recursos, promovendo o desenvolvimento de outros potenciais.

Para Barney e Wright (1998), a teoria dos recursos seria um referencial capaz de responder a uma antiga necessidade dos profissionais de RH: explicar, em termos econômicos, como as pessoas geram vantagens competitivas para a organização, bem como o papel da função de RH na geração de resultados superiores. Em relação a essa última questão, devemos considerar que, como outros ativos, o capital humano tem valor de mercado; entretanto, o que o diferencia é o fato de o valor potencial do capital humano ser totalmente realizado somente por meio da cooperação e do envolvimento das pessoas nos processos produtivos (Jackson e Schuler, 1999; Flamholtz e Lacey, 1981; Kamoche, 1996; Wright et al., 1994; Barney e Wright, 1998; Barney, 1991; Snow e Snell, 1992; Capelli e Crocker-Hefter, 1996; Walton, 1997). (Ver o Quadro 5.2.)

Quadro 5.2.
Vantagem competitiva por meio das pessoas

As pessoas podem ser consideradas recursos estratégicos em uma organização e, portanto, contribuir para a geração de vantagem competitiva se...	
A questão do valor	...as pessoas gerarem valor para a organização, isto é, se os resultados de seus esforços alavancarem os resultados da empresa.
A questão da raridade	...as pessoas forem recursos raros. Sugerimos que, de fato, pessoas com competências superiores não são recursos disponíveis a todas as empresas.
A questão da imitabilidade	...os competidores não puderem reproduzir as qualidades do capital humano gerador de resultados superiores.

(continua)

	(continuação)
A questão da organização	...as pessoas se articularem adequadamente com outros recursos organizacionais, o que salienta a importância de sistemas de trabalho e de uma cultura que viabilize a cooperação e o desenvolvimento do máximo potencial dos indivíduos.

Fonte: Adaptado de Wright et al. (1994).

De fato, grande parte da literatura pioneira sobre a GEP centrava-se na promoção dos comportamentos adequados das pessoas quanto a geração de resultados empresariais, mas ignorava as qualidades distintivas da força de trabalho, ou do capital humano, como determinantes de níveis superiores de desempenho organizacional. Por exemplo, são especialmente relevantes as qualidades distintivas das pessoas (e não somente a sua qualificação a papéis organizacionais bem delimitados) quando consideramos uma visão processual da gestão estratégica, em que os diversos grupos organizacionais são responsáveis por proposições e projetos (estratégias emergentes) que influenciam os rumos da organização.

Assim, ao discutirmos a importância das pessoas na geração de vantagem competitiva, deveríamos articular dois elementos essenciais: (1) as *qualidades distintivas dos indivíduos*, incluindo-se aí os estoques particulares de conhecimentos e habilidades, que viabilizariam seus comportamentos e relacionamentos, e (2) *os comportamentos e engajamentos efetivos dos indivíduos*, mobilizados por meio de práticas consistentes de gestão de pessoas e capazes de gerar resultados superiores.

Neste momento, percebemos a complexidade do conceito de *competência*, tão importante para discussões atuais sobre a vantagem competitiva das organizações. É por meio das competências, individuais e organizacionais, que as organizações sustentam seus patamares superiores de resultados empresariais. Podemos conceituar a "competência individual" como os conhecimentos, habilidades, comportamentos e atitudes de um indivíduo, e que permitem a execução de determinados trabalhos ou ações com dado nível de desempenho. Nas organizações, pode-se conceituar a competência individual como o "saber agir responsável e reconhecido, que implica mobilizar, integrar, transferir conhecimentos, recursos, habilidades, que agreguem valor econômico à organização e valor social ao indivíduo" (Fleury e Fleury, 2001).

O conceito de *competência* assume uma importância fundamental nas atuais discussões sobre a gestão de pessoas. Desenvolver continuamente certas competências, tanto no nível individual como no nível organizacional, é visto como uma necessidade das organizações atuais. Entre elas, Wright et al. (1994) destacam a competência superior por meio da qual os indivíduos podem flexibilizar sua atuação e adaptá-la a novas demandas de um ambiente competitivo em constante transformação.

A nova ênfase dada às pessoas e às suas qualidades distintivas nas organizações nos chama a atenção para uma categoria emergente de profissionais, os chamados *trabalhadores do conhecimento*, cuja atuação depende em grande medida de competências para explorar de forma proativa os recursos disponíveis no ambiente organizacional e no cenário de negócios. Esses trabalhadores se fazem particularmente importantes em contextos nos quais as atividades e tarefas mais simples são informatizadas, gerando novos conhecimentos sobre os negócios por meio da tecnologia (Zuboff, 1989). Trabalhadores do conhecimento devem acumular competências complexas, necessárias aos processos de investigação e proposição de melhorias, em contextos de trabalho frequentemente pouco estruturados e planejados se comparados aos postos de trabalho bem-definidos de uma burocracia. Esses indivíduos utilizam as informações geradas pelos sistemas tecnológicos como insumo para suas atividades de análise e reflexão, integrando-as aos seus conhecimentos, gerando novos conhecimentos úteis para a organização.

Os dois componentes essenciais do conceito de competência são particularmente relevantes ao pensarmos a atuação desses profissionais: seus estoques particulares de conhecimentos e habilidades incluem um novo tipo de qualificação que incorpora dimensões comportamentais muito importantes. Levy e Murnane (2004) discutem o *pensamento especialista* (*expert thinking*), ou a habilidade de se reconhecer padrões e associações de informações que não são apreendidas por novatos, e que podem auxiliar na resolução de problemas. Especialistas não conhecem ou pensam somente em fatos ou em informações, mas em suas inter-relações, de forma a poder chegar a proposições capazes de transcender aquilo que os dados fornecem de imediato. Esses especialistas devem possuir a habilidade de analisar a eficácia de uma estratégia na resolução de problemas, transformando-a, se necessário, e comunicando a complexidade dessas decisões.

Assim, um especialista não só domina em profundidade uma quantidade de conhecimentos técnicos, como também é capaz de questionar seus conhecimentos acumulados ao acessar novos, integrando-os à sua base de conhecimentos. Trata-se da *metacognição*, ou o ato de refletir sobre a maneira como se está pensando ou raciocinando. De fato, gerir a atuação dos *trabalhadores do conhecimento* incorpora questões subjetivas importantes, relacionadas, entre outras coisas, à motivação e ao engajamento desses indivíduos no contexto da organização informatizada.

Nesses ambientes, há a necessidade de maior envolvimento pessoal do especialista com o trabalho, já que os processos associados à interpretação, criação e comunicação de significados complexos requerem o engajamento mais intensivo do indivíduo. A exploração das múltiplas possibilidades criadas pela informatização requer a efetiva mobilização das capacidades do indivíduo, sem a qual este entregará resultados aquém de seu potencial (Zuboff, 1989; Boff e Abel, 2005).

Em organizações em aprendizagem, faz-se relevante pensarmos os conceitos inter-relacionados de *empreendedorismo, capital social* e *desenvolvimento de competências*. A ampliação da capacidade empreendedora dos grupos é um dos temas centrais da problemática das competências organizacionais atualmente, tanto no que se refere ao desenvolvimento de novas competências como à alavancagem ou regeneração de competências consolidadas. De fato, *trabalhadores do conhecimento* são potenciais empreendedores nas organizações, mas não trabalham sozinhos. Se até recentemente associava-se a capacidade empreendedora à qualificação formal de indivíduos, evidencia-se a crescente relevância de considerarmos processos interativos e cooperativos de aprendizagem, o que desloca a ênfase para a capacitação coletiva e sistêmica para o empreendedorismo e a inovação (Albagli e Maciel, 2002). Dessa forma, o fortalecimento do *capital social* na organização (e entre organizações) também se relaciona diretamente ao desenvolvimento do máximo potencial dos indivíduos.

Conceito que suscita muitas divergências, o capital social diz respeito aos traços da vida social que facilitam a ação e a cooperação em torno de objetivos comuns (Putnam, 2001). Em uma acepção mais instrumental, autores contemporâneos associam níveis elevados de capital social a consequências econômicas relevantes às organizações. Capital social seria definido como recursos intangíveis inerentes a relações sociais (como reciprocidade, confiança e normas compartilhadas), viabilizados por meio do pertencimento ao grupo, ou pela interação e aprendizado social, e que permitiriam o acesso a recursos tangíveis. A confiança passaria a ser um elemento fundamental em organizações caracterizadas pelo diálogo e pela busca do consenso por ser um fator necessário para que todos assumam que cada um procura o benefício mútuo e não o ganho pessoal. Pode-se conceituá-la como a crença em relação a uma série de expectativas, expressando uma fé na observância de princípios abstratos acordados (Giddens, 1990).

A construção de organizações ou de redes de organizações caracterizadas por altos níveis de confiança e capital social viabiliza a cooperação espontânea, na medida em que os indivíduos trabalham de acordo com normas éticas comuns. O desenvolvimento de competências organizacionais seria um processo não só dependente de capital social e confiança, mas também promotor de sua construção. Entre seus benefícios econômicos estariam a maior facilidade no compartilhamento de informações e conhecimentos, melhor coordenação, maior estabilidade e previsibilidade organizacional. Apesar de análises de natureza sociológica apontarem o caráter histórico da construção do capital social, fruto de padrões de longo prazo (elevados níveis de capital social seriam então um recurso organizacional valioso e de difícil imitação), perspectivas econômicas conceituam-no como respostas dos atores aos desafios cotidianos. Nesse sentido, a cooperação entre os indivíduos poderia ser promovida e facilitada diante de oportunidades e restrições impostas pelas dinâmicas competitivas.

Portanto, investimentos em sistemas de gestão de pessoas que gerem comprometimento e cooperação no trabalho podem ser vistos como investimentos na base de capital humano da organização, em antecipação a futuras necessidades ou oportunidades. Investir no capital humano significa promover a capacitação contínua, a cooperação, a confiança, a autonomia e o empreendedorismo.

Do alinhamento estratégico à flexibilidade organizacional

Recuperemos neste momento algumas críticas prescritivas às proposições pioneiras ao modelo de GEP. Vimos que essas proposições assumiam a centralidade do alinhamento estratégico da gestão de pessoas. Segundo esse conceito, os sistemas de gestão de pessoas deveriam promover os comportamentos adequados à consecução das estratégias corporativas, considerando-se os desafios específicos que o ambiente competitivo impusesse à organização. O alinhamento estratégico pressupõe a *adaptação*: ao serem adotadas certas estratégias empresarias, os administradores de recursos humanos devem identificar as implicações dessas estratégias à gestão de pessoas e viabilizá-las.

Vimos que as primeiras noções de alinhamento estratégico assumem duas premissas de difícil sustentação em ambientes dinâmicos. A primeira premissa diz respeito à estabilidade e previsibilidade dos ambientes competitivos. A GEP sustentava que a organização poderia identificar suas necessidades estratégicas de gestão de pessoas e implementá-las como parte dos esforços de implantação das estratégias empresariais. Entretanto, em ambientes dinâmicos, as necessidades de gestão de pessoas se transformam no ritmo dos desafios do mercado e das mudanças estratégicas, o que questiona o caráter essencialmente reativo, e frequentemente tardio, das iniciativas de gestão de pessoas. A segunda premissa refere-se à preeminência do planejamento estratégico, tomado como base para a identificação das necessidades de gestão de pessoas. Se considerarmos a complexidade que os processos de formulação de estratégias assumem em muitas organizações, fica difícil pensarmos em um padrão estratégico identificável do qual derivar práticas coerentes de gestão de pessoas.

A *formação* da estratégia em muitas organizações acontece de maneira incremental e descentralizada, tendo em vista que os grupos propõem estratégias emergentes que influenciarão a definição dos rumos da organização. Dessa forma, as necessidades de gestão de pessoas surgem de maneira imprevisível, à medida que iniciativas empreendedoras se tornam padrões estratégicos, o que salienta as dificuldades que administradores de RH encontram ao buscar o alinhamento (Wright e Snell, 1998; Lengnick-Hall e Lengnick-Hall, 1988; Mintzberg, 1978). Considerando-se a crescente imprevisibilidade dos ambientes de negócios, o alinhamento estratégico requer que levemos em conta uma dimensão dinâmica e mutante a esse conceito. Surge então a necessidade de desenvolvermos a *flexibilidade organizacional*, conceituada como a habilidade de a organização reconfigurar ou rearticular recursos e atividades como resposta a novos desafios competitivos.

A necessidade de desenvolvermos a flexibilidade é consequência da percepção da organização como um contexto dinâmico e complexo, formado por múltiplos grupos em configurações transitórias e envolvidos em atividades e projetos estratégicos cuja evolução é pouco previsível. Assumimos também que cada grupo enfrenta desafios peculiares, que demandam abordagens particulares de gestão de pessoas. De fato, como discute Tyson (1997), a definição das estratégias de gestão de pessoas também deve ser entendida como *formação*, mais do que como *formulação*, visto que o surgimento de estratégias emergentes de gestão de pessoas faz parte do processo. Assim, a flexibilidade organizacional corresponde à capacidade de a organização alterar parâmetros do alinhamento estratégico de gestão de pessoas quando as dinâmicas competitivas ou as orientações estratégicas relevantes a cada um desses grupos se alterarem.

Como propõem Wright e Snell (1998), ao assumirmos a flexibilidade organizacional como uma dimensão do conceito de alinhamento estratégico, devemos reconhecer três grandes focos de ação.

Em primeiro lugar, deve-se desenvolver *sistemas e práticas flexíveis de gestão de pessoas* que possam ser rapidamente adaptados em casos de reorientações estratégicas. Nesse sentido, os autores indicam a existência de práticas mais adaptáveis a situações alternativas que outras. Um sistema de remuneração por desempenho é mais adaptável que a remuneração atrelada a cargos já que os critérios de desempenho podem ser mais facilmente alterados. No sistema de remuneração atrelado aos cargos, alterações nos níveis salariais requerem novos posicionamentos permanentes do indivíduo na estrutura organizacional ou nas faixas salariais. Os desafios relacionados a esse foco de ação são muitos.

Uma vez consolidados, os sistemas de gestão tendem a se perpetuar nas organizações, o que dificulta a reorientação de práticas e políticas. Flexibilizá-las esbarra em fenômenos como a burocratização, pressões políticas, a inércia organizacional e impeditivos jurídicos, sem contar a insatisfação natural decorrente de mudanças nos critérios de gestão. Na verdade, políticas e práticas de gestão de pessoas geram expectativas que servem a determinados interesses internos, o que pode dificultar a sua rápida transformação e adaptação. A relevância da flexibilidade organizacional aponta para outra dificuldade quanto à natureza das práticas de gestão de pessoas. Muitas vezes, mudanças no modelo de gestão de pessoas levam um tempo significativo para ser percebidas e avaliadas adequadamente, o que salienta a relevância de sistemas sofisticados de avaliação em gestão de pessoas. Sem esses sistemas, as organizações não conseguem acompanhar as consequências das mudanças e gera-se a sensação de se não ter nenhum resultado significativo.

Os autores indicam também que, em diversas organizações, a pouca flexibilidade relaciona-se muitas vezes à rigidez com que são impostas, pela matriz, práticas padronizadas e centralizadas de gestão de pessoas a unidades de negócio diversificadas e inseridas em contextos socioculturais diferentes. Este é um desafio típico da GEP, em que a busca do alinhamento estratégico faz que certas práticas de gestão sejam impostas a toda a organização, às vezes, sem a atenção às particularidades de cada contexto. Ao assumirmos a necessidade da flexibilidade, devemos reconhecer a importância de descentralizarmos o desenvolvimento de práticas e sistemas de gestão de pessoas, para que cada organização adote práticas mais contextualizadas e, por isso, mais adequadas (Wright e Snell, 1998; Becker et al., 1997).

Em segundo lugar, deve-se promover *o desenvolvimento do capital humano* de forma que a organização conte com uma grande variedade de capacidades e conhecimentos, passíveis de ser empregados em caso de reorientações estratégicas. Haveria duas implicações possíveis dessa ideia. Primeira, a organização poderia promover a inserção de indivíduos com diversas capacidades e uma base ampla de conhecimentos, aptos a trabalhar em diversas posições, em atividades com perfis e requisitos diferentes. Essa política poderia ser viabilizada por meio da contratação de talentos ou por meio do desenvolvimento das capacidades dos indivíduos em direção à multifuncionalidade. Segunda, a organização poderia promover um perfil diversificado de mão de obra. Nesse caso, os indivíduos podem possuir competências mais restritas, mas a organização tem à sua disposição pessoas com capacidades e conhecimentos diversos, necessários a situações diferentes. De fato, ambas políticas podem ser adotadas simultaneamente.

No que concerne ao capital humano, um objetivo das organizações seria o desenvolvimento do que Wright et al. (1994) chamam "competência superior", as capacidades e conhecimentos de base dos quais as organizações podem flexibilizar sua atuação e adaptá-la a novas demandas. As organizações podem utilizar várias ferramentas, articulando diversos subsistemas de gestão de pessoas para desenvolver o seu capital humano e promover a flexibilidade organizacional. Os programas de desenvolvimento, as políticas de movimentação horizontal de funcionários (*job rotation*) e a formação de grupos de trabalho viabilizam a aquisição de novos conhecimentos e capacidades, promovendo também a construção de redes de relacionamentos e capital social. Recentemente, organizações têm utilizado modernos sistemas informatizados para disponibilizar a todos os seus grupos informações sobre competências disponíveis, de forma que os indivíduos importantes a cada situação possam ser identificados e realocados.

Como descreveram Mascarenhas e Vasconcelos (2004, p. 95), a DaimlerChrysler, unidade Wörth na Alemanha, implementou um sistema informatizado que promovia a flexibilidade organizacional e o desenvolvimento do capital humano, com foco na identificação de talentos e na promoção de uma cultura de movimentação horizontal:

> Pretendíamos implementar uma nova atitude nos funcionários, baseada nas amplas possibilidades de transferência horizontal, como oportunidades de desenvolvimento profissional. A inovação era transformar a área de RH em um "headhunter" interno, que reforçasse esta cultura de transferência. (...) Todos os funcionários são agora encorajados a descrever e atualizar suas capacidades em um banco de dados. O funcionário deve também explicitar suas vontades em relação ao futuro na empresa, que funções gostaria de desempenhar, que cargos almeja e onde gostaria de trabalhar. Esta função é acessada pela área de RH e pelos gestores. Estes colocam no sistema as vagas disponíveis em suas áreas e seus requisitos. Assim, os bancos de dados são cruzados, e as pessoas que apresentam o perfil potencial e o desejo em atuar naquela posição são acessadas pela área de RH e pela chefia responsável pela vaga (...). Esta ferramenta alavancou com sucesso o percentual de transferências internas nos últimos meses, e é uma ferramenta de administração de carreira ao mesmo tempo.

Com relação ao capital humano e à flexibilidade organizacional, outra prática em discussão atualmente é a contratação de funcionários temporários ou sob outras formas de emprego flexível. Por possuírem as capacidades consideradas necessárias a certas iniciativas da empresa, esses funcionários são chamados a contribuir, mas sem garantia de integração permanente à organização. Nesse caso, muitos autores mostram que a empresa pode dar conta de seus desafios, porém introduz práticas de gestão de pessoas que tornam as relações de trabalho mais precárias, estabelecendo hierarquias internas, o que tem diversas implicações para os indivíduos e a organização.

No caso de funcionários com alta qualificação, valorizados pela posse de habilidades e conhecimentos tácitos importantes, a passagem pela organização como temporários (ou consultores) pode servir a propósitos específicos, sem configurar-se, no entanto, em um recurso inimitável capaz de gerar resultados superiores e sustentáveis. Ao não integrar efetivamente os indivíduos à organização, esta não desenvolve seu capital humano permanente e enfrenta questões específicas relativas à gestão de pessoal temporário, como o comprometimento e a sensação de injustiça entre os indivíduos.

Como sugerem muitos autores críticos, a flexibilização nas relações de trabalho também pode ser entendida como uma estratégia para minimizar os custos com a mão de obra por meio da extinção de direitos adquiridos, entre várias outras críticas possíveis (Piccinini et al., 2005; Nascimento e Segre, 2005; Sarsur et al., 2002; Passeri e Guilherme, 2000).

Por fim, deve-se promover *a flexibilidade de comportamentos* entre os indivíduos. Nesse caso, a flexibilidade organizacional depende do desenvolvimento de um repertório vasto de *scripts* de comportamento entre os indivíduos. Podemos dizer que as pessoas constroem interpretações da realidade ao seu redor e armazenam *scripts* ou rotinas de comportamento. Estas podem ser conceituadas como sequências de comportamentos que carregam os valores e as interpretações que as pessoas constroem e associam aos eventos do dia a dia.

Assim, ao viverem situações cotidianas, as pessoas comparam essas situações aos seus *scripts* armazenados e os utilizam, no caso de essas associações serem coerentes. Desse modo, um *script* ganha força ao ser utilizado muitas vezes e com sucesso. Um indivíduo que há bastante tempo consegue resolver certo tipo de conflito ao exibir certos comportamentos tenderá a empregar o mesmo *script* quando confrontado a esse mesmo tipo de conflito.

Nesse sentido, em organizações mais mecanicistas, nas quais as tarefas e processos são mais estáveis e previsíveis, as pessoas tendem a consolidar certos padrões de comportamento e adotá-los regularmente. Ao considerarmos organizações mais dinâmicas, nas quais os desafios e as questões cotidianas são mais imprevisíveis, as pessoas tendem a incorporar uma quantidade maior de *scripts*, de forma a construírem uma base mais ampla de comportamentos testados e incorporados. Ao considerarmos a flexibilidade de comportamentos entre os indivíduos, devemos elaboram as pessoas a diversificar seus *scripts*.

Devemos considerar a influência potencial das práticas de gestão de pessoas ao desenvolvimento da flexibilidade de comportamentos na organização. Cargos rigidamente definidos e sistemas de avaliação de desempenho que reforcem comportamentos específicos tendem a diminuir a flexibilidade de comportamentos entre os indivíduos. Ao contrário, programas de desenvolvimento e políticas de movimentação de funcionários geram situações novas que permitem reinterpretações da realidade e a construção de novos *scripts*. Novamente, a formação de equipes multidisciplinares e multiculturais permite a construção de redes dinâmicas de relacionamentos no âmbito das quais as pessoas aprendem umas com as outras, comparando, discutindo e desenvolvendo seus *scripts*. Promover a *diversidade cultural* tornou-se uma ideia poderosa e alinhada à necessidade de desenvolvermos a flexibilidade de comportamentos nas organizações (Wright e Snell, 1998). (Ver o Quadro 5.3.)

Quadro 5.3.
Flexibilidade organizacional: três focos de ação

Flexibilidade de práticas e sistemas de gestão de pessoas	Sistemas e práticas flexíveis de gestão de pessoas permitem adaptações rápidas em casos de reorientações estratégicas. Nesse sentido, os autores indicam a existência de práticas mais adaptáveis a situações alternativas que outras. Entre as implicações desse foco de ação, devemos reconhecer a importância de descentralizarmos o desenvolvimento de práticas e sistemas de gestão de pessoas, para que cada organização adote práticas mais contextualizadas.
Desenvolvimento do capital humano	Desenvolver o capital humano permite que uma grande variedade de competências esteja à disposição para serem empregadas em caso de reorientações estratégicas. A organização pode promover a inserção de indivíduos multifuncionais, aptos a trabalhar em diversas posições, em atividades com perfis e requisitos diferentes e/ou promover um perfil diversificado de mão de obra.
Flexibilidade de comportamentos	A flexibilidade de comportamentos na organização depende do desenvolvimento de um repertório vasto de *scripts* de comportamento entre os indivíduos, o que implica encorajar as pessoas a diversificar seus *scripts* e, consequentemente, exibir comportamentos distintos em resposta a situações distintas. Promover a *diversidade cultural* nas organizações é uma ideia poderosa e alinhada à necessidade de flexibilidade de comportamentos.

Fonte: Elaborado com base em Wright e Snell, 1998.

Das culturas organizacionais fortes à diversidade cultural

Vimos que a cultura organizacional surgiu como um conceito relevante à *gestão estratégica de pessoas*. Nos Estados Unidos, a competição crescente com os produtos japoneses impulsionou a busca por explicações sociais e culturais quanto as diferenças de desempenho entre as economias dessas nações e, mais especificamente, entre as grandes e históricas organizações norte-americanas e seus concorrentes japoneses em acelerado crescimento.

Muitos autores advogavam a existência de culturas mais apropriadas à geração de níveis superiores de desempenho organizacional. Consequentemente, inúmeras metodologias de mudança cultural foram formuladas e implantadas por consultores em grandes empresas. O conceito de *culturas fortes* dizia respeito à internalização de um conjunto de valores (geralmente preconizados pela alta direção) caracterizados pela forte consistência interna, reforçando os comportamentos esperados e gerando a conformidade voluntária entre os indivíduos aos objetivos organizacionais. Apesar de os autores reconhecerem a cultura como uma entidade dinâmica de caráter histórico, que se forma lentamente à medida que os indivíduos obtêm sucesso lidando com os problemas e desafios da organização, poder-se-ia conduzir racionalmente processos de mudança cultural (Schein, 1985). Contudo, são muitas as críticas a essas ideias.

Ao discutirmos a *crítica cultural* às propostas pioneiras de *gestão estratégica de pessoas*, vimos que, para muitos comentadores, os resultados de muitas tentativas de intervenção cultural foram contestáveis. Só para recuperarmos o debate, pode-se dizer que a visão segundo a qual poderíamos manipular a cultura de uma organização não problematiza a aceitação e a adoção pelos indivíduos das ideologias organizacionais. Ao contrário, assume-se de maneira acrítica a conformidade dos indivíduos com os estímulos da alta direção, sugerindo elevados níveis de consenso organizacional, ignorando a fragmentação de interesses e interpretações, bem como as maneiras criativas como os sujeitos apreendem e atuam ante os estímulos organizacionais. Se os custos pessoais decorrentes da manipulação cultural podem ser altos, seus resultados organizacionais podem ser contraprodutivos, como reportam diversos autores (Kunda, 1992).

Mais recentemente, com a emergência do conceito de *organizações em aprendizagem*, o conceito de culturas fortes passou a sofrer uma nova ordem de ataques. Diante do dinamismo dos cenários competitivos contemporâneos, organizações caracterizadas por um conjunto de valores internalizados pelos indivíduos, gerando grande conformidade e integração, estariam menos aptas ao questionamento, à adaptação e à mudança desses valores. Para defensores das culturas organizacionais fortes, como Deal e Kennedy (2000), a coesão e a lealdade seriam as fontes mais importantes da produtividade. Para alavancá-la, uma cultura forte é um sistema de regras informais que sugere às pessoas como devem se comportar nas ocasiões, tornando-as mais seguras em relação ao que devem fazer.

Dessa maneira, os valores e conteúdos que compõem uma cultura forte podem servir como uma espécie de "guia de ação", diminuindo a complexidade dos fenômenos cotidianos à medida que eles são interpretados segundo a "lente" da cultura, o que facilita e acelera decisões. Se assumirmos a pertinência dos conteúdos que compõem uma cultura forte em dado momento, é possível dizer que as decisões tendem a ser mais conclusivas, evitando discussões longas que remetam os indivíduos a conteúdos considerados irrelevantes ou inapropriados, gerando ao mesmo tempo comprometimento com a implantação de diretrizes.

Nesse caso, os limites impostos pela cultura forte, internalizada, indicam os comportamentos ou decisões mais adequadas perante as dinâmicas de negócios, à custa da exclusão dos conteúdos que não compõem a cultura e, portanto, não amplamente internalizados. Entretanto, no dia a dia uma cultura forte pode gerar conformismo e rigidez, à medida que os indivíduos não se sentem estimulados a adotar valores, conceitos e prioridades considerados atípicos ou não compartilhados na organização. No caso de mudanças no cenário de negócios, uma cultura forte poderia ser substituída por outra (assumindo-se a viabilidade das premissas adotadas por defensores da gestão simbólica) à custa de um período de transição, durante o qual as contradições percebidas pelos indivíduos poderiam minar a habilidade de a organização gerar comprometimento com quaisquer ideologias sugeridas.

Legge (2005, p. 237) denuncia os perigos associados às culturas fortes. Se as condições ambientais mudam, a cultura organizacional forte, uma vez associada ao sucesso, pode induzir ao fracasso em virtude da inexistência de mecanismos capazes de perceber a necessidade de mudanças. Essa última competência não dependeria da estrita convergência de objetivos e visões de mundo, mas da existência de indivíduos com interpretações diferentes dos estímulos ambientais e organizacionais. Assume-se então que pontos de vista heterogêneos facilitem a inovação e a adaptação, enquanto a convergência de visões inquestionáveis da realidade as dificultaria (Weick, 1987; Coopey e Hartley, 1991; Miller, 1993).

No que concerne ao desempenho de *organizações em aprendizagem*, as discussões sobre as vantagens de se fomentar a diversidade cultural passam pela ideia anterior. Entre suas implicações, deveríamos instigar as pessoas a comprometimentos múltiplos dentro e fora da organização (à carreira, ao cargo, ao sindicato, a grupos organizacionais diversos, à família, a grupos profissionais e educacionais etc.), já que a heterogeneidade de repertórios culturais permitiria interpretações diferentes dos eventos organizacionais, gerando tensões criativas e estimulando os indivíduos a pensar de maneira mais ampla e significativa sobre a realidade ao seu redor. Entretanto, o debate mostra-se complexo ao buscarmos uma definição de diversidade e, mais do que isso, ao tentarmos clarificar as origens e implicações para a institucionalização dessa temática nas diferentes sociedades.

No que diz respeito à gestão da diversidade, os debates tornam-se complexos ao tentarmos dar conta das dinâmicas organizacionais nas quais as vantagens potenciais da diversidade seriam realizadas. Por exemplo, ao considerarmos que a preocupação com a diversidade da mão de obra é proveniente de países desenvolvidos, sociedades que experimentaram processos históricos muito peculiares de integração e diferenciação de grupos sociais, torna-se problemática a importação de modelos de gestão da diversidade desses países, alicerçados em visões, interpretações e estruturas sociais muito distintas das brasileiras, dadas as particularidades de nossa história.

O que desejamos dizer é que a ideia de que pontos de vista heterogêneos facilitam a inovação e a flexibilização suscita controvérsias práticas, dificuldades teóricas e implicações operacionais grandiosas. Apesar de muitos autores associarem a gestão da diversidade organizacional à criatividade no ambiente de trabalho, à produtividade e ao aumento do moral dos indivíduos, seus argumentos ainda se caracterizam por uma boa dose de retórica sustentada por pesquisas inconclusivas.

Analisemos inicialmente essa complexidade propondo a seguinte questão: "qual é a origem da temática da diversidade nas organizações?" Diversos autores mostram que o tema surgiu da crescente conscientização, em diversos setores de algumas sociedades, das desigualdades e injustiças que caracterizavam historicamente as estruturas sociais e, em consequência, organizacionais. Políticas de ação afirmativa surgiram nos Estados Unidos e na Europa, alicerçadas na premissa de que as desigualdades sociais não poderiam ser consideradas fenômenos naturais, mas, sim, o resultado de padrões históricos cujo desenvolvimento teria levado a uma situação de concentração de poder e status em determinados grupos, em detrimento de outros (as minorias). Políticas de ação afirmativa seriam uma estratégia para a reversão desses quadros históricos, por meio de iniciativas intervencionistas que garantissem o acesso desses grupos de alguma forma marginalizados às diversas oportunidades de desenvolvimento e inserção na sociedade.

Como citam Alves e Galeão-Silva (2004), diante da luta pelos direitos civis dos grupos marginalizados, discussões sobre políticas de ação afirmativa ganharam espaço na agenda pública nos Estados Unidos na década de 1960, quando foram aprovadas leis que garantiram a não discriminação de candidatos a empregos em agências governamentais, estimulando suas contratadas a adotar as mesmas políticas. Na Europa, a grande heterogeneidade de identidades sociais sempre foi um desafio histórico à integração regional, desafio este exacerbado após o advento da Comunidade Europeia e ante o intenso fluxo migratório recente que colocaram no mesmo espaço geográfico etnias distintas competindo por escassas oportunidades de desenvolvimento. No Brasil, a questão da diversidade nas organizações começa a inspirar discussões na década de 1980, quando grandes estudos denunciam a situação precária de grupos considerados desprivilegiados, entre os quais as mulheres e os negros.

Como explica Bento (2000), um marco pioneiro aos debates sobre a problemática foi o estudo de Oliveira et al. (1981), denominado *O lugar do negro na força de trabalho*. As autoras compararam a situação do(a) trabalhador(a) negro(a) com a de outros grupos, denunciando, entre outras disparidades, a concentração desses trabalhadores em setores cujos salários e condições de trabalho eram relativamente inferiores. Essas injustiças sociais seriam mais profundamente exploradas pelo *Mapa da população negra no mercado de trabalho brasileiro* (Dieese, 1999), que revelou, entre muitos outros fatos alarmantes, que as disparidades na inserção de brancos e negros no mercado de trabalho não poderiam ser explicadas simplesmente pelas diferenças educacionais verificadas entre esses grupos. "Em todas as capitais pesquisadas, os diferenciais de rendimentos entre negros e brancos aumentam à medida que aumenta a escolaridade. Ou seja, o retorno do investimento feito em educação é menor para os negros" (Bento, 2000, p. 17).

Atualmente, nota-se um movimento concreto de aumento da diversidade da mão de obra em diversas partes do mundo. Entretanto, disparidades históricas persistem, como apontam muitas pesquisas. Por exemplo, Calás e Smircich (1999) analisam vários estudos e constatam que, apesar de certos avanços, a segregação sexual nos empregos e nas organizações persiste como um fenômeno mundial, assim como a desigualdade remuneratória entre os sexos. A marginalização das mulheres nas organizações também foi tema de muitos estudos clássicos, como o que foi realizado por Sainsaulieu (1977) com operárias.

Tendo em vista as desigualdades de oportunidades no que se refere à participação política e acesso a cargos de gerência, muitas mulheres assumem de antemão a atitude de retirar-se da disputa e conformar-se com as condições de trabalho existentes, buscando compensações afetivas e realização em outras esferas de sua vida social, renunciando, pois, ao ambiente profissional como fonte de diferenciação e reconhecimento. No Brasil, estudos contemporâneos reconhecem a inserção crescente das mulheres no mercado de trabalho, mas descrevem as muitas dificuldades por elas enfrentadas no ambiente organizacional. Entre as experiências de discriminação vividas pelas mulheres, estar grávida é motivo para ser preterida em uma promoção, decisão esta justificada pelo período de ausência em licença-maternidade.

O estudo de Aguiar e Siqueira (2007), em uma instituição financeira localizada em Brasília, DF, sugere que suas funcionárias precisam "provar dia a dia ser muito competentes, mais que seus colegas homens e que o grande desafio de uma mulher em um banco é fazer tudo que os homens fazem, só que melhor que eles, não deixando de lado características próprias femininas" (Aguiar e Siqueira, 2007, p. 1).

Segnini (1999) e Betiol (2000) também mostram que, no Brasil, apesar do crescimento da participação da mulher no mercado de trabalho, a partir dos anos de 1960, as desigualdades no que se refere a possibilidades de promoção, salário e participação política ainda se fazem presentes nos dias de hoje. Ferguson (1984) aponta um fenômeno por trás dessas desigualdades: a *reprodução homossocial*. Quando os níveis mais altos de gerência de uma organização são ocupados por certos indivíduos do estereótipo "homem branco de alto nível social e econômico", estes tendem a promover e dar espaço para outros em conformidade com esses padrões demográficos. A metáfora do *teto de vidro* descreve essas barreiras invisíveis que dificultam a ascensão de mulheres e homens oriundos de minorias aos cargos de decisão nas organizações.

Segundo o relatório da Comissão Federal do Ministério do Trabalho dos Estados Unidos:

> o que tem sustentado a resistência a incorporar mulheres e homens das minorias aos altos escalões é menos suas competências reais e mais a persistência de crenças irreais de que "lá fora estão homens e mulheres não qualificados", associado ao velho e simples medo das mudanças. (Piza, 2000, p. 101)

No Brasil, essas resistências reproduzem nas estruturas organizacionais os padrões de estratificação social, sexual e racial de uma sociedade patriarcal.

Contudo, se podemos identificar os conflitos sociais, a crescente conscientização ante as desigualdades históricas e, mais recentemente, o debate em torno das políticas de ação afirmativa como movimentos que convergiram para a emergência do tema da diversidade, a apropriação recente desse tema pelas organizações associou a retórica da justiça social à retórica da vantagem competitiva potencial. A diminuição do vigor das políticas de ação afirmativa nos Estados Unidos com a era Reagan foi acompanhada do reconhecimento de potenciais vantagens econômicas a indivíduos, organizações e sociedade como um todo com o aumento da diversidade da mão de obra. Nesse país, a integração aos mercados consumidores e o poder de compra crescente de setores marginalizados da população, tais como hispânicos e homossexuais, sugeriam posturas mais ativas das empresas em direção a práticas mais sofisticadas de segmentação de mercado. De um lado, contratar mulheres para vender produtos para mulheres e hispânicos para atrair esse segmento de consumidores eram práticas capazes de gerar diferenciação perante os novos clientes e, consequentemente, melhores resultados. Do outro, a substituição das políticas de ação afirmativa pela gestão da diversidade justificava-se em uma sociedade meritocrática, na qual as melhores oportunidades devem ser dadas àqueles considerados mais aptos ou merecedores (ver a discussão conceitual ao final do Capítulo 3).

As políticas de ação afirmativa contrariavam os critérios meritocráticos amplamente valorizados nos Estados Unidos ao reservar espaços na sociedade a membros de grupos marginalizados que não estariam necessariamente aptos a ocupá-los, gerando reações por parte daqueles preteridos. Seria necessário transformar a perspectiva de inserção dos grupos marginalizados na sociedade e nas organizações; estes não seriam inseridos com base em justificativas históricas que indicavam a necessidade de ações compensatórias; diferentemente, a inserção desses grupos deveria ser valorizada por suas contribuições para a sociedade e para as organizações. Surge então o debate gerencialista em torno da questão da diversidade.

Como afirmam Alves e Galeão-Silva (2004), Cox Jr. e Blake (1991) foram pioneiros ao apontarem potenciais vantagens econômicas associáveis a essa nova perspectiva:

> redução de custos com *turnover* e absenteísmo, especialmente entre as minorias atraídas; atração de funcionários talentosos para a empresa provenientes das minorias; sensibilização para as novas culturas que compõem o mercado; aumento da criatividade e da inovação na empresa; aumento da capacidade de resolução de problemas; aumento da flexibilidade do sistema administrativo. (Alves e Galeão-Silva, 2004, p. 23)

CAPÍTULO 6
Reestruturando a função gestão de pessoas

André Ofenhejm Mascarenhas

A emergência do modelo de *gestão estratégica de pessoas* caracterizou-se pela prescrição de novas funções e responsabilidades a serem exercidas pelos envolvidos com a gestão de pessoas, em especial, os líderes de equipes, coordenados pela área de RH. Antes dos debates em torno da GEP, associava-se menor relevância ao impacto do fator humano nos resultados empresariais. Aos chefes de departamentos caberia o controle e a supervisão dos trabalhadores. Entre as funções tradicionalmente atribuídas à área de RH, seus profissionais deveriam dar conta dos processos de recrutamento, seleção e remuneração, provendo a organização com recursos humanos e garantindo a satisfação das necessidades dos indivíduos por meio de salários, benefícios, segurança e integração social no ambiente de trabalho.

Ao longo do século XX, a demanda crescente com requisitos jurídicos e burocráticos relacionados às pessoas nas organizações contribuiu para a institucionalização da área de RH. Essa realidade pré-gestão estratégica pode ser denominada genericamente "atuação administrativa" da área de que se resumia à complexa administração de subsistemas técnicos de gestão de pessoas, estruturados sem estarem suficientemente articulados aos processos de gestão estratégica. Muitas organizações construíram estruturas grandiosas ligadas à diretoria de RH, setores administrativos, centros de treinamento, hospitais internos e grandes restaurantes cujos serviços contribuiriam ao bom funcionamento do sistema produtivo.

Entretanto, em uma época de ameaças crescentes da concorrência internacional, informatização, reengenharias e questionamentos em todos os campos da administração, gestores e formadores de opinião passaram a discutir a pertinência das custosas áreas de RH, acostumadas a administrar questões que poderiam ser terceirizadas e automatizadas. A *gestão estratégica de pessoas* foi também consequência da crescente complexidade associada aos processos de implantação das estratégias: sofisticadas proposições estratégicas e demandas de qualidade e produtividade implicavam maior comprometimento dos trabalhadores, o que exigia práticas e políticas inovadoras de gestão de pessoas. No que diz respeito à evolução (ou à sobrevivência, para alguns mais dramáticos) da área de RH, os primeiros debates em torno da *gestão estratégica de pessoas* foram uma espécie de resposta a essas ameaças e desafios.

O modelo de *gestão estratégica de pessoas* passou então a postular a maior integração entre a área de RH e as equipes responsáveis pelo planejamento estratégico, levando os teóricos a definir a *conexão de mão única* (a área de RH assume responsabilidades quanto a implantação das estratégias por meio do planejamento de políticas e práticas de gestão de pessoas) e a *conexão de mão dupla* (a área de RH contribui também para a formulação das estratégias) (Golden e Ramanujam, 1985).

No entanto, diante das demandas práticas das organizações e da recente evolução conceitual da *gestão estratégica de pessoas*, fez-se necessário repensar a estrutura e as funções estratégicas da área de RH. Em especial, surge a possibilidade de atribuirmos novos significados ao conceito de *conexão de mão dupla*, repensando a articulação entre as atividades de gestão de pessoas e a gestão estratégica, agora entendida de forma mais ampla.

Em organizações que consideram seus membros potenciais recursos estratégicos, a área de RH deve contribuir para a gestão estratégica com seu conhecimento sobre o capital humano disponível e sobre as práticas de gestão capazes de realizar o seu máximo potencial. Entre as ideias coerentes com a *visão baseada em recursos*, a vantagem competitiva seria alcançada por meio de combinações valiosas e exclusivas de recursos.

Assim, caberia à área de RH coordenar o desenvolvimento de recursos estratégicos e de competências organizacionais que possam vir a ser consideradas distintivas por meio do suporte especializado às equipes. Estas seriam de fato responsáveis pela construção de ambientes organizacionais nos quais essas competências possam ser desenvolvidas. Reconheceríamos então a maior complexidade do conceito de alinhamento estratégico, bem como um novo patamar de importância da articulação do RH aos processos de gestão estratégica. Em teoria, seria de esperar que esses profissionais passassem a influenciar mais diretamente a "formação" das estratégias, e não somente sua implantação. Dessa forma, a área de RH passa a pleitear novas funções e responsabilidades capazes de lhe conferir um papel mais relevante para a definição dos rumos da organização.

Entretanto, como colocam Golden e Ramanujam (1985), em poucas organizações a área de RH é chamada a participar ativamente da formulação da estratégia segundo o que se denominou *conexão integrativa*, incorporando novas funções como a identificação e o desenvolvimento de recursos estratégicos (talentos, equipes de alto desempenho, arquiteturas sociais complexas) (Buller, 1998; Martell e Carroll, 1995; Wright et al., 1998). (Ver o Quadro 6.1.)

Quadro 6.1.
A articulação "RH – planejamento estratégico"

Conexão de mão única	Os profissionais de RH assumem responsabilidades relacionadas à implantação das estratégias por meio do planejamento de políticas e práticas de gestão de pessoas derivadas das decisões estratégicas.
Conexão de mão dupla	A área de RH contribui para a formulação das estratégias, fornecendo informações a respeito dos pontos fortes e fracos da organização em suas dimensões humanas, e também para sua implantação por meio do planejamento de políticas e práticas de gestão de pessoas.
Conexão integrativa	Com base em uma concepção mais ampla de gestão estratégica, a área de RH assume novas responsabilidades, por exemplo, a gestão das competências, o desenvolvimento de recursos estratégicos (talentos, equipes de alto desempenho, arquiteturas sociais complexas) e de competências distintivas, capazes de gerar vantagem competitiva.

Fonte: Elaborado pelos autores com base em Golden e Ramanujam (1985); Buller (1998); Martell e Carroll (1995).

Os debates em torno do modelo de *gestão estratégica de pessoas* abrangem os papéis e as funções a serem desenvolvidas pela área de RH e pelos demais envolvidos com a gestão de pessoas. Com relação à construção de *organizações em aprendizagem*, autores discutem as novas responsabilidades e uma nova estrutura da função gestão de pessoas.

A área de RH teria suas responsabilidades aumentadas nesses contextos, já que, além de todas as funções e atividades que desempenha historicamente, deve fazer mais. Por exemplo, o bem conhecido modelo de Ulrich (1998) prescreve responsabilidades para a área, tais como o apoio às equipes de trabalho, o suporte à operação dos sistemas de gestão de pessoas, a coordenação de mudanças organizacionais, a construção de uma infraestrutura de apoio à aprendizagem, além do desenvolvimento das lideranças. Segundo o autor, a área de RH deveria organizar-se com base no *modelo de múltiplos papéis*, agregando quatro grandes responsabilidades genéricas, mas inter-relacionadas: (1) ser um parceiro estratégico, (2) ser um especialista administrativo, (3) ser um "defensor" dos funcionários e (4) ser um agente de mudanças.

Já o modelo de Lengnick-Hall e Lengnick-Hall (2003) mostra-se útil ao direcionar questões específicas de gestão de pessoas que as organizações em aprendizagem enfrentam. Segundo esses autores, a área de RH deveria assumir quatro grandes responsabilidades: (1) a gestão do capital humano, (2) a facilitação da aprendizagem, (3) o desenvolvimento dos relacionamentos e (4) a flexibilização da gestão de pessoas.

Por acreditarmos que todas essas funções sejam inter-relacionadas, buscamos a seguir integrá-las, incorporando propostas de outros autores que também se dedicam à temática. Na Parte 3 deste livro aprofundaremos temáticas relacionadas a cada uma dessas funções. Na prática, essas ideias servem com frequência para balizar grandes esforços de mudança cultural que, muito comumente, esbarram na complexidade dos contextos sociais cuja transformação se dá de maneira lenta, caracterizada pelos conflitos, pelas contradições e inconsistências.

Tornar-se um parceiro estratégico

As proposições pioneiras de *gestão estratégica de pessoas* prescreviam à área de RH a responsabilidade pelo alinhamento estratégico da gestão de pessoas. A área deveria assumir o papel de parceiro da alta administração na implantação das estratégias, adaptando suas diretrizes e políticas às estratégias corporativas.

Recentemente, a noção de alinhamento ganha novos significados e essa função é ampliada. Competências organizacionais, competências individuais e capital humano são conceitos que assumem grande relevância ao pensarmos o alinhamento estratégico, noção esta que deve incorporar uma importante dimensão dinâmica. Por *gestão do capital humano* entendem-se as responsabilidades da área de RH (e de outros envolvidos com a gestão de pessoas) na evolução do conjunto de competências e relacionamentos disponíveis à organização, tais como captar, acumular, desenvolver, reter e organizar os recursos humanos da organização de forma a preencher os requisitos do modelo VRIO (Lengnick-Hall e Lengnick-Hall, 2003).

Além disso, a área de RH deve contribuir para a acumulação de recursos, um processo contínuo e persistente ao longo do qual os recursos humanos se desenvolvem em interdependência com outros recursos em consequência de um conjunto consistente de políticas de gestão ao longo do tempo. Para tal, o RH deve prestar suporte às áreas e equipes de trabalho em seus esforços de organizar e reorganizar a empresa, de forma a viabilizar a "formação" das estratégias.

A área deve aumentar a capacidade de a empresa atingir seus objetivos por meio da realização de diagnósticos organizacionais, implantando arquiteturas organizacionais adequadas. No que diz respeito aos recursos humanos e complementares (como uma cultura organizacional com ênfase na aprendizagem e no respeito à diversidade), a área de RH deve reconhecer que arquiteturas sociais e sistemas complexos de gestão de pessoas, construídos ao longo da história organizacional, seriam fontes mais prováveis de vantagem competitiva em decorrência da dificuldade que outras empresas teriam para copiá-los. Assim, a área de RH deveria construir barreiras à mobilidade de recursos estratégicos, promovendo a evolução do capital humano e organizacional ao longo de um processo incremental e evolucionário, tendo como referencial uma "intenção estratégica" que viabilize uma atitude de aperfeiçoamento contínuo, esta de difícil imitação. Os processos associados à gestão de competências, ao desenvolvimento de lideranças e à seleção e à retenção de talentos, entre outros, ganham destaque.

Em especial, os gestores de RH deveriam formular políticas capazes de contribuir para a valorização e diferenciação do capital humano e organizacional, levando-os a preencher os requisitos do modelo VRIO, o que significa desenvolver capacidades organizacionais para a avaliação da relevância e do impacto de certas políticas, dadas as realidades específicas. A função de parceria estratégica implicaria ainda o monitoramento das competências disponíveis na organização, permitindo ao RH influenciar as decisões estratégicas da empresa, que devem levar em consideração seus recursos estratégicos e competências distintivas, acumulados e desenvolvidos ao longo do tempo. Por exemplo, decisões de ingresso da firma em novos mercados requerem a análise de recursos e competências. Coerente com um modelo de "articulação integrativa" entre o RH e o planejamento estratégico, a identificação de recursos e competências únicas e diferenciadas é uma etapa à decisão de quais mercados estes poderiam ser explorados de maneira a maximizar os níveis de renda.

Na prática, a parceria estratégica desempenhada pela área de RH deve assumir uma variedade de questões relevantes à organização ou aos grupos de trabalho, inseridos em processos de aprendizagem e desenvolvimento de competências únicas e valiosas. Entre tais questões, discutiremos nos Capítulos 7 e 9, respectivamente, a gestão das competências e dos resultados em gestão de pessoas. Além dessas temáticas, a proteção do conhecimento relevante à organização deve ser uma preocupação constante da área de RH, que assumiria o papel de consultor interno às diversas iniciativas consideradas estratégicas e que gerem conhecimento cuja proteção se faça necessária.

Liebeskind (1996) discute capacidades institucionais relacionadas à necessidade de se proteger o conhecimento relevante. Sugerimos que parte dessas capacidades seriam capacidades de gestão de pessoas e diriam respeito, por exemplo, à gestão de trabalhadores do conhecimento cujos contratos de trabalho são frequentemente flexíveis e diferenciados (visto que muitos são profissionais autônomos, consultores contratados e funcionários temporários) (Belloquim e Cunha, 2003; Sarsur et al., 2002; Fernandes e Neto, 2004).

Caberia à função de gestão de pessoas informar discutir (RH e líderes de equipes) e tomar decisões (líderes de equipes) quanto ao formato legal apropriado a projetos de risco que reúnam pesquisadores, em parcerias com instituições externas ou não, cujos interesses podem se chocar com os da organização impondo-lhe prejuízos relacionados à fuga de conhecimentos. Para evitar possíveis processos judiciais custosos e duradouros, um formato interessante seria a formação de uma terceira empresa que reúna os pesquisadores e a organização, em cujo contrato define-se que toda a renda proveniente de direitos de propriedade intelectual será reinvestida na empresa. Esse formato pode reduzir interesses oportunistas de pesquisadores orientados a maximizar sua renda dados os conhecimentos estratégicos que serão trocados entre os indivíduos.

Nesse caso, a competência da área de RH para questões de proteção do conhecimento inclui conhecimentos que fogem da jurisdição tradicionalmente dominada por seus profissionais. Outra questão importante de gestão de pessoas associada à proteção dos conhecimentos diz respeito ao formato dos contratos de trabalho e as normas de conduta de funcionários. Entre as abordagens possíveis, empresas impedem que seus demissionários trabalhem para a concorrência por determinado período, proíbem seus funcionários de trocar informações estratégicas com pessoas externas à organização (ou mesmo com outros funcionários) ou ainda exigem que seus funcionários trabalhem exclusivamente para a organização enquanto durar seu contrato de trabalho.

De fato, todas essas abordagens têm vantagens e desvantagens, podendo parecer autoritárias ou mesmo de difícil controle e operacionalização, o que impõe aos gestores de RH a necessidade de avaliar a pertinência e o impacto dessas políticas, dadas as realidades organizacionais e culturais específicas. Outra questão de gestão de pessoas relevante à proteção de conhecimentos refere-se ao design dos cargos e funções (*job design*).

Em empresas do conhecimento, que sobrevivem da proteção das especificações de seus produtos e serviços, a desagregação das tarefas é uma abordagem comum à organização do trabalho. Em empresas de software, por exemplo, programadores trabalharão em componentes do sistema em desenvolvimento, de forma que sua totalidade esteja protegida como propriedade da organização. O mesmo acontece na indústria de defesa, que desagrega os componentes de contratos milionários e secretos.

Por fim, Liebeskind (1996) sugere a importante capacidade institucional de reordenar sistemas de remuneração como estratégia para a proteção de conhecimentos. Na realidade, todo funcionário pode deixar a empresa levando consigo conhecimentos importantes se outra empresa lhe fizer uma proposta de trabalho melhor. Entretanto, esse perigo pode diminuir se os custos associados ao pedido de demissão forem elevados. Por exemplo, ao adiar o prazo para a remuneração de executivos (por exemplo, por meio de *stock options* e outras sistemáticas de remuneração variável) ou atrelar níveis extras de remuneração à permanência do indivíduo na organização por dado período, a empresa pode desestimular a evasão de conhecimentos estratégicos.

Quadro 6.2.
Parceria estratégica – questões fundamentais

Qual será o cenário de negócios daqui a cinco, dez anos, em termos dos mercados competitivos e dos mercados de trabalho nos quais a organização está inserida?

Quais são as nossas competências organizacionais básicas e aquelas distintivas? Qual é a competência essencial da organização? Qual(is) competência(s) a organização deverá desenvolver nos próximos anos? Como fazê-lo?

O que caracteriza nossa força de trabalho, o que a torna valiosa e a diferencia de nossos competidores? Como alavancar essas peculiaridades para que preencham os requisitos do modelo VRIO? Como desenvolver nosso capital humano e organizacional de forma a torná-los valiosos, raros e de difícil imitação?

Que perfil de pessoas será necessário desenvolver para a organização competir com sucesso nos próximos dez anos? Qual é o perfil do talento mais adequado à organização? Como atrair os indivíduos dispostos a aprender continuamente? Quem são esses indivíduos? Como retê-los?

Que práticas de gestão de pessoas são necessárias hoje para se construir a organização do futuro? Como fazer a gestão do comprometimento, motivação e remuneração de forma a conseguir o máximo desempenho dos funcionários?

Como fazer a gestão do fluxo de RH – contratação, desenvolvimento e demissão – de forma a maximizar o potencial do capital humano disponível à organização?

Como prestar serviços de consultoria interna à organização e a seus grupos, fornecendo o *know-how* necessário à função de gestão de pessoas desempenhada pelos líderes?

Como formar e gerir equipes de trabalho cujo desempenho seja maior que a soma do desempenho dos indivíduos? Como promover e desenvolver redes de relacionamentos que alavanquem o potencial humano à disposição da organização?

Tornar-se um especialista administrativo

O RH deve contribuir para o aperfeiçoamento da infraestrutura de trabalho na empresa, a fim de aumentar a integração social, melhorar a eficácia e a eficiência de processos, diminuir custos, preparando a organização para seus desafios operacionais e estratégicos.

Em relação à gestão de pessoas e aos serviços de RH, a terceirização de atividades burocratizadas e a implantação da tecnologia de informação podem aumentar a eficiência e a eficácia desses processos. No entanto, a responsabilidade em ser um especialista administrativo não se limitaria aos serviços tradicionais de gestão de pessoas, mas deve abranger a facilitação do aprimoramento de todos os processos da empresa (Quadro 6.3.). Por exemplo, a área deve dar suporte ao aperfeiçoamento dos sistemas e da infraestrutura de trabalho, de maneira a facilitar a democratização da informação e do conhecimento, viabilizando a formação de redes sociais e comunidades de prática, melhorando assim o monitoramento das condições ambientais e as respostas da organização aos desafios e oportunidades do cenário competitivo.

Como descrevem Wright e Snell (1998, p. 223):

> a infraestrutura participativa se refere aos mecanismos que a organização utiliza para fornecer aos funcionários a máxima quantidade de informações, para descentralizar os processos de decisão, e para encorajar os funcionários a fornecer informações e contribuir com diferentes perspectivas de ação nos processos de decisão.

A gestão do conhecimento é um conjunto de processos essenciais a organizações que assumem a inovação como fundamento para a vantagem competitiva. Entretanto, devemos reconhecer a função gestão de pessoas como uma dimensão complementar à gestão do conhecimento nessas organizações. Segundo propõem Lengnick-Hall e Lengnick-Hall (2003), facilitar a aprendizagem implica responsabilidades do RH e de outros atores envolvidos com a gestão de pessoas em viabilizar a criação, a sistematização e a disseminação do conhecimento relevante aos indivíduos na organização e fora dela também (fornecedores e parceiros).

A conversão e utilização dos conhecimentos na organização em aprendizagem requerem frequentemente o envolvimento intenso dos indivíduos em processos críticos, tais como a *externalização* e a *internalização*. Por exemplo, a externalização exige que os indivíduos se envolvam em processos de reflexão e sistematização de suas experiências e conhecimentos, o que salienta a importância dos papéis desempenhados pelos líderes de equipes.

Quadro 6.3.
Especialista administrativo – questões fundamentais

Como prestar serviços de consultoria interna à organização e a seus grupos, fornecendo o know-how necessário à gestão de pessoas desempenhada pelos líderes? Como organizar a área de RH para prestar serviços descentralizados de gestão de pessoas à organização de forma eficaz e eficiente?

Como promover a aquisição, conversão e disseminação do conhecimento relevante na organização? Quais são as questões importantes de infraestrutura e cultura organizacional?

Como estruturar a função gestão de pessoas no contexto de redes interorganizacionais de parceiros?

Como desenvolver os relacionamentos informais, as estruturas formais e o fluxo de comunicação de maneira a fomentar a construção de uma organização em aprendizagem? Como mobilizar as pessoas para mudanças significativas na infraestrutura da organização, com impactos em seu cotidiano e nos seus valores?

Quais são as implicações da gestão do conhecimento às lideranças? Como desenvolvê-las de forma a promover a aquisição, conversão e disseminação do conhecimento nas equipes de trabalho? Como lidar com as questões de proteção do conhecimento relevante, seja ele tácito seja explícito?

Como desenvolver sistemas e práticas eficazes de comunicação, fundamentais para o trabalho em equipe?

Em resumo, os profissionais de RH devem assumir responsabilidades como "consultores internos", auxiliando os demais grupos a planejar e construir arquiteturas organizacionais que agilizem a comunicação e a geração de novos conhecimentos. Além do design de sistemas sociotécnicos facilitadores da aprendizagem, esta dependeria ainda de uma cultura organizacional que promova a ampla disseminação e conversão da informação em processos de questionamento e proposição (Moreno Jr. e Cavazotte, 2005; Grotto e Angeloni, 2004; Egan et al., 2004; Miguel e Teixeira, 2005).

Nessa perspectiva, os sistemas de *RH autoatendimento* surgem como ferramentas poderosas por meio das quais a área de RH pode reconfigurar seus processos, disseminar conhecimento, redistribuir responsabilidades e redirecionar seus esforços, descentralizando a gestão de pessoas, que deve ser uma função importante dos líderes de equipes. Esses sistemas são provavelmente a mudança mais significativa em termos de serviços de RH nas organizações nos últimos anos, permitindo o acesso dos indivíduos a informações e funções personalizadas e relevantes à gestão de pessoas, viabilizando a informatização de muitas atividades administrativas tradicionais da área, que demandavam trabalho intensivo, mas não agregavam valor estratégico à organização (Mascarenhas e Vasconcelos, 2004; Pilla e Savi, 2002; Zampetti e Adamson, 2003).

Atualmente, empresas líderes implantam sistemas de RH autoatendimento que conjugam tecnologias Web com estruturas de *call center*, permitindo a redução dos quadros operacionais de RH e a reestruturação de suas equipes de especialistas. Portais corporativos disponibilizam aos funcionários acesso a informações e a funções customizadas que possibilitam a administração direta de serviços de RH. Além dessas tecnologias, são estruturadas centrais de atendimento ao funcionário por meio de aplicações de *call center*. Com essas tecnologias conjugadas, são atendidos os diversos tipos de solicitações dos funcionários, ou por meio de sua interação com o computador ou pela assistência pessoal de profissionais especializados. Esse padrão de atendimento permite que a assistência humana esteja sempre disponível quando necessária (Bender, 2003).

A implantação de sistemas de RH autoatendimento coloca em destaque as novas responsabilidades de líderes de equipes, que devem interagir com seus liderados para operar os subsistemas de RH, negociando e integrando interesses organizacionais e individuais perante a variedade de oportunidades agora mais facilmente acessadas. Ao serem chamados à responsabilidade pelos processos de gestão de pessoas, os líderes assumem papel estratégico como mediadores dos interesses de sua equipe, viabilizando níveis mais elevados de motivação e comprometimento.

O conceito de sistema de RH autoatendimento de McCormick (1998) parte de uma zona de interação, mais comum, para a sua integração com mais três, em desenvolvimento nas organizações líderes. A primeira zona conecta o funcionário à empresa, na qual são disponibilizados os serviços tradicionais da área de RH, incluindo administração de férias, comprovantes de pagamento, banco de horas etc. A segunda zona conectaria então os funcionários entre si, facilitando a colaboração e a democratização do conhecimento. Estão aí as ferramentas de gestão do conhecimento. A terceira zona conectaria o funcionário às tarefas. Seriam disponibilizadas nesse nível as ferramentas e aplicações específicas para uma determinada tarefa ou grupo de tarefas. A quarta zona conectaria o funcionário a aspectos de sua vida fora da empresa. Nessa zona, o funcionário poderia também acessar informações e administrar eventos que não ocorrem nos limites da empresa. Propomos ainda mais uma zona de interação, que promoveria o desenvolvimento dos indivíduos. Estariam aí aplicações de *e-learning* e processos de universidade corporativa, por exemplo.

De fato, mais do que informatizar os serviços de RH e agilizar os serviços da área, quando implementados em todas as suas etapas, os sistemas de RH autoatendimento tendem a se transformar em uma ferramenta organizacional capaz de agilizar o ritmo das comunicações, integrar equipes de trabalho, desenvolver competências e aumentar os níveis de satisfação dos funcionários (Dawson, 1998; Greengard, 1999; Letart, 1998; Borbely e Gould, 2003; Mascarenhas e Vasconcelos, 2004). Discutiremos os sistemas de RH autoatendimento em maior profundidade no Capítulo 11.

Tornar-se um agente de mudanças contínuas

Ao explicar a vantagem competitiva, a noção de capacidades dinâmicas contribui para a compreensão de sua sustentabilidade, colocando em destaque a necessidade de pensarmos continuamente a integração, a reconfiguração, a adição e o descarte de recursos, construindo competências organizacionais de forma a mantermos posições favoráveis de mercado. Esse corpo teórico sugere grande relevância à função gestão de pessoas, que estaria por trás da mobilização de capacidades à reconfiguração da base de recursos.

Assim, seria função do RH desenvolver a capacidade de a empresa aceitar a mudança contínua, realizá-la e desenvolver-se por meio delas. Na coordenação das mudanças culturais na empresa, caberia à área de RH desenvolver a capacidade de a organização melhorar continuamente a concepção e a implantação de iniciativas variadas que garantam o seu melhor desempenho. A busca da flexibilidade organizacional e a gestão da mudança passam a ser preocupações fundamentais.

Por flexibilização da gestão de pessoas entende-se a responsabilidade da área de RH de viabilizar a contínua reconfiguração e integração dos recursos humanos e organizacionais. Competências, políticas e ferramentas de gestão de pessoas e a infraestrutura de trabalho precisam ser flexíveis o suficiente para ser rapidamente adaptadas a novos contextos de trabalho e desafios estratégicos (Wright e Snell, 1998; Mintzberg, 1978). Por exemplo, no que diz respeito às políticas de gestão de pessoas, estas são vistas como contingentes, soluções temporárias e características de situações específicas. No que se refere às competências, a área deve desenvolver ampla variedade de competências internas de forma que a organização possa responder a uma variedade de demandas estratégicas, conforme as mudanças e oportunidades do ambiente competitivo (Barney, 1995; Wright et al., 1994; Becker, 2002).

Sobre a gestão das mudanças, diversos autores clamam pelo abandono de modelos simplificados de gestão que, ao se basearem na ideia de mudança como resolução racional de problemas ou realinhamento estratégico, não reconheceriam a complexidade típica de indivíduos e grupos nas organizações. Esses autores refutam a noção tradicional segundo a qual a gestão da mudança requer a formação de coalizões políticas poderosas, o alinhamento coletivo e o combate às resistências, assimilando diversas dimensões do tema em um grau de profundidade não assumido anteriormente.

A mudança é então percebida como resposta a um ambiente negociado e estruturado pelas organizações do setor, sendo cada uma um sistema cultural, psicológico, político e histórico, influenciando ativamente o rumo dos acontecimentos em sua indústria e em sua sociedade. Assim, as mudanças contínuas não implicariam somente o desenvolvimento da empresa, mas deveriam beneficiar, além dos acionistas, a comunidade e os diversos grupos organizacionais. A organização se caracterizaria por convergências e divergências essenciais, a serem geridas permanentemente em um processo de evolução contínua. Os indivíduos são percebidos como seres ao mesmo tempo racionais e irracionais, participando e influenciando esse processo evolutivo, nos seus diversos níveis de atuação. Reconhece-se que os indivíduos são quem efetivamente implementam as mudanças por possuírem margens de manobra em seus níveis organizacionais; por isso a relevância da negociação das questões subjetivas que marcam as dinâmicas organizacionais, tais como necessidades complexas e interesses divergentes, a legitimidade da liderança, atenção a redes informais de relacionamentos, o reconhecimento de paradoxos e contradições percebidos pelos indivíduos, entre muitas outras.

As dimensões contemporâneas à temática gestão da mudança incluem, por exemplo, a confiança como forma de regulação social nas organizações, a estruturação do tempo e do espaço, a diversidade organizacional, a religiosidade nas organizações, os universos de significação e legitimação, identidades organizacionais, os paradoxos organizacionais e a ambiguidade. Essas dimensões põem em destaque os aspectos contraditórios característicos da vida atual, colocando em questão dois tipos de mecanismos que embasam modelos mais tradicionais de gestão: os indivíduos não seriam movidos na empresa somente pela lógica utilitarista (que os leva a tentar atingir objetivos econômicos) ou pela lógica de realização pessoal (que os considera seres que buscam o desenvolvimento de suas potencialidades e de suas responsabilidades).

A inadequação dessas premissas salienta as contradições e a complexidade de nossos sistemas organizacionais, a ambivalência e a contradição interna dos sistemas psíquicos, a complexidade dos processos de socialização e os fenômenos simbólicos e inconscientes (Brabet, 1993).

Essas proposições assumem ser possível construir situações temporárias de harmonia social, a serem sempre abaladas por conflitos e divergências capazes de gerar novas necessidades de negociação e mudanças (Vasconcelos e Vasconcelos, 2002; Brabet, 1992). (Ver o Quadro 6.4.) Discutiremos estas questões em maior profundidade no Capítulo 8.

Quadro 6.4.
Agente de mudanças contínuas – questões fundamentais

Como antecipar o *mix* de capacidades e competências com o qual a organização precisará contar no futuro? Como antecipar necessidades de gestão de pessoas, considerando-se possíveis alterações nos rumos estratégicos da organização?
Como construir sistemas de gestão de pessoas que permitam a mudança organizacional e a flexibilização? Como avaliar as práticas de gestão de pessoas em um sistema caracterizado pela flexibilização e mudanças contínuas?
Como identificar e desenvolver lideranças que sejam vistas como legítimas pelos liderados? Como desenvolver a confiança entre os membros de uma equipe de trabalho?
Como promover a mudança contínua entre os indivíduos e grupos? Como lidar com os bloqueios afetivos e os conflitos políticos que dificultam a mudança? Como mobilizar a energia motivacional potencial entre os indivíduos, frequentemente escondida por trás de sentimentos e julgamentos genericamente rotulados de "resistência à mudança"?
Como lidar com paradoxos e contradições que caracterizam os processos de mudança organizacional? Como mobilizar as pessoas para a mudança em situações nas quais redes informais de relacionamentos estão consolidadas, contradições são percebidas e interesses divergentes são presentes?
Como descentralizar e flexibilizar as práticas e políticas de gestão de pessoas minimizando os possíveis conflitos decorrentes da diferenciação entre grupos e indivíduos?
Como lidar com mudanças organizacionais radicais, muitas vezes traumáticas, mas típicas de cenários competitivos complexos e dinâmicos (reestruturações, fusões etc.)?

Ser um "defensor" dos funcionários

Há bastante tempo, a "defesa" dos funcionários vem sendo uma função complexa da área de RH. "Defender" os interesses dos funcionários sempre passou pela satisfação de suas necessidades básicas, de segurança e sociais (por meio, por exemplo, de iniciativas de socialização no trabalho e da administração de benefícios), e pela estruturação de sistemas predefinidos de progressão na carreira, no âmbito de contratos de trabalho caracterizados pela *lealdade mútua*, ou a suposição de troca da conformidade do indivíduo pela segurança no emprego.

Segundo Kunda et al. (2002, p. 234), "a maioria dos americanos de classe média acreditava que trabalhar para uma empresa de reputação garantiria a segurança no emprego, sob condição de que atuassem de forma consciente e a economia se mantivesse forte". No Brasil, o movimento sindical se consolidou na segunda metade do século XX. Em muitas empresas, isso significa sentar-se volta e meia em mesas de negociação, quando empregadores e representantes dos trabalhadores buscam maximizar a satisfação de seus interesses. Posturas tradicionais de gestores e de sindicalistas assumiam frequentemente a existência de conjuntos antagônicos de interesses entre funcionários e empregadores, gerando desconfiança no ambiente de trabalho.

Nesse contexto, especialistas em gestão de pessoas sempre foram os intermediários entre a organização e os trabalhadores. O RH, dessa forma, assumia uma identidade ambígua, ora buscando os interesses dos funcionários ora defendendo os interesses dos empregadores. Atualmente, a "defesa" dos funcionários requer posicionamento menos ambíguos por parte do RH e novas estratégias de ação.

A transformação recente da ação sindical no Brasil reflete a crescente desarticulação e fragmentação dos interesses dos funcionários, por duas décadas inseridos em um mercado de trabalho estagnado e marcado por sucessivas crises econômicas e desemprego crescente. Nas décadas de 1990 e 2000, a abertura de nossa economia, a estabilidade econômica e a retomada do crescimento foram acompanhadas do enfraquecimento das estratégias de reivindicação coletiva em favor da crescente individualização no contexto de trabalho (Pochmann et al., 1998; Lopes, 1998). Essas décadas foram caracterizadas pela dinamização crescente de setores da economia, fusões, aquisições, privatizações, aumento da concorrência, demissões em massa e reformas organizacionais radicais, fenômenos estes justificados pela retórica do *racionalismo de mercado*.

Como discutem Kunda e Ailon-Souday (2006), esse discurso surgido na década de 1990 postula que os mercados estejam mudando a uma enorme velocidade, o que estaria dando aos clientes um poder nunca antes visto, impondo às organizações novos "paradigmas de gestão" e aos indivíduos novas relações de trabalho. As estratégias corporativas deveriam refletir novas expectativas, tais como produtos segmentados, a inovação, distribuição instantânea, valor agregado, além da qualidade. Isso teria levado à emergência de proposições como a terceirização, a reestruturação, a horizontalização e o *empowerment*, que permitiriam a diversificação, a eficiência, a flexibilidade e a adaptação necessárias à imprevisibilidade dos mercados (o RH não fugiria a essa onda de "desestruturação").

Entre as consequências às relações de trabalho, Kunda et al. (2002) destacam o surgimento do trabalho contingente (*contingent labor*), designação que se refere a uma variedade de novos arranjos não permanentes de trabalho: contratos temporários, contratos flexíveis, consultoria, subcontratação, terceirização, entre outros. Além disso, diversos autores discutem a gênese de um novo paradigma em carreiras, resultado da eliminação ou reestruturação dos sistemas de progressão na carreira. A "carreira sem fronteiras" (*boundaryless career*) se caracteriza pela mobilidade interempresas: "a progressão na carreira envolveria sequências de oportunidades de emprego que ultrapassariam as fronteiras de um único empregador" (DeFillippi e Arthur, 1996, p. 116). Em comum, trabalho contingente e carreiras sem fronteiras seriam tendências também associadas ao discurso atual da *empregabilidade*.

Questões contemporâneas como o surgimento do trabalho contingente e da carreira sem fronteiras têm implicações relevantes para a estruturação da função gestão de pessoas. Em mercados de trabalho competitivos, nos quais os melhores talentos são disputados, as organizações não mais garantiriam segurança no emprego em troca da conformidade e dedicação dos funcionários, mas proporiam contratos de trabalho alternativos, capazes de gerar benefícios a ambas as partes, atraindo e retendo (este sendo mais difícil) os melhores funcionários. Indivíduos qualificados não mais veriam sua empresa necessariamente como estratégia prioritária de progressão na carreira, mas, sim, o seu campo profissional mais amplo, no qual se encontra uma variedade de possibilidades promissoras. Aproveitá-las permite que os indivíduos desenvolvam-se, por acumular competências em diversas situações de negócio e contextos organizacionais, construindo de maneira proativa sua empregabilidade, ou o seu valor potencial ante futuras oportunidades de emprego. As organizações se beneficiariam contratando no mercado talentos com competências úteis a necessidades de negócios frequentemente pouco previsíveis, requerendo flexibilidade.

Assim, as organizações seriam entendidas como *espaços de desenvolvimento ou acúmulo de competências*, conceituadas como entidades sociais constituídas por indivíduos e grupos com identidades distintas, mas buscando desenvolvê-las, cujos interesses cotidianos são com frequência divergentes, impondo a sua negociação (o que não significaria reduzi-los, mas integrá-los às linhas de ação). O desenvolvimento político e cognitivo dos indivíduos e a gestão da diversidade cultural (discutida em maior profundidade no Capítulo 10) assumem uma relevância especial nesse contexto, colocando em destaque o papel das lideranças, que promoveriam novos valores no cotidiano de suas equipes.

Promover o desenvolvimento de competências significaria gerar oportunidades e garantir o respeito à identidade dos indivíduos, o que lhes favoreceria o acesso a identidades profissionais autônomas. Para tal, o investimento contínuo em desenvolvimento deveria ser considerado uma estratégia permanente para a atração de talentos, e não uma linha de ação de risco dada a possibilidade de os indivíduos deixarem a empresa.

Uma estratégia para a atração de talentos implicaria também a construção de um ambiente de trabalho justo e acolhedor, o que passaria por questões de ética e justiça em contratos e relações de trabalho, tais como o combate aos assédios moral e sexual, o combate ao preconceito e a equalização das oportunidades de desenvolvimento. O assédio moral, por exemplo, pode ser conceituado como uma situação prolongada, repetitiva, que fere a dignidade de um indivíduo no ambiente de trabalho, vindo de um superior hierárquico ou mesmo de um colega de trabalho, com o objetivo de humilhar, constranger, desprezar e excluir (Freitas et al., 2008).

Sobre a organização como um contexto de construção da empregabilidade, vozes críticas denunciam paradoxos contemporâneos que gerariam ansiedade, insegurança e frustração. Se, por um lado, a evolução dos sistemas produtivos e a competitividade crescente nos mercados requerem profissionais com competências mais complexas, o discurso da empregabilidade colocaria nas costas do indivíduo toda a responsabilidade pela manutenção do seu emprego e nível de renda, o que dependeria de estratégias pessoais de desenvolvimento. Dessa forma, o discurso da empregabilidade justificaria a prática das demissões, contribuiria para a desarticulação de mobilizações coletivas, ignorando as limitações estruturais verificadas em nossa sociedade quanto ao acesso a oportunidades educacionais de qualidade.

Vasconcelos e Crubellate (2004) discutem o discurso da empregabilidade como uma construção social que sugere a transitoriedade permanente do indivíduo na organização, enquanto este é convidado a engajar-se em um nível de comprometimento jamais visto. O indivíduo deve aceitar a existência de certas forças externas (necessidades de reestruturações, demissões em massa etc.) às quais a empresa está inexoravelmente atrelada, investindo constantemente em seu futuro dentro (ou fora) da empresa. A cultura da empregabilidade teria então dupla face: responsabilizar o trabalhador pelo seu valor no mercado de trabalho estimulá-lo-ia ao desenvolvimento pessoal e profissional, à custa, entretanto, da deterioração de padrões históricos de mobilização coletiva e condições de trabalho. Para os profissionais, a construção de redes de relacionamentos (*networking*) nas quais seu valor funcional é reconhecido torna-se uma estratégia fundamental para a inserção no mercado de trabalho. (Ver Quadro 6.5.)

Quadro 6.5.
Ser um defensor dos funcionários – questões fundamentais

Como fazer a gestão de carreiras em uma organização mais tolerante à entrada e à saída de funcionários? Que vínculos empregatícios devem ser estabelecidos com os diferentes grupos organizacionais?

Como lidar com a diversidade cultural que caracteriza as equipes de trabalho, de forma a maximizar suas vantagens potenciais, minimizando conflitos? Como valorizar a diversidade cultural permitindo o acesso dos indivíduos a identidades autônomas?

Como desenvolver uma cultura organizacional que promova a ética nos relacionamentos e decisões? Como construir um ambiente de trabalho justo e instigador e que proporcione oportunidades de desenvolvimento a todos?

Como fazer a gestão do comprometimento, motivação e remuneração de forma a conseguir o máximo desempenho e satisfação dos funcionários?

Como construir uma organização que valorize o desenvolvimento das competências e da empregabilidade de seus profissionais? Como comunicar esse posicionamento de gestão de pessoas aos talentos potenciais, no mercado de trabalho?

Como lidar com os paradoxos contemporâneos que caracterizam as relações de trabalho? Como equacionar conflitos sociais, por exemplo, aqueles relacionados à identificação dos "talentos", que acontece em detrimento daqueles não considerados "talentos"?

Como satisfazer necessidades complexas dos funcionários por meio de abordagens mais individualizadas de gestão de pessoas, dependente de lideranças mais bem capacitadas e sensíveis às diferenças no ambiente de trabalho?

Como lidar com reivindicações coletivas de trabalho em contextos institucionais que as negam?

Competências para a reestruturação da gestão de pessoas

A reconfiguração da função gestão de pessoas gera bastante discussão. Entre esses tópicos, a necessidade de repensarmos as competências necessárias à gestão de pessoas inclui não somente os profissionais de RH, mas também os líderes, responsáveis pelas dinâmicas cotidianas de suas equipes (Wilhelm, 1990; Fischer e Albuquerque, 2004; Facchini e Bignetti, 2004; Oliveira, 2000).

No primeiro caso, ao se depararem com uma variedade de novos desafios (tais como discutidos nesta obra), os profissionais de RH deveriam acumular competências mais diversificadas e sofisticadas que as tradicionais competências técnicas (recrutamento, seleção e treinamento de pessoal, por exemplo) requeridas há bastante tempo. Com a crescente informatização ou terceirização de processos e serviços tradicionais de RH, que sempre demandaram muito trabalho burocrático e mecânico, o modelo do RH centralizado que administra a força de trabalho é abandonado em favor de um modelo descentralizado, em que os profissionais da área passam a exercer o papel de consultores no relacionamento entre as chefias e seus subordinados. Essas novas funções requerem capacitação para a execução de atividades especializadas, nas quais o seu papel principal é agregar conhecimento e qualidade à organização. Essa evolução não vem acontecendo facilmente, entretanto.

A atuação das áreas de RH tem sido marcada pela ambiguidade no que diz respeito à definição e aplicação de conceitos básicos relativos à gestão de pessoas. Por exemplo, Lacombe e Tonelli (2003) indicam uma grande dose de confusão na adoção de conceitos e na definição da aplicabilidade dos mesmos pelos profissionais de RH. Rynes et al. (2002) demonstram que há uma grande heterogeneidade de práticas utilizadas pelos profissionais de RH, e que estas ações são estruturadas com base em conceitos pouco consistentes, baseados em mitos, crenças e intuição. Pode-se especular que uma das causas para essa situação é o envolvimento histórico da área com processos operacionais de administração de recursos humanos, que pouco demandava a formação de equipes qualificadas e aptas à gestão de questões estratégicas, requerendo a definição e a aplicação rigorosa de conceitos. Kesler (1995) indica três conjuntos de competências básicas dos profissionais de RH, como mostra a Tabela 6.1.

No que diz respeito aos líderes de equipes, estes desempenham papéis essenciais à gestão do cotidiano de suas equipes, sendo diretamente responsáveis, dentro de seus limites de influência, pela mobilização e evolução das competências que garantirão a construção e a sustentação de vantagem competitiva. Mais do que reforçar e controlar a adoção de certos papéis organizacionais, as proposições contemporâneas de *gestão estratégica de pessoas* reservam aos líderes funções relacionadas ao desenvolvimento de equipes, à promoção da aprendizagem, à disseminação do conhecimento, à mobilização para a mudança, entre várias outras. Essas funções vêm sendo tratadas contemporaneamente sob os rótulos de *coaching*, *mentoring*, gestão de talentos, gestão da mudança, gestão por competências, entre outros.

Segundo Purcell e Hutchinson (2007), são os líderes de equipes responsáveis pela supervisão direta que operacionalizarão as políticas de gestão de pessoas, o que lhes reservaria um papel central nas relações de causalidade entre práticas de RH e seus resultados. Isso significa que as atitudes dos funcionários (resultados de gestão de pessoas, pensados em termos de comprometimento, engajamento, desenvolvimento, satisfação etc.) são em grande medida função dos comportamentos das lideranças, que interpretam e implementam práticas de gestão de pessoas. Nesse sentido, desvaloriza-se o perfil essencialmente técnico do gerente controlador em favor de um perfil de liderança inspiradora, integradora e facilitadora. Por exemplo, o perfil do líder transformacional caracteriza-se pela sensibilidade em identificar motivos potenciais entre os liderados, viabilizando a satisfação motivacional que permite a ação. Para tal, suas competências incluem a atenção a redes informais de relacionamentos, o respeito à diversidade, a mediação de conflitos, o reconhecimento e a integração de interesses e expectativas, entre outros.

Tabela 6.1.
Competências dos profissionais de RH

Gestão do Desempenho	Know-how técnico do RH	Conhecimentos de Negócios
• Gestão da mudança cultural	• Arquiteturas organizacionais	• Gestão estratégica
• Análise e diagnóstico organizacional	• Gestão do capital humano	• Mercado de trabalho
• Análise e diagnóstico estratégico	• Gestão do clima organizacional e comprometimento	• Cenário micro e macroeconômico
• Inovação em processos e estruturas	• Educação e desenvolvimento	• Operações e logística
• Controle e avaliação em gestão de pessoas	• Reconhecimento e remuneração	• Marketing e vendas
• Gestão de serviços de RH	• Qualidade de vida e satisfação	• História da empresa
• Consultoria especializada em gestão de pessoas	• Liderança e gestão da motivação	• Conhecimentos específicos da indústria ou setor de atividades
	• Comunicação	

Fonte: Adaptado de Kesler (1995).

Contudo, dedicar-se cotidianamente a questões de gestão de pessoas não é tarefa fácil a muitos gerentes. Mudanças em filosofias, práticas e processos de gestão de pessoas esbarram com frequência em resistências nas organizações. Por exemplo, a literatura elenca uma série de conflitos desencadeados pela transferência de responsabilidades em gerir pessoas após a implantação de sistemas de RH autoatendimento (Mascarenhas e Vasconcelos, 2004; Stanley e Pope, 2000; Francis e Keegan, 2006). Muitas áreas-clientes não estariam acostumadas (frequentemente, nem dispostas) a assumir responsabilidades em diversos processos de gestão de pessoas, que demandariam tempo precioso e causariam desgastes. Ao serem os chefes chamados a negociar interesses e transacionar no âmbito das funcionalidades do sistema, estes lhes representam muitas vezes uma ameaça por demandarem novos comportamentos de liderança e maior envolvimento com questões subjetivas (por isso complexas ou obscuras), tradicionalmente sob a responsabilidade do RH.

Entre as críticas ao modelo enxuto e descentralizado da função, com nova ênfase em questões estratégicas de gestão de pessoas, Francis e Keegan (2006) apontam a crescente distância cotidiana entre profissionais de RH e os demais profissionais nas organizações, sugerindo ser:

> ingênuo assumir que gerentes de linha tenham o tempo, a capacitação ou o interesse em dar ao bem-estar dos funcionários a prioridade que merece, especialmente quando isso parece estar assumindo cada vez menos prioridade entre os próprios profissionais de RH. (p. 242)

Entre os desafios potenciais, Francis e Keegan (2006, p. 243) indicam a diminuição da confiança e da satisfação no trabalho:

> (...) talvez valesse a pena aos profissionais de RH refletir sobre as consequências de seu distanciamento do chão de fábrica e sobre o risco de os funcionários perderem a confiança nos profissionais de RH como representantes de seus interesses.

PARTE 3
TEMAS CONTEMPORÂNEOS EM GESTÃO ESTRATÉGICA DE PESSOAS

As inovações conceituais mais recentemente incorporadas ao modelo de *gestão estratégica de pessoas* colocaram em destaque uma variedade de temáticas inter-relacionadas que, com maior ou menor profundidade, já foram mencionadas nesta obra. Nesta parte, vamos nos dedicar ao aprofundamento de cinco temas: a gestão das competências, a gestão das mudanças, a gestão e avaliação de resultados em gestão de pessoas, a gestão da diversidade e os sistemas de informação em gestão de pessoas.

Discutida no Capítulo 7, a *gestão das competências* é uma abordagem alternativa à gestão do desempenho baseada nos conceitos de competência, propondo-se mais abrangente e flexível que metodologias tradicionais, pautando-se em valores e expectativas que caracterizariam as organizações em aprendizagem. Segundo essa proposta, a vinculação estreita e direta do desempenho individual e funcional às metas estratégicas é substituída pela associação e coordenação das competências individuais, que devem ser integradas à construção de competências coletivas consideradas estratégicas para a organização.

Desenvolver competências organizacionais depende ainda da *gestão das mudanças*, discutida no Capítulo 8. Buscamos nos distanciar de perspectivas tradicionais ao tema ao discutirmos entendimentos alternativos à compreensão das mudanças, delineando um modelo de gestão compatível com uma visão dialética da organização.

No Capítulo 9, discutimos a *gestão e avaliação de resultados em gestão de pessoas*, ou a necessidade de acompanhar, mensurar e avaliar o impacto das práticas de RH ao desempenho das organizações. Aprofundamo-nos na apresentação e discussão do modelo *Balanced Scorecard*, que promoveria o alinhamento estratégico da gestão de pessoas. No Capítulo 10, discutimos a *gestão da diversidade*, associando-a à aprendizagem nas organizações e à noção de organização pluralista. Por fim, o Capítulo 11 trata de sistemas de informação em RH. Apresentamos um estudo de caso para ilustrar o potencial de contribuição dos sistemas de autoatendimento à reestruturação da função de gestão de pessoas.

CAPÍTULO 7
Gestão das competências

André Ofenhejm Mascarenhas

O conceito de competência vem sendo utilizado para a construção de uma abordagem alternativa às metodologias tradicionais de gestão do desempenho – a *gestão das competências*.

A gestão do desempenho pode ser considerada um sistema amplo de administração que busca integrar o desempenho das pessoas, grupos e áreas funcionais aos objetivos e às metas empresariais, destacando a importância da contribuição de cada nível organizacional às estratégias. Na abordagem da gestão das competências, a noção de "competência individual" surge em substituição ao tradicional conceito de "qualificação para o posto de trabalho" como base para o desenvolvimento de modelos integrados de gestão de pessoas que sejam mais abrangentes e flexíveis, pautados em valores e expectativas que caracterizariam organizações em aprendizagem.

Para esta proposta, a vinculação estreita e direta do desempenho individual e funcional com as metas estratégicas é substituída pela associação e coordenação das competências individuais, que devem ser integradas à construção de competências coletivas consideradas relevantes à organização. De fato, a *gestão das competências* é um referencial que busca integrar o conceito de competência individual ao conceito de competência organizacional. Entre as propostas metodológicas que a compõem, a *gestão de pessoas por competências* seria uma visão alternativa aos critérios tradicionais de administração de RH.

Segundo a visão de Dutra (2004), deixaríamos de administrar os comportamentos na organização com base em posição hierárquica, atividades e funções esperadas para fazê-lo segundo critérios como a complexidade das responsabilidades e as contribuições efetivas do indivíduo ou grupo ao desenvolvimento organizacional. Entre as críticas a essas novas abordagens, autores sugerem não haver diferenças significativas entre a gestão do desempenho e a gestão de competências, questionando também a integração direta e simplista entre os conceitos de competência individual e organizacional;

teóricos críticos denunciam a tendência à individualização do trabalho enquanto outros denunciam a implantação débil das novas metodologias, que dependeriam de mudanças culturais abrangentes. A seguir, veremos essas ideias com mais detalhes.

A competência individual

O conceito tradicional de *qualificação para o posto de trabalho* surgiu em contextos caracterizados pelos cargos definidos e atividades prescritas pelo sistema produtivo burocratizado, postulando que os indivíduos acumulassem as capacidades necessárias ao desempenho das atribuições rigidamente prescritas pela alta direção.

Já o conceito de *competência* surge com a intensificação da evolução tecnológica e da concorrência, principalmente após 1990, quando as organizações se deparam com novas lógicas de trabalho, caracterizadas pela baixa previsibilidade das tarefas e intensa informatização. A reestruturação produtiva nas últimas décadas transformou os conteúdos dos postos de trabalho e os pré-requisitos a ocupá-los. Como destaca Casey (1999), muitas posições de trabalho caracterizadas pelas atividades manuais e repetitivas, que exigiam pouca qualificação, vêm sendo substituídas progressivamente pela tecnologia. A extinção dessas posições vem acompanhada de um processo de diversificação das responsabilidades associadas aos outros cargos, bem como das capacidades requeridas de seus ocupantes. Trata-se do processo de *up-skilling*, ou requalificação, segundo o qual os trabalhadores assumiriam novas responsabilidades na organização, para as quais devem dominar uma variedade mais ampla de capacidades e conhecimentos.

Entre essas responsabilidades, Castilho (1997) identifica características importantes do trabalho informatizado. Em primeiro lugar, destaca-se o conceito de *trabalho polivalente*, isto é, os trabalhadores não executariam somente tarefas manuais ou aquelas rigidamente delimitadas pela divisão de trabalho. Ao contrário, as descrições de cargo caracterizar-se-iam pela flexibilidade e pela maior variedade de tarefas sob a responsabilidade dos indivíduos. Por exemplo, as tarefas dos operários nas fábricas informatizadas seriam compostas por atividades de produção, qualidade, manutenção, análise, vigilância e controle das máquinas. Pelo fato de a produtividade ser crescentemente dependente das taxas de utilização e desempenho dos sofisticados equipamentos, os trabalhadores deveriam acumular mais responsabilidades relacionadas à prevenção de falhas no sistema produtivo. A alocação dos trabalhadores para essas tarefas dependeria das necessidades imediatas do sistema produtivo, o que coloca em destaque a flexibilidade funcional que marcaria o cotidiano desses indivíduos. Em segundo lugar, ver-se-ia também, em muitos contextos, o surgimento de novas responsabilidades, associadas à exploração do novo conhecimento disponível sobre o sistema produtivo. A reestruturação produtiva teria feito que o trabalhador acumulasse responsabilidades relacionadas, por exemplo, ao aperfeiçoamento e à racionalização dos sistemas produtivos, demandando a compreensão aprofundada do funcionamento desses sistemas, bem como de todo o processo de produção.

Diversos autores destacam dimensões positivas associadas ao aumento das responsabilidades dos trabalhadores nos processos produtivos. Entre esses trabalhos destacamos Kern e Schumann (1984), Hirschhorn (1984) e Zuboff (1988), que sugerem o esgotamento do modelo burocrático-taylorista. As novas responsabilidades levariam à crescente requalificação do trabalho, decorrente da integração e diversificação de tarefas promovidas pelas novas tecnologias. Esse processo implicaria o desenvolvimento de capacidades cognitivas e de um conjunto de traços comportamentais que permitiriam ao indivíduo atuar em um sistema que privilegia a flexibilidade e a autonomia, em contextos de trabalho frequentemente pouco estruturados e planejados se comparados aos postos de trabalho da organização burocrática.

Entre as capacidades cognitivas requeridas, Zuboff (1994) discute a *qualificação intelectiva*, pré-requisito para que se possa expandir o saber e engajar-se em um processo de aprendizagem que torna a informação valiosa. Esse tipo complexo de qualificação se torna necessário em contextos nos quais os indivíduos devem lidar com símbolos ou com o "problema da referência", na medida em que as pessoas se perguntam "a que estes dados se referem? E o que significam?".

A *qualificação intelectiva* teria três dimensões cruciais: (1) a capacidade de pensar abstratamente, já que o trabalho mediado pelo computador torna-se distante de referências físicas; (2) o raciocínio indutivo, uma vez que a informatização impõe aos indivíduos a necessidade de se pensar analiticamente, compreendendo relações potenciais entre os dados e usando-os para a reflexão, construção e teste de hipóteses; e (3) a concepção teórica dos processos aos quais os dados se referem, ou uma espécie de roteiro pelos dados, a partir do qual se torna possível a sistematização de ideias e hipóteses sobre os processos. Entre os traços comportamentais requeridos, o questionamento e a investigação constante das possibilidades do sistema de produção exigem atitudes de comprometimento e engajamento, já que os processos de interpretação, criação e comunicação de significados requerem a mobilização efetiva do potencial individual. Coloca-se em destaque, portanto, expectativas comportamentais importantes, entre elas a autonomia, a iniciativa e o comprometimento.

De fato, o conceito de competência assimila essas novas dimensões da qualificação. Ao discuti-lo, Zarifian (1991, p. 121) sintetiza as recentes mudanças qualitativas no trabalho e sugere a necessidade de transcendermos o modelo da "qualificação para o posto de trabalho". Nas palavras do autor,

> (...) a qualificação profissional não pode mais ser definida, principalmente, como a capacidade individual para realizar operações de trabalho no posto de trabalho. Na realidade (...), enquanto atividade de supervisão, o trabalho pode ser assimilado ao domínio dos "eventos", ao mesmo tempo reais e potenciais. A qualidade da vigilância repousa sobre um *background* de conhecimentos que não são mais redutíveis à simples experiência empírica. Para enfrentar eventos potenciais – toda disfunção ou toda pane possível do sistema técnico –, o operário deve possuir as bases conceituais mínimas relativas à compreensão de um processo, do qual o indivíduo humano não é mais, fisicamente, membro. Além disso, quando surgem os eventos reais, a qualificação se entrelaça com a qualidade das decisões e das ações coordenadas que a equipe de trabalho assume para enfrentar o aleatório.

Ao descrever a emergência da temática das competências na França, Zarifian (2003) destaca os desafios que a economia desse país atravessa a partir da década de 1980, como a estagnação econômica e a crescente concorrência. As empresas enfrentavam o aumento das incertezas de curto prazo nos cenários competitivos: recuperação econômica incerta, a evolução dos mercados, a evolução dos costumes e valores, o rápido avanço tecnológico etc. Para enfrentá-las, as empresas europeias adotavam estratégias que incorporavam ao dia a dia de seus funcionários a personalização e a flexibilização das relações com clientes, impondo maior complexidade ao funcionamento dos sistemas produtivos. No que se refere às inovações organizacionais, surgia a necessidade de se delegar mais autonomia às equipes, para que fossem geridas com mais eficácia as questões e desafios decorrentes da crescente complexidade com o trabalho.

Para muitos autores, a emergência do conceito de competência pode ser relacionada ao surgimento de novas configurações à execução do trabalho, organizações que enfatizam o trabalho em equipe e a responsabilização coletiva na execução das estratégias, exigindo assim novos conhecimentos e atitudes dos indivíduos. Desse modo, associa-se o surgimento do conceito de competência à crise do modelo dos postos de trabalho. Dada a crescente incerteza que caracteriza os cenários competitivos, os processos de previsão e planejamento nas organizações se detêm cada vez mais no resultado do trabalho, em detrimento da definição da maneira como o trabalho será realizado. Trata-se de um deslocamento do foco da organização: da ênfase na *previsão do processo* para a *previsão dos resultados*, o que coloca em destaque as iniciativas inteligentes dos indivíduos.

Para Zarifian (2003, p. 60), a qualificação entendida como competência assume os seguintes significados:

> delegar uma parte do poder de decisão às equipes de base, para que elas possam responder ao aumento da complexidade do desempenho. (...) assumir uma responsabilidade local, em dada situação; saber tomar a decisão certa num prazo curto, ante um evento que é, ele mesmo, uma expressão condensada da incerteza.

Por exemplo, em um banco de investimentos parte significativa do trabalho diz respeito ao atendimento de demandas específicas de grandes clientes, o que impõe às equipes um cotidiano pouco estruturado por tarefas e responsabilidades previsíveis. Nesse contexto, faz-se necessário mobilizar constantemente as pessoas a buscar proposições criativas que possam maximizar o nível de satisfação dos clientes. A Figura 7.1. compara os conceitos de qualificação ao posto de trabalho e competência.

O conceito de competência vem sendo definido de diversas formas. São várias as definições e dimensões conceituais propostas pelos autores. Em comum, destaca-se uma "dimensão experimental" ou a ênfase na mobilização efetiva de capacidades em situações pouco previsíveis de trabalho. O conceito de *evento* é relevante ao conceituarmos a competência. Podemos defini-lo como uma forma de imprevisto, um problema (não necessariamente como um fenômeno negativo) (Zarifian, 2003). Um evento é associado a novos desafios ou oportunidades derivadas do ambiente dinâmico e complexo, que devem mobilizar as capacidades das pessoas.

Segundo Ruas (2004, p. 39), o conceito de competência também assimila a ideia de *capacidade*. Capacidades seriam conhecimentos, habilidades e atitudes desenvolvidas em diversas situações (como o processo de formação básica do indivíduo, a formação superior, a experiência prática etc.) e passíveis de serem mobilizadas em situações específicas de trabalho. O exercício de uma competência consistirá na combinação e na mobilização dessas capacidades para cumprir uma demanda de trabalho, ou um evento. A competência "comunicar resultados" é útil para compreendermos as diferenças entre os conceitos em questão.

Para comunicarmos e compartilharmos os resultados de nosso trabalho, devemos ter desenvolvido uma série de capacidades sob a forma de conhecimentos. Em especial, ao sermos solicitados a escrever um relatório de visitas comerciais, devemos dominar conhecimentos básicos (o idioma, redação) e conhecimentos técnicos (o formato adequado de tal relatório e os conhecimentos específicos relativos ao conteúdo do relatório). Além desses conhecimentos, devemos possuir as habilidades que nos permitem desenhar as letras e palavras e concentrarmo-nos.

QUALIFICAÇÃO	COMPETÊNCIA
Relativa estabilidade da atividade econômica	Baixa previsibilidade de negócios e atividades
Concorrência localizada	Intensificação e ampliação da abrangência da concorrência
Lógica predominante: indústria (processos e padrões de produção previstos)	Lógica predominante: serviços (eventos)
Emprego formal e base sindical	Relações de trabalho informais e flexíveis; crise dos sindicatos
Organização tradicional do trabalho, com base em postos definidos e tarefas prescritas e programadas	Novas formas organizacionais que destacam o trabalho com base em metas, a delegação de responsabilidades e a multifuncionalidade
Foco no processo	Foco nos resultados
Ênfase na aprendizagem de circuito simples	Estímulo à aprendizagem de circuito duplo

Figura 7.1.
Competências *versus* qualificação.

Fonte: Ruas, R. Gestão por competências – Uma contribuição à estratégia das organizações. In: Ruas, R. et al. *Os novos horizontes da gestão* – Aprendizagem organizacional e competências. Porto Alegre: Bookman, 2005, p. 37.

Por fim, o exercício da competência "comunicar resultados" depende ainda de certas capacidades entendidas como atitudes (como a disposição para aprender, sistematizar e sintetizar dados), que dependem do nosso envolvimento efetivo com a tarefa demandada. A combinação dessas capacidades (habilidades, conhecimentos e atitudes) com o objetivo de cumprir uma demanda (evento) é o que viabilizará o exercício da competência "comunicar resultados". O desempenho dessa competência pode ainda assumir níveis crescentes de complexidade. Por exemplo, uma apresentação executiva sobre o resultado de vendas de um departamento comercial exige conhecimentos mais amplos (como a visão sistêmica da área), habilidades extras (como falar em público) e atitudes mais significativas (como o comprometimento com a clareza e a didática da apresentação e a disposição para discutir os resultados com a plateia).

Ainda sobre o conceito de competência, Zarifian (2001) sugere que a entendamos, em primeiro lugar, como a responsabilidade pessoal que o indivíduo assume diante das situações produtivas. Deveríamos reconhecer a necessidade de posturas mais proativas nas organizações diante de questões como "o que fazer, quando não me dizem mais o que fazer?". Ao sermos convidados a elaborar um relatório de visitas comerciais, assumiríamos a iniciativa e a responsabilidade ante a necessidade de articularmos conhecimentos e habilidades necessárias à consecução desse objetivo. Trata-se de atitudes de engajamento e comprometimento caracterizadas pela mobilização da inteligência em prol desse objetivo.

Em segundo lugar, a competência é exercida por meio da reflexividade no trabalho. Trata-se do exercício constante do distanciamento crítico diante do trabalho e do questionamento dos modos de trabalhar, dos conhecimentos e das capacidades mobilizadas em cada situação profissional. Cada evento demandaria a combinação e a mobilização de conhecimentos, habilidades e atitudes específicas, colocando em destaque a reflexão contínua que aprofunda nossa compreensão das particularidades que caracterizam as demandas. Essa dimensão do conceito de competência salienta a necessidade de o indivíduo utilizar sua base de conhecimentos para questionar os modos como são tradicionalmente elaborados os relatórios de visitas, por exemplo, ou para questionar as maneiras como os dados são gerados na prática ou, ainda, questionar o próprio conteúdo do relatório, para que se possa aperfeiçoar o processo de vendas como um todo.

Por fim, o exercício da competência implica ainda a interação e a construção de relacionamentos com outros indivíduos na organização. O indivíduo deve guiar-se pela inteligência prática do que está ocorrendo e articular-se com outros indivíduos ao mobilizar suas capacidades. Deve-se considerar que as pessoas que compõem uma rede de relacionamentos possam ser também mobilizadas a contribuir com os objetivos coletivos. No caso do relatório de visitas comerciais, as experiências de outros indivíduos podem ser consideradas conhecimentos úteis à sua elaboração. A efetiva mobilização desses conhecimentos pode contribuir com a elaboração de um relatório mais completo e sofisticado, aumentando a complexidade da entrega do indivíduo ou da equipe de trabalho (Dutra, 2004). A Figura 7.2. representa a mobilização da competência "comunicar resultados" com vistas à elaboração de um relatório de visitas comerciais:

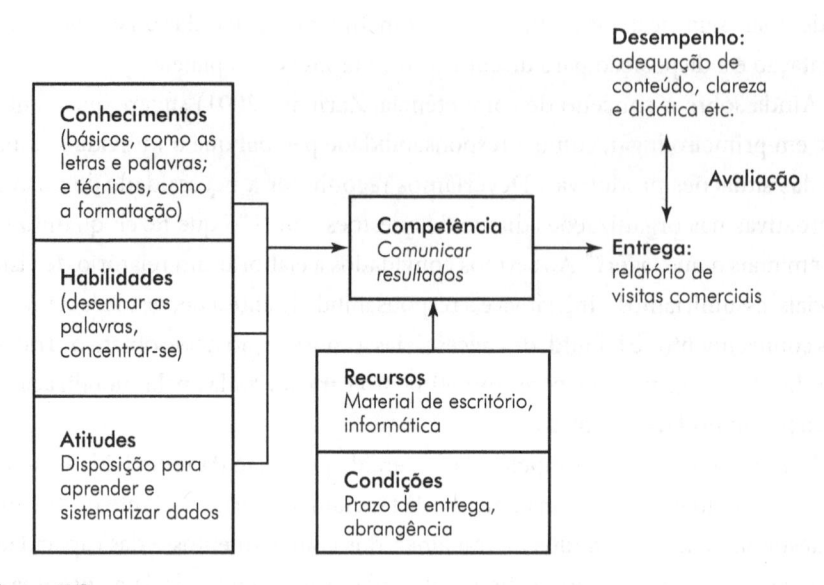

Figura 7.2.
Competência: comunicar resultados.

Fonte: Adaptado de Ruas, R. Gestão por competências – Uma contribuição à estratégia das organizações. In: Ruas, R. et al. *Os novos horizontes da gestão – Aprendizagem organizacional e competências.* Porto Alegre: Bookman, 2005, p. 37.

Assim, podemos dizer que uma competência não é somente um estoque de capacidades, que podem ser potencialmente mobilizadas. Segundo Ruas (2004, p. 40), "(...) estas capacidades assumem a condição de competências somente no momento em que são mobilizadas para a realização de uma ação específica" (como elaborar um relatório de visitas comerciais).

Ao definirmos competência, é fundamental percebermos a singularidade que caracteriza cada evento e, como consequência, o exercício das competências. Quando somos convidados a elaborar um relatório de visitas comerciais, deparamo-nos com uma situação única de trabalho, que deve mobilizar um *mix* também único de capacidades. Dessa forma, uma competência só pode ser exercida e avaliada ao ser devidamente contextualizada. Ainda sobre a definição desse conceito, às capacidades pode-se associar uma série de recursos tangíveis – como os materiais necessários à elaboração do relatório e os sistemas de informação nos quais estão armazenadas as informações.

A situação também impõe as condições necessárias ao se exercer a competência – como o prazo de entrega e a abrangência do relatório (Ruas, 2004, p. 40).

Algumas definições de competência enfatizam o resultado observável do seu exercício, isto é, o desempenho. É por meio do resultado dessa demanda, o relatório como tal, que a competência "comunicar resultados" seria reconhecida e avaliada. Esta é a proposta de Dutra (2001), que associa às competências a ideia de *entrega*, ou seja, a contribuição efetiva do indivíduo à organização, o resultado de seus esforços. Para o autor, a ideia de entrega é relevante às iniciativas de avaliação e mensuração da atuação das pessoas no ambiente de trabalho, para fins de gestão de pessoas. Como coloca Dutra (2004, p. 46),

> ao olharmos as pessoas por sua capacidade de entrega, temos uma perspectiva mais adequada (por mais individualizada) para avaliá-las, para orientar o desenvolvimento delas e para estabelecer recompensas. Em suma, o termo "entrega" refere-se ao indivíduo saber agir de maneira responsável e ser reconhecido por isso (...).

Assim, o conceito de competência faz-se importante ao ser a base para a construção de sistemas de gestão de pessoas integrados, capazes de refletir as demandas por desempenho em organizações em aprendizagem. Podemos conceituá-la como o "saber agir responsável e reconhecido, que implica mobilizar, integrar, transferir conhecimentos, recursos, habilidades, que agreguem valor econômico à organização e valor social ao indivíduo" (Fleury e Fleury, 2001, 2002).

A competência organizacional

Uma *competência organizacional* pode ser definida como "uma articulação de recursos organizacionais, um aprendizado da organização, um saber-fazer coletivo e complexo, especialmente no que diz respeito à coordenação de diversas habilidades de produção e à integração de múltiplas correntes de tecnologia" (Prahalad e Hamel, 1997, p. 239).

Segundo Le Boterf (2003, p. 229),

> a competência de uma empresa ou de uma de suas unidades não equivale à soma das competências de seus membros. Nesta área, o valor do capital [de competências] depende não tanto de seus elementos constitutivos, mas da "qualidade da combinação ou da articulação" entre esses elementos.

Nesse sentido, uma competência organizacional é mais que a soma de competências individuais, pois é constituída por uma complexa harmonização de múltiplos recursos (humanos, tecnológicos, organizacionais) em rotinas que contribuam para a consecução da visão estratégica da organização. Podemos ilustrar essas ideias. Em uma empresa de prestação de serviços em gestão de pessoas orientada a clientes, podemos enunciar uma competência organizacional como "desenvolver sistemas informatizados e customizados de serviços de RH, capazes de atender às necessidades específicas dos clientes". Essa competência organizacional é o resultado da articulação de diversos recursos disponíveis à organização, entre os quais estão:

1. **Recursos humanos** – as *competências* dos indivíduos que compõem as equipes de desenvolvimento (entre os quais especialistas em serviços de RH e em tecnologia cujas *expertises* seriam complementares), incluindo seus relacionamentos.
2. **Recursos tecnológicos** – as *tecnologias* utilizadas por esses especialistas, isto é, os sistemas informáticos e as aplicações tecnológicas disponíveis às equipes de desenvolvimento.
3. **Recursos organizacionais** – *a estrutura de gestão de pessoas* (entre os quais estão os sistemas de remuneração, de comunicação e a estrutura de poder), importante em virtude da influência que exerce na maneira como o trabalho é realizado nessa organização.

Ainda, segundo Le Boterf (2003, p. 234),

> são essas combinações [de recursos] que os concorrentes têm dificuldade de copiar e que devem, portanto, ser desenvolvidas. A vantagem competitiva das empresas reside (...) em aptidões profissionais que repousam sobre combinatórias de tecnologias de produção diferenciadas, de saberes e saber-fazer individuais e coletivos, de ativos financeiros, de certificados, de segredos de fabricação, de sistemas de informação, de modos de comunicação.

Nesse momento, devemos aprofundar nosso entendimento do conceito de competência organizacional. Le Boterf (2003) identifica os seus componentes:

1. *Um saber elaborar representações compartilhadas.* Uma competência organizacional requer que os indivíduos compartilhem um sistema comum de referências, com base no qual operam no cotidiano. Por exemplo, uma equipe médica que se reúne semanalmente para dar conta das últimas recomendações consensuais de tratamento pode construir um referencial comum de ação, com base no qual enfrenta seus

desafios. Esses referenciais assumem frequentemente a forma de mapas cognitivos comuns. Esses mapas articulam processos de pensamento, modos de raciocínio, relações de causa e efeito, classificações e tipologias aos quais os indivíduos se referem. Isso quer dizer que, muitas vezes, o indivíduo deve mudar seus pontos de vista ou seus esquemas representativos habituais de maneira a convergir com o grupo. Como coloca o autor (p. 235), "as representações compartilhadas são compostas de normas, de valores coletivos, de prioridades, de esquemas de interpretação (...) e de temas de ação. Elas favorecem a convergência das iniciativas individuais, a previsibilidade mútua dos comportamentos e a busca de acordos".

2. *Um saber comunicar-se*. Inseridos em um contexto de trabalho, os indivíduos desenvolvem uma "linguagem operativa comum", capaz de integrar a equipe às situações práticas com as quais se deparam cotidianamente. Trata-se de um saber social que reforça a cooperação no grupo. Um exemplo é a linguagem desenvolvida pelos operadores de tráfego aéreo, com base em suas experiências cotidianas. Muitas vezes, essa linguagem pode incorporar a afetividade que integra a equipe: é o caso de equipes esportivas, que tão bem exemplificam o conceito de competência organizacional. "Somente quando se sentirem à vontade na equipe é que seus membros terão prazer em fazer juntos o que fazem, que poderão valorizar uma vivência comum, que desenvolverão uma imagem positiva de seu grupo, que o investimento em uma competência organizacional será intenso" (p. 236).

3. *Um saber cooperar*. Uma competência organizacional supõe o compartilhamento de conhecimentos e a cooperação. Ao assumirmos a complexidade associada ao fazer coletivo, devemos ter em mente a complementaridade entre as competências individuais como uma característica básica da competência organizacional. Por cooperação entendemos o processo em que o grupo define uma missão e reparte as atividades necessárias à sua consecução. Os indivíduos interagem continuamente de forma a direcionar suas ações em direção ao objetivo comum. "É a articulação buscada entre as competências de programação e de regulação do equipamento, a ordenação, o controle de qualidade e a manutenção. Trata-se de uma cooperação e de uma ajuda mútua diária: fala-se, discute-se para encontrar uma solução para um problema" (p. 237).

4. *Um saber aprender coletivamente da experiência*. Uma competência organizacional existe à medida que a coletividade aprende com suas experiências, e não somente um indivíduo ou alguns de seus membros. O aprendizado em equipe supõe a capacidade de distanciamento crítico, isto é, a equipe aprende ao se articular coletivamente em

uma análise crítica dos acontecimentos. Como evoluiu o projeto? O que aprender com os erros? Como reagimos aos imprevistos? Considerando as maneiras como enfrentamos nossos problemas atuais, como enfrentar os desafios futuros? Estas são questões a serem respondidas coletivamente e incorporadas ao mapa cognitivo comum que guia as ações coordenadas dos indivíduos e viabiliza a competência organizacional.

O conceito de competência organizacional vem sendo desenvolvido segundo referenciais diversos. Por exemplo, a *teoria das competências essenciais* salienta a importância de um tipo especial de competência, capaz de focalizar o horizonte de atuação competitiva de uma firma, permitindo a exploração de múltiplos mercados por meio de produtos e serviços únicos. As empresas poderiam ser vistas como conjuntos de competências, e a essência da concorrência seria o domínio de competências essenciais, princípio este que se sobrepõe à noção tradicional de competição por meio de posicionamentos e produtos.

Como discute Le Boterf (2003, p. 233), um laboratório farmacêutico depende de três macrocompetências: a pesquisa em substâncias ativas, o saber-fazer de formulação e o condicionamento de medicamentos. Para serem essenciais e gerarem vantagem competitiva sustentável, essas competências devem ser valiosas ao oferecerem reais benefícios aos consumidores, versáteis, no sentido de viabilizar posicionamentos bem-sucedidos em múltiplos mercados, e de difícil imitação pelos concorrentes. Assim, um sistema valioso e patenteado de condicionamento de medicamentos viabiliza o posicionamento diferenciado da empresa em múltiplos segmentos do mercado, sustentando uma vantagem competitiva.

Certamente, não são todas as organizações que exploram competências essenciais, já que com frequência o preenchimento dos critérios anteriores é muito difícil. Como descreve Ruas (2004) com base em pesquisas em empresas na região sul do Brasil, a noção de competências essenciais é geralmente entendida como uma situação ideal, no sentido de ser um objetivo estratégico das organizações. Ao classificarmos as competências organizacionais de maneira mais ampla, podemos identificar aquelas que diferenciam as organizações, apesar de não serem consideradas essenciais, no sentido que Prahalad e Hamel deram ao termo.

Duas categorias são especialmente importantes: as *competências organizacionais básicas* e as *seletivas*. As primeiras são aquelas que garantem a sobrevivência da organização em dado mercado. Sem o domínio de competências básicas, a empresa não consegue pleitear níveis mais elevados de competitividade. Já as competências organizacionais seletivas permitem a diferenciação da organização ante seus competidores no mercado. Por exemplo, a entrega eficiente de serviços customizados depende da exploração de competências seletivas. Tomemos emprestada de Ruas (2004) a Figura 7.3., que resume essa proposta de classificação. Devemos ainda destacar que a classificação de uma competência nunca é definitiva.

Em mercados dinâmicos, uma competência essencial (ou seletiva) pode tornar-se uma competência seletiva (ou básica), o que salienta a importância do desenvolvimento contínuo das competências organizacionais. Por exemplo, a um banco de investimentos com grande tradição de segurança e solidez, o *desenvolvimento da marca* é uma competência organizacional, um aprendizado contínuo e coletivo da organização e relacionado à sua visão estratégica. Essa competência pode ser considerada essencial à medida que for percebida pelos clientes como um atributo valioso e único, capaz de viabilizar o seu acesso a ampla variedade de serviços diferenciados que lhes oferecem benefícios reais.

Entretanto, se esse mercado for invadido por fortes competidores estrangeiros de grande prestígio em seus mercados de origem, e capazes de transferir essas percepções para o nosso mercado, esta se torna uma competência seletiva de nosso banco, capaz de diferenciá-lo, mas não de garantir sua liderança e pioneirismo futuro no mercado de bancos de alto prestígio. O Quadro 7.1. ilustra essa discussão, ao identificar as competências organizacionais levantadas por Ruas (2004) em empresas da região sul do Brasil, além da classificação atribuída a elas por seus dirigentes.

Competências organizacionais básicas.	Competências organizacionais seletivas.	Competências organizacionais essenciais.
Contribuem decisivamente para a sobrevivência da organização.	Contribuem para a diferenciação da organização em seu mercado. Viabilizam posicionamentos bem-sucedidos de mercado.	De difícil imitação, contribuem ao pioneirismo, à diferenciação e à liderança da organização em múltiplos mercados.

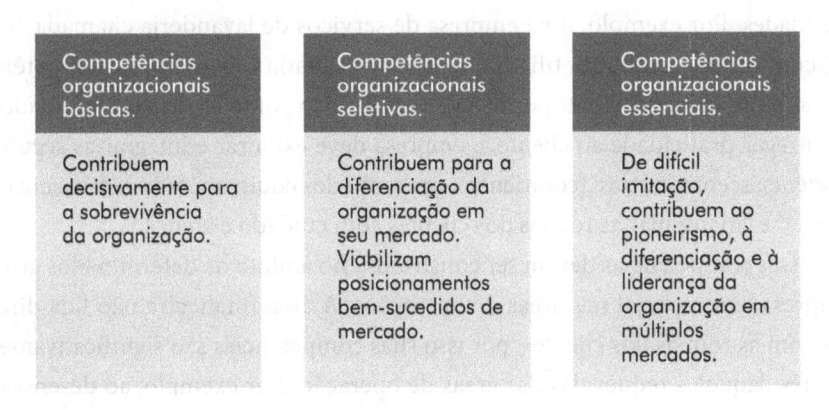

Figura 7.3.
Classificação das competências organizacionais.

Fonte: Ruas, R. Gestão por competências – Uma contribuição à estratégia das organizações. In: Ruas, R. et al. *Os novos horizontes da gestão* – Aprendizagem organizacional e competências. Porto Alegre: Bookman, 2005.

Quadro 7.1.
Competências básicas e seletivas

Empresa	Exemplo de competência identificado na pesquisa	Classificação da competência
Financeira	1. Capacidade de mobilizar os funcionários para que orientem suas ações e decisões para as estratégias da empresa.	Básica
	2. Garantir atendimento aos clientes em rede altamente capilarizada, ágil e segura.	Seletiva
	3. Orientar investimentos de porte médio e pequeno sob a forma de consultoria aos clientes.	Seletiva
Petroquímica	1. Garantir a estabilidade e a segurança na planta.	Básica
	2. Lidar com a tecnologia nos processos principais a fim de garantir um desempenho superior.	Seletiva
Indústria alimentícia	1. Operar a logística de forma a obter o menor custo, o melhor atendimento e a maior flexibilidade.	Básica
	2. Orientar-se para o relacionamento com clientes.	

Fonte: Ruas, R. Gestão por competências – Uma contribuição à estratégia das organizações. In: Ruas, R. et al. *Os novos horizontes da gestão* – Aprendizagem organizacional e competências. Porto Alegre: Bookman, 2005.

As competências organizacionais (sejam elas básicas, seletivas ou essenciais) podem ser ainda desdobradas nas organizações, em termos de seus macroprocessos ou atividades. Por exemplo, uma empresa de serviços de lavanderia chamada "Lava Bem", com muitas unidades filiadas, pode ser avaliada por meio da competência "entregar praticidade ao cliente por meio de um serviço pontual, eficiente e cuidadoso". Para entregar praticidade ao cliente, a empresa deve explorar e integrar as seguintes competências, entre outras: "coordenar a operação dos equipamentos de lavagem com eficiência" e "manipular as roupas dos clientes com cuidado e atenção".

Essas competências devem ser construídas no âmbito de determinados grupos na empresa, em especial nas áreas de operações. A área financeira não lida diretamente com as roupas dos clientes, por isso suas competências são significativamente diferentes daquelas requeridas das áreas de operação. Por exemplo, ao desenvolver a competência "desenhar e aperfeiçoar sistemas práticos e eficientes de cobrança", a área financeira estaria contribuindo, dentro dos limites de seu macroprocesso, com competência organizacional "entregar praticidade ao cliente por meio de um serviço pontual, eficiente e cuidadoso".

Essas ideias sugerem a existência de *competências funcionais*, isto é, competências que estruturam os diferentes macroprocessos da empresa, sendo então associadas a certos grupos e não à organização como um todo. Outro exemplo, proposto por Ruas (2004), diz respeito à competência organizacional de uma empresa financeira: "orientar investimentos de porte médio e pequeno sob a forma de consultoria aos clientes", como mostra o Quadro 7.1. Essa competência seletiva depende da construção de certas competências funcionais, como "garantir o acesso rápido e amplo dos funcionários às informações do mercado financeiro", competência esta associada frequentemente à área de tecnologia da informação. Outras áreas se estruturam como competências funcionais de suporte, como o caso clássico do RH: em nossa empresa financeira, a competência "desenvolver a análise crítica dos funcionários" é típica da função gestão de pessoas e está diretamente associada à capacidade de a organização prestar serviços de alto valor agregado.

De fato, o conceito de competência organizacional (básicas, seletivas, essenciais, funcionais) incorpora o conceito de competência individual, colocando em destaque a noção de competência gerencial. Sobre exercer a competência funcional da área de RH "desenvolver a análise crítica dos funcionários", devem ser mobilizadas certas competências individuais (e gerenciais) no âmbito da área de RH, tais como a *orientação estratégica*, competência fundamental à concepção de processos de desenvolvimento alinhados às intenções estratégicas da empresa. Entre as competências individuais, as *competências gerenciais* devem ser mobilizadas pelos líderes de equipes, responsáveis pela mobilização das competências dos demais indivíduos.

Gestão das competências

Definidos os diversos níveis de competências em uma organização, podemos abordar mais diretamente o seu princípio unificador, a ideia por trás da *gestão das competências*. Segundo Dutra (2004), as empresas e os indivíduos trocam competências continuamente. As organizações geram oportunidades de aprendizagem e disponibilizam aos indivíduos seus recursos, preparando-os para enfrentar novas situações profissionais dentro ou fora dela. Ao mesmo tempo, os indivíduos, com base em seus conhecimentos e em suas experiências, contribuem com as organizações com a mobilização de suas capacidades individuais, desenvolvendo-as e capacitando-as a enfrentar novos desafios. Inseridas em suas microesferas sociais, as pessoas articulam seus conhecimentos e se engajam a aperfeiçoar a maneira como as organizações enfrentam seus desafios. Este não é um engajamento qualquer, entretanto.

Os indivíduos mobilizam suas competências de forma articulada com a intenção estratégica da empresa, o que salienta a relevância de pensarmos a articulação das competências individuais (incluindo as gerenciais), às competências organizacionais, passando pelas funcionais. Aliás, essas últimas são úteis ao pensarmos esse desdobramento necessário: a partir das competências organizacionais (básicas, seletivas ou essenciais), são definidas competências associadas aos macroprocessos, atividades, áreas funcionais ou unidades de negócios da organização. Esse desdobramento viabiliza também a identificação das competências requeridas dos indivíduos, o que comporia um sistema. Assim, a noção de competência funcional facilita o mapeamento das competências individuais requeridas a determinada visão estratégica de uma empresa. A Figura 7.4. ilustra o princípio do alinhamento das competências.

Figura 7.4.
Configurações organizacionais das competências.
Fonte: Adaptado de Wood Jr., T.; Picarelli Filho (2004).

Podemos aprofundar nosso entendimento sobre o alinhamento entre os diversos níveis de competências nas organizações. Dependendo da sua visão e intenção estratégica, a organização assume a importância de um conjunto específico de competências organizacionais que, em consequência, demanda certas competências funcionais e individuais.

O trabalho de Fleury e Fleury (2004) é útil para ilustrarmos essa questão. Os autores articulam as ideias de Woodward (1965) e Treacy e Wiersema (1995) em torno de um modelo capaz de dar sustentação ao processo de formulação da estratégia e ao desenvolvimento de competências. As competências centrais de uma organização poderiam ser associadas essencialmente a três diferentes macroprocessos: operações, produtos ou serviços e vendas ou marketing. Os outros macroprocessos de uma organização – como RH, finanças ou tecnologia da informação – seriam atividades de apoio. Dependendo da intenção estratégica da empresa no mercado, um desses três macroprocessos (ou conjunto de competências organizacionais) exercerá uma função de destaque, agindo como uma espécie de coordenadora das demais áreas.

Podemos sugerir, com base nos trabalhos desses autores, que uma empresa se posiciona no mercado privilegiando três estratégias: (1) *excelência operacional*, quando a empresa oferece a seus clientes produtos que maximizem a relação qualidade/preço. Em geral, estas são empresas que produzem em massa produtos padronizados; (2) a *liderança em produto*, quando a empresa investe no desenvolvimento de produtos inovadores que satisfaçam às necessidades de segmentos específicos do mercado; e (3) *orientação para o cliente*, quando a empresa se volta ao atendimento das necessidades específicas de consumidores especiais. Essa última estratégia é adotada por empresas que trabalham por encomenda, atuando de maneira muito próxima dos clientes, desenvolvendo e propondo soluções para suas necessidades.

Uma empresa que adota a estratégia de *excelência operacional* tem como função ou macroprocesso crítico as operações. Essa função envolve todo o ciclo logístico: os suprimentos, a produção, a distribuição e os serviços pós-venda. Para otimizar a relação qualidade-preço a empresa deve intensificar os esforços de aperfeiçoamento desse processo, sem negligenciar a aprendizagem em outras esferas da organização. Coerente com essa intenção estratégica é a ênfase nas competências funcionais de produção e logística.

Já a empresa que adota a estratégia de *liderança em produto* deve investir continuamente na pesquisa e desenvolvimento de conceitos novos, capazes de satisfazer efetivamente às necessidades dos clientes. Muitas empresas, como as de tecnologia de comunicação, atingem patamares altos de lucratividade ao explorarem conceitos inovadores, condenando outros produtos à obsolescência. Nesses casos, as competências da função pesquisa e desenvolvimento de produtos assumem posição de destaque.

Por fim, em uma empresa que compete com base na *orientação para o cliente*, destacam-se as competências da função marketing ou vendas. Essas empresas sobrevivem se construírem relacionamentos estreitos com seus clientes, o que confere à área de marketing um papel de coordenação entre as áreas de desenvolvimento de produtos e operações.

As ideias desses autores salientam a importância relativa dos macroprocessos em uma organização, dependendo de suas estratégias principais. Assim, enquanto em uma empresa orientada aos clientes as competências funcionais da área de marketing assumem papel crucial de coordenação e liderança, em outra empresa direcionada à excelência operacional, essa mesma área assume um patamar inferior de importância relativa. Nessas empresas, o marketing tem a tarefa de introduzir no mercado os produtos produzidos segundo processos operacionais excelentes, chamando a atenção dos clientes à relação ótima entre qualidade e preço. Por sua vez, em uma empresa direcionada à liderança em produtos, a área de marketing deve "educar" os consumidores, divididos em segmentos de mercado, ao aproveitamento dos benefícios trazidos pelos produtos inovadores. Nesses casos, as competências funcionais de marketing não seriam consideradas competências essenciais, apesar de certamente contribuírem para o desempenho da organização. Por último, devemos ainda mencionar a possibilidade dos três tipos de orientação estratégica caracterizarem uma única empresa, que deve promover internamente o desenvolvimento de configurações distintas de competências, tanto organizacionais como individuais. Ao investigarem as empresas operadoras de telefonia móvel, o estudo de Fleury e Fleury (2004) traz um exemplo de organização caracterizada por orientações estratégicas diversificadas e, consequentemente, apoiadas em configurações de competências também diversas. O Quadro 7.2. ilustra de maneira esquemática o alinhamento entre visão e intenção estratégica da empresa, as suas competências organizacionais mais importantes e as competências individuais frequentemente requeridas.

Quadro 7.2.
Alinhamento entre intenção estratégica, competências organizacionais e competências individuais

Estratégia	Competências organizacionais	Competências individuais
Excelência operacional	• Redução de custos • Qualidade nos processos de produção • Excelência na distribuição	• Orientação a custos • Orientação a qualidade • Planejamento de produção • Capacidade de negociação • Operação de sistemas de produção
Liderança em produtos	• Inovação em produtos/ excelência em pesquisa e desenvolvimento • Inovação e monitoramento tecnológico • Monitoramento de mercado • Desenvolvimento de marca e imagem corporativa	• Capacidade de inovação • Capacidades interpessoais: comunicação, persuasão, negociação, questionamento. • Liderança e trabalho em equipe

(continua)

(continuação)

Orientação aos clientes	• Flexibilidade, customização e qualidade do processo produtivo • Monitoramento tecnológico e de mercado • Desenvolvimento de marca e imagem • Relacionamento com clientes • Excelência em apoio pós-venda	• Criatividade e flexibilidade no trato interpessoal • Capacidades interpessoais: comunicação, persuasão, negociação, questionamento • Autonomia e visão estratégica • Liderança e trabalho em equipe

Fonte: Desenvolvido pelo autor com base nas ideias de Fleury, M.; Fleury, A. Alinhando estratégia e competências. *Revista de Administração de Empresas*, v. 44, n. 1, jan./mar. 2004; e Dutra, J. *Competências – Conceitos e instrumentos para a gestão de pessoas na empresa moderna*. São Paulo: Atlas, 2004.

Gestão por competências

A construção de uma organização em aprendizagem requer que revisemos diversos conceitos tradicionais relacionados às maneiras como avaliamos, coordenamos e regulamos as pessoas e seus relacionamentos. Em especial, percebe-se o progressivo abandono da descrição de cargo tradicional como base à estruturação dos subsistemas de RH. Se analisarmos as descrições de cargo ao longo das últimas décadas, notaremos transformações substanciais. Na década de 1980, essas descrições restringiam e delimitavam as atividades que deveriam ser desempenhadas pelos indivíduos. Atualmente há uma preocupação crescente com as expectativas de entrega desses cargos, abrangendo não somente atividades básicas, mas principalmente expectativas quanto à contribuição proativa dos indivíduos ao desenvolvimento organizacional. Isso acontece porque, em uma organização em aprendizagem, os indivíduos seriam estimulados a agregar valor à organização transcendendo suas responsabilidades imediatas, o que deve ser adequadamente avaliado para fins de gestão de pessoas.

Nessas organizações é comum as pessoas se relacionarem com base em problemas e desafios (que demandam a posse de conhecimentos específicos), e não exclusivamente em estruturas formais e tradicionais de poder e hierarquia. Assim, o organograma da empresa tem sua relevância diminuída na medida em que os indivíduos-chave para certas iniciativas de aprendizagem podem estar localizados em diversos níveis hierárquicos. A antiga descrição de cargos perde relevância. A noção tradicional de se regular a atuação das pessoas com base em funções e cargos específicos e predefinidos, organizados hierarquicamente, precisaria ser revista. Esses critérios não refletem necessariamente o nível de comprometimento individual com a organização nem levam em conta os desafios, as dificuldades e as oportunidades aproveitadas pelos indivíduos em processos de aprendizagem organizacional. Atualmente essas novas demandas impõem aos gestores de pessoas diversas dificuldades práticas.

Como discute Dutra (2001), o que temos hoje é a sobreposição das estruturas burocráticas tradicionais das empresas a novos critérios de gestão de pessoas. Muitas organizações já avaliam seus membros com base em critérios sobre a efetividade de sua contribuição ao sucesso organizacional. O chefe que dá um aumento salarial a um funcionário que contribui sistematicamente à melhoria dos processos operacionais de seu departamento é um exemplo dessas novas práticas.

Entretanto, muitos sistemas de gestão de pessoas ainda estruturam-se em critérios tradicionais, como os sistemas de remuneração baseados em faixas salariais associadas a cargos que não necessariamente espelham as contribuições efetivas dos indivíduos. Dessa forma, muitos gestores não encontram maneiras de administrar coerentemente seus subordinados na estrutura formal de suas organizações e nas possibilidades dos seus subsistemas de RH.

Ao assumirmos a importância do alinhamento e do desenvolvimento de competências à competitividade de uma organização, devemos reconhecer a necessidade de criarmos um sistema integrado e coerente de gestão de pessoas que reforce a interação entre as pessoas e o intercâmbio entre os diversos tipos de conhecimentos (aqueles relacionados à tecnologia, à produção, ao gerenciamento etc.), promovendo a aprendizagem nos diversos níveis da organização. Esse sistema deve articular diversos subsistemas de RH, e não apenas aqueles processos tradicionalmente conhecidos como treinamento e desenvolvimento. Na prática, o desenvolvimento de uma competência organizacional implica o recrutamento e a seleção de indivíduos com certas competências individuais, bem como a remuneração de forma a promover atitudes e comportamentos coerentes com a visão estratégica da organização. O subsistema de movimentação de pessoas deve ser configurado e administrado de forma a refletir as necessidades associadas à construção das competências organizacionais, e a avaliação de desempenho deve ser considerada um instrumento de desenvolvimento capaz de integrar os interesses da organização aos indivíduos.

Neste momento, podemos introduzir o conceito de *gestão de pessoas por competências*. Trata-se de uma sistemática alternativa à análise e à gestão da atuação, dos relacionamentos e da contribuição dos indivíduos à organização segundo critérios de desempenho, com base no conceito de competência. Uma mudança abrangente dos parâmetros por trás dos processos de gestão de pessoas viabilizaria decisões mais coerentes com as demandas de uma organização em aprendizagem. Por exemplo, a gestão de pessoas por competências viabiliza decisões de remuneração e promoção que premiam as contribuições efetivas dos indivíduos que mobilizam suas capacidades, reforçando seu nível de comprometimento com a aprendizagem. Neste instante, podemos sugerir ser a gestão de pessoas por competências uma sistemática capaz de associar as competências individuais às competências organizacionais, sendo, nesse sentido, uma abordagem importante ao pensarmos o desenvolvimento e o alinhamento de competências. De fato, *gestão das competências* e *gestão por competências* são propostas interdependentes, que podem ser consideradas um conjunto de princípios capaz de articular a gestão de pessoas à gestão estratégica nas organizações.

Em termos gerais, podemos dizer que os sistemas de *gestão de pessoas por competências* elevam o desenvolvimento de competências ao status de preocupação básica da função gestão de pessoas. Isso acontece pela articulação fundamental entre competências organizacionais (básicas, seletivas, essenciais e funcionais) e competências individuais. De fato, este é o princípio unificador da gestão das competências. Assim, construir um sistema de gestão por competências requer, inicialmente, que identifiquemos as competências organizacionais mais relevantes à empresa para então derivarmos as competências funcionais e as competências individuais requeridas de seus membros (Dutra, 2004; Wood Jr. e Picarelli Filho, 1999). Ao final desse esforço, teríamos definido os parâmetros de um sistema de gestão de pessoas que coloca em destaque a integração entre a visão estratégica da organização, suas competências organizacionais importantes, as competências individuais requeridas e a gestão dessas competências. São diversas as propostas de gestão por competências.

As proposições de Dutra (2001) dão ênfase à dimensão da atitude, como inerente ao conceito de competência individual. Não somente os estoques de habilidades e conhecimentos são importantes, mas os padrões de utilização desses estoques em benefício da organização também são considerados para fins de gestão de pessoas. Ao estoque de habilidades e conhecimentos do indivíduo soma-se o que ele realmente entrega à organização. O conceito de "entrega" diz respeito às maneiras como o(s) indivíduo(s) utiliza(m) suas habilidades e conhecimentos no dia a dia organizacional, de forma a gerar benefícios reais à coletividade. A Figura 7.5. esquematiza o conceito de competência individual proposto por Dutra (2001).

COMPETÊNCIA { Estoque de habilidades e conhecimentos
+
Entrega (atitudes, comportamentos, desempenho ou padrões de uso de habilidades e conhecimento) }

Figura 7.5.
Competência individual segundo Dutra (2001).

Fonte: Dutra, J. *Competências* – Conceitos e instrumentos para a gestão de pessoas na empresa moderna. São Paulo: Atlas, 2004.

A "entrega" dos indivíduos pode ser objetivada e medida para fins de gestão de pessoas. Para fazê-lo, podemos utilizar o conceito de *complexidade*, que diz respeito ao nível de sofisticação da contribuição individual esperada pela organização.

Como coloca Dutra (2004, p. 46):

> O conceito de competência permite estabelecer o que é esperado da pessoa de forma alinhada ao intento estratégico e às competências organizacionais. O conceito de complexidade permite melhor especificar e mensurar a entrega da pessoa para a organização. Ao definir os conceitos de complexidade e competência, é possível definir, para cada competência, diferentes níveis de complexidade de entrega.

Por exemplo, pode-se estabelecer a competência *orientação estratégica* como uma maneira de se utilizar habilidades e conhecimentos em prol da organização. Definimos essa competência no Quadro 7.3.

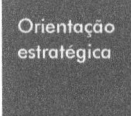

Quadro 7.3.
Competência: orientação estratégica

Orientação estratégica	Ter clareza e comprometimento quanto aos valores, missão e visão da empresa, buscando explicitá-los e aumentar a consciência de sua importância para os outros colaboradores. Orientado pela estratégia, estabelece planos de ação concretos com base na análise de tendências do ambiente.

Fonte: Dutra, J. *Competências* – Conceitos e instrumentos para a gestão de pessoas na empresa moderna. São Paulo: Atlas, 2004.

Para esta competência, podem ser estabelecidos níveis crescentes de complexidade de sua entrega, como ilustra o Quadro 7.4. (Dutra, 2001; Dutra, 2004).

Quadro 7.4.
Níveis de complexidade para a competência "orientação estratégica".

Nível	Atribuições e responsabilidades
5	A. É co-responsável pelo estabelecimento da visão estratégica, missão e valores corporativos para a organização. B. Define, em colegiado, estratégias de longo prazo para a organização como um todo, trabalhando intensamente na análise de cenários incertos. C. Avalia tendências do ambiente e responde pela identificação de oportunidades para o negócio. D. Estabelece resultados esperados e avalia o grau de sucesso global da organização.
4	A. Participa do estabelecimento da visão estratégica, missão e valores corporativos para a organização. B. Participa do estabelecimento dos objetivos estratégicos de longo prazo para a organização. C. Responde pelo estabelecimento de metas e objetivos das áreas sob sua responsabilidade que contribuam para a obtenção dos resultados estratégicos da empresa.
3	A. Responde pelo estabelecimento de metas e objetivos para sua área, atentando para a coerência com os objetivos da unidade e da empresa.
2	A. Participa do estabelecimento de metas e objetivos para sua área. B. Fornece informações relevantes de sua área que contribuam para a construção de cenários e a definição das estratégias de sua unidade. C. Estimula a disseminação, em sua área, dos valores, metas e objetivos definidos corporativamente, assegurando que estejam explicitadas as expectativas da organização perante os colaboradores. D. Compatibiliza as ações de sua área com as estratégias, políticas e objetivos definidos pela unidade e pela empresa.
1	A. Orienta equipes em atividades operacionais na busca dos objetivos e metas organizacionais, identificando prioridades e direcionando as alternativas para atingir resultados em sua área de atuação.

Fonte: Dutra, J. *Competências* – Conceitos e instrumentos para a gestão de pessoas na empresa moderna. São Paulo: Atlas, 2004.

Podemos dizer que a gestão de pessoas por competências tem como objetivo incorporar de maneira sistematizada as competências dos indivíduos aos critérios de avaliação e regulação para fins de gestão de pessoas.

São diversas as consequências da adoção da *gestão por competências* como metodologia alternativa de gestão de pessoas. Trata-se de um referencial amplo, que pode ser utilizado como base para o planejamento de diversos subsistemas de RH. A adoção da gestão por competências permite a reorganização da função gestão de pessoas para termos um sistema integrado baseado em novos critérios para a avaliação, a comparação e o acompanhamento dos indivíduos nas organizações. Os conceitos de "competência" e "complexidade" podem ser utilizados como critérios integradores dos diversos subsistemas de gestão de pessoas.

Segundo Dutra (2004, p. 43), pode-se correlacionar desenvolvimento à remuneração de pessoas, por exemplo:

> O fato de, ao lidar com maior complexidade, a pessoa agregar valor à empresa, negócio ou meio, aumenta seu valor. Essa valorização tem alta correlação com padrões remuneratórios. Infere-se, portanto, que, ao se desenvolver, a pessoa vale mais para a organização e para o mercado de trabalho. (...) Em síntese, a mesma fita métrica que se usa para mensurar o desenvolvimento das pessoas pode ser utilizada para medir padrões remuneratórios. Desta forma há um único referencial que integra a gestão de pessoas. (...) Esta mesma fita métrica poderá ser empregada em processos de escolha de pessoas de dentro ou de fora da organização [processos de recrutamento e seleção], nas avaliações e nas definições de carreira. Com o mesmo referencial, pode-se simultaneamente integrar a gestão de pessoas em si e com as estratégias empresariais.

Um sistema integrado de gestão por competências seria mais apropriado que sistemáticas tradicionais de gestão de pessoas em contextos organizacionais caracterizados pela ênfase no desenvolvimento e na aprendizagem. O Quadro 7.5. traz algumas implicações da adoção da gestão por competências em diversos subsistemas de administração de pessoas.

Quadro 7.5.
Sistema integrado de gestão de pessoas por competências

Desenvolvimento de pessoas	O desenvolvimento dos indivíduos seria entendido como o desenvolvimento de suas competências, vistas como estoque de conhecimentos e padrões de entrega. As pessoas se desenvolvem na medida em que lidam com atribuições e responsabilidades de maior complexidade. A gestão por competências requer que facilitemos o desenvolvimento das competências individuais de maneira a viabilizar a aprendizagem organizacional.
Remuneração	Sistemas de remuneração por competências associariam o desenvolvimento das competências dos indivíduos aos seus níveis de compensação. O conceito de complexidade pode ser considerado um critério de mensuração legítimo para diferenciar as contribuições das pessoas (Hipólito, 2000).
Avaliação de desempenho	Adotar a gestão por competências implica avaliarmos as competências das pessoas segundo critérios de desempenho associados ao desenvolvimento dos indivíduos na organização. Desempenho passa a ser conceituado como "o conjunto de entregas e resultados de determinada pessoa para a empresa ou o negócio" (Dutra, 2004, p. 69).

(continua)

(continuação)

Administração de carreiras e movimentações de pessoas	A gestão por competências substitui paradigmas tradicionais de progressão nas carreiras, que passa a depender do desenvolvimento e do crescimento das responsabilidades e da complexidade da atuação individual, o que não necessariamente coincide com o crescimento na estrutura hierárquica. Salienta-se a importância do conceito de *espaço organizacional*. À medida que o indivíduo se desenvolve assumindo responsabilidades de maior complexidade, amplia-se o seu espaço organizacional, situação esta que deve estar atrelada ao seu crescimento salarial.
Recrutamento e seleção de pessoas	A gestão de pessoas por competências requer que os indivíduos recrutados e selecionados demonstrem compatibilidade com a organização em termos de habilidades e conhecimentos que lhes permitam atuar de forma efetiva no desenvolvimento organizacional. O potencial para o desenvolvimento individual paralelo ao organizacional passa a ser valorizado.

Fonte: Adaptado de Dutra, J. (Org.). *Gestão por competências*. São Paulo: Gente, 2001.

Desenvolvimento de competências

Segundo uma visão processual da gestão estratégica, a evolução das competências em uma empresa estaria relacionada à evolução de suas estratégias. As organizações realizam o planejamento estratégico, definindo visões e intenções de médio e longo prazos. Estratégias seriam definidas com base em estudos que identificam as competências organizacionais seletivas, bem como os mercados nos quais essas competências poderiam ser exploradas de forma a gerar níveis superiores de rentabilidade. Contudo, em mercados dinâmicos, os recursos estratégicos e competências organizacionais que geram vantagem competitiva a uma empresa mudam.

A *gestão das competências* é um referencial que busca alinhar competências individuais e competências organizacionais (funcionais, básicas, seletivas, essenciais) às estratégias. Neste momento, devemos dar destaque a uma dimensão dinâmica desse alinhamento, o que nos convida a discutir mais detidamente sobre o desenvolvimento de competências.

Vimos que o conceito de *capacidades dinâmicas* busca incorporar questões relativas ao dinamismo dos mercados, enfatizando processos de aprendizagem organizacional. A vantagem competitiva deveria ser pensada em termos da capacidade gerencial de antecipar ou promover transformações no cenário de negócios, reconfigurando recursos e competências continuamente, de maneira a sustentar posições favoráveis de mercado. Deveríamos nos preocupar não somente com as competências e os recursos estratégicos que as organizações detêm hoje, mas também com o que elas podem fazer bem no futuro. Para tanto, devemos reconhecer que as capacidades dinâmicas de uma organização dependem de sua dotação específica de recursos (*asset position*) e de suas rotinas e processos, como formatados ao longo de sua história. Como sugere a noção de dependência de trajetória (*path dependency*), o que a empresa pode fazer ou onde pode chegar dependem do caminho evolutivo por ela trilhado.

À sustentação da vantagem competitiva, essas ideias sugerem a necessidade de se construir um sistema organizacional que facilite a aprendizagem e a mudança, o que dependeria de um padrão consistente de ações gerenciais ao longo do tempo. Põe-se em destaque a necessidade de pensarmos as visões gerenciais, as rotinas e os processos em termos da promoção da aprendizagem organizacional, viabilizando a contínua construção de competências e recursos estratégicos. Esse sistema permitiria o desenvolvimento integrado das competências, em seus vários níveis. Construir ou reconfigurar competências organizacionais significa desenvolver competências individuais e funcionais, já que esses níveis guardariam uma íntima associação.

Uma competência organizacional pode formar-se progressivamente à medida que as pessoas mobilizam suas capacidades em interdependência com outros recursos, interagem criativamente umas com as outras, compartilham conhecimentos utilizando-os para resolver problemas e aproveitar oportunidades. Ao articularem a tecnologia às suas capacidades, formulam proposições criativas e experimentam soluções, repensam rotinas e sistemas gerenciais, questionam valores e procedimentos característicos da cultura organizacional, (re)construindo coletivamente competências organizacionais. Em muitas organizações, esses processos recebem o nome de *desenvolvimento de competências*.

Conforme discutem diversos autores, a aprendizagem ao longo das interações sociais pode acontecer de maneira mais formalizada, por meio de processos estruturados e controlados pelas organizações (parcerias estratégicas, programas de desenvolvimento, universidade corporativa), e de maneira menos formalizada, ao longo de iniciativas informais e eventos cotidianos frequentemente imprevisíveis (aprendizagem no local de trabalho, equipes autônomas, comunidades de prática, *coaching*). Entre os desafios práticos, a aprendizagem organizacional requer não somente desenvolver competências individuais, mas viabilizar novas rotinas ou novos padrões de desempenho organizacional.

As dinâmicas de evolução do estoque de recursos e competências em uma organização em aprendizagem são processos fundamentais à manutenção de sua vantagem competitiva. As estratégias são definidas a partir das competências; a implantação da estratégia gera novas configurações de recursos e competências, o que influenciará a evolução das estratégias. As setas grandes indicam a relação de influência de mão dupla, segundo a qual as competências individuais estão entre os recursos à construção de competências funcionais e organizacionais, enquanto estas seriam definidas em termos de estratégias empresariais.

A implantação criativa das estratégias, por sua vez, é um processo dinâmico de aprendizagem capaz de redefinir competências funcionais e organizacionais, o que pode implicar ainda novas competências individuais (Leite e Porsse, 2005; Bitencourt, 2004; Fleury e Fleury, 2004). Dessa perspectiva, novas competências organizacionais são muitas vezes associadas a novas estratégias (emergentes ou deliberadas), ou à redefinição de velhas estratégias. Nesse sentido, uma organização em aprendizagem deve ficar atenta a uma relação importante entre os conceitos de competência organizacional e funcional. Frequentemente, competências do tipo funcional se tornam organizacionais, à medida que são identificadas pelos clientes e pelos gestores como grandes geradoras de valor. Quando o valor potencial de uma competência funcional passa a ser considerado significativo, esta pode ser associada às visões estratégicas da empresa, podendo tornar-se uma competência organizacional seletiva. É o caso de muitas empresas que assumem estratégias emergentes à medida que a contribuição de certas unidades de negócio ou macroprocessos passa a ser considerada muito relevante ao posicionamento da organização no mercado.

Podemos ilustrar essas inter-relações entre competências (individuais e organizacionais) e estratégias. Uma grande empresa de serviços de RH que busca diversificação desenvolveu internamente um projeto de informatização de seus processos de gestão de pessoas. Assim, muitos processos internos que sempre foram operacionalizados por meio de formulários de papel e trabalho intensivo (como a requisição de férias, a avaliação de resultados e os treinamentos técnicos) são agora realizados pela intranet, sem a intermediação da área de RH. Esse projeto inovador foi tão bem-sucedido que a empresa, ao perceber o seu potencial de mercado, assumiu-a como estratégica à corporação em um momento que intranets surgem como tendência irrevogável às grandes empresas. As competências individuais e funcionais das áreas de RH e TI, integradas e desenvolvidas internamente à implementação do projeto, puderam então ser utilizadas para a construção de uma nova unidade de negócios para explorar o mercado emergente de informatização de serviços de gestão de pessoas.

A decisão por estruturar essa nova unidade veio como consequência da emergência de uma competência organizacional capaz de sustentar um posicionamento inovador no mercado, implicando ainda certas competências (individuais e funcionais) adicionais cujo desenvolvimento deve ser promovido por políticas e sistemas coerentes de gestão de pessoas. São as competências funcionais desenvolvidas pelos grupos influenciando a definição das estratégias corporativas! De fato, em muitas empresas as competências organizacionais essenciais ou seletivas são originalmente competências funcionais. O Quadro 7.6., emprestado de Ruas (2004), ilustra esse fenômeno.

Quadro 7.6.
Competência funcional tornada organizacional

Empresa	Função/processo	Competência funcional tornada organizacional
Wal-Mart	Distribuição e sistemas de informação	Logística capaz de colocar à disposição dos clientes toda a gama de produtos.
Fedex	Comunicação e gerência de redes	Capacidade de entrega: tempo e custo.
Motorola	Produção e gestão de estoques	Capacidade de planejar e realizar projetos adequados.
Sony	Pesquisa de produtos	Capacidade de inovação.
Gap	Fabricação e projeto	Qualidade de produto e projeto e capacidade de prever tendências do vestuário.

Fonte: R. Gestão por competências – Uma contribuição à estratégia das organizações. In: Ruas, R. et al. *Os novos horizontes da gestão* – Aprendizagem organizacional e competências. Porto Alegre: Bookman, 2005.

Sem nos esquecer que o desenvolvimento de competências demanda sistemas e estratégias amplas e integradas de gestão de pessoas, enfatizaremos, neste momento, o que se refere tradicionalmente ao *subsistema de desenvolvimento de pessoas*, que coordenaria processos interativos e relacionais mais e menos formalizados à construção de competências.

Entre as iniciativas mais formalizadas, citamos os programas de treinamento e desenvolvimento, alinhados às estratégias (como promovidos, por exemplo, por universidades corporativas). Esses programas permitem que a organização informe os indivíduos acerca das suas expectativas em relação às competências requeridas. Por serem estruturados pelas organizações, esses processos permitem a sistematização do conhecimento (tácito e explícito) relevante à construção de competências, alinhando-o às intenções estratégicas e permitindo o acompanhamento do aproveitamento das pessoas, o que requer a definição e aplicação de indicadores à avaliação do impacto de programas de desenvolvimento. Todavia, suas implicações vêm gerando debate.

```
         Estratégias
         empresariais
              ↕
         Aprendizagem
              ↕
         Competências
          funcionais/
        organizacionais
              ↕
         Aprendizagem
              ↕
         Competências
          individuais
```

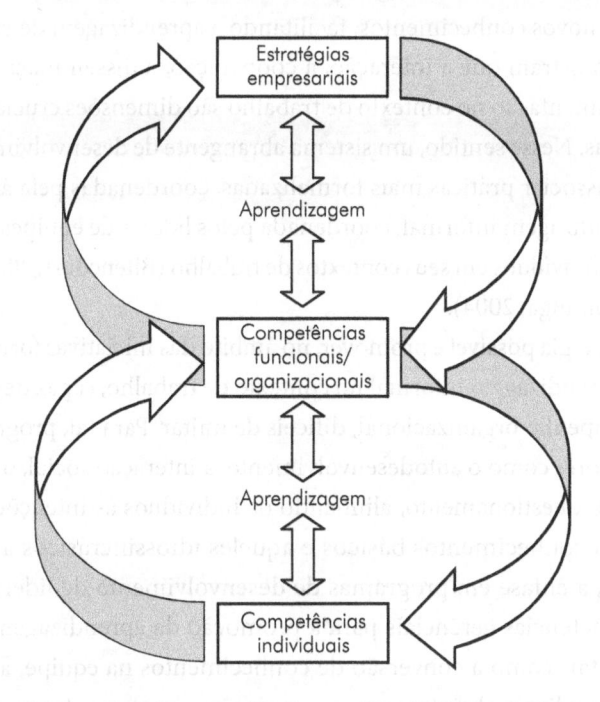

Figura 7.6.
Estratégias e competências.
Fonte: Adaptado de Fleury, M.; Fleury, A. Alinhando estratégia e competências. *Revista de Administração de Empresas*, v. 44, n. 1, jan./mar. 2004.

Para Mueller (1996), o desenvolvimento de capacidades e competências seria um processo dependente da inserção dos indivíduos nas rotinas organizacionais e experiências no trabalho. Caso contrário, é possível que os novos conhecimentos sejam considerados incoerentes e provável que as novas atitudes não sejam incorporadas, mas esquecidas. Ao retirarem os indivíduos de seu contexto de trabalho, esses processos tenderiam a causar um impacto limitado por não viabilizarem necessariamente a mudança de comportamentos na prática, que também dependeria das possibilidades dadas pelo sistema organizacional. Assim, a formação de competências valiosas, raras e de difícil imitação poderia ser facilitada ou acelerada por tais iniciativas formais, mas não substituídas por tais práticas, uma vez que competências desse tipo seriam construídas como resultado da evolução das rotinas nas quais os indivíduos estão inseridos. Por outro lado, convidar o indivíduo a afastar-se temporariamente do contexto imediato de trabalho (incluindo rotinas e colegas) permitiria o distanciamento e a análise crítica, a construção de novos conhecimentos, facilitando a aprendizagem de circuito duplo.

Autores mostram que a interação, a cooperação, a disseminação do conhecimento e a experimentação no contexto de trabalho são dimensões cruciais à formação das competências. Nesse sentido, um sistema abrangente de desenvolvimento de competências deve associar práticas mais formalizadas, coordenadas pela área de RH, ao estímulo à aprendizagem informal, coordenada pelos líderes de equipes e dependente da inserção dos indivíduos em seus contextos de trabalho (Bitencourt, 2004; Bitencourt, 2005; Matos e Ipiranga, 2004).

Uma estratégia possível é promover, no âmbito das iniciativas formais de desenvolvimento, a aprendizagem informal no contexto de trabalho, capaz de gerar padrões únicos de desempenho organizacional, difíceis de imitar. Para tal, programas formais enfatizariam valores como o autodesenvolvimento, a interação social, o engajamento, a cooperação e o questionamento, alinhando os indivíduos às intenções estratégicas e disseminando conhecimentos básicos e aqueles idiossincrásicos à organização. Coerentemente, a ênfase em programas de desenvolvimento de lideranças deveria ser dada a competências gerenciais para a promoção da aprendizagem individual e organizacional, tais como a conversão de conhecimentos na equipe, a mediação de conflitos e intermediação de interesses, a concepção e implementação de projetos e a comunicação. Assim, a articulação de processos formais de desenvolvimento aos processos relacionais e cotidianos de trabalho promove a construção de competências ao viabilizar a aplicação, no dia a dia, dos novos conhecimentos construídos pelas equipes.

Desenvolver competências requer, portanto, a promoção e a integração de práticas capazes de dar apoio aos processos de aprendizagem dos indivíduos e grupos. Entre essas práticas, destacamos a avaliação das competências, as práticas de *coaching e mentoring* e as universidades corporativas. Esse último conceito pode ser analisado comparando-o às noções tradicionais da área de treinamento de pessoas (Bitencourt, 2004).

Avaliação das competências

Neste momento, devemos recuperar nossa discussão sobre a gestão e avaliação de desempenho, iniciada em capítulo anterior. Vimos se tratar de uma metodologia tradicional de gestão de pessoas. Em suas propostas mais simples, definem-se inicialmente as metas e objetivos individuais ou grupais, acompanha-se a atuação das pessoas e, ao final do ciclo, a chefia constrói um entendimento sobre o desempenho na equipe. As reuniões realizadas durante o período de análise e as observações da supervisão deverão ser o subsídio para a avaliação de resultados, que, tradicionalmente, assume a forma de um formulário preenchido pelo chefe e enviado à área de RH. Os subsídios gerados pela avaliação do desempenho seriam a base para a tomada de decisões em gestão de pessoas, segundo as particularidades do sistema adotado pela empresa.

Contudo, desde sua consolidação, a gestão do desempenho vem sofrendo críticas. A eficácia do processo sempre esbarrou em diversos obstáculos práticos à sua operacionalização, como revela uma análise da literatura norte-americana e brasileira sobre o tema. McGregor (1997) indica os "problemas de resistência" que as áreas de RH enfrentavam por parte dos gerentes de linha, responsáveis pela operacionalização das avaliações. Esses gerentes encontravam dificuldades ao terem de julgar seus subordinados e comunicá-los a respeito de suas conclusões. Ao terem de fazê-lo, muitos negligenciam a avaliação de desempenho por se sentirem indispostos ou despreparados a enfrentar possíveis situações interpessoais carregadas emocionalmente, o que teria implicações no dia a dia da equipe.

McGregor (1997) sugere que o principal problema da avaliação de desempenho esteja na presunção de se "bancar o Deus" durante o processo, quando o chefe deveria emitir seus julgamentos pessoais sobre o desempenho e sobre os comportamentos dos subordinados, apesar das limitações de sua capacidade pessoal para perceber e julgar. De fato, o alto grau de subjetividade que sempre caracterizou os procedimentos de avaliação era frequentemente associado a conflitos e a insatisfação nas organizações, o que minava o envolvimento dos gerentes com o processo. Apesar dos progressivos aperfeiçoamentos às sistemáticas da avaliação do desempenho, a dimensão da subjetividade dos avaliadores sempre foi considerada indesejada (Lucena, 1992; Bergamini, 1983; Grillo, 1982; Beer e Ruh, 1997).

Ao discutir as dificuldades locais relacionadas à gestão do desempenho, a bibliografia brasileira reforça as constatações de McGregor (1997). De acordo com as pesquisas de Lucena (1992), muitos chefes cumpriam com as etapas do processo por mera formalidade. Em muitas empresas, a gestão do desempenho, da maneira como era operacionalizada, não atingia seus objetivos. A data estipulada para a entrega dos formulários à área de RH sempre foi vista como um dia desagradável, algo como o "dia do acerto de contas". Os chefes enfrentavam dificuldades ao preencherem os questionários, visto que, muitas vezes, não se recordavam dos detalhes da atuação de seus subordinados durante o ano, o que os forçava frequentemente a fazer julgamentos considerados incompletos, parciais e injustos. Muitos chefes acabavam por não incorporar os critérios previamente acertados para a avaliação de resultados, baseando suas opiniões em inclinações pessoais ou estereótipos.

Em muitas empresas, a avaliação de resultados se transformou em um instrumento de uso exclusivo do chefe, útil para justificar decisões de aumentos de salários ou promoções de seus subordinados. Outro problema apontado pelos autores diz respeito à percepção dos chefes sobre a atuação da área de RH. Muitos não se comprometiam com a avaliação de desempenho por não acreditar na sua relevância e efetiva utilização pelo RH no planejamento de suas atividades (Abbad et al., 1996; Grillo, 1982; Meyer et al., 1997). Mais recentemente, a incorporação dessas críticas permitiu a redefinição da sistemática em torno do conceito de *avaliação das competências*, que assume outros pressupostos no processo de gestão do desempenho.

Se a avaliação de desempenho tradicional enfatiza (mesmo que implicitamente) a "avaliação" e o "controle" dos comportamentos dos indivíduos (que deveriam adotar os papéis organizacionais que lhes eram prescritos), a avaliação de competências enfatizaria a "análise" e a promoção do "desenvolvimento". Na realidade, pesquisas mostram que a aprendizagem e as melhorias no desempenho podem ser mais diretamente associadas à construção de expectativas positivas decorrentes da negociação conjunta de metas e do estímulo ao desenvolvimento do que da avaliação do desempenho passado. A *avaliação de competências* pode ser conceituada como a análise das capacidades dos indivíduos – conhecimentos, habilidades e atitudes – requeridas ao trabalho em determinado contexto. Na prática, a avaliação de competências é um conjunto de procedimentos por meio dos quais um indivíduo é ajudado a construir planos de desenvolvimento de suas competências (Lévy-Leboyer, 2000; Reis, 2000; Souza, 2002; Lepsinger e Lucia, 1997; Edwards e Ewen, 1996).

Em termos de procedimentos, muitas organizações estruturam a avaliação das competências com base nas informações geradas pela avaliação 360 graus. Essa metodologia permite que se sistematize e disponibilize a um indivíduo as percepções de diversas outras pessoas, que com ele ou ela convivem cotidianamente, acerca de seu desempenho profissional. Adotar a gestão por competências implica avaliarmos a atuação das pessoas segundo critérios de desempenho como etapa fundamental à promoção e ao direcionamento de seu desenvolvimento. Desempenho passa a ser entendido como o resultado da mobilização das competências das pessoas, ou "o conjunto de entregas e resultados de determinada pessoa para a empresa ou o negócio" (Dutra, 2004, p. 69).

Os questionários da avaliação 360 graus são geralmente preenchidos por indivíduos que puderam observar e, em especial, vivenciar de forma mais próxima o processo que denominamos "desempenho do indivíduo", ou a "mobilização de suas competências". Entre esses indivíduos estariam os chefes, os subordinados, os colegas de equipe, os fornecedores e clientes. Em muitas organizações, as avaliações 360 graus são uma oportunidade de os indivíduos compararem sua autoavaliação às percepções sobre si construídas por outras pessoas, diminuindo a preponderância das percepções do chefe imediato nesse processo, aumentando a riqueza das informações, que devem se tornar subsídio para ações de desenvolvimento.

A avaliação 360 graus tem diversos usos. Como sistemática de avaliação individual, seus procedimentos estimulam a aprendizagem ao indicar as competências cujo desenvolvimento traria benefícios à carreira do indivíduo. Ao centrar-se nas competências necessárias ao bom desempenho de um grupo de trabalho, a avaliação 360 graus também é utilizada como método de avaliação e desenvolvimento de equipes. Nesse caso, os questionários podem ser destinados aos seus membros individuais ou à unidade do grupo, isto é, a equipe é avaliada por outros grupos – clientes ou colegas – e são tratadas as necessidades de desenvolvimento da coletividade como um todo (Lévy-Leboyer, 2000).

Coaching e mentoring

Por ser fundamentalmente uma sistemática de avaliação de desempenho, os procedimentos de avaliação 360 graus não têm o poder, por si só, de gerar planos de desenvolvimento. Ao fazê-lo, devemos garantir que a percepção de deficiências de desempenho e as perspectivas de aprendizagem estimulem o comprometimento dos indivíduos e dos grupos às ações de desenvolvimento. Nesse sentido, algumas condições são necessárias.

De início, é preciso que o indivíduo julgue positivamente a validade das percepções sobre seu desempenho e mobilize-se efetivamente para aprender. Isso requer atitudes proativas dos sujeitos, que se autoavaliam e definem objetivos de desenvolvimento com base em suas deficiências, buscando então os meios para alcançá-los. A organização deve viabilizar o desenvolvimento de competências estruturando oportunidades de aprendizagem. Para isso, é fundamental a existência de uma cultura organizacional que promova as iniciativas de desenvolvimento dos indivíduos e grupos (na realidade, este seria um requisito fundamental à organização que assume uma estratégia de gestão de pessoas centrada em competências).

Neste momento, destacamos um conjunto de práticas denominadas *coaching* e *mentoring*, capazes de potencializar o comprometimento dos indivíduos com seus objetivos de desenvolvimento. Devemos dizer que essas práticas (bem como a avaliação de competências), se bem consolidadas, podem contribuir para a construção de uma cultura organizacional centrada na promoção da aprendizagem, em detrimento da cultura controladora.

Coach é um termo em inglês que significa treinador, técnico ou preparador. Em uma organização, ser um *coach* é o papel que você assume ao se comprometer em orientar e apoiar alguém em seu processo de desenvolvimento. Com frequência, um relacionamento de *coaching* acontece a partir de uma solicitação; um indivíduo menos experiente busca o auxílio de outro indivíduo mais experiente para resolver um problema ou aconselhá-lo em um projeto, por exemplo. Esse relacionamento pode desenvolver-se de maneira que o funcionário mais experiente comprometa-se com a evolução pessoal e profissional do funcionário menos experiente na organização (ou mesmo fora dela), tornando-se uma espécie de *mentor*. Em um ambiente universitário, por exemplo, o papel de *coach* é bem operacionalizado pelo professor-orientador, seja de mestrado, doutorado ou até mesmo na graduação, por ocasião dos trabalhos de conclusão de curso.

Nos processos de orientação, o professor é solicitado para contribuir e direcionar a aprendizagem de um estudante ou grupo de estudantes; o professor deve comprometer-se pessoalmente com o desenvolvimento de seus alunos, deve direcionar seus esforços indicando disciplinas e caminhos de aprendizagem, deve articular recursos de pesquisa e viabilizar o sucesso dos liderados. Após a defesa da tese ou dissertação, o professor-orientador pode tornar-se um *mentor* se o aluno continuar sob sua influência, seja por meio de direcionamentos de pesquisas futuras, seja em termos de acompanhamento da carreira. Ao contrário do que encontramos em universidades, nas quais as interações entre orientadores e alunos são mais formalizadas, na maioria das organizações *coaching* e *mentoring* são processos essencialmente informais, apesar de apoiados pelas áreas de RH. Podemos assim chamar diversos relacionamentos: por exemplo, um chefe que constrói uma relação de confiança e "adota" um subordinado, assumindo responsabilidades relacionadas ao seu desenvolvimento; ou o técnico especialista experiente que, ao contribuir e apoiar um projeto inovador na empresa, passa a influenciar a carreira de outros técnicos ao construir com eles relacionamentos de cooperação e aconselhamento.

De maneira geral, devemos dizer que todo o processo de *coaching* e *mentoring* requer a construção de relacionamentos mais ou menos duradouros e caracterizados pela confiança e pela influenciação mútua. Nesse processo, o *coach* e o *mentor* atuam como líderes transformacionais, capazes de influenciar a definição das realidades dos liderados. Os liderados, por sua vez, indicam ao *coach* e ao *mentor* suas possibilidades e interesses. Liderança transformacional porque o *coach* ou o *mentor* não são necessariamente o chefe do liderado; o tipo de vínculo entre os dois estaria mais próximo daqueles tipicamente afetivos, o que faz que o liderado escute o líder voluntariamente.

São diversas as possibilidades de atuação de um *coach* ou *mentor* em uma organização. Estes podem potencializar ou acelerar o desenvolvimento de outros indivíduos ou grupos, articulando oportunidades, construindo significados conjuntamente, traçando estratégias, indicando caminhos ou, ainda, fomentando outros relacionamentos.

Em especial, as práticas de *coaching* assumiriam três funções fundamentais. Em primeiro lugar, o *coach* assume responsabilidades ligadas à definição e ao acompanhamento do plano de desenvolvimento das competências de seu liderado. Como explica Lévy-Leboyer (2000, p. 119), trata-se de identificar as áreas de competências a serem desenvolvidas, de discutir as razões por trás dos problemas de desempenho e reunir as informações necessárias à construção de um plano de desenvolvimento. Essas discussões não devem ter um caráter essencialmente reativo: deve-se prever e analisar estratégias de desenvolvimento das competências que afetarão o trabalho futuro do liderado.

Em segundo lugar, o *coach* pode contribuir para o desenvolvimento das condições motivacionais necessárias à aprendizagem. Pode-se fazê-lo discutindo os significados que o liderado atribui à sua avaliação e às oportunidades, procurando os motivos potenciais que o predisponham ao desenvolvimento. Esse processo certamente passa pela clarificação da avaliação de competências, pela análise do *gap* de competências do liderado e pela integração das oportunidades atuais de desenvolvimento ao futuro de sua carreira.

Em terceiro lugar, o *coach* pode assumir papéis importantes relacionados ao processo de aprendizagem em si. No que diz respeito à aprendizagem vivencial, o *coach* assume o papel de "facilitador" do desenvolvimento de seu liderado. Segundo essa perspectiva, o *coach* auxiliaria o liderado a refletir sobre suas experiências e a construir conceitos que lhe permitam agir em novas situações. Ao viverem experiências compartilhadas, ambos aprendem no âmbito de seu relacionamento. Sobre as teorias da ação, discutidas por Argyris e Schön (1978), o *coach* pode auxiliar o liderado a refletir sobre suas teorias praticadas, ou as teorias que informam o seu comportamento cotidiano. No que se refere ao desenvolvimento de equipes (*team building*), o *coach* pode auxiliar o grupo a compreender o seu funcionamento por meio da análise dos valores e comportamentos atuais, promovendo novos valores e atitudes, contribuindo para a reformulação de mapas mentais (Lévy-Leboyer, 2000; Araújo, 1999; Silva, 2005; Smith, 2001; Kolb, 1984).

Das áreas de treinamento e desenvolvimento (T&D) às universidades corporativas (UC)

Promover a capacitação necessária ao funcionamento adequado dos sistemas produtivos vem sendo tradicionalmente uma responsabilidade das *áreas de treinamento e desenvolvimento*. Conceito tradicional, "treinamento" significa, para Bastos (1994), a educação capaz de adaptar o homem a certa atuação sistemática, por exemplo, a operação de determinados controles em uma máquina, que deveriam ser acionados de acordo com padrões de frequência. As áreas de treinamento assumiam posturas reativas por meio das quais buscavam equacionar os problemas de qualificação do sistema produtivo.

Segundo Vieira e Garcia (2002, p. 9), o trabalhador qualificado é aquele que

> aprende somente aquilo que é necessário para o exercício da função, por meio de um treinamento focado em ações específicas e acompanhado individualmente pelas lideranças. Os cursos ofertados são aqueles realmente necessários ao desenvolvimento das atividades diárias e a empresa, ao promovê-los, espera que os cursistas coloquem em prática o aprendido, dividam com os colegas o conhecimento e experiência e participem integralmente das atividades programadas.

Mais recentemente, as tendências de requalificação (*upskilling*) dos trabalhadores sugerem uma atuação mais proativa das áreas de treinamento que, ao assimilarem ao seu nome o termo "desenvolvimento", assumem uma dimensão mais dinâmica da educação, que deveria voltar-se ao crescimento pessoal e profissional contínuo dos indivíduos, com vistas às suas contribuições para a organização. Essa nova realidade pode ainda ser associada à ideia de *competência*, que destaca a necessidade de entendermos a qualificação de forma mais ampla, incorporando as dimensões de comportamentos e atitudes das pessoas diante de eventos imprevisíveis, que requerem capacidades cognitivas mais complexas.

Recentemente, a emergência das proposições genericamente denominadas *gestão das competências* foi acompanhada de reformulações importantes nas atividades da área de treinamento e desenvolvimento (T&D). Uma das críticas mais significativas às atividades tradicionais da área diz respeito à frequente falta de articulação aos objetivos estratégicos de longo prazo das organizações. As iniciativas de treinamento são com frequência reativas, pontuais e localizadas; eficazes, portanto, na resolução de deficiências no processo produtivo, mas não para garantir a sobrevivência da empresa no longo prazo.

A *universidade corporativa* (UC) surge como uma nova proposta à aprendizagem e ao desenvolvimento dos indivíduos e grupos organizacionais. É certo que muitas atividades de T&D em empresas líderes já mantinham relações estreitas com suas estratégias; entretanto, as universidades corporativas assumem um horizonte mais amplo das atividades de desenvolvimento ao ser uma instância na qual indivíduos e grupos seriam preparados para questionar e construir coletivamente o futuro de suas organizações.

Portanto, esse conceito também assimila a necessidade de as organizações promoverem posturas mais proativas com vistas ao seu futuro. Dada a complexidade dos cenários de negócio, as universidades corporativas seriam instâncias importantes nas quais os modos de pensar e agir nas organizações podem ser questionados em prol da sua evolução. Ao considerarmos que muitas organizações assumem o desenvolvimento e a mudança contínua como estratégia de sobrevivência, deveríamos repensar nossas atividades de T&D em função dessas estratégias. As iniciativas de T&D devem viabilizar a construção de competências para a mudança estratégica, desenvolvendo nos indivíduos as capacidades necessárias ao questionamento contínuo das atividades da organização.

Segundo Meister (1999, p. 19), a universidade corporativa é um "guarda-chuva estratégico para desenvolver e educar funcionários, clientes, fornecedores e a comunidade, a fim de cumprir as estratégias empresariais da organização". Allen (2002, apud Vargas, 2003) define a universidade corporativa como "uma entidade educacional que funciona como uma ferramenta estratégica desenhada para ajudar a organização-mãe a atingir sua missão, por intermédio da condução de atividades que cultivem a sabedoria, o conhecimento e a aprendizagem individual e organizacional". Entre os objetivos da universidade corporativa encontra-se o desenvolvimento contínuo das competências necessárias à manutenção de patamares elevados de sucesso. Em uma organização, as atividades da UC devem ser associadas à gestão do conhecimento já que, ao se propor a desenvolver a capacidade de a organização aprender continuamente, a UC deve promover a geração, a disseminação, a proteção, a assimilação e a aplicação do conhecimento útil à organização (Vitelli, 2000; Alperstedt, 2000).

Conceitualmente, as universidades corporativas são estruturas que incorporam uma série de mudanças se as compararmos às tradicionais áreas de T&D:

- **Alinhamento estratégico.** As atividades da UC devem estar fortemente alinhadas às intenções estratégicas da organização. Frequentemente, a concepção de uma UC baseia-se na definição das competências consideradas importantes à consecução dos objetivos estratégicos da organização. A missão da UC seria então desenvolver essas competências entre os indivíduos e grupos. Atividades que não possam ser diretamente ligadas às proposições estratégicas da organização não seriam consideradas relevantes à estruturação de sua universidade corporativa.
- **Extensão do alcance das iniciativas de desenvolvimento.** O conceito de universidade corporativa incorpora a ideia de que a organização deve estender suas iniciativas de desenvolvimento a outros atores relevantes às suas atividades. O desenvolvimento das competências e o fortalecimento dos relacionamentos com fornecedores, franqueados, clientes, distribuidores, membros das comunidades e outros parceiros são processos vistos como essenciais ao futuro das organizações.
- **Definição de programas de desenvolvimento e parcerias com instituições de ensino.** As universidades corporativas definem programas universais para o desenvolvimento das competências individuais mais básicas. Outros programas são direcionados ao desenvolvimento de competências mais especializadas, destinados a certos grupos organizacionais – como os líderes, os funcionários técnicos, as áreas funcionais –, segundo uma análise das competências organizacionais. Muitas vezes, esses programas são viabilizados por meio de parcerias com instituições de ensino, que implementam formatos acadêmicos aos cursos, com contagem de créditos, diplomação e o desenvolvimento de dissertações que explorem problemáticas relevantes à organização.
- **Estruturação da UC e espaço físico.** A tradicional área de T&D sempre foi subordinada à diretoria de RH. Muitas universidades corporativas são estruturadas

de forma diferente, sendo vinculadas diretamente à presidência ou, ainda, como unidades de negócio autônomas, que cobram por seus serviços prestados para outras unidades ou para parceiros externos. Para driblar custos e obter sinergias, há universidades corporativas estruturadas com base em consórcios de organizações que compartilham necessidades comuns. Em termos de espaço físico, muitas universidades corporativas contam com infraestrutura própria para suas atividades, enquanto outras utilizam os espaços de suas instituições de ensino parceiras. Há ainda aquelas que não dispõem de estrutura física, desenvolvendo suas atividades por meio de redes informatizadas, enquanto outras contam com uma estrutura mista, desenvolvendo atividades presenciais e também ampla variedade de processos virtuais de desenvolvimento (Vargas, 2003; Alperstedt, 2000).
- **Composição do corpo docente.** Muitas universidades corporativas utilizam professores de ensino superior titulados como docentes, bem como líderes da organização e outros profissionais, após passarem por algum tipo de treinamento para o desempenho de atividades didáticas.

Eboli (2004) discute os princípios de sucesso de um sistema de educação corporativa, em especial, as universidades corporativas. Para a autora, os princípios por trás de um sistema de educação corporativa são as "bases filosóficas e os fundamentos que norteiam uma ação, ou seja, são os elementos qualitativos conceituais predominantes na constituição de um sistema de educação corporativa bem-sucedido" (p. 57). Para a autora, o projeto de um sistema de educação corporativa deve basear-se em princípios coerentes com a cultura e a estrutura organizacional, a tecnologia e os modelos de gestão. Com base em amplas pesquisas em sistemas de educação corporativa no Brasil, a autora propõe sete princípios genéricos de sucesso que estariam relacionados ao próprio conceito de universidade corporativa. O Quadro 7.7. detalha esses princípios.

Contudo, a implantação de projetos de universidades corporativas gera controvérsias. Na prática, muitas empresas acabam reorganizando suas áreas tradicionais de T&D sem implementar mudanças significativas em suas sistemáticas de trabalho, agrupando cursos para renomear a área, o que faz que muitos tenham a impressão de se tratar de um modismo administrativo passageiro. A pesquisa de Marcondes e Paiva (2001), realizada com os dirigentes ("reitores") de quatro universidades corporativas de organizações que operam em setores de alta tecnologia indicou que diversas de suas características estão alinhadas àquelas das tradicionais áreas de T&D. Essas UC não envolviam executivos e outros profissionais das organizações como docentes da educação corporativa, concentravam suas atividades no ambiente interno da organização, não atingindo de maneira significativa outros parceiros relevantes; as ações ligadas à gestão do conhecimento não eram relevantes, além de os métodos e sistemáticas de avaliação não terem mudado em relação àqueles utilizados tradicionalmente.

Quadro 7.7.
Princípios de sucesso de um sistema de educação corporativa

Competitividade	Valorizar a educação como forma de desenvolver o capital intelectual dos colaboradores, transformando-os em fator de diferenciação da empresa perante os concorrentes, ampliando, assim, sua capacidade de competir por meio do desenvolvimento das competências críticas.
Perpetuidade	Entender a educação não apenas como um processo de desenvolvimento e realização do potencial existente em cada colaborador, mas também como um processo de transmissão da herança cultural, a fim de perpetuar a existência da empresa.
Conectividade	Privilegiar a construção social do conhecimento, estabelecendo conexões e intensificando a comunicação e a interação. Ampliar a quantidade e a qualidade da rede de relacionamentos com o público interno e externo.
Disponibilidade	Estruturar atividades e disponibilizar recursos educacionais de fácil uso e acesso, propiciando condições favoráveis para que colaboradores se engajem na aprendizagem a qualquer hora e em qualquer lugar.
Cidadania	Estimular o exercício da cidadania individual e corporativa, formando agentes sociais, ou seja, sujeitos capazes de refletir criticamente sobre a realidade organizacional, de construí-la e modificá-la, e de atuar pautados por postura ética e socialmente responsável.
Parceria	Entender que desenvolver continuamente as competências dos colaboradores é uma tarefa complexa, exigindo que se estabeleçam parcerias internas (com líderes e gestores) e externas (instituições de nível superior, por exemplo).
Sustentabilidade	Ser um centro gerador de resultados para a empresa, procurando sempre agregar valor ao negócio. Pode significar também buscar fontes alternativas de recursos que permitam um orçamento próprio e auto-sustentável.

Fonte: Adaptado de Eboli (2004).

Outra crítica importante diz respeito à ênfase das UC na disseminação do conhecimento explícito às diversas instâncias organizacionais (isto é, a UC como uma grande escola tradicional sobre assuntos relacionados à organização), em detrimento da articulação entre conhecimentos tácitos e explícitos, viabilizando o desenvolvimento de competências de difícil imitação. Nesse sentido, as universidades corporativas precisam desenvolver programas capazes de gerar conhecimentos novos sobre a organização, aproveitando a variedade de experiências vivenciadas pelos indivíduos para então sistematizá-las e transmiti-las.

Críticas às propostas de gestão das competências

A discussão sobre o emprego da noção de competência nas organizações é extensa e controversa. São diversas as dimensões desse conceito passíveis de críticas. Por exemplo, há autores que questionam o caráter inovador da gestão de competências destacando as premissas comuns que esse sistema compartilharia com a gestão do desempenho.

Segundo Brandão e Guimarães (2001), ambos os sistemas se propõem a associar o desempenho dos indivíduos às decisões de gestão de pessoas. Para a gestão do desempenho, os comportamentos dos indivíduos devem ser alinhados às estratégias. Na gestão das competências, a mobilização das capacidades dos indivíduos deve ser coerente com as estratégias, o que também poderia ser entendido como alinhamento do desempenho. Apesar das diferenças no que tange à implementação dessas sistemáticas, haveria semelhanças conceituais entre competências e desempenho que nos permitiriam considerá-las metodologias complementares.

Para os autores, ambos os sistemas pressupõem instrumentos capazes de considerar a interdependência entre os atos de planejar, acompanhar e avaliar a atuação das pessoas. Em relação a esse aspecto, os processos inerentes aos dois sistemas de gestão muitas vezes se sobrepõem. No âmbito da gestão de competências, é necessário contar com algum mecanismo de avaliação de desempenho que permita à organização identificar o *gap* de competências, tanto na esfera individual como na organizacional. Sugere-se que, na prática, a identificação de necessidades de desenvolvimento de competências aconteceria por meio de instrumentos típicos da sistemática de gestão do desempenho.

Como proposta, Brandão e Guimarães (2001) destacam a necessidade de darmos mais atenção à dimensão de qualificação dos indivíduos em detrimento da dimensão de avaliação e controle do desempenho no âmbito dos sistemas de gestão de competências. Ao promovermos uma cultura democrática que enfatiza a qualificação e o desenvolvimento contínuos dos indivíduos, podemos gerar valor econômico às organizações e, simultaneamente, valor social às pessoas, amenizando o caráter controlador dos sistemas tradicionais de gestão.

Como colocam os autores,

> o desafio das organizações está relacionado à utilização de tais instrumentos associados a práticas de aprendizagem coletiva, desenvolvimento de equipes e gestão do conhecimento, entre outras, que ofereçam múltiplas oportunidades de crescimento profissional e estimulem as pessoas não apenas a desenvolver coletivamente competências, mas também a compartilhá-las. Do contrário, esses instrumentos de gestão poderiam até apresentar-se com uma roupagem moderna, mas, de fato, não representariam inovações nas práticas de gestão. (Brandão e Guimarães, 2001, p. 15)

De fato, o otimismo que marca as discussões sobre o conceito de competência é questionado por diversos autores. Estudos condicionam a requalificação associada à ênfase nas competências a diversas outras dimensões do trabalho, entre elas as condições sociais, as relações de trabalho, as formas e cultura organizacional. A informatização não levaria necessariamente a níveis mais elevados de formação, mas poderia levar a diferentes patamares de qualificação dos trabalhadores, dependendo das condições técnicas e sociais encontradas na organização. Entre os autores que assumem essa perspectiva destacamos Freyssenet (1984) e Coriat (1988). Evidentemente, uma empresa "qualificante" implica uma cultura organizacional democrática, decisões fundamentadas em critérios claros e justos. Essa empresa promoveria a negociação dos múltiplos interesses dos indivíduos em pé de igualdade com os interesses organizacionais e coletivos, em prol da consecução dos diversos objetivos em jogo.

Como concluem diversas pesquisas, este é um desafio especialmente complexo em nosso país. Por exemplo, Saraiva et al. (2004) analisaram criticamente o discurso contemporâneo de cidadania e democracia organizacional em uma empresa mineira, que se contrastava ao sentimento de ilegitimidade experimentado pelos trabalhadores reclamando direitos sociais e de participação na fábrica. Vieira e Garcia (2002) estudaram a gestão de competências em uma grande multinacional do setor automotivo e destacaram a influência de uma cultura organizacional fortemente centralizadora e autoritária. Apesar da implantação parcial da sistemática de gestão por competências, as novas tecnologias de gestão não foram suficientes para garantir a maior democratização do espaço fabril. Ao contrário, as iniciativas na empresa eram vistas como promotoras de uma cultura de lealdade, obediência cega, confiança e dedicação, traços estes que, reforçados pela centralização do poder e pela postura reativa dos indivíduos, características típicas da cultura organizacional brasileira, certamente não contribuem para a construção de um ambiente no qual as pessoas efetivamente assumem seus interesses em busca do autodesenvolvimento (Barros e Prates, 1996).

De acordo com os autores, o otimismo de alguns em relação ao processo de requalificação deve-se, talvez, a características das relações de trabalho mais observadas em países desenvolvidos, onde é mais relevante o jogo dos interesses e forças sociais divergentes, capazes de interferir na evolução das empresas em direção a culturas mais democráticas. No Brasil, as pessoas se relacionariam com base no autoritarismo, no nepotismo, no clientelismo e no favoritismo ou, ainda, na ausência de critérios claros e objetivos, restringindo a justiça social, base para a lógica da gestão por competências, que premia os mais qualificados. Para os autores, "o gerente autoritário, juntamente com a ausência da valorização da competência em favor das relações de lealdade, base do capitalismo brasileiro, dificultam o nosso desenvolvimento organizacional e empresarial" (Vieira e Garcia, 2002, p. 13).

Conforme uma corrente mais crítica, os dois sistemas são propostas que reforçam o controle social sobre os indivíduos no ambiente de trabalho. Para Pagès et al. (1993), esses sistemas contribuem para um processo de individualização e objetivação do trabalho. A *objetivação* seria o esforço de se traduzir em números o desempenho e as capacidades de um indivíduo, buscando avaliar o valor de cada um para a organização. A objetivação seria uma condição necessária à *individualização* do trabalho, isto é, o reforço de valores individualistas nas organizações em detrimento de valores coletivistas. Ao associar níveis de remuneração à avaliação de competências e desempenho, a organização perpetua sua estrutura de poder e desarticula a mobilização dos trabalhadores em torno de reivindicações coletivas. Essas ideias são desenvolvidas por autores como Brito et al. (2000), Newton e Findlay (1998) e Offe (1976), para quem sistemáticas de avaliação de desempenho serviriam para obscurecer dimensões sociais do trabalho, sendo utilizados como instrumentos de legitimação das decisões gerenciais, por meio de seu aparente caráter de neutralidade e objetividade.

Segundo essa linha de raciocínio, a avaliação operaria em dois níveis: intervindo nos processos de trabalho e tornando o desempenho dos indivíduos mais visível e estes, portanto, mais "contabilizáveis"; e contribuindo para a internalização dos objetivos e interesses gerenciais por meio da manipulação da subjetividade dos avaliados (Newton e Findlay, 1998, p. 133). Outra crítica diz respeito ao conceito de competência. Ao contrário da categoria "profissão" cujo domínio não admite contestação (sou um administrador porque tenho um diploma), as competências seriam propriedades instáveis dos indivíduos, que devem ser constantemente avaliadas por meio de sua objetivação no ambiente de trabalho, isto é, mensurando o desempenho (Tanguy, 1997).

O novo discurso associado à avaliação das competências (a avaliação como instrumento de aconselhamento e construção coletiva de metas) não representaria mudanças significativas às funções latentes da avaliação de desempenho. A avaliação das competências seria mais um instrumento a serviço do controle gerencial sobre os indivíduos, agora dotado de mais flexibilidade em virtude das exigências dos sistemas produtivos. Ainda de acordo com essa linha crítica, novos sistemas de gestão trariam consigo fortes significados associados à modernidade e ao progresso. Essas inovações dão novo fôlego às iniciativas dos administradores, mas devem ser consideradas instrumentos que não rompem de maneira significativa com princípios básicos que estruturam os sistemas convencionais (Legge, 1995).

8
CAPÍTULO

Gestão das mudanças

André Ofenhejm Mascarenhas
Isabella F. G. de Vasconcelos

Vimos que teorias contemporâneas em estratégia explicam a vantagem competitiva sustentável em termos da integração, da reconfiguração, da adição e do descarte de recursos, que permitiriam a reconfiguração de competências organizacionais e a manutenção de posições favoráveis de mercado. Autores que escrevem sobre gestão de pessoas associam a gestão das mudanças àquela função, a ser coordenada (ou apoiada) pela área de RH. De fato, a noção de capacidades dinâmicas aponta grande relevância à função gestão de pessoas, que estaria por trás da mobilização para a reconfiguração de competências.

Por exemplo, em sua crítica às abordagens universalista e contingencial, Purcell (1999) sugere ser a gestão da mudança a melhor perspectiva à integração da função gestão de pessoas ao desenvolvimento organizacional. Os gestores de pessoas deveriam prestar atenção ao impacto que suas filosofias, políticas e práticas exercem na construção de competências e capacidades dinâmicas. Ao buscarmos desenvolver continuamente competências distintivas e recursos estratégicos, seria função do RH desenvolver a capacidade de a empresa aceitar a mudança contínua, realizá-la e desenvolver-se por meio delas. Para além da implementação de "melhores práticas" e da (complexa e engessada) modelagem e alinhamento de variáveis contingenciais, as concepções contemporâneas de *gestão estratégica de pessoas* salientam a necessidade de pensarmos a relevância e a contribuição das práticas de RH à sustentação de competências e rotinas de difícil imitação. "Nossa preocupação deveria ser menos a precisão do conjunto de políticas [de gestão de pessoas] e mais o 'como' e o 'quando' a organização gerencia o lado humano da mudança" (Purcell, 1999, p. 37).

Coerentes com essa proposta, buscamos contribuir com as discussões sobre práticas e orientações de gestão de pessoas em processos de mudança organizacional. Para tal, distanciamo-nos de modelos *top-down* de gestão que, ao se basearem na ideia de mudança como resolução racional de problemas (implicando a formação de coalizões políticas poderosas, o alinhamento coletivo e o combate às resistências), não reconheceriam a complexidade social e individual típica nas organizações. Diferentemente, a organização se caracterizaria por convergências e divergências essenciais, a serem geridas de forma permanente. Os indivíduos são racionais e emocionais, participando e influenciando o desenvolvimento organizacional em seus diversos níveis de atuação. Por isso, a gestão da mudança abrangeria a negociação das questões subjetivas que caracterizam o dia a dia organizacional.

Assumindo as organizações como entidades essencialmente dinâmicas, nas quais as inconsistências e os paradoxos percebidos pelos indivíduos e grupos são potenciais disparadores de mudanças, discutimos como a adoção de certos princípios e práticas de gestão de pessoas pode promover a mudança, alavancando os benefícios potenciais e minimizando os efeitos negativos das contradições percebidas. Com base em um estudo de caso, analisamos um processo de construção de competências organizacionais para a gestão de pessoas. Discutimos como as organizações podem evoluir por meio da ação de indivíduos que percebem contradições em sua atuação profissional e a quem são oferecidas oportunidades de reconstruir sua identidade no trabalho.

Nosso argumento é que a mudança pode ser compreendida como um processo comunicativo e descentralizado, ao longo do qual as pessoas diminuem a dissonância experimentada em seu cotidiano, canalizando sua energia para a reconstrução da organização em direções negociadas e acordadas.

Gestão das mudanças – em busca de entendimentos alternativos

A vasta literatura sobre mudança estratégica e adaptação assume com frequência uma lógica de identidade (Ford e Ford, 1994), de acordo com a qual uma entidade (ou seja, uma organização) é formalmente definida por suas fronteiras, sendo, de modo permanente, um "A" e, de forma simultânea, um não "não A" (isto é, o ambiente) em termos da essência de sua identidade. Por exemplo, as abordagens tradicionais de gestão da cultura organizacional consideram-na uma força conservadora, que define uma organização conforme sua identidade cultural, podendo ser transformada por meio da ação gerencial planejada. Para tal, Schein (1985) baseou-se nas ideias de Lewin (1978), que fundamentam grande parte das abordagens ao desenvolvimento organizacional (OD).

O equilíbrio entre forças mantem situação social estável, sendo a essência da gestão das mudanças diminuir as forças contra a mudança (como a resistência de grupos) e/ou aumentar as forças promotoras da mudança (por exemplo, percepções de inadequação estratégica diante de novos desafios de mercado). Consoante essas abordagens, haveria uma variedade de forças contra a mudança, entre as quais tendências irracionais e emocionais (medo, angústia, desconfiança, divergências), tratadas genericamente pelo termo clássico "resistência à mudança" que, por gerarem atitudes desviantes, devem ser combatidas e suprimidas.

Para isso, o gerenciamento das mudanças poderia ser pensado como uma sequência de três fases: a fase do descongelar (*unfreezing*) requer o questionamento do estado atual da organização (ou da identidade ou elementos da identidade organizacional). Nessa fase, o equilíbrio organizacional é abalado em busca da evolução a um estado de equilíbrio diferente. A segunda fase é o movimento (*movement*), ao longo do qual comportamentos, estruturas e hábitos são alterados, substituindo-se padrões considerados obsoletos. Na terceira fase, o recongelar (*refreezing*), os novos padrões são consolidados e institucionalizados, estabilizando a organização em um novo ponto de equilíbrio, implicando uma nova identidade organizacional ou uma identidade reformulada.

Esse modelo teórico vem inspirando abordagens à mudança organizacional que a assumem como o resultado de um processo linear, mecanicista, ao longo do qual o grupo busca solucionar problemas ou alcançar objetivos predeterminados e pretensamente consensuais, como ilustrado pela proposta na Figura 8.1. Implícita a esses modelos está uma concepção simplificada dos indivíduos e das organizações, segundo a qual a conformidade e a aceitação de ideologias e valores organizacionais, estratégias e decisões prescritas são pouco problematizadas. Em alusão à metáfora do congelamento, seriam os indivíduos nas organizações tão condescendentes com o controle como, digamos, um bloco de gelo (Grey, 2004, p. 18)? A literatura sobre gestão da cultura organizacional (analisada mais detidamente na primeira parte desta obra) nos mostra os limites dessas abordagens ao sugerir a impossibilidade de controlarmos interpretações, concepções, motivações e relações sociais.

Grey (2004, p. 18) sintetiza bem as críticas às estratégias de gestão da cultura organizacional:

> A gestão tipicamente supõe que é possível o controle sistemático das relações sociais e, assim, trata as pessoas como se elas fossem simples objetos, em vez de também sujeitos. Isto é, as pessoas são tidas como receptores passivos das ações de outrem, em vez de serem elas mesmas atores que podem responder diferentemente aos eventos – e o fazem –, interpretando-os de maneiras diversas e, deliberada ou inconscientemente, obstruindo ou subvertendo ações neste sentido. As pessoas são capazes de atentar e refletir sobre o que ocorre ao redor delas, e de agir diferentemente como resultado.

Atualmente, essas abordagens vêm sendo muito criticadas. Coerente com a lógica da identidade, as organizações passariam por períodos de revolução em suas estruturas e processos, revoluções estas que devem ser necessariamente iniciativas da alta direção, o grupo que possui a visão integrada da empresa e as capacidades analíticas para pensar em seu desenvolvimento. Segundo aplicações do modelo de Lewin, a alta direção deve detectar irracionalidades no sistema para então disparar um processo amplo de reestruturação, quando as pessoas são chamadas para transformar suas atividades.

Nesse sentido, a organização não evoluiria por meio de iniciativas oriundas das diversas esferas organizacionais, mas passaria por períodos de adaptações cujos conteúdos seriam dependentes das interpretações e julgamentos da gerência. Não negamos a existência de mudanças agressivas e impostas *top-down* (é só analisarmos fusões e aquisições), porém sugerimos que essa lógica e seus modelos de intervenção não são suficientes para fundamentar as dinâmicas de mudanças contínuas em organizações em aprendizagem. Ao enfatizarmos a construção de um sistema social caracterizado pela constante articulação dos conhecimentos em prol do desenvolvimento coletivo, deveríamos reconhecer os interesses, as relações sociais, as emoções, os julgamentos, as interpretações e as necessidades individuais e coletivas, que seriam parte do sistema organizacional e deveriam ser incorporados ao fluxo de mudanças. Seria mais efetivo se o desenvolvimento organizacional tivesse a própria dinâmica, e não dependesse exclusivamente da vontade e da capacidade dos altos dirigentes cujos esforços em prol do consenso e da convergência serão sempre limitados.

Ao refletir as intenções estratégicas da organização, mudanças poderiam ser iniciativas de todos, a serem formuladas e implantadas por meio de processos de negociação que integrariam grupos em todos os níveis hierárquicos, suas interpretações e suas necessidades. Essa visão complementaria as abordagens tradicionais à gestão da mudança, baseadas na lógica de identidade (Ford e Ford, 1994). Para apresentá-la, conceituaremos, a seguir, paradoxos organizacionais dentro de um referencial dialético para então aprofundarmos a discussão de dois tipos desses fenômenos: o *paradoxo discurso* versus *prática* e o *paradoxo passado* versus *futuro*, ambos úteis para a compreensão do processo de mudança analisado em seguida.

1. Estabelecer um senso de urgência
- Examinar as forças de mercado e competição.
- Identificar e discutir crises, crises potenciais ou oportunidades.

2. Criar uma coalisão-guia
- Formar um grupo com poder suficiente para liderar a mudança.
- Desenvolver o grupo para que trabalhem como uma equipe.

3. Desenvolver uma visão e uma estratégia
- Criar uma visão capaz de direcionar os esforços de mudança.
- Desenvolver estratégias para implementar essa visão.

4. Comunicar a visão da mudança
- Usar todos os veículos possíveis para comunicar constantemente a nova visão e estratégias.
- Fazer da coalizão-guia uma espécie de modelo no qual os demais funcionários possam se espelhar.

5. Empoderar a ação
- Livrar-se de obstáculos.
- Mudar os sistemas e as estruturas que solapam a nova visão.
- Encorajar a tomada de risco e as ideias, ações e atividades não tradicionais.

6. Gerar ganhos de curto prazo
- Planejar aperfeiçoamentos visíveis no desempenho, ou "vitórias".
- Criar essas "vitórias".
- Reconhecer e recompensar visivelmente as pessoas que viabilizaram tais "vitórias".

7. Consolidar a evolução e produzir mais
- Usar a credibilidade aumentada para transformar todos os sistemas, estruturas e políticas que não estejam alinhadas à nova visão.
- Contratar, promover e desenvolver pessoas que possam implementar a nova visão.
- Revigorar o processo com novos projetos, temas e agentes de mudanças.

8. Ancorar as novidades na cultura
- Criar melhor desempenho por meio de comportamentos orientados aos clientes e à produtividade, mais e melhores lideranças e administração mais efetiva.
- Articular as conexões entre os novos comportamentos e o sucesso organizacional.
- Desenvolver meios para garantir o desenvolvimento e a sucessão da liderança.

Figura 8.1.
Mudança organizacional em oito etapas.
Elaborada com base em Kotter (1996).

Mudança organizacional, segundo uma perspectiva dialética

Sobre as perspectivas tradicionais à compreensão da mudança, a lógica de identidade implica teorias que não a presumem como "um tornar-se contínuo" (*becoming*), mas como um momento extraordinário de transição de um estado a outro. A mudança é tratada como um momento singular da organização, dependente da intervenção e da orquestração gerencial que a levará a um estado de identidade reformulada, mais adequada, que substitui a antiga, vista como disfuncional.

Dessa forma, a lógica de identidade não contempla a mudança como característica inerente e latente do sistema organizacional, o que tem sido reconhecido como um dos seus limites (Ford e Ford, 1994). Diversos autores têm debatido tais limites, expandindo nossa compreensão do assunto. Entre as lógicas ou proposições teóricas alternativas para a compreensão das mudanças organizacionais estão: a perspectiva dialética dos sistemas sociais (Benson, 1977), o modelo rizômico (*rhizomic*) de mudança organizacional (Chia, 1999), a lógica trialética de atração (*trialectics logic of attraction*) (Ford e Ford, 1994), entre outras, discutidas por autores como Van-de-Ven e Poole (1995), Calori (2002), Carini et al. (1995), Davis et al. (1997), Seo e Creed (2002). No entanto, embora essas abordagens teóricas alternativas venham sendo debatidas, menos esforços vêm sendo despendidos em torno de modelos aplicados de gestão das mudanças coerentes com tais alternativas.

Nesta seção, pretendemos delinear um modelo de gestão da mudança coerente com uma concepção dialética das organizações. Segundo Benson (1977), a abordagem dialética nega a existência de altos níveis de conformidade e consenso em relação às estruturas e práticas organizacionais prescritas, enfatizando a multiplicidade de interesses, identidades e interpretações que continuamente geram contradições e conflitos, bem como estratégias criativas que os sujeitos empregam ao enfrentar tais fenômenos.

Uma *abordagem dialética da organização* é uma perspectiva essencialmente processual por considerar as organizações entidades dinâmicas, nas quais as inconsistências e os paradoxos são condições para a transformação (Benson, 1977). Autores alinhados a essa escola teórica assimilam conceitos filosóficos hegelianos para a análise das contradições inerentes à realidade e à evolução organizacional (Kojève, 1980). Esses autores discutem a estabilidade e a mudança organizacional como possíveis resultados de movimentos internos de tendências opostas, em que a tese (isto é, uma entidade cultural hegemônica denominada "A") pode ser confrontada por uma antítese (ou seja, uma tendência de conteúdo divergente chamada "Não A"), produzindo conflitos que podem ser resolvidos por meio da emergência de uma síntese (denominada "Não Não A").

De fato, os trabalhos sobre paradoxos organizacionais mostram que indivíduos e grupos representam suas experiências e a realidade social complexa na qual se inserem a partir de um viés perceptivo. O paradoxo pode ser conceituado como a representação, pelo indivíduo ou pelo grupo, de suas experiências, crenças e interações por meio de dois estados inconsistentes, duas realidades aparentemente irreconciliáveis. A tendência à polarização é uma forma de os indivíduos simplificarem a realidade complexa e ambígua na qual estão inseridos, para que possam lidar com os diversos elementos à sua volta – em especial, aqueles aos quais são mais vulneráveis. Em organizações, são descritos como paradoxos dualidades do tipo "passado e futuro", "autonomia e conformidade", "aprendizagem e mecanização do trabalho", "liberdade e vigilância" etc. (Eisenhardt, 2000). De acordo com essa abordagem, a organização é vista como um contexto sociocultural que produz paradoxos percebidos por indivíduos engajados em suas rotinas e projetos, gerando estresse, conflitos e crises. Como consequência, indivíduos e grupos agem com base nessa percepção polarizada que corresponde à sua representação subjetiva da realidade (Eisenhardt, 2000; Poole e Van-de-Ven, 1989; Quinn e Cameron, 1988).

Porém, nem todas as tendências opostas geram necessariamente mudanças. Van-de-Ven e Poole (1995, p. 517) explicam que tendências opostas que são acomodadas de forma a manter o *status quo* produzem estabilidade, enquanto a mudança é atribuída aos conflitos em que tendências divergentes ganham poder suficiente para confrontar e engajar o *status quo*. Uma perspectiva dialética estuda a construção social da realidade por meio do construto social, de suas contradições e da práxis, que levaria à transformação do sistema social original. O termo *construto social* refere-se ao sistema produzido por interações culturais entre indivíduos dotados de interesses e possuidores de diferentes perspectivas e prioridades (Sahlins, 1981; Young, 1989). Tal sistema social é composto por inúmeros grupos e estruturas que se interconectam de forma mais ou menos autônoma, produzindo padrões socioculturais específicos por intermédio da comunicação e lutando pela hegemonia de suas visões de mundo. Um exemplo pode ser uma organização composta por subculturas, cada uma com a própria microdinâmica (Martin, 2002).

Os paradoxos e inconsistências percebidos dentro e entre esses subgrupos podem mover a práxis, ou a reconstrução criativa do sistema social. Os indivíduos insatisfeitos com as regras são agentes de mudança potencial, uma vez que subgrupos organizacionais podem se movimentar no sentido de questionar o sistema e as regras hegemônicas e agir politicamente no sentido de modificá-las. São as contradições perceptivas que, ao causar dissonância cognitiva e incomodar esses agentes, gerariam a energia para a transformação do construto social inicial ou para a evolução dialética.

Sustentamos uma concepção segundo a qual a mudança organizacional se realizaria ao longo de um processo comunicativo. Uma perspectiva dialética à mudança organizacional seria coerente com uma abordagem à mudança intencional baseada ou direcionada pela comunicação (*communication-driven* ou *communication based*), como discutida por Ford e Ford (1995). Conforme os autores, a mudança intencional ocorre por meio de processos ao longo dos quais indivíduos criam e negociam novos significados, trazendo à tona uma nova realidade organizacional. Essa abordagem assume que a comunicação não seria apenas uma ferramenta para a obtenção de informação, socialização de novos entendimentos e geração de adesão (como implícito a muitas propostas de gestão da mudança baseadas na lógica de identidade), mas seria a própria essência do processo de reconstrução organizacional.

Como proposto pelos autores, a comunicação abrange diversos tipos de atos de discursos, definidos como ações de linguagem ou de conversações que, ao trazerem à existência realidades que não existiam anteriormente, representam potenciais mudanças em pequena escala (Ford e Ford, 1995, p. 554). Segundo Ford e Ford (1995), a mudança intencional ocorre ao longo de conversações, compostas por atos de discurso. Tais conversações incluem diversos tipos, categorizados em:

1. *Conversações de iniciativa*, ou os atos de discurso que refletem ou focam a atenção das pessoas ao que é inconsistente, paradoxal, ambíguo, e ao que poderia ser feito ou refeito.
2. *Conversações de compreensão*, ou os atos de discursos que permitem às pessoas compreender e explorar as possibilidades e implicações inerentes à situação. Assim, "Conversações de compreensão são geralmente caracterizadas por afirmações e expressões; isto é, reivindicações são feitas, testemunhos e evidências são dados, hipóteses examinadas, crenças e sentimentos explorados, e alegações são defendidas" (Ford e Ford, 1995, p. 548). Conversações de compreensão são necessárias à construção (mesmo que parcial) de novos consensos sobre o futuro do grupo organizacional, sendo o conteúdo desses consensos as "condições de satisfação" do processo de mudança.
3. *Conversações de atuação*, ou a rede de atos de discursos, como pedidos, delegações, promessas etc., que possibilitam que as coisas aconteçam. Ao assumirmos uma visão segundo a qual a mudança organizacional seria caracterizada pela improvisação (Cunha, 2002), tanto as conversas de compreensão quanto as de atuação seriam

processos comunicativos ao longo dos quais paradoxos poderiam ser confrontados, aceitos ou transcendidos, permitindo a construção de realidades práticas mais satisfatórias (Lewis, 2000).
4. **Conversações de encerramento** são os atos de discurso que indicam o fim de um processo de mudança até que outros conflitos e paradoxos desencadeiem o processo inteiro novamente. Entre esses paradoxos, definiremos dois especialmente relevantes à compreensão do caso a seguir.

Paradoxos organizacionais

Os trabalhos de Vasconcelos (2004), Teunissen (1996) e Lewis (2000) identificaram diversas correntes de pesquisas que analisam paradoxos nas ciências sociais e, mais especificamente, em estudos organizacionais. Dentre os tipos de paradoxos organizacionais identificados, estudos construtivistas descrevem o paradoxo *discurso* versus *prática* e o paradoxo *passado* versus *futuro* ao discutirem temas como a aprendizagem e a mudança organizacional, a formação de identidade e a cultura organizacional, entre outros (por exemplo, Brown, 2006; Caldas e Azevedo, 2005; Fairhurst et al., 2002; Vasconcelos et al., 2003).

O paradoxo discurso versus prática

Diversos autores discutem a emergência de um novo contexto socioeconômico, fruto da reestruturação do modo capitalista de produção. Trata-se da transição entre o modelo industrial e o modelo pós-industrial de produção, no qual produtividade e rentabilidade estariam associadas à geração, ao processamento, à acumulação e à utilização do conhecimento, processo este apoiado pela tecnologia (Castells, 1999; de Masi, 2000). Nesse contexto de transição, o tema mudança organizacional ressurge com vigor no cenário acadêmico e entre praticantes da administração. Sobre o paradoxo *discurso* versus *prática*, como sugere a atual ideologia gerencial dominante, forças de mercado impõem mudanças e adaptações contínuas às organizações, ante cenários competitivos em transformação acelerada (Kunda e Ailon-Souday, 2006). Essas mudanças afetariam sistemas produtivos e modelos de gestão de pessoas, resultando, por exemplo, na crescente autonomia por meio do empoderamento (*empowerment*), na necessidade de maior fluidez nas comunicações, no reconhecimento dos benefícios potenciais da diversidade organizacional, entre outras implicações. Assim, ao refletirem ideias novas e socialmente legítimas, discursos organizacionais evoluem rapidamente, enquanto mudanças efetivas nas estruturas formais, nas culturas organizacionais e nas realidades individuais acontecem lentamente, em virtude da sua complexidade intrínseca.

Esses fenômenos levam a inconsistências entre as práticas tradicionais de gestão de pessoas e os novos discursos organizacionais, reforçando ambiguidades, contradições, tensões e a pluralidade de sentimentos e representações. O paradoxo *discurso* versus *prática* diz respeito à representação individual ou coletiva que poliariza as dimensões do discurso e da prática organizacional. Várias correntes de pesquisa exploram as contradições entre o discurso e a prática. Teóricos do neoinstitucionalismo mostram como organizações adotam modismos gerenciais para ganhar legitimidade em seus meios, levando ao *decoupling* e a contradições perceptivas (Caldas e Wood, 1997; Powell e DiMaggio, 1991; Seo e Creed, 2002).

O paradoxo passado versus futuro

A transformação de um sistema social é um processo caracterizado por descontinuidades, gerando polarizações perceptivas em indivíduos operantes nos diversos níveis do sistema. Por exemplo, a apreciação de uma nova competência técnica e a depreciação simultânea de uma competência antigamente valorizada levam a polarizações perceptivas na organização. O grupo detentor da competência técnica agora depreciada frequentemente se percebe como profissionais associados de forma simultânea ao vigor histórico da organização, bem como à sua futura decadência.

Mudanças que promovem rupturas abruptas com os significados atribuídos pelos indivíduos às suas experiências ignoram padrões socioculturais consolidados, tais como alianças de poder tradicionais, e excluem atores sociais relevantes do processo de contínua desconstrução e reconstrução de sistemas sociais dos quais fazem parte. Desse modo, anos de prática e experiências podem ter seu valor rapidamente negado em mudanças bruscas que, em nome do progresso, rompem com o passado e com a história da organização, gerando contradições e paradoxos no sistema organizacional.

Trata-se do paradoxo do tipo *passado* versus *futuro*, que causa aumento de estresse, resistência à mudança e outras reações. O indivíduo, ao ver progressivamente negado o valor às suas competências durante o processo de mudança, vivencia um processo de negação simbólica do que era a sua identidade em dado sistema, o que aumenta sua angústia levando-o a resistir ao "novo", ao "progresso" e ao "futuro", apresentados muitas vezes de forma messiânica (Doolin, 2002; Vasconcelos e Vasconcelos, 2000). Dependendo das práticas de gestão de pessoas, os conteúdos da mudança são "empurrados de cima para baixo", surge o *decoupling*, o discurso se torna polarizado entre "passado e futuro", e a reação dos sujeitos ante a mudança pode ser de pânico, evasão e negação (Caldas, 2000).

Com base nessa estrutura analítica, analisaremos um processo de reconstrução da realidade organizacional, caracterizado por paradoxos percebidos e confrontados, viabilizando a transformação do construto social original (os números de 0 a 4 serão utilizados posteriormente à analise do caso). Esse processo também deve ser entendido como desenvolvimento ou reconfiguração de competências organizacionais de gestão de pessoas.

Estudo de caso: reconstruindo competências na gestão de pessoas na DaimlerChrysler

(0) À época da pesquisa, a unidade da DaimlerChrysler, em Wörth, Alemanha, produzia veículos comerciais e especiais, em um ritmo de aproximadamente 82 mil unidades ao ano. Possuía cerca de 9 mil empregados; 450 dos quais em nível gerencial. Seu departamento de RH tinha em torno de 150 funcionários e era tradicionalmente reconhecido como uma área operacional, envolvida em processos administrativos e burocráticos que não agregavam qualidade aos relacionamentos internos.

A chegada de um novo diretor de RH no fim do ano 2000, no entanto, desencadeou um processo abrangente de mudanças cujo objetivo era reorganizar a função gestão de pessoas, permitindo a reconstrução da identidade profissional dos profissionais de RH. Sem o apoio explícito da presidência (havia conversações primitivas em nível corporativo em torno de um projeto semelhante, mas de alcance mundial), tais mudanças incluíam uma profunda transformação da organização social e técnica da função gestão de pessoas, mediante a reorganização de processos por meio da implantação da tecnologia de informação (TI) como suporte às atividades gerenciais.

Esse projeto, mais tarde denominado *RYB.com* (*Reinvent your business.com*; em português, Reinvente seu negócio.com), começou por iniciativa do diretor de RH (recém-chegado de outras áreas da empresa), que sugeriu novas ênfases às atividades de gestão de pessoas. Suas ideias incluíam a reformulação das atividades do RH para que fossem menos voltadas aos aspectos técnicos e operacionais, e mais focadas no desenvolvimento de relacionamentos (capital social) e de perfis mais autônomos, flexíveis, questionadores e engajados de funcionários (capital humano). Suas ideias vinham da constatação de que a gestão de pessoas deveria ser responsabilidade dos líderes de equipe, por serem processos cotidianos inerentes ao relacionamento entre líderes e membros de sua equipe. Essas percepções também eram latentes entre analistas de RH e líderes de equipe (gerentes de linha, que não faziam parte do RH). Como colocou um dos entrevistados:

> Antigamente, executivos da área técnica como eu se preocupavam exclusivamente com questões relacionadas à produção, ao núcleo de nossa responsabilidade. Era normalmente um relacionamento de especialistas com especialistas na área. Atualmente, este perfil de executivo está desgastado, e assumimos mais responsabilidades, gastamos mais tempo lidando com questões de relacionamento humano, questões mais subjetivas que influenciam o andamento de nosso trabalho.

O projeto RYB.com foi uma iniciativa da alta gerência do RH. Contudo, essa iniciativa também respondia à insatisfação de um importante grupo de funcionários da área, os mais antigos e "formadores de opinião", entre os quais analistas seniores e supervisores, considerados altamente qualificados e experientes, mas insatisfeitos com os sentidos tradicionalmente associados ao seu trabalho. Esses profissionais de RH interpretavam sua inserção na organização como contraditória: enquanto defendiam a necessidade de qualidade, inovação e flexibilidade perante outros grupos de funcionários (por exemplo, em eventos de treinamento e desenvolvimento de lideranças e grupos de trabalho; em programas de socialização de novos funcionários; em *workshops* gerenciais e eventos corporativos, entre outras ocasiões), esses mesmos profissionais executavam atividades burocráticas e adotavam papéis tradicionais. Suas operações eram frequentemente limitadas à administração tradicional de subsistemas de RH nos quais não viam contribuições suficientes e condizentes com seus discursos e com seu potencial. Assim, esse grupo compartilhava certo nível de insatisfação com seu cotidiano mecanicista, atrelado à manutenção e à operacionalização de processos de suporte, perpetuando interpretações negativas de sua inserção profissional na organização e do desenvolvimento de suas carreiras.

Como explicou um dos funcionários da área:

Há bastante tempo os profissionais mais antigos da área se queixavam da maneira como o RH estava organizado. Estes funcionários constituem a estrutura básica da área, são aqueles que influenciam diretamente o trabalho daqueles mais novos, ou daqueles que ficam temporariamente na área. (1)

Estudo de caso: o processo de mudança

Percebendo essa insatisfação, uma das primeiras providências do novo diretor de RH foi criar o cargo de *supervisor de estratégias e processos*, subordinado a ele e encarregado da coordenação e implantação das mudanças estratégicas ambicionadas para o departamento. O funcionário escolhido para o cargo havia se destacado como porta-voz da parcela insatisfeita de funcionários do RH, descontente com o perfil excessivamente burocrático de seu trabalho.

Com passagem anterior pela área de TI, esse indivíduo havia emergido como líder do grupo de descontentes em virtude de suas competências como articulador político e como grande conhecedor das potencialidades da tecnologia. Há algum tempo, ele alardeava os potenciais benefícios que a implantação dos sistemas de autoatendimento traria à gestão de pessoas, ao RH e aos funcionários da área, em particular. No cargo de supervisão, seu papel foi fundamental na administração dos sentidos das mudanças, isto é, o modo como os indivíduos interpretariam e executariam as mudanças. Elas não deveriam ser vistas como uma ruptura brusca com o passado organizacional, mas como uma oportunidade para que todos contribuíssem efetivamente, por meio do desenvolvimento de suas competências, à reformulação de seus papéis na organização. Como explicaram os profissionais do RH, a escolha do líder informal à responsabilidade pelo projeto foi importante para ressaltar a abertura da organização em ouvir os indivíduos e lhes dar espaço para a negociação das novas rotinas de trabalho. Segundo um dos analistas de RH entrevistados:

> O projeto não foi apresentado à equipe como uma solução para a diminuição de pessoas, o que os ajudou e motivou a aceitar a ideia. O projeto foi apresentado com uma maneira de se transformar a natureza do trabalho na equipe, de mais burocrático e centrado na continuidade de processos para um trabalho mais consultivo, de resolução de problemas por meio da informação disponibilizada pelos sistemas.

Apesar da complexidade e profundidade das mudanças, o processo de reconfiguração da gestão de pessoas na organização foi marcado pela disposição dos grupos de RH em reconstruir sua inserção na organização e transformar suas funções.

Durante o planejamento das mudanças, ocorrido ao longo de 2001, inúmeros seminários e reuniões foram realizados – sob a liderança do supervisor de estratégias e processos – com os indivíduos e grupos organizacionais afetados a fim de se discutir e negociar as novas diretrizes da gestão de pessoas. A maneira como o processo foi conduzido permitiu a construção de novos significados comuns – compartilhados total ou parcialmente –, associados ao trabalho no RH.

Entre esses novos significados negociados, a área de RH não deveria centralizar o conhecimento e mediar as transações e procedimentos de gestão de pessoas, como era o caso até então. Isso levava ao empobrecimento das relações entre líderes e membros das equipes dos diversos departamentos. Havia a necessidade de se transformar efetivamente os processos de gestão de pessoas, para permitir que se tornassem uma dimensão essencial das dinâmicas dos grupos. Para isso, gestores de linha deveriam incorporar novos procedimentos cotidianos (tais como conhecer a fundo estratégias, políticas e práticas de gestão de pessoas e assimilar novos valores ao se relacionarem com seus subordinados (como a negociação, a atenção aos interesses e expectativas individuais, a valorização dos aspectos subjetivos que caracterizam o dia a dia das equipes, entre outros). Da mesma forma, a área de RH também deveria assumir novas responsabilidades e funções. Como descreveu um líder do RH:

> A filosofia era a de que o RH não deveria ser importante somente por estar lá, mas, sim, por agregar qualidade no relacionamento entre gestores, funcionários e empresa. Desta maneira, o RH deveria atuar não como um centralizador de operações relativas à gestão de pessoas, mas, sim, como um facilitador. Estes processos são inerentes ao cotidiano dos gestores, e não deveriam ser de inteira responsabilidade da área de RH. Dar mais poder ao cliente [gestores de linha] e atuar como um suporte especializado foi a forma de possibilitar ao RH uma atuação que agregasse mais qualidade à gestão de pessoas.

(2) Implantar essa nova filosofia defendida pela alta gerência exigiu mudanças profundas e extensas em todas as estruturas e processos de RH, iniciadas no ano de 2001. Enquanto os profissionais negociavam suas novas tarefas, processos e perfis, houve a necessidade de se viabilizar a implementação da tecnologia para dar suporte ao novo modelo de trabalho. A equipe de RH solicitou ao departamento de TI da empresa que se envolvesse com o projeto. Assim,

> A partir do cartão verde do chefe para a implementação do projeto, nós fizemos algumas telas e as apresentamos em um *workshop* da área no qual os supervisores foram responsabilizados pela geração de ideias e mapeamento de processos e melhorias que poderiam

ser implementados por meio da TI. Após um período de 4 a 6 semanas, quando as equipes tinham uma ideia de seus processos e das possíveis melhorias, passamos então a buscar pessoas capacitadas para a programação das telas e sistemas.

Para surpresa geral, o departamento de TI da empresa se recusou a acompanhá-los, alegando falta de competências internas à demanda do RH. Nessa época, a importância do projeto foi reconhecida pela maioria dos funcionários de RH, forçando-os a procurar por profissionais de TI fora da empresa. Usando de criatividade, o departamento buscou nas universidades locais estudantes capacitados para formar uma equipe especializada paralela. Esta não foi uma tarefa fácil, pois a Alemanha estava vivendo o momento de "febre da Internet" e os estudantes de TI estavam sendo atraídos por novas empresas com alto potencial de crescimento ou por grandes empresas de TI.

Além desse obstáculo, o projeto corria o risco de ter seus rumos e objetivos alterados se fosse submetido à ampla apreciação pelos "clientes", os gestores de linha, que teriam suas rotinas afetadas por tal iniciativa. Tamanha reorganização do modelo de gestão de pessoas dificilmente aconteceria, nessa organização, sem discussões abrangentes acerca dessas mudanças. Segundo seus funcionários, se um projeto como o *RYB.com* andasse por caminhos normais, passaria por um processo de exaustivas discussões entre as áreas, que tornariam as coisas demoradas e arriscadas. O conhecimento da cultura de projetos da empresa foi assim uma razão para se acelerar as mudanças e concentrar suas decisões em torno da equipe de TI-RH. Acordada com o novo diretor, essa estratégia foi de encontro à cultura da empresa e se baseou na velocidade e na centralização. Apesar de seu caráter autoritário ter inicialmente maximizado conflitos, no médio prazo essa estratégia permitiu diminui-los. A rápida introdução do maior número possível de funções do sistema e uma estratégia agressiva de comunicação com as áreas clientes fizeram que estas tivessem uma noção melhor das novas estratégias de gestão de pessoas. Em pouco tempo, os gerentes de linha reconheciam as vantagens das inovações da área de RH. Como relatou um cliente da área de RH:

> No início, como víamos apenas fragmentos dos sistemas e não tínhamos uma noção clara do todo e da estratégia da área, víamos com mais críticas estas iniciativas. Com o tempo, começamos a perceber onde a área de RH queria chegar, e assim acho que começamos a ver tudo isso com muito mais simpatia. Atualmente, acho que a maioria dos gestores já está ciente de suas novas responsabilidades e da importância delas. Também percebeu as vantagens desta nova organização.

Para a área de RH, a importância que o projeto havia alcançado e seus obstáculos (como a necessidade de driblar as resistências da área de TI) reforçaram objetivos comuns e a relevância da negociação de soluções à função gestão de pessoas. A definição de responsabilidades, a identificação das necessidades do projeto, a idealização de novas estruturas e processos e o desenvolvimento da equipe de TI-RH foram discutidos e acordados pelos grupos envolvidos. Para isso, a participação dos "antigos funcionários" foi essencial para aglutinar interesses, incluindo a incorporação tardia dos profissionais de TI da empresa no projeto. Um funcionário temporário contou que:

> O projeto de informatização foi viabilizado por meio da participação intensa dos funcionários mais antigos da área, que são os "formadores de opinião". Estes funcionários, se não gostassem das novas ferramentas, elas dificilmente seriam bem-sucedidas no time inteiro. Estas pessoas trabalharam em parceria com a equipe de TI-RH para formatar ferramentas que realmente viessem a facilitar o trabalho na área. Neste processo, estes funcionários também influenciaram os outros a participarem ativamente das mudanças. Com o envolvimento destas pessoas, ficou mais fácil demonstrar o potencial das ferramentas e efetivamente introduzi-las na equipe.

Entre os resultados do processo estava a completa reconfiguração do modelo de trabalho dos profissionais de RH. Em suma, informatizaram-se os processos de gestão de pessoas, o RH deixou de intermediar os serviços de gestão de pessoas, que se tornaram responsabilidade direta dos líderes de equipe em suas interações com seus liderados. Os processos da área foram reconfigurados, com ênfase nas competências consultivas dos profissionais do RH. Amplo sistema de autoatendimento foi utilizado como ferramenta para descentralizar a operação de processos administrativos de gestão de pessoas, liberando os analistas do RH de várias tarefas mecanicistas e permitindo que os líderes de equipe assumissem responsabilidades relacionadas às atividades diárias de gestão de pessoas. Esse sistema também gerou um novo fluxo de informações que passou a ser usado pelos profissionais de RH para fornecer suporte a questões especiais de gestão de pessoas, agora atendidas por meio de uma sofisticada central de serviços multimídia (Mascarenhas e Vasconcelos, 2004; Walker, 2001; Zuboff, 1989).

A consolidação das mudanças também exigiu negociações para o aprimoramento das equipes de especialistas em RH (agora em maior número e dedicadas ao desenvolvimento de competências específicas em gestão de pessoas), iniciativas de desenvolvimento para a atualização das competências dos funcionários da área, assim como um senso de cooperação entre os analistas, que tiveram de incorporar alta tecnologia às suas rotinas. (3)

Esse novo modelo de trabalho representou, para os profissionais de RH, uma evolução significativa se comparado aos padrões anteriores. De um setor tido como burocrático, os profissionais do RH reconstruíram competências individuais e organizacionais. No novo contexto, os profissionais haviam transformado suas rotinas e podiam efetivamente inovar por meio de projetos especializados em vários subsistemas de RH (tais como um projeto baseado na TI para o encorajamento da mobilidade horizontal dos funcionários, sendo planejado por ocasião da pesquisa), bem como por serviços de consultoria interna em que entregavam mais qualidade aos clientes, contribuindo ao melhoramento das dinâmicas organizacionais. Como descreveram analistas de RH:

> O RH perdeu poder com as mudanças. Não concentramos mais as informações importantes. Podemos tê-las todas, em nossas mesas, ou podemos simplesmente dizer "não as queremos". Fornecemos a informação de que os líderes de equipe precisam e eles não terão mais que perguntar sempre que precisarem, e poderão gerenciar [as pessoas]. O sistema tornou os líderes de equipe mais independentes do RH no que diz respeito à gestão de pessoas; as respostas às suas questões chegam mais rápido.
>
> Antigamente tudo era trabalho burocrático [*paper work*]. Atualmente não há mais tanto trabalho burocrático e rotineiro, a não ser alguns processos mais específicos, como aqueles relacionados ao sindicato. Meu trabalho está baseado nos contatos pessoais, e ao telefone também. As questões são mais consultivas, como administração de salários nas áreas, desenvolvimento de carreira etc. Por exemplo, um gestor quer dar um aumento de salário a um funcionário. Antigamente eu tinha poucas ferramentas, e aquelas que tinha para calcular o aumento ideal (...) eram de difícil operacionalização. Hoje eu disponho de uma série de ferramentas, de fácil operacionalização, para chegar ao melhor valor do aumento de salário (...) As decisões ganham em qualidade.

Desde as mudanças, a área de RH passou a ser reconhecida na organização por adicionar valor à função gestão de pessoas, apesar da resistência inicial de grupos de gerentes técnicos não familiarizados com as novas responsabilidades. Ao se reorganizar, o RH estimulava a disseminação e a troca de informações por meio dos sistemas informáticos, a negociação cara a cara de interesses pessoais e organizacionais nas equipes de trabalho por meio da intensificação dos relacionamentos, promovendo um perfil de funcionário mais questionador e autônomo. Como consequência do pioneirismo da área, a unidade Wörth da empresa tornou-se o destino de diretores de RH de outras unidades, interessados em conhecer as mudanças trazidas pelo *RYB.com*. Posteriormente, por ocasião do lançamento de um projeto para a informatização e unificação de processos de gestão de pessoas, em escala mundial, a experiência com o

RYB.com tornou-se *benchmark*, apesar de o modelo reconfigurado de gestão de pessoas ter de se submeter às novas diretrizes corporativas.
Segundo um "formador de opinião" do RH:

> Não houve grandes resistências ao projeto *RYB.com*. O projeto foi recebido com entusiasmo porque os profissionais de RH sentiam a necessidade de mudar. Há muito tempo a área era considerada um problema na empresa, era um centro de custo. Atualmente a área de RH é considerada uma das mais inovadoras da empresa, e isso é muito bom para os funcionários, para a motivação da equipe. Mas a situação foi extraordinária para nós. Havia um sentimento latente na área, um desejo de mudança, já que era claro que a organização estava equivocada. (4)

Análise do caso

O processo de mudança organizacional descrito pode ser analisado segundo a perspectiva dialética. No que diz respeito à organização como um construto social, os profissionais de RH são um grupo autônomo, em constante interação com outros, produzindo interpretações culturais específicas, como os significados que associam ao seu trabalho, à sua carreira e à sua inserção na organização.

Nesse caso, tais interpretações eram paradoxos percebidos pelos profissionais de RH. Considerada tradicionalmente uma área operacional e burocrática, esses profissionais enfrentavam o paradoxo *discurso* versus *prática* ao defenderem valores como a inovação e a flexibilidade, mas – ao mesmo tempo – executarem atividades que adicionavam pouco valor à gestão de pessoas. Insatisfeitos com suas realidades, que não lhes propiciavam condições para desenvolver seu potencial, esses indivíduos foram agentes de mudanças, pois questionaram o sistema e suas regras hegemônicas, agindo criativa e politicamente pra mudá-las, apesar dos obstáculos à sua ação. Ao incomodarem esses agentes, as contradições perceptivas geraram a energia para promover a evolução do construto social inicial. Todavia, a reconstrução dos significados do trabalho pode ser facilitada ou dificultada – dependendo dos princípios e das práticas de gestão de pessoas adotados.

Se gerir paradoxos diz respeito à possibilidade de a organização aproveitar o potencial construtivo das contradições (por exemplo, oferecendo aos indivíduos a possibilidade de reconstruir o senso de identidade e realidade), a emergência do paradoxo *passado* versus *futuro* poderia ter dificultado a práxis. No caso analisado, o *espaço de transitoriedade* foi uma iniciativa em prol da negociação de novas identidades em processos interativos e comunicativos, caracterizados por disputas e acordos, e nos quais significados foram questionados e transformados.

Essa estratégia adaptativa implicou um diagnóstico prévio do sistema social e o empoderamento (*empowerment*) das pessoas. O *espaço de transitoriedade* foi uma estrutura temporária que permitiu aos agentes sociais reconstruírem os significados coletivos e individuais associados ao trabalho pela comunicação e negociação de interpretações, estratégias e interesses. Para liderar o processo, a alta gerência escolheu um indivíduo que era um líder político e porta-voz de um grupo importante de funcionários do RH. Sua liderança aproximou-se de um padrão transformacional, caracterizado por certa influência do líder à definição da realidade dos liderados e vice-versa.

Esse líder conduziu a reconstrução do modelo de trabalho permitindo que os indivíduos interpretassem as mudanças como uma oportunidade de crescimento profissional do grupo. Tratou-se de um processo complexo de transformação do sistema, em que rotinas tradicionais foram abandonadas à medida que as pessoas descobriam formas novas e criativas de se relacionar, interagir e interpretar sua realidade, construindo uma síntese negociada de seus conhecimentos. Por meio dessa estrutura de transição, gerou-se comprometimento com a construção do "novo" ao ser dada aos indivíduos a oportunidade de desenvolvê-lo a partir de suas antigas competências, alianças e interesses, permitindo a adaptação progressiva ao novo modelo de trabalho.

Lewis (2000, p. 794) define a estratégia de gestão de pessoas descrita no caso como *confrontar paradoxos*, ou a revelação e a discussão de tensões de modo a diminuir o nível de desconforto gerado pelos paradoxos, permitindo a construção social de práticas ou entendimentos mais confortáveis. O processo a que chamamos *espaço de transitoriedade* é essencialmente comunicativo, e pode ser analisado em termos dos atos de conversação, como proposto por Ford e Ford (1995).

Embora cada conversação ao longo do processo de mudança gere uma complexa rede de discursos, interpretados e transmitidos ao pesquisador de maneira retrospectiva, sua discussão nesta seção significa reduzir severamente a complexidade discursiva, bem como eliminar alguma sobreposição (já que o fluxo de conversações não segue necessariamente uma progressão linear). Usaremos os números de referência (0) a (4) encontrados ao longo do texto para delinear o processo comunicativo. As *conversações de iniciativa* estão resumidas entre os números (0) e (1).

Essas conversações aconteceram com a chegada do novo diretor de RH, que acenou com possibilidade de mudanças no modelo de gestão de pessoas. Embora ele viesse de departamentos que não o RH, como cliente, ele era conhecedor das limitações do modelo de trabalho tradicional da área. A possibilidade de mudanças atraiu a atenção dos "formadores de opinião" cuja influência na área era notável. Como os interesses do grupo insatisfeito alinhavam-se aos do novo diretor, uma forte coalizão se formou e uma chamada a mudança foi feita.

As *conversações de compreensão* aparecem entre os números (1) e (2). A criação de um novo cargo executivo indicava o desejo da alta gerência em dar voz a seus colaboradores, permitindo que a interação e a negociação entre os indivíduos fossem a estratégia para a identificação dos novos parâmetros de trabalho do grupo. Durante essa fase, poder suficiente foi dado aos "formadores de opinião" para que indicassem as contradições com as quais conviviam, reunindo-se então em torno da renovação das filosofias de gestão de pessoas – o que se tornou a condição de satisfação do processo.

Conversações de atuação estão resumidas entre os números (2) e (3). Durante essa fase, as pessoas ainda negociavam significados, interesses, estratégias, decisões e procedimentos, enquanto os obstáculos ao projeto eram criativamente removidos, permitindo que as mudanças emergissem. Os "formadores de opinião" agiram de forma a agregar outros grupos de RH, bem como os profissionais de TI, em torno dos objetivos em negociação. Sugerimos que as conversações de compreensão e atuação são um caminho crítico ao longo do qual os indivíduos devem lidar com interpretações potencialmente negativas, o paradoxo *passado* versus *futuro*, negociando seus interesses e a nova identidade em construção.

Por fim, as *conversações de encerramento* estão resumidas entre os números (3) e (4). Durante essa fase, as mudanças eram consolidadas, as equipes do RH assumiam novos papéis, enquanto grupos da organização não pertencentes ao RH reconheciam a evolução trazida pela mudança. O paradoxo *discurso* versus *prática* havia sido minimizado.

Gerindo paradoxos para a mudança transformacional

Concepções contemporâneas de *gestão estratégica de pessoas* fizeram que essa função fosse associada à gestão da mudança. Embora longe de ser um corpo unificado de teorias e propostas, perspectivas transformacionais de mudança organizacional propõem soluções que consideram a ação de uma perspectiva bem menos racionalizada que modelos tradicionais. Esses teóricos incorporam questões como a ambivalência e a complexidade do indivíduo, seus aspectos afetivos, culturais, políticos e psíquicos

(Antonacopoulou e Gabriel, 2001; Carr, 2001; Carr e Gabriel, 2001; Clarke et al., 2007; Laine, 2007; Dejours, 1987; Liu e Perrewé, 2005; Vince, 2006), a complexidade dos processos relacionais de representação, comunicação e socialização, assim como os fenômenos simbólicos e inconscientes nas organizações, denunciando o "mito do alinhamento e da convergência" às mudanças *top-down* e questionando a simplicidade tradicional característica do conceito de "resistência à mudança" (Dent e Goldberg, 1999; Diamond, 1986; Oreg, 2006; Piderit, 2000; Silva e Vergara, 2003).

Uma perspectiva dialética de mudança organizacional ressalta o processo de desconstrução e reconstrução que leva à evolução das organizações. De acordo com essa perspectiva, a reconstrução do sistema social se dá ao longo de um *continuum*, abrangendo rupturas e contradições, mas lidando com tais fenômenos. O futuro da organização é concebido como uma extensão de seu passado, recombinando e expandindo seus conteúdos e dimensões. No caso analisado, o passado da organização foi a fonte de recursos, incluindo as experiências humanas (a autopercepção contraditória construída pelos profissionais de RH e o conjunto de suas competências e relacionamentos) que permitiram a reconstrução de competências individuais e organizacionais.

Uma perspectiva dialética e transformacional propõe aumentar a participação dos agentes sociais na tomada de decisões, visto que indivíduos autônomos e dotados de interesses estariam implicados na evolução dos sistemas organizacionais, prevenindo a implantação autoritária de programas de mudança. Caos e frustração sempre fazem parte da transição de um sistema a outro, ao longo da qual identidades e representações são reconstruídas. É fácil ao indivíduo se perder nesse caminho. Porém, a tarefa poderá ser menos árdua se lhe for dada a oportunidade de lidar com os paradoxos inerentes à reconstrução de significados no trabalho. Caso contrário, o indivíduo pode ficar preso a crises de angústia pela impossibilidade de libertar-se de representações paradoxais e fazer a síntese de seu conhecimento.

Como concluem diversos estudos (ver Laine, 2007, por exemplo), a inabilidade em se reconstituir um universo de significados e relações é frequentemente o resultado de mudanças radicais, impostas *top-down*, muitas vezes levando os sujeitos a experimentar mecanismos de defesa. A gestão da mudança poderia então ser pensada em termos de uma dialética de ordem e desordem, lidando com os aspectos contraditórios que caracterizam a realidade social em constante evolução. Em processos de gestão dos paradoxos, a organização deve ser entendida como um contexto sociocultural em evolução contínua, produzindo contradições percebidas pelos sujeitos, o que geraria tensões, conflitos e crises. Gerir paradoxos seria lidar com dimensões opostas e discrepantes, administrando a tensão originada desses estados, e alavancando a energia motivacional potencial de sujeitos insatisfeitos (Lewis, 2000).

Segundo essas propostas, os indivíduos podem encarar as circunstâncias com realismo a fim de negociar soluções criativas na árdua tarefa de lidar com os paradoxos e a autonegação trazida pelas mudanças. Iniciativas de observação e diagnóstico social, projetos negociados *ad hoc*, estruturação de *espaços de transitoriedade* e pesquisa-ação, intervenções com base na psicodinâmica e o desenvolvimento da liderança transformacional são algumas das propostas de autores clássicos e contemporâneos (Beer et al., 1990; Brabet, 1993; Denilson et al., 1995; Heckscher et al., 1994; Heckscher et al., 2003; Johnson-Cramer et al., 2007; Kets-de-Vries, 1995; Rubin et al., 2005; Schein e Kets-de-Vries, 2000; Smircich e Morgan, 1982; Vasconcelos e Vasconcelos, 2001; Williams, 2007).

Neste capítulo, apresentamos um caso revelador em que competências organizacionais à gestão de pessoas foram reconstruídas. Sugerimos que a gestão das mudanças em organizações também pode ser entendida como processos ao longo dos quais são dadas a indivíduos e grupos que experimentam paradoxos, oportunidades de reduzir a dissonância causada por essas inconsistências, canalizando sua energia à reconstrução da organização em direções que são negociadas e acordadas. Essa perspectiva é consistente com a lógica incrementalista, enfatizando iniciativas de mudança incremental de vários tipos e impactos, envolvendo indivíduos e equipes de diferentes características e tamanhos (por exemplo, Quinn, 1978). A gestão da mudança poderia ser considerada, em geral, como um processo comunicativo experimentado no cotidiano de trabalho por grupos e indivíduos que, sob liderança transformacional e com apoio político, estruturam *espaços de transitoriedade* permitindo interpretações positivas das mudanças, enquanto reduzem os efeitos negativos de percepções polarizadas.

Esses paradoxos incluem os tipos genéricos explorados neste estudo de caso. Contudo, a complexidade da vida organizacional oferece uma grande variedade de inconsistências percebidas pelos indivíduos, tão específicas quanto a conteúdos paradoxais de procedimentos de trabalho, estruturas sociais ou tarefas de projeto. Em termos de práticas de gestão de pessoas, promover a mudança implicaria explicitar as intenções estratégicas da organização para então dar poder e apoio a grupos e pessoas, a fim de que confrontem as inconsistências percebidas e alavanquem seus potenciais efeitos positivos. Para alguns autores que discutem a mudança organizacional segundo uma abordagem dialética, esses processos poderiam ser gerenciados à medida que os indivíduos expõem e analisam tensões e conflitos, conduzindo o exame de inconsistências e influenciando, dessa maneira, a direção em que o sistema se desenvolve (Lewis,

2000). Outras implicações práticas dessas propostas são relevantes aos profissionais de RH (responsáveis pelo suporte aos processos de mudança organizacional) e aos líderes de equipes (estes, atores centrais ao modelo de mudança aqui delineado) e incluem a atenção à interação social informal, às redes de relacionamentos (*networks*) e a temas como legitimidade, confiança e poder.

Na verdade, uma contradição percebida por grupos organizacionais pode não gerar mudanças, caso não seja dada atenção a essas questões. Por exemplo, a atenção à interação social informal pode ser crucial à identificação de inconsistências que causam conflitos e dissonância. De acordo com Vince e Broussine (1996), esses conflitos podem emergir em termos racionais, relacionais e/ou emocionais, como podem não emergir, caso indivíduos e grupos experimentem mecanismos de defesa capazes de obstruir manifestações. Identificar estados e necessidades subjetivas de indivíduos e grupos, traduzir esses estados ou necessidades em termos de potenciais ganhos individuais e organizacionais, bem como promover e viabilizar o trabalho em grupo são qualidades associadas à liderança transformacional, ou "à forma mais ativa/efetiva de liderança, uma forma na qual líderes engajam-se intimamente com os liderados, motivando-os a agir além de seus acordos transacionais" (Rubin et al., 2005, p. 845). Pesquisas mostram a relevância de o líder acessar as necessidades emocionais dos liderados como condição à criação de entusiasmo e aderência a iniciativas de mudança coerentes com sentimentos e interesses autênticos (George, 2000; Rubin et al., 2005).

O processo de mudança analisado caracterizou-se pela articulação das necessidades motivacionais do grupo, de sua iniciativa e experiência, a fim de tornar possível a reconfiguração de competências e a emergência de novos significados na gestão de pessoas. Em contextos de transição de sistemas sociotécnicos, o líder transformacional deve garantir a construção de sínteses organizacionais, enquanto assegura que a perturbação psíquica causada por transformações ambientais tenha consequências mínimas nos indivíduos. Isso requer administrar os sentidos das mudanças, isto é, como as mudanças serão interpretadas pelos indivíduos e como essas interpretações influenciarão a construção de novos padrões de identidade.

CAPÍTULO 9

Gestão e avaliação de resultados em gestão de pessoas

André Ofenhejm Mascarenhas
Reinaldo B. Manzini

Desde a emergência da *gestão estratégica de pessoas*, a necessidade de se acompanhar, mensurar e avaliar o impacto das práticas de RH ao desempenho das organizações foi consequência da consolidação gradual desse modelo. A lógica interna da *gestão estratégica de pessoas* impunha aos gestores essa temática, sob pena de se minar a relevância das novas proposições por não se demonstrar a contribuição estratégica dessa função às organizações.

Para sentar-se à mesa com o corpo de diretores das empresas para a formulação das estratégias, gestores de RH deveriam clarificar a contribuição econômica associada à sua função, o que teria motivado esses profissionais a esforços de quantificação de sua contribuição (Oliveira et al., 2003). Práticas tradicionais incluem o uso de indicadores quantitativos de RH, como absenteísmo e rotatividade, bem como índices à avaliação de sistemas de RH, como o número de horas de treinamento por ano por funcionário, frequentemente utilizados como base de comparação com a concorrência. Índices de absenteísmo, por exemplo, permitem estimar perdas da empresa com as faltas de funcionários (dado o valor de salário médio por hora mais os custos relativos à ausência do funcionário).

Entre as críticas a esses indicadores, eles não vinculariam as dimensões da gestão de pessoas ao desempenho das organizações (eficácia das práticas de gestão de pessoas), mas refletiriam a eficiência de processos. Como proposta alternativa, empresas costumam mensurar resultados de seus processos de gestão de pessoas cujos impactos ao desempenho da organização poderiam ser inferidos apenas de forma indireta. Para tal, instrumentos quantitativos e qualitativos são utilizados, como índices de retorno sobre investimento em gestão de pessoas (Fitz-Enz, 2001), faturamento líquido por funcionário, informações sobre o desenvolvimento e a disponibilidade de competências, qualidade de vida no trabalho, pesquisas de clima organizacional, entre outros.

Aliás, fazer a vinculação entre as práticas de gestão de pessoas e o desempenho da organização vem sendo um dos desafios mais relevantes aos profissionais de RH que operam segundo as premissas da *gestão estratégica de pessoas*. Entre os entraves, esses mesmos profissionais perpetuariam entre si um mito segundo o qual os resultados em gestão de pessoas seriam essencialmente intangíveis e, por isso, de difícil mensuração. Mesmo não considerando esse dogma, índices financeiros (tais como rentabilidade, lucro e faturamento) seriam resultado da convergência de ações de diversas funções da empresa, e não somente da função gestão de pessoas. Daí, isolar o impacto da função gestão de pessoas exigiria manobras metodológicas complexas de profissionais que se vêem despreparados para a aplicação de métodos quantitativos. Entre os problemas associados a tais práticas, sistemas de informações de RH não forneceriam dados confiáveis para a construção de séries históricas e tomada de decisão, haveria relações de causa e efeito idiossincrásicas e complexas entre as variáveis avaliadas que não seriam captadas adequadamente pelos métodos quantitativos padronizados, exigindo outros métodos analíticos sistêmicos, assim como o risco de se tomar os números como objetivos em si, e não o impacto das práticas de gestão de pessoas, o que minaria a capacidade de a organização flexibilizar-se ante reorientações estratégicas (Muritiba et al., 2006).

Como alternativa, muitas empresas empregam sistemáticas amplas de gestão e avaliação de resultados em gestão de pessoas baseadas no conceito de alinhamento estratégico. Entre esses métodos, destaca-se atualmente o *Balanced Scorecard* (BSC), aplicado à função de gestão de pessoas. A pesquisa de Muritiba et al. (2006) mostrou que o uso dessas metodologias depende da clareza estratégica da empresa: "mais do que o desconhecimento de metodologias, ou as informações disponibilizadas pelos sistemas de RH, o que mais diferencia as empresas que avaliam resultados mais profundamente é a clareza de sua estratégia e o quanto as práticas de gestão de pessoas se relacionam com elas" (p. 13). Entre as vantagens percebidas da aplicação desses métodos estariam o alinhamento com a estratégia, a melhoria da qualidade das ações de RH e a melhoria da imagem da função gestão de pessoas (Muritiba et al., 2006).

Balanced Scorecard aplicado à função gestão de pessoas

O *Balanced Scorecard* vai além das tentativas de avaliação das práticas de RH com base em resultados de processos de gestão de pessoas ou indicadores financeiros. Trata-se de um método de monitoramento e alinhamento das atividades da empresa, baseado na premissa de que a contabilidade tradicional é limitada ao se focar exclusivamente no desempenho financeiro.

Essa metodologia permite que sejam alinhadas dimensões da função gestão de pessoas da empresa aos seus objetivos de longo prazo. Esse alinhamento é então avaliado por meio de diversos indicadores quantitativos, contrariando o mito segundo o qual seria impossível encontrar indicadores mensuráveis de gestão de pessoas. Discutiremos o alinhamento estratégico da função gestão de pessoas em termos de dois componentes do conceito: o alinhamento externo e o alinhamento interno (Baird e Meshoulam, 1988).

O alinhamento externo diz respeito à expectativa de contribuição da função gestão de pessoas para a consecução das estratégias corporativas, dadas as oportunidades e os desafios impostos pelo ambiente de competição. Em gestão de pessoas, a noção de alinhamento externo surgiu segundo concepções mais simples, enfatizando o alinhamento de comportamentos exigidos à consecução das estratégias (perspectiva comportamental da gestão de pessoas), implicando políticas e práticas de RH talhadas especialmente à promoção desses comportamentos. Evolui então em direção à assimilação de uma dimensão dinâmica importante, segundo a qual os esforços em prol do alinhamento devem garantir a flexibilidade necessária à consecução das intenções estratégicas das organizações. Dada a necessidade de as organizações reconfigurarem continuamente recursos e competências para sustentar posições favoráveis de mercado, a noção de alinhamento estratégico da gestão de pessoas deixa progressivamente de enfatizar comportamentos e papéis organizacionais e passa a incorporar como parâmetros as noções de competências, aprendizagem e capital humano, entre outras (ver *gestão das competências*).

O alinhamento interno refere-se à necessidade de o modelo de gestão de pessoas se reforçar internamente, haja vista as estratégias empresariais. Recentemente, esse conceito deixa de enfatizar somente a coerência e complementaridade entre sistemas de RH e passa a incorporar uma dimensão organizacional mais ampla, o que inclui o alinhamento entre o capital de informação, os estilos de liderança, a cultura organizacional, processos operacionais críticos, entre outros, o que permitiria à empresa realizar seus objetivos. Essas evoluções são, de fato, incorporadas à noção de alinhamento pelo *Balanced Scorecard*.

O surgimento do *Balanced Scorecard* está relacionado à percepção de limitações dos sistemas tradicionais de avaliação de desempenho (Kaplan e Norton, 1992, p. 71). Os incômodos e reflexões decorrentes da emergência do paradigma da era da informação e do conhecimento também geraram desconfortos e questionamentos em relação às premissas dos sistemas de avaliação de desempenho empresariais então vigentes. Os conceitos e proposições da visão baseada em recursos (*resource-based-view*) e a noção de capacidades dinâmicas, por exemplo, punham em destaque novas dimensões organizacionais a serem avaliadas e acompanhadas. As vantagens competitivas antes se concentravam nas questões de escala e escopo, bem como na alocação de novas tecnologias aos ativos físicos. De acordo com essas proposições teóricas emergentes, "a capacidade de mobilização e exploração de ativos intangíveis ou invisíveis tornou-se muito mais decisiva do que investir e gerenciar ativos físicos tangíveis", o que deveria estar refletido nas sistemáticas de avaliação de desempenho empresarial (Kaplan e Norton, 1997, p. 3).

O início do desenvolvimento desse sistema de gestão se dá com a publicação, em 1992, do artigo *The Balanced Scorecard – Measures that drive performance*. Nessa época, os autores o definiram como um conjunto de indicadores de desempenho inter-relacionados que permitiria às pessoas obter uma visão integrada da organização a partir de quatro perspectivas. A *perspectiva econômico-financeira* corresponde aos desafios geralmente associados ao crescimento, à redução de custos, ao aumento de receitas e à gestão dos riscos. A *perspectiva mercadológica* trata da estratégia de criação de valor sob a ótica dos públicos de interesse. Seu componente mais importante é a *oferta de valor*, que procura tornar explícito como a organização será reconhecida perante seus clientes, detalhando atributos de valor como disponibilidade, serviços adicionais, preço etc. A *perspectiva de processos internos* abrange os processos críticos para a entrega da oferta de valor enquanto a *perspectiva de aprendizado e crescimento* trata da gestão dos ativos intangíveis: o desenvolvimento das competências internas, o clima organizacional e a prontidão tecnológica da empresa (Kaplan e Norton, 1992, p. 71-79). Organizadas segundo uma lógica circular (ver Figura 9.1.), essas perspectivas mostram a transformação dos ativos intangíveis em ativos tangíveis:

> Quais são as expectativas de nossos acionistas em termos de desempenho financeiro? Para atingir nossos objetivos financeiros, como criamos valor para os clientes? Em que processos devemos ser excelentes para satisfazer nossos clientes e acionistas? E como alinhamos nossos ativos intangíveis – pessoas, sistemas e cultura – para melhorar os processos críticos? (Kaplan e Norton, 2006, p. 7)

O sucesso desse arranjo levou os autores a dedicar um artigo exclusivo a ele – *Having trouble with your strategy? Then map it,* publicado em 2000 e, posteriormente, o livro *Mapas estratégicos: Convertendo ativos intangíveis em resultados tangíveis*, publicado em 2004. O conceito de mapa estratégico é ilustrado pela Figura 9.1. Sua leitura a partir da perspectiva de aprendizado e crescimento nos permite entender a transformação dos ativos intangíveis em ativos tangíveis. Investindo-se em competências, cultura e tecnologia, estar-se-á preparando melhor as pessoas para que executem mais eficiente e eficazmente os processos críticos para a entrega da oferta de valor e, consequentemente, produzindo melhores resultados econômico-financeiros.

No exemplo das companhias aéreas de baixo custo, alinhando-se as pessoas em torno da estratégia, obter-se-á uma rápida preparação do avião em solo. Isso leva a maior pontualidade nas partidas e preços mais baixos, atraindo e retendo mais clientes afeitos à oferta de valor de baixo custo com a consequente redução de investimentos em ativos (aviões) e o incremento das receitas, gerando mais valor aos *stakeholders*. Parte desse valor reverte-se em novos investimentos em competências, cultura e tecnologia, reforçando, positivamente, a hipótese estratégica e criando um círculo virtuoso. Para cada objetivo pertencente às perspectivas de aprendizado e crescimento e de processos internos do mapa estratégico, são identificados indicadores de desempenho, estabelecidas metas de curto, médio e longo prazos e colocados em ação projetos que façam que a organização as atinja, conforme ilustra a Tabela 9.1.

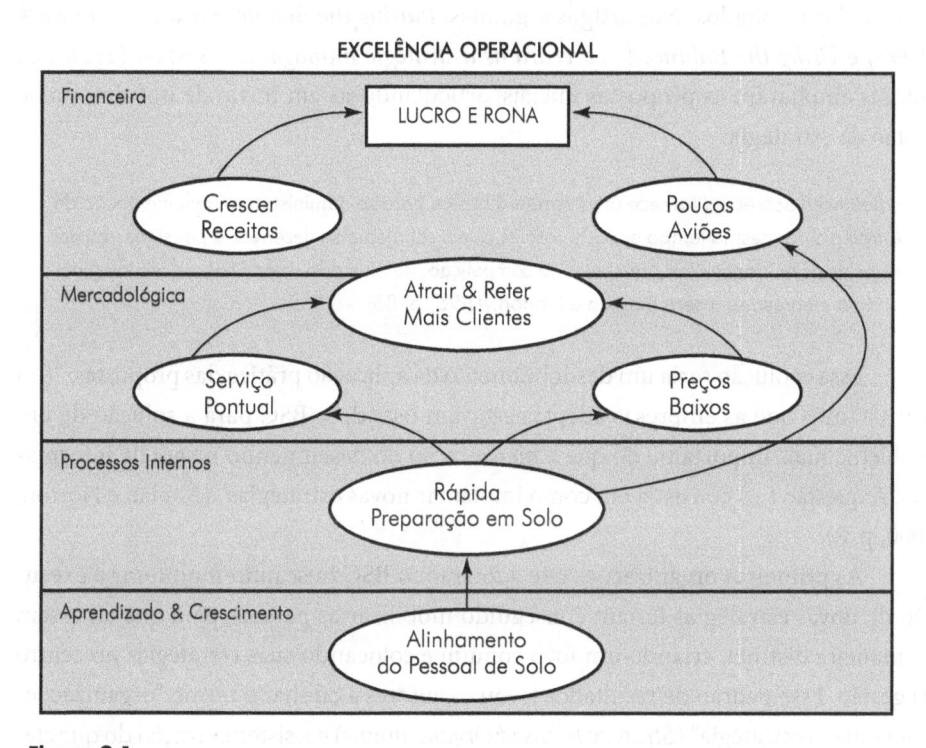

Figura 9.1.
Mapa estratégico de uma companhia aérea com estratégia de baixo custo.
Fonte: Kaplan e Norton (2004).

Tabela 9.1.
Indicadores, metas e projetos para o objetivo estratégico: perspectiva de processos internos

Objetivo	Indicador	Meta	Projeto
Rápida preparação em solo	Tempo de ciclo	30 minutos	Implementar programa de stock options.
	Frequência de partidas no horário previsto	99%	Implementar tecnologia de comunicação entre aeronaves e pessoal de terra.

Fonte: Palladium/Balanced Scorecard Collaborative e Symnetics.

Os indicadores tornam mais claras as mensagens dos objetivos estratégicos, orientando o comportamento das pessoas, além de se constituírem nas variáveis com base nas quais a execução da estratégia é monitorada. As metas estabelecem os níveis de desempenho requeridos pela estratégia e os projetos são as ações necessárias ao alcance dos resultados. Nos artigos seguintes, *Putting the Balanced Scorecard to work* (1993) e *Using the Balanced Scorecard as a strategic management system* (1996), os autores ampliaram as propostas iniciais, articulando-as em torno de um sistema de gestão da estratégia:

> o *Balanced Scorecard* fornece uma estrutura básica para se administrar a implementação da estratégia ao mesmo tempo em que permite que a estratégia se desenvolva por si mesma em resposta às mudanças nos ambientes de competição, de mercado e nos cenários tecnológicos onde a empresa se insere (Kaplan e Norton, 1996, p. 85).

Essa evolução seria um desdobramento da aplicação prática das propostas: "(...) constatamos que as empresas adeptas estavam usando o BSC para a solução de um problema mais importante do que a mensuração do desempenho na era da informação. A questão (...) consistia em como implantar novas estratégias" (Kaplan e Norton, 2000, p. 8).

As primeiras organizações que adotaram o BSC buscando monitorar a execução de novas estratégias teriam conseguido mobilizar as pessoas para que atuassem de maneira distinta, criando um foco comum e colocando suas estratégias no centro da gestão. Esse padrão de resultados levou os autores a cunhar o termo "organizações orientadas à estratégia" (*Strategy Focused Organizations*) e a sistematização do que eles denominaram "5 princípios de uma organização orientada à estratégia": (a) *mobilização*, (b) *tradução*, (c) *alinhamento*, (d) *motivação* e (e) *gestão*.

O princípio da *mobilização* diz respeito, especificamente, às atribuições e responsabilidades da liderança. A adoção do sistema BSC requer a incorporação e adaptação de alguns elementos da cultura. Nesse sentido, os líderes devem criar o clima para a mudança, mostrar seu propósito, atribuir responsabilidades pelos temas estratégicos etc. O princípio da *tradução* implica a construção dos elementos do BSC: mapa estratégico, indicadores de desempenho, metas de curto, médio e longo prazo e projetos estratégicos. O princípio do *alinhamento* trata do desdobramento da estratégia e inclui discussões acerca do modelo de negócios, do papel corporativo, das relações da corporação com as demais unidades e grupos de interesse (tais como clientes e fornecedores considerados estratégicos). O princípio da *motivação* tem como propósito expandir a consciência estratégica da organização por meio da comunicação, da identificação das contribuições pessoais e do alinhamento do sistema de avaliação e remuneração à estratégia. O princípio da *gestão* trata da transformação da implantação da estratégia em um processo contínuo pelo encurtamento do seu ciclo de revisão, geralmente de anual para trimestral. Dados esses cinco princípios, a lógica do BSC revela a importância dos ativos intangíveis e da função de gestão de pessoas à implementação de qualquer estratégia.

Segundo Kaplan e Norton (2004, p. 55):

> Ao desenvolvermos o *Balanced Scorecard* há mais de uma década, identificamos, em sua perspectiva de aprendizado e crescimento, três categorias de ativos intangíveis essenciais para a implementação de qualquer estratégia: (1) capital humano: as habilidades, talentos e conhecimento que os funcionários de uma empresa possuem, (2) capital da informação: as bases de dados, os sistemas de informação, as redes e a infraestrutura tecnológica da empresa e o (3) capital organizacional: a cultura, sua liderança, quão alinhadas as pessoas estão em relação aos objetivos estratégicos e a habilidade de os funcionários compartilharem o conhecimento.

Desta forma, o sistema revelou-se útil à função gestão de pessoas ao permitir que a área de RH demonstre os resultados dos investimentos por ela gerenciados, assim como o próprio desempenho. A aplicação mais comum do BSC nesse contexto é a derivação da estratégia da função gestão de pessoas, coordenada pela área de RH, a partir da estratégia empresarial, conforme ilustra a Figura 9.3. (Kaplan e Norton, 2006, p. 135-149).

ESTRATÉGIA EMPRESARIAL

```
                    → Aumentar valor agregado ←
        → Crescer receitas              Otimizar custos ←
                    Entregar a oferta de valor
   ┌──────────┬──────────────┬─────────────────┬──────────┐
   │Inovação  │Gestão do     │Excelência       │Cidadania │
   │          │cliente       │operacional      │          │
   └──────────┴──────────────┴─────────────────┴──────────┘
   ┌──────────┬──────────────┬─────────────────┬──────────┐
   │Competências│Orientação a│Alinhamento      │Liderança │
   │estratégicas│resultados  │estratégico      │          │
   └──────────┴──────────────┴─────────────────┴──────────┘
```

ESTRATÉGIA DE RH

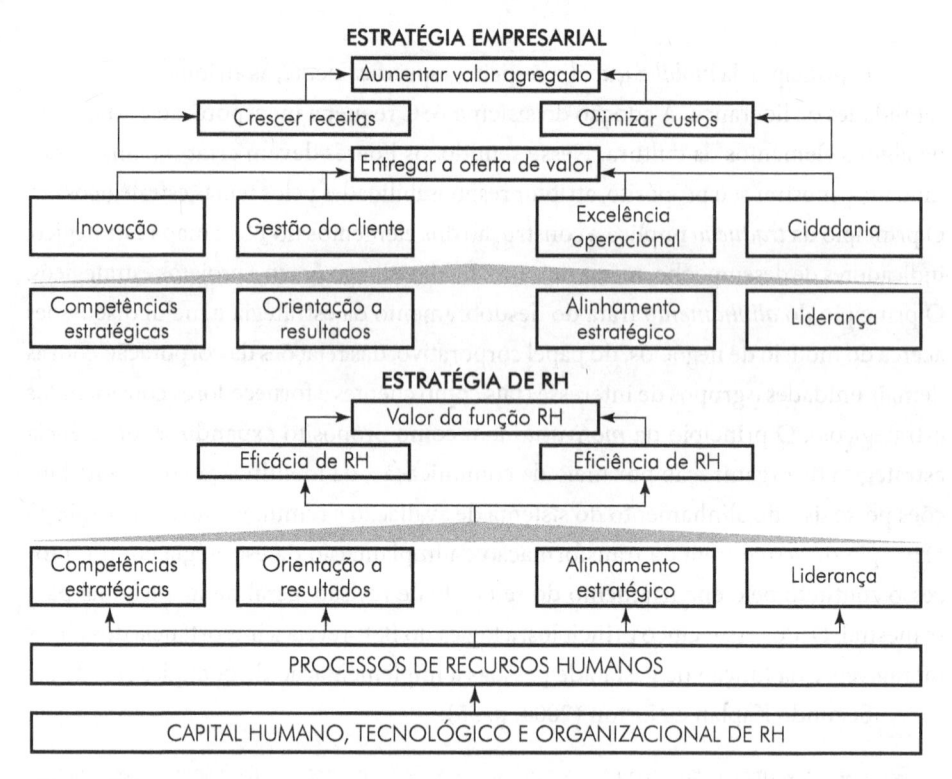

```
                    → Valor da função RH ←
           Eficácia de RH        Eficiência de RH
   ┌──────────┬──────────────┬─────────────────┬──────────┐
   │Competências│Orientação a│Alinhamento      │Liderança │
   │estratégicas│resultados  │estratégico      │          │
   └──────────┴──────────────┴─────────────────┴──────────┘
              PROCESSOS DE RECURSOS HUMANOS
       CAPITAL HUMANO, TECNOLÓGICO E ORGANIZACIONAL DE RH
```

Figura 9.2.
A estratégia empresarial e a estratégia de gestão de pessoas.
Fonte: Adaptado de Kaplan e Norton (2006).

Essa aplicação assume os desafios referentes ao capital humano e organizacional, como típicos à perspectiva de aprendizado e crescimento da estratégia empresarial, e submete a estratégia da função gestão de pessoas à lógica circular de construção do mapa estratégico. Nesse sentido, para entregar o capital humano e organizacional necessários à execução da estratégia empresarial, a função deve identificar os próprios desafios em termos da perspectiva de aprendizado e crescimento, assim como dos seus processos internos (por exemplo, recrutamento e seleção, treinamento, desenvolvimento organizacional etc.). A Tabela 9.2. ilustra essa aplicação para um objetivo estratégico de capital humano.

Tabela 9.2.

Plano estratégico para o capital humano

Estratégia empresarial			Plano estratégico para o capital humano		
Objetivo de capital humano	Indicadores de desempenho	Meta	Processos críticos de gestão de pessoas	Práticas referenciais	Indicadores de gestão de pessoas
Competências estratégicas: entender as competências necessárias e as disponíveis e desenvolver um plano para reduzir o gap.	• Gap de talentos estratégicos • Retenção de talentos	<10% 95%	• Recrutamento e seleção • Treinamento e desenvolvimento • Descrição de cargos	• Funcionários qualificados para mais de uma atuação • Capacitação em competências estratégicas	• Horas de treinamento (foco estratégico) • Índice de competências estratégicas disponíveis

Fonte: Palladium/Balanced Scorecard Collaborative e Symnetics.

Avaliando ativos intangíveis

Alguns dos benefícios associados ao alinhamento da função gestão de pessoas à estratégia corporativa são: atingir a criação de valor por meio da obtenção de sinergias entre a gestão do capital humano e organizacional; tornar clara a contribuição da função gestão de pessoas para a entrega da oferta de valor da organização; facilitar a mensuração dos ativos intangíveis; maximizar a eficiência de processos internos de gestão de pessoas e maximizar a eficiência da alocação de recursos com o desenvolvimento do capital humano e organizacional (Kaplan e Norton, 2006, p. 135-149).

Os questionamentos mais frequentes que surgem em relação aos indicadores de desempenho dizem respeito ao tempo dedicado à sua seleção e à sua complexidade. A questão que surge é a seguinte: os indicadores devem ser precisos, estatisticamente rigorosos e suficientemente abrangentes para monitorar todas as variáveis do processo? A prática revela que a busca pela perfeição tende a ser contraproducente. O BSC, antes de tudo, apoia-se em um processo de aprendizagem e, nesse sentido, com algum rigor estatístico, valeria mais a pena exercitar o modelo de gestão da estratégia em vez de querer alcançar a perfeição do conjunto de indicadores.

É preciso ter uma mentalidade flexível e criativa ao desenvolver indicadores. Do ponto de vista técnico, a construção do conjunto de indicadores de desempenho deve ser encarada como uma "arte" no sentido de extrair relações úteis com base nos objetivos estratégicos. É uma arte, pois não existe nenhuma fórmula ou método científico para relacionar os indicadores de maneira a obter um diagnóstico preciso e único. Mesmo dispondo de um mesmo conjunto de informações, as pessoas poderiam chegar a conclusões ligeiras ou até completamente diferentes. É provável, todavia, que duas pessoas experimentadas, conhecendo igualmente bem a empresa, cheguem a conclusões parecidas, mas não idênticas.

Dessa forma as organizações devem se predispor a testá-los e aceitar, mesmo que temporariamente, suas imperfeições. A seleção de indicadores de desempenho para a avaliação dos ativos intangíveis segue os mesmos aspectos. No entanto, por se tratar de uma dimensão mais "árida" para os executivos, reforça-se a necessidade de explicitar-se a lógica de criação de valor por intermédio desses ativos.

Nesse sentido, deve-se assegurar que: (a) cada objetivo estratégico contenha uma descrição para que todas as pessoas tenham o mesmo entendimento de sua abrangência e dos resultados almejados; (b) a descrição do objetivo sirva de base para que se identifiquem os pontos essenciais que devem ser monitorados para o alcance do objetivo em questão; e, (c) pelos pontos essenciais, seja possível definir um conjunto de indicadores que possam monitorar o desempenho do objetivo. O processo de seleção deve levar em conta o mapa estratégico e as reais intenções da liderança. Começar a selecioná-los antes que cada objetivo esteja definido com clareza pode levar a um grande desperdício de esforços. Utilizar indicadores já existentes na firma é uma opção interessante.

Outras possíveis fontes de indicadores são livros, artigos, teses etc. Os indicadores impulsionariam as mudanças comportamentais exigidas pela estratégia, criariam condições para discussões sobre o progresso de sua execução e promoveriam um clima propício à ação.

O *Balanced Scorecard* no Brasil

A seguir, apresentam-se os resultados de pesquisa realizada em julho de 2006, na base de dados de projetos da Symnetics, consultoria latino-americana com ênfase em gestão estratégica por meio do *Balanced Scorecard*, sobre *indicadores de desempenho para ativos intangíveis*. A amostra contou com empresas brasileiras de seis setores da economia que implementaram o modelo de gestão da estratégia BSC: metalurgia e siderurgia, papel e celulose, petroquímica, plástico, química e telecomunicações.

Os objetivos estratégicos considerados à perspectiva de aprendizado e crescimento (309 no total) referem-se aos três grupos de ativos intangíveis: (a) capital humano, (b) capital da informação e (c) capital organizacional. Agrupando-se os objetivos estratégicos por grupo de ativos intangíveis e, posteriormente, por afinidade, obtiveram-se os temas estratégicos mais recorrentes na perspectiva de aprendizado e crescimento com suas respectivas frequências para cada um dos grupos, conforme revela a Tabela 9.3.

Tabela 9.3.
Temas estratégicos por grupo de ativo intangível

Grupo de ativo intangível	Temas estratégicos recorrentes	Frequência do tema
Capital humano	Competências estratégicas	80%
Capital da informação	Informações estratégicas	80%
Capital da organização	Cultura	90%
	Liderança	90%
	Alinhamento estratégico	70%
	Trabalho em equipe	60%

Fonte: Symnetics.

Em relação ao capital humano, em 80% dos casos, o desafio estratégico principal relaciona-se às *competências estratégicas*. Trata-se dos conhecimentos, das habilidades e das atitudes que deveriam ser desenvolvidas, adquiridas e mantidas de modo a permitir que a organização alcance a estratégia pretendida. Com referência ao capital da informação, também em 80% dos casos, o desafio estratégico principal diz respeito às *informações estratégicas*. Inclui-se aqui, predominantemente, o desenvolvimento de sistemas de informação (relacionados ao mercado, aos clientes e ao monitoramento do ambiente competitivo etc.) que sejam capazes de reduzir a incerteza na tomada de decisão em relação ao desenvolvimento e lançamento de novos produtos, aquisição de novas tecnologias, balanceamento entre a demanda e capacidade produtiva etc. Já no que se refere ao capital organizacional surgiram quatro temas cujos desafios estratégicos relacionam-se com a cultura (90%), com a liderança (90%), com o alinhamento estratégico (70%) e com o trabalho em equipe (60%).

Em relação à *cultura*, há destaque aos ajustes nos valores a serem compartilhados na empresa, como maior orientação ao resultado, atuação com responsabilidade social e ambiental, fomento à criatividade e geração de novas ideias etc. Quanto à *liderança*, surgem questões como o desenvolvimento da própria liderança cujos resultados esperados seriam: maior presença, atuação proativa, orientação estratégica etc. No que diz respeito ao *alinhamento estratégico* emergem questões relacionadas à comunicação dos resultados estratégicos, compartilhamento de metas departamentais, vinculação de metas individuais às metas estratégicas etc. E, por fim, em relação ao *trabalho em equipe*, as questões principais relacionam-se ao compartilhamento de conhecimentos, relacionamento interpessoal, visão mais abrangente do negócio etc. A Tabela 9.4. revela os indicadores de desempenho da perspectiva de aprendizado e crescimento por grupo de ativo intangível.

Tabela 9.4.
Indicadores de desempenho da perspectiva de aprendizado e crescimento por grupo de ativo intangível

Capital humano	• Índice de desenvolvimento de competências estratégicas. • Índice de realização do plano de desenvolvimento de pessoal. • Investimento em treinamento e desenvolvimento por remuneração anual. • % Cargos-chave que possuem substitutos preparados. • % Profissionais aptos para promoções em posições estratégicas. • Reciclagem com foco no negócio/estratégia. • Índice de utilização de práticas de gestão. • Índice de inovação e aperfeiçoamento de práticas. • Índice de desenvolvimento da autogestão. • Nível de implementação do sistema de gestão. • Índice de desenvolvimento de competências.
Capital da informação	• Grau de atualização tecnológica. • Processos suportados por sistema de informação e gestão. • Índice de utilização de práticas de governança de TI. • Grau de atualização tecnológica.

Capital da organização	• Pesquisa de clima (ou de opinião). • Índice de realização do plano de ação para a pesquisa de clima. • Gestão por resultados. • Pesquisa de eficiência interna • Índice de alcance das metas. • Alcance da remuneração variável na estrutura.

Fonte: Symnetics.

O *Balanced Scorecard* e a visão baseada em recursos (*resource-based view*)

A teoria dos recursos nos permite entender as condições nas quais recursos humanos e organizacionais contribuem à vantagem competitiva da organização. Ferramentas e práticas de gestão relevantes seriam aquelas capazes de preencher os requisitos do modelo VRIO. Segundo a visão baseada em recursos, uma sistemática de avaliação e de gestão de resultados empresariais (ou, mais especificamente, em gestão de pessoas) contribui para a vantagem competitiva de uma firma se for um recurso organizacional gerador de valor e particularmente difícil de imitar.

Nesse sentido, devemos problematizar a adoção de ferramentas gerenciais (entre as quais, o BSC), que não contribuiriam necessária e automaticamente para a vantagem competitiva, mas apenas variáveis a serem também consideradas. Deve-se enfatizar não somente a adoção de *best practices* (políticas ou ferramentas de gestão que, tais como o BSC, são conhecimento explícito e, por isso, disponível a uma variedade de organizações), mas principalmente os aspectos informais da vida organizacional, o conhecimento tácito e a arquitetura social em decorrência da consolidação de tal *best practice*. Os benefícios potenciais com a implantação do BSC residiriam mais provavelmente em suas complexas inter-relações com o comportamento organizacional que gerariam ambiguidade causal.

O *Balanced Scorecard* contribui à geração de vantagem competitiva ao ser considerado um recurso organizacional capaz efetivamente de mobilizar os indivíduos à formulação e à execução das estratégias, e não simplesmente um modismo gerencial. Para tal, o *Balanced Scorecard* deve gerar aderência, sendo traduzido como um elemento da estrutura e cultura organizacional, diferenciando uma organização de suas concorrentes pela sua capacidade de gerar resultados efetivos. Essa visão põe em evidência a importância de a organização dispor de competências para a avaliação da relevância e do impacto do *Balanced Scorecard* como ferramenta de gestão, dada sua realidade específica, em vez de simplesmente incorporar novidades que serão vistas como modismos passageiros. De maneira coerente, Kaplan e Norton (1993, p. 93) destacam que a implementação de um modelo de gestão da estratégia BSC é uma proposta evolucionária, e não um projeto a ser rapidamente concluído. Segundo os autores, a falta de comprometimento no longo prazo levaria a organização a resultados desapontadores. Os próprios autores distinguem os usuários do BSC com benefícios expressivos (*high benefit users*) dos usuários com benefícios pouco expressivos (*low-benefit users*) (Kaplan e Norton, 2006).

Assim, do ponto de vista social, a adoção do BSC deve levar em conta sua demanda por um ambiente onde as pessoas entendam a organização como um sistema. Isso significa que os resultados produzidos dependem das premissas com base nas quais os indivíduos operam. Em não se reconhecendo isto, corre-se o risco de se drenar o valor que o modelo oferece.

CAPÍTULO 10

Gestão da diversidade

André Ofenhejm Mascarenhas

O tema da diversidade cultural surgiu da crescente conscientização, em diversos setores de algumas sociedades, das desigualdades e injustiças que caracterizavam historicamente as estruturas sociais e (em consequência) organizacionais. Essas preocupações levaram, em um primeiro momento, à definição de políticas de ação afirmativa nos Estados Unidos e em países da Europa. Essas políticas seriam uma estratégia de reversão de quadros históricos caracterizados pelo acesso desigual de grupos de alguma forma marginalizados às diversas oportunidades de desenvolvimento.

Na Europa, as primeiras políticas de ação afirmativa no trabalho objetivavam combater a desigualdade salarial entre homens e mulheres: "os primeiros investimentos jurídicos internacionais (...) promovidos ao longo do final dos anos 1960 estão voltados principalmente para instaurar a igualdade entre homens e mulheres nos direitos individuais. A paridade salarial é uma das primeiras preocupações do direito europeu, em 1961" (Cappellin, 2000, p. 69).

Durante as primeiras décadas de debates e implementação, as políticas de ação afirmativa eram justificadas pelo imperativo moral de superar injustiças, não sendo associadas pelo *stablishment* capitalista a qualquer tipo de vantagem econômica (exceto pelos incentivos governamentais) ou competitiva. Nos anos 1990, essa interpretação evoluiu em direção ao reconhecimento do papel proativo a ser desempenhado pelas empresas à promoção da justiça social, como progressivamente exigido pela sociedade civil, convergindo recentemente aos discursos de responsabilidade social corporativa.

Nos Estados Unidos, a diminuição do vigor das políticas de ação afirmativa coincidiu com a emergência da retórica da *diversidade como vantagem competitiva* no campo da administração, que indicava caminhos alternativos à inserção de minorias em uma sociedade meritocrática. As ideias de Cox e Blake (1991), entre outros autores, contribuíram à extensão do debate, da esfera da política e dos direitos humanos, à esfera da racionalidade econômica e organizacional. Entre os benefícios associáveis à diversidade da mão de obra estaria a

redução de custos com *turn-over* e absenteísmo – especialmente entre as minorias atraídas; atração de funcionários talentosos para a empresa provenientes das minorias; sensibilização para as novas culturas que formam o mercado; aumento da criatividade e da inovação na empresa; aumento da capacidade de resolução de problemas; aumento da flexibilidade do sistema administrativo. (Alves e Galeão-Silva, 2004, p. 23)

A fusão da justiça social ao retorno econômico e competitivo (possibilidade colocada pelo menos no nível dos discursos) suscitou o debate sobre tipos organizacionais capazes de realizar esse potencial. A *organização pluralista* assume a relevância do capital humano diversificado cujo gerenciamento eficaz permitiria conjugar os objetivos econômicos e sociais. Esse modelo se caracteriza por enfatizar as diferenças no ambiente de trabalho, o desenvolvimento das competências dos indivíduos ("para obter competitividade, as empresas têm a necessária tarefa de saber individualizar as habilidades não manifestas de sua mão de obra" [Cappellin, 2000, p. 81]), a justiça social e a capacidade gerencial de satisfazer as necessidades e objetivos dos diversos segmentos de trabalhadores ("a empresa deve moldar-se aos indivíduos que nela atuam, e não o contrário" [Cappellin, 2000, p. 81]). Promover a diversidade implicaria equalizar as oportunidades na organização, permitindo que os sujeitos expressem plenamente seus interesses e suas diferenças no ambiente de trabalho (Mandell e Kohler-Gray, 1990; Rosenzweig, 1998).

A organização pluralista seria uma tendência em contextos multiculturais, organizações diversificadas e expostas a desafios e oportunidades cujo aproveitamento se faz complexo. Sobre as dinâmicas de aprendizagem nessas organizações, a diversidade vem sendo associada à criatividade, à flexibilidade, à inovação, à adaptabilidade e, ao mesmo tempo, a conflitos e à maior complexidade gerencial. Esse debate passa necessariamente pela definição de diversidade organizacional, que atualmente incorpora, mas transcende a noção de inclusão dos grupos marginalizados à força de trabalho.

Pereira e Hanashiro (2007) destacam três vertentes à definição de diversidade. A primeira centra-se nas diferenças entre identidades sociais, isto é, nas diferenças que caracterizam e definem grupos de indivíduos. A segunda centra-se nas diferenças entre identidades individuais. A terceira reconhece a diversidade como um fenômeno que contempla as diferenças e as similaridades entre os grupos e indivíduos, o que abrangeria dimensões como idade, etnia, gênero, habilidades ou qualidades físicas, orientação sexual, formação educacional, origem e localização geográfica, renda, estado civil, experiências de vida, status familiar, crenças religiosas, experiências profissionais, entre outras. Essas dimensões, entretanto, não poderiam ser compreendidas por si só, como se pudessem diferenciar objetivamente os indivíduos e grupos. Isso porque reconhecer a diferença por intermédio dessas dimensões depende dos significados que cada cultura atribui a elas. Assim, o que pode ser considerado diferenciador em uma cultura pode não o ser em outra, o que faz da diversidade um termo compreensível em sua complexidade somente segundo uma perspectiva cultural específica (Cox, 1991).

Entre as vantagens econômicas com a diversidade, as dinâmicas de aprendizagem nas organizações pluralistas poderiam beneficiar-se da variedade de perspectivas trazidas pelos indivíduos. Para realizá-las, promover e gerir a diversidade nas equipes de trabalho surge como uma questão fundamental. Estudos contemporâneos mostram que grupos sociais são importantes instâncias à produção do conhecimento e à promoção da aprendizagem (Wuchty et al., 2007). As práticas e relações cotidianas de seus membros são carregadas de improvisações tácitas, conhecimento relevante, mas nem sempre aproveitado pelas organizações.

Podemos conceituar uma *equipe de trabalho* como uma instância social que integra os indivíduos à organização. Segundo definições comuns, esta seria composta por duas ou mais pessoas com papéis mais ou menos determinados, porém interdependentes, com objetivos comuns e, frequentemente, temporários. Equipes de trabalho podem assumir diversas configurações, desde as tradicionais até os grupos virtuais interconectados pelo computador.

Outro conceito relevante é o de *comunidade de prática*, que reúne informalmente indivíduos (de uma ou mais organizações) que compartilham interesses em comum e estão expostos a uma problemática para a qual buscam continuamente por soluções por meio da integração de seus conhecimentos. Comunidades de prática não possuem necessariamente uma agenda de trabalho, mas se agremiam na tentativa de construir algo em que todos têm interesse. Uma *comunidade de prática* foi caracterizada por Wenger e Snyder (2000, p. 139) como "um grupo de pessoas associadas por especialidades e *know-how* compartilhado e paixão por um empreendimento comum".

Os indivíduos reunidos em uma comunidade de prática podem direcionar estratégias, discutir inovações, propor soluções, promover melhores práticas etc. As comunidades de prática estão presentes em nossa vida cotidiana, dentro e fora das organizações, constroem uma história em comum, bem como formas específicas de realizar seu empreendimento. No âmbito desses grupos, os consensos seriam construídos por meio da institucionalização do diálogo, definido como o uso da influência e do conhecimento e não do poder formal. Propostas, decisões e linhas de ação refletiriam a capacidade de persuasão e negociação em torno de perspectivas muitas vezes divergentes às questões coletivas.

A retórica da vantagem competitiva por meio da diversidade sugere o potencial de se elevar a qualidade das discussões, análises e decisões tomadas pelos grupos sociais. A composição de uma equipe tenderia à homogeneidade ou à diversidade, e poderia ser pensada em termos de cinco dimensões: (1) atributos demográficos (idade, etnia, gênero, orientação sexual, religião, características físicas, educação, entre outras); (2) conhecimentos, habilidades e capacidades relativas à tarefa; (3) valores, crenças e atitudes; (4) personalidade, estilos cognitivos e comportamentais; e (5) status na organização (nível hierárquico, especialização ocupacional, entre outros) (McGraph et al., 1999, apud Hanashiro e Godoy, 2004, p. 2). Em uma equipe caracterizada pela diversidade, essas dimensões conceituais poderiam ser associadas a uma variedade de conhecimentos e atitudes (experiências, perspectivas, estilos de trabalho, valores e premissas) que, se bem gerenciadas, potencializariam a aprendizagem.

Mas como aprende uma equipe de trabalho? Entre as perspectivas teóricas mais populares à aprendizagem está a abordagem cognitiva. Como explicam Bastos e Borges-Andrade (2004), *cognição* é um termo que diz respeito aos processos envolvidos no ato de conhecer. Para os psicólogos cognitivistas, os indivíduos são seres ativos na seleção de estímulos e conhecimentos com os quais organizam sua vida. Os processos envolvidos no ato de conhecer incluem a aquisição, a organização e o uso dos conhecimentos, entre os quais o raciocínio, os julgamentos, as afirmações, as associações e as interpretações. As estruturas cognitivas são *esquemas*, conjuntos de conhecimentos (ou de cognições), percepções e informações inter-relacionadas e relativas aos atributos ou à natureza de certa entidade e às suas relações com as outras. Os traços de memória são as percepções organizadas que as experiências e situações deixam no sistema nervoso, influenciando os atos individuais de conhecer.

Há diversos tipos de esquemas, como os esquemas de pessoas, que nos descrevem as personalidades dos outros, os esquemas do eu, que nos descrevem nossos atributos, os esquemas de grupo (ou estereótipos), os esquemas de papéis e os esquemas de acontecimentos. Os esquemas que compõem nossa estrutura cognitiva influenciam nossa capacidade de recordar e associar fatos, fazer inferências, orientar nossos julgamentos e decisões, sendo fundamentais à redução da ambiguidade ao nosso redor e, portanto, à nossa operação no mundo. Para os psicólogos cognitivistas, a aprendizagem individual seria a mudança dos esquemas, isto é, a reestruturação das estruturas de cognições que construímos sobre os fenômenos ao nosso redor. Nesse sentido, as estruturas cognitivas têm papel fundamental à aprendizagem, fornecendo ordem e significado às experiências cotidianas dos indivíduos (Pawlowsky, 2001).

A psicologia social indica-nos que a capacidade restrita de processamento de informações e nossos vieses à interpretação de situações e tomada de decisões caracterizam nossas estruturas cognitivas individuais. Nossos esquemas seriam limitados e influenciados por trajetórias individuais e conteúdos culturais. De fato, as estruturas cognitivas restritas dos indivíduos fazem que estes tendam a reconhecer somente aquelas informações às quais foram treinados, dadas as suas experiências prévias, o que os leva a percepções incompletas dos eventos relevantes. Dentro dessa linha de raciocínio, reconhece-se que as equipes caracterizadas por membros cujas estruturas cognitivas são suficientemente diferentes poderiam acessar, interpretar e reagir aos estímulos do ambiente de maneiras diferentes, analisando situações e tomando decisões com base em conjuntos diversos de esquemas.

Nosso argumento à diversidade nas equipes de trabalho baseia-se então no reconhecimento da relevância da variedade de estruturas cognitivas à possibilidade de se (re)construir mapas mentais compartilhados que reflitam convergências de entendimentos. As equipes de trabalho aprendem por meio de processos interativos ao longo dos quais conhecimentos são compartilhados e novos conhecimentos são criados por meio da integração da experiência coletiva (Adams et al., 2005). Os membros de uma equipe aprendem e atingem seus objetivos por meio da interação com múltiplos sistemas e atores em situações concretas, incluindo a organização, os indivíduos e os grupos sociais externos à organização, a equipe em si e seus membros individuais. Durante esses processos, os indivíduos acessam e compartilham informações, vivem experiências coletivas e refletem coletivamente sobre o significado dessas experiências, produzindo novos conhecimentos passíveis de serem empregados em novas situações ou desafios. A aprendizagem pode então ser conceituada como "a construção coletiva de novos conhecimentos pelo grupo" (Brooks, 1994, p. 215).

Operando com base em estruturas cognitivas diferentes, os processos mentais dos indivíduos interagentes interpretariam estímulos e analisariam situações, integrando percepções e conclusões e, assim, propondo procedimentos, visões ou decisões alternativas. Ao longo desse processo, cognições e esquemas são explicitados e contrastados, podendo ser reformulados para recompor o que denominamos "mapas mentais compartilhados" (Mathieu et al., 2000). Estas são estruturas cognitivas coletivas, as representações, ideias e associações que permitem aos indivíduos melhor comunicação e convergência de interpretações e decisões. O contraste e a integração de conhecimentos no grupo relativizariam a validade das estruturas cognitivas individuais.

Entretanto, devemos reconhecer a complexidade que caracteriza a gestão desses processos. A diversidade de identidades e estruturas cognitivas pode potencializar divergências, mal-entendidos, conflitos e choque cultural. Segundo teorias da identidade social, as pessoas constroem relações sociais com base em percepções enviesadas. Ao nos percebermos semelhantes aos outros, experimentamos emoções positivas que facilitam a construção de laços, aumentando a probabilidade de interação e intimidade. Por outro lado, ao não nos identificarmos, experimentamos um baixo senso de controle de nossas relações sociais, empregamos estereótipos e evitamos uns aos outros (Pereira e Hanashiro, 2007, p. 10).

Para além da retórica otimista, Richard et al. (2004) discutem as relações entre diversidade e desempenho organizacional, que não parecem ser lineares. Pesquisas pioneiras sobre essas relações vêm trazendo resultados inconsistentes; algumas concluem que a diversidade tem impactos positivos no nível dos pequenos grupos, enquanto outras indicam que grupos homogêneos teriam desempenho melhor que grupos heterogêneos. Para os autores, argumentos simplificados que associam diretamente a diversidade ao desempenho devem ser substituídos por explicações mais complexas, que incluam aspectos mediadores e contingenciais que afetariam essas relações. Entre os aspectos mediadores estaria o perfil da organização ou, em especial, sua propensão à inovação e ao empreendedorismo. Entre os aspectos contingenciais estaria o nível de diversidade cultural nos grupos.

Segundo a hipótese dos autores, em grupos culturalmente homogêneos, nos quais os indivíduos compartilhariam muitas dimensões da identidade social, estes tenderiam a experimentar mais cooperação, maior satisfação e menor nível de conflito emocional. Por outro lado, à medida que a diversidade intragrupo torna-se moderada, processos psicológicos de categorização se fazem mais relevantes: percepções enviesadas, estereótipos e preconceitos passam a caracterizar as relações sociais, fragmentando a solidariedade a subgrupos, dificultando a interação e a comunicação, potencializando conflitos emocionais. Essas barreiras à sociabilidade diminuiriam à medida que a diversidade se tornasse elevada, diluindo as identidades sociais intragrupo, reduzindo a relevância e a incidência de interpretações e regras subgrupais que levam à discriminação.

Essa hipótese geraria uma curva em U associando desempenho à diversidade, como mostra a Figura 10.1. As evidências empíricas coletadas pelos autores em 535 bancos norte-americanos confirmaram esse padrão em relação à diversidade racial em organizações altamente propensas à inovação. As conclusões dos autores indicam a complexidade associada à construção de competências organizacionais capazes de maximizar o potencial do capital humano diversificado.

Sobre os impactos da diversidade às dinâmicas de trabalho, as pesquisas são inconclusivas e dão destaque tanto a implicações positivas como a implicações negativas associáveis à diversidade. A revisão bibliográfica realizada por Mendes (2005) em quatro periódicos científicos conceituados (AMJ, AMR, ASQ, OS) nos indica a paridade quantitativa entre as implicações analisadas, o que sugere os desafios em se gerir a diversidade. A diversidade seria uma "faca de dois gumes". Com base no trabalho de Mendes (2005), sistematizamos a incidência dos temas nas Tabelas 10.1. e 10.2., a seguir. Os efeitos positivos da diversidade são resumidos na Tabela 10.1., e os efeitos negativos, na Tabela 10.2.

Devemos ainda reconhecer que divergências e conflitos seriam de fato características do processo de aprendizagem nas equipes. Se a aprendizagem organizacional requer a construção de consensos em torno de novos entendimentos (sem o que não se viabilizaria a ação coletiva e organizada), o conceito de consenso deve ser entendido em toda a sua complexidade, o que inclui reconhecer a unidade e a diversidade que caracterizariam simultaneamente o acordo coletivo em torno de novos entendimentos. Distanciando-se das noções tradicionais que postulam a construção do consenso como um processo sacrificador da diversidade, Fiol (1994) identifica dois componentes do conceito: o *consenso em torno de interpretações ou conteúdos cognitivos* (*content of communication*; ou os conhecimentos com as quais as pessoas representam suas interpretações da realidade) e o *consenso em torno das formas com as quais as pessoas constroem e comunicam seus entendimentos da realidade* (*framing of communication*). Essa última dimensão se refere às formas como as pessoas constroem seus argumentos e os expressam (de maneira mais rígida ou flexível, por exemplo), independentemente de seus conteúdos (Fiol, 1994, p. 405). Os processos de negociação e aprendizagem seriam caracterizados pela sobreposição de consensos e dissensos, tanto em torno de conteúdos como em torno de maneiras de comunicá-los ou defendê-los.

Fiol (1994) discute o grau de rigidez com que as pessoas comunicam seus entendimentos e a amplitude de seus argumentos (o grau de complexidade, o número de questões ou variáveis que os compõem), sugerindo suas implicações ao processo de análise e tomada de decisões. Pode-se dizer que, de um lado, a rigidez de uma interpretação sugere uma posição fixa, abrindo pouco espaço para a integração de novos

Tabela 10.1.
Efeitos positivos da diversidade organizacional

Efeitos positivos	Ênfases (nº citações)	%
Solução de problemas	15	17,4%
Criatividade	14	16,3%
Inovação	6	7%
Desempenho	6	7%
Tomada de decisão	5	5,8%
Novos mercados consumidores	5	5,8%
Produtividade	5	5,8%
Agilidade	4	4,7%
Vantagem competitiva	4	4,7%
Flexibilidade	3	3,5%
Eficiência	3	3,5%
Fonte de informações	3	3,5%
Variedade de perspectivas	2	2,3%
Aprendizado	1	1,2%
Cooperação	1	1,2%
Fonte de recrutamento	1	1,2%
Atendimento ao cliente	1	1,2%
Imagem	1	1,2%
Diferenciação	1	1,2%
Diversificação	1	1,2%
Qualidade	1	1,2%
Lucratividade	1	1,2%
Valorização das ações	1	1,2%
Perpetuidade	1	1,2%
Total	86	100%

Fonte: Elaborada com base em Mendes, 2005.

Tabela 10.2.
Efeitos negativos da diversidade organizacional

Efeitos negativos	Ênfases (nº citações)	%
Conflito	18	20,2%
Problemas de comunicação	13	14,6%
Turnover	11	12,4%
Insatisfação	6	6,7%
Discriminação	5	5,6%
Falta de consenso/ coesão	5	5,6%
Desintegração	4	4,5%
Absenteísmo	4	4,5%
Descomprometimento	4	4,5%
Problemas de coordenação	3	3,4%
Lentidão	2	2,2%
Problemas de identificação	2	2,2%
Estresse	2	2,2%
Preconceito	1	1,1%
Desconfiança	1	1,1%
Ineficiência	1	1,1%
Paralisia	1	1,1%
Baixa interação	1	1,1%
Custos sociais	1	1,1%
Custos legais	1	1,1%
Baixa qualidade	1	1,1%
Baixo desempenho	1	1,1%
Total	88	100%

Fonte: Elaborada com base em Mendes, 2005.

Figura 10.1.
Relações entre desempenho e diversidade em pequenos grupos – hipótese de Richard et al. 2004.
Fonte: Richard et al. (2004).

conhecimentos, o que implicaria riscos à tomada de decisões; do outro, interpretações amplas, que incorporam uma diversidade de variáveis e questões estariam positivamente correlacionadas à eficácia das decisões. Em seu estudo, a autora mostra como os indivíduos envolvidos em um projeto aprenderam ao abraçarem a diversidade de conteúdos cognitivos dentro de um referencial convergente (e flexível) à comunicação de argumentos. Em geral, a autora indica a possibilidade de as pessoas divergirem em suas interpretações e conteúdos cognitivos, situação esta capaz de potencializar a aprendizagem; entretanto, conflitos serão inevitáveis se o grupo não convergir em torno de referenciais (*frames*) de construção e expressão de argumentos capazes de incorporar as divergências de conteúdo.

Gerir a diversidade significa planejar políticas e sistemas de gestão de pessoas com essa finalidade, promovendo também mudanças culturais abrangentes (Cox, 1994). A gestão da diversidade implica a construção de um ambiente de justiça social onde todos tenham suas necessidades e identidades respeitadas, possam desenvolver plenamente o seu potencial realizando objetivos coletivos, e onde indivíduos e grupos sejam integrados entre si. Pereira e Hanashiro (2007) discutem dois modelos genéricos de gestão da diversidade cujo objetivo comum seria a distribuição justa das oportunidades geradas pela organização à construção de vantagem competitiva.

O modelo de *dissolução das diferenças* postula o acesso indiscriminado às oportunidades na organização. Não importaria quem seja o indivíduo, mas, sim, suas competências e suas contribuições ao grupo. As políticas, práticas e processos de gestão de pessoas não privilegiariam grupos considerados "excluídos", porém buscariam atender às necessidades de todos, indiscriminadamente. Esse modelo se estrutura com base na ideia de meritocracia, rejeitando outros critérios à distribuição de oportunidades. Seus defensores apontam a "discriminação reversa" (o sentimento de discriminação pelas pessoas merecedoras, mas excluídas dos benefícios), o reforço da estigmatização e do preconceito, a redução do comprometimento e a sensação de injustiça no ambiente organizacional como efeitos colaterais do tratamento diferenciado aos grupos considerados desprivilegiados. Como propostas, as organizações deveriam valorizar as necessidades de todos os indivíduos, promover a objetividade e a justiça nos processos de gestão de pessoas (que seriam auditados para garantir a ausência de protecionismo), flexibilizar modelos de trabalho de maneira a incorporar interesses de todos, abraçar o desenvolvimento das competências de todos por meio do foco no indivíduo inserido em uma cultura que os encoraje a tomar decisões, participar, ouvir e agir (Pereira e Hanashiro, 2007, p. 5).

O modelo de *valorização das diferenças* assume um ceticismo em relação à integração "natural" dos grupos desprivilegiados. As organizações seriam estruturas formais de poder dominadas por grupos historicamente privilegiados, excluindo minorias, que não teriam as mesmas chances de desenvolvimento, ascensão e participação. Seria necessário criar essas chances por meio de políticas de inclusão de minorias, observando as necessidades de cada grupo. Entre as propostas desse modelo, a inserção gradual e proporcional de minorias com base em critérios ao recrutamento e seleção, a prática de treinamentos diferenciados, o combate a preconceitos por meio do tratamento explícito e consistente das questões de diversidade e a integração de indivíduos e grupos dispostos a incorporar visões de mundo, interesses e necessidades diversas.

Em nossa opinião, os modelos de valorização e dissolução das diferenças não precisam ser considerados excludentes, o que nos indicaria a possibilidade de construção de abordagens híbridas. Cada organização deve desenvolver um conjunto específico de premissas e políticas de gestão da diversidade, que seriam pensadas em função das contingências sociais e históricas que as caracterizam. A investigação de valores culturais e a atenção à justiça organizacional seriam dois fatores inerentes ao desenvolvimento de modelos de gestão da diversidade (Pereira e Hanashiro, 2007). À construção de organizações pluralistas, cada modelo de gestão de pessoas deve incorporar soluções coerentes com seu ambiente, com as características de seu capital humano, respondendo às expectativas dos grupos, acompanhando e antecipando tendências legais e sociais.

Pereira e Hanashiro (2007, p. 11) sugerem que, ao desenvolver modelos de gestão da diversidade, as organizações não neguem nem exaltem a identidade social dos grupos. "Como alternativa elas devem incentivar emoções positivas de um grupo em relação a outro." Para que isso ocorra, seria necessário fazer que as pessoas percebam que há mais semelhanças entre elas do que diferenças, ou talvez os grupos estejam perpetuando categorias enviesadas com base nas quais se definem, alimentando preconceitos, discriminação, conflitos e choques culturais. (Ver o Quadro 10.1.)

Quadro 10.1.
Modelos genéricos de gestão da diversidade

Valorização das diferenças	"A gestão da diversidade que valoriza as diferenças, criando condições de tratamento especial para atender as diferentes necessidades dos diferentes grupos sociais sub-representados, proporciona a preservação da identidade social dos indivíduos, mas pode também gerar mais facilmente reações desfavoráveis por parte dos que não são por ele beneficiados."
Dissolução das diferenças	"A gestão da diversidade com base na dissolução das diferenças nega a identidade social dos indivíduos, mas privilegia a meritocracia como quesito para avaliação do desempenho dos mesmos, entendendo ser esta uma questão de defesa pela justiça baseada na equidade."

Fonte: Elaborado pelo autor com base em Pereira e Hanashiro (2007, p. 11).

A importação da retórica da diversidade organizacional ao Brasil vem sofrendo diversas críticas. Aqui, apenas na década de 1990, nossos governantes se engajaram a discutir políticas à diminuição da exclusão de grupos desprivilegiados, dada a luta dos movimentos sociais em prol desses direitos. Essa tendência foi acompanhada pela transferência de práticas de gestão da diversidade das matrizes de empresas estrangeiras às suas subsidiárias no Brasil, potencializando o debate sobre os desafios associados à inserção social dos grupos excluídos em nossa sociedade (Fleury, 2000). Entre as dificuldades mais destacadas pela literatura, o preconceito racial em nosso país é diminuído ou negado historicamente.

Nossas relações sociais foram construídas historicamente em meio à miscigenação das raças. A sociedade brasileira poderia ser entendida por meio do triângulo das raças (brancos, negros e índios, que deram origem a uma sociedade miscigenada, mulata e diversificada), em contraste com a sociedade norte-americana, na qual quem não é branco, é negro. Diferente do caso norte-americano, o caso brasileiro não se caracteriza pelo dualismo de raças de caráter exclusivo, dificultando a identificação dos grupos sociais excluídos.

Segundo DaMatta (1998), nossa herança portuguesa incluiu também uma cultura hierarquizada, uma organização social e política bem-definida e desprovida de valores de igualdade social e inclusão. Após a abolição da escravatura, o negro viu-se sem condições de integrar-se à sociedade de classes, pois não tinha recursos econômicos, técnicos e organizatórios para responder efetivamente às necessidades de sua nova situação. Ao longo de nossa história pós-escravatura, reproduziram-se os velhos padrões de diferenciação social da escravatura.

Como coloca Fernandes (1965, p. 225), "os direitos e garantias sociais das raças eram então determinadas frente às posições que seus integrantes ocupavam nas estruturas de poder da sociedade, representações que legitimavam, racial, material e moralmente, tais distinções e prerrogativas". A hegemonia "inquestionável e moralmente legítima" dos brancos sobre os negros levou a uma situação de "paz social", na qual os grupos convivem pacificamente, escondendo-se então a marginalidade do negro.

Esses significados compõem o *mito da democracia racial*, que se tornou um alicerce ideológico capaz de conciliar conflitos sociais no campo do concreto, por se adaptar à extrema desigualdade de direitos reais entre brancos e negros, conciliando grupos sem a perspectiva de transformação da essência das relações sociais concretas. O mito da democracia racial sugere uma acomodação social igualitária, fazendo-nos entender nossa sociedade como se estivesse sob uma ordem democrática, ao passo que ela preserva a essência do antigo regime (DaMatta, 1998; Fernandes, 1965).

No Brasil, o racismo não é admitido, é camuflado, mas seus efeitos se refletem em uma estrutura social extremamente desigual. Assim, o nosso preconceito é muito mais contextualizado, sofisticado e invisível que o norte-americano, que é mais direto e formal. Entre as particularidades brasileiras à gestão da diversidade, o mito da democracia racial dificulta o reconhecimento da discriminação. Os gestores de pessoas precisam reconhecer a desigualdade e o preconceito, o que entra em conflito com o alicerce ideológico e cultural que postula a democracia racial (Alves e Galeão-Silva, 2004).

No país, práticas de gestão da diversidade precisariam revelar a discriminação para, então, promover a inclusão. Algumas das questões que podem ser feitas agora são: como mudar padrões culturais dominantes na sociedade (e nas organizações)? Como construir coerência entre o modelo de gestão da diversidade e o contexto institucional, histórico e social no qual a organização se insere? Que políticas e práticas devem ser implantadas para a gestão da diversidade? Essas questões são complexas e não possuem respostas formatadas.

11
CAPÍTULO

Sistemas de informação em gestão de pessoas

André Ofenhejm Mascarenhas

Em organizações que consideram seus membros potenciais como recursos estratégicos, gerir pessoas significa promover o desenvolvimento do capital humano por meio de práticas de gestão capazes de realizar seu máximo potencial. Segundo a visão baseada em recursos, a vantagem competitiva viria de combinações valiosas e exclusivas de recursos, entre os quais os recursos humanos e os organizacionais, cujo desenvolvimento seria coordenado pela área de RH.

A gestão do capital humano abrangeria as responsabilidades quanto à evolução do conjunto de competências e relacionamentos disponíveis na organização, o que aconteceria no âmbito de processos, como captar, acumular, desenvolver, reter e organizar os recursos humanos da organização. Sobre esses processos, os gestores de RH deveriam formular políticas e instituir práticas capazes de contribuir à valorização, flexibilização e diferenciação do capital humano e organizacional, levando-os a preencher os requisitos do modelo VRIO.

Para tanto, especialistas como Lawler e Mohrman (1995) e Ulrich (1998) discutem estratégias genéricas para a gestão eficiente de recursos humanos. Seria função do RH o apoio à organização horizontal, a promoção do envolvimento e da aprendizagem, além do fomento à liderança. Ao assumir essas funções, o RH deveria descentralizar a gestão de pessoas e orientar-se à prestação de serviços, para que esses processos possam ser efetivamente desempenhados pelos gerentes de linha.

O suporte estratégico com base no *know-how* especializado dos profissionais de RH permitiria aumentar a qualidade dos processos de gestão de pessoas, agora sob a responsabilidade dos líderes de equipes. Segundo essa perspectiva, a área de RH não mais monopolizaria o conhecimento em gestão de pessoas, mas o compartilharia com os outros grupos na organização.

Essas propostas apontam à reestruturação da função gestão de pessoas, que se beneficiaria das tecnologias de informação e comunicação (TIC) genericamente conhecidas por *RH autoatendimento*. Além dos *call centers*, os portais de RH são a interface sistema-usuário que distinguem informações genéricas de conhecimento relevante para determinado funcionário, sendo uma porta de entrada para aplicações e bancos de dados que permitem a administração de funções gerenciais, viabilizando a descentralização da gestão de pessoas.

Esses sistemas são a mudança mais significativa em termos de serviços de RH nos últimos anos. Analisaremos neste capítulo como uma empresa implantou a tecnologia de autoatendimento, instituiu novas práticas de gestão, promoveu o desenvolvimento das competências de gestão de pessoas de seus líderes, e alavancou o comprometimento e a satisfação de seus funcionários.

Na Souza Cruz, o projeto CSRH foi uma ampla iniciativa de transformação da função gestão de pessoas. Antes uma área essencialmente administrativa, a implementação do projeto permitiu a reorganização do RH. O novo modelo de gestão postulava a necessidade de a área prestar suporte especializado, agregando qualidade aos processos de gestão de pessoas, que seriam responsabilidade direta dos gestores de linha, permanentemente envolvidos com suas equipes. Por sua vez, chefes e subordinados deveriam assumir novos papéis sociais de negociação de interesses e desenvolvimento pessoal e organizacional. Essas propostas compunham o modelo de *consultoria interna de recursos humanos* da empresa.

Estudo de Caso: RH autoatendimento na Souza Cruz S.A.

No ano 2000 a Souza Cruz era a décima quinta maior empresa privada no Brasil, com vendas de mais de 2,7 bilhões de dólares. Atuando nas áreas de fumo e cigarros, gerava cerca de 4.700 empregos diretos em postos de trabalho espalhados em todo o Brasil, além de 3 mil empregos temporários na época da safra de fumo. A empresa é uma das que mais recolhem impostos do país.

Atualmente a Souza Cruz mantém diversas unidades espalhadas no país, em uma estrutura organizacional marcada pela grande dispersão. A central administrativa, localizada em São Paulo, concentra parte dos departamentos de administração. As unidades fabris de Uberlândia e Cachoeirinha concentram os funcionários da produção, enquanto as quatro unidades de processamento de fumo, em Santa Cruz do Sul, Blumenau, Rio Negro e Patos, concentram os chamados "safreiros", funcionários da empresa em regime temporário, que trabalham na época da safra de fumo.

A matriz, localizada no Rio de Janeiro, concentra parte da administração e o corpo diretivo. Além disso, a empresa conta com estruturas de logística e vendas espalhadas por todo o Brasil, uma força de trabalho móvel e pulverizada, responsável pela comercialização e entrega dos produtos em todo o território nacional.

O histórico da área de RH e o projeto CSRH

A área de RH na Souza Cruz se ocupa historicamente da execução de dois tipos de processos: os *operacionais* e os *estratégicos*. Os processos operacionais são todos aqueles relacionados à operação diária dos serviços de RH, incluindo o atendimento aos clientes internos e a operação dos subsistemas de gestão de pessoas. Os processos estratégicos de RH são aqueles relacionados às decisões que afetam de alguma maneira o desenvolvimento das questões de recursos humanos e, portanto, o rumo da organização. Eles incluem o desenvolvimento de novos serviços de RH e o planejamento estratégico de recursos humanos. Em virtude da organização e da disposição geográfica da força de trabalho, a área de RH da empresa historicamente tem encarado desafios peculiares no que se refere à gestão de pessoas. Antes das mudanças tecnológicas, a área era fragmentada: a partir da definição das políticas corporativas de gestão de pessoas pela matriz, cada unidade da empresa operava uma estrutura própria de RH, que se ocupava de processos operacionais e parte dos processos estratégicos, concentrando o conhecimento sobre gestão de pessoas. Esse modelo era pesado e pouco flexível: os serviços de RH eram prestados a partir da intensa interação entre os analistas da área e os demais gestores e, por terem pouco apoio tecnológico, implicavam grande quantidade de trabalho operacional.

Na década de 1990, a Souza Cruz passou por um profundo processo de racionalização que levou ao enxugamento da empresa. Durante essa década, a força de trabalho foi reduzida em 50%, passando de 9.500 funcionários, em 1991, para 4.700, em 2002. Inserida nesse processo, a área de RH viu-se diante do desafio de adequar-se à nova realidade. A tendência à racionalização levou a área a implementar um projeto que permitisse não somente a redução do efetivo do RH, mas, principalmente, reorganizasse a gestão de pessoas, introduzindo novos padrões de atuação da área.

O projeto CSRH (Central de Serviços de Recursos Humanos) baseava-se no conceito da *consultoria interna de recursos humanos*. Segundo essa ideia, a área de RH deveria deixar de executar tarefas burocráticas e operacionais para concentrar-se na prestação de serviços estratégicos à organização. Assim, seus analistas deveriam utilizar seus conhecimentos especializados concentrando-se no suporte às demandas das áreas clientes, de forma a melhorar a qualidade dos processos de gestão de pessoas na organização, que deveriam estar sob a responsabilidade dos gerentes de linha.

A implementação do conceito de consultoria interna de RH exigiu amplas transformações em toda a estrutura e processos da área, tanto os operacionais quanto os estratégicos. Em relação aos processos operacionais, as transformações decorrentes da implantação da tecnologia de autoatendimento foram drásticas: a operação dos subsistemas de RH foi descentralizada, ao passo que o atendimento aos clientes internos foi centralizado e especializado.

O atendimento aos clientes internos

O atendimento aos clientes internos era executado pelas estruturas de RH nas unidades da organização, segundo políticas e normas corporativas. Cada unidade era responsável pelo atendimento das demandas locais relacionadas aos serviços da área. Contudo, os analistas de RH envolviam-se e outros processos além do atendimento. O atendimento aos funcionários frequentemente exigia a participação do seu superior imediato na interação com a área de RH.

Historicamente a gestão de pessoas na empresa caracterizava-se pelo suporte do chefe ao funcionário em questões operacionais de RH. Sobre os funcionários não alocados em uma unidade específica, seu chefe imediato tinha a responsabilidade formal de atender a essas demandas. Assim, o atendimento às demandas básicas dos clientes do RH demandava contato pessoal e muitas vezes a intermediação do superior. A centralização e a especialização se tornaram possíveis graças a uma nova estrutura, o SAF, ou *Serviço de Atendimento ao Funcionário*, uma central de *call center* baseada em São Paulo, capaz de atender a todos os clientes internos.

Com acesso gratuito, o SAF compõe-se de duas dezenas de analistas responsáveis pelo atendimento às demandas dos funcionários da Souza Cruz em qualquer lugar do Brasil. Os analistas do SAF são conhecedores das políticas e serviços de RH e revezam-se para prestar um serviço especializado de atendimento. Como um canal de comunicação privilegiado, o SAF democratizou o acesso ao RH (já que muitos funcionários não atuam próximos às estruturas da área), permitindo ainda a padronização das respostas às demandas dos funcionários. O atendimento descentralizado de antes gerava conflitos em decorrência das orientações diferentes na atuação dos analistas. Assim, o SAF assumia tarefas operacionais que antes demandavam a intermediação dos líderes de equipes. O funcionário foi então estimulado a recorrer à equipe do SAF para a resolução de suas demandas:

> Antes os funcionários que tivessem qualquer dúvida em relação ao RH deveriam procurar o seu superior imediato. Você não tinha o SAF; se o contracheque apresentasse algum erro, ele procurava o seu superior. Hoje, ele liga para o SAF e lá eles verificam o que pode ter ocorrido. Normalmente o SAF faz o acerto imediatamente. Dessa forma, você libera o seu gerente de área dessas atividades mais burocráticas. Hoje dificilmente eu recebo alguma solicitação nesse sentido.

A operação dos subsistemas de RH

A operação dos subsistemas de RH era realizada pelos analistas nas unidades da organização, demandando sua interação intensiva com os gestores clientes para o levantamento e tratamento dos dados. Esses processos abrangiam etapas desnecessárias de circulação de informações, em fluxos não racionalizados. A solicitação e a liberação de férias são exemplo das dificuldades que a organização enfrentava nesse sentido.

> Você imagina uma situação com a qual já convivi: emito um aviso de férias para alguém que está sediada a 500 km de onde eu estou. Essa pessoa necessariamente precisará assinar este documento. Eu tenho de alcançar essa pessoa, fazê-la assinar e retornar o documento para eu assinar também, e então despachá-lo para uma central de recursos humanos. Feito isso, conclui-se o input no sistema para esse funcionário.

O projeto CSRH promoveu a ampla informatização dos subsistemas de RH por meio do portal *RH Online*. O acesso remoto às funcionalidades que compõem os subsistemas de RH possibilitou a redução de etapas na sua execução, racionalizando o fluxo de informações. O *RH Online* é acessado pelos funcionários da produção em terminais espalhados pelas unidades da empresa, e pelos funcionários de escritório em seus computadores pessoais e portáteis. Esse portal disponibiliza diversas funcionalidades, agrupadas em algumas modalidades de serviços.

O *SAF eletrônico* é acessado indiscriminadamente e permite a administração do recrutamento interno, do banco de horas, do contracheque e outros pagamentos, da assistência médica, entre outros serviços. A página *SAF Plus e Safreiros* é reservada aos gestores de equipes, e permite a administração do recrutamento e seleção de pessoal, férias, descontos, horários de trabalho, admissão e rescisão, avaliação de desempenho, promoções, além de fornecer informações como dados cadastrais dos funcionários, datas-limite para procedimentos de gestão de pessoas, estrutura de cargos e salários e estrutura organizacional, além do histórico de operações.

O portal *RH Online* também permite o acesso a outros serviços e conhecimento em autoatendimento, como o reembolso de despesas, os cursos on-line pela Universidade Souza Cruz, as políticas e procedimentos de gestão de pessoas, além de relatórios gerenciais customizados sobre questões de gestão de pessoas, disponíveis por meio de um sistema denominado *RH Excellence*.

A descentralização da operação dos subsistemas de RH possibilitou a sua racionalização na medida em que etapas desnecessárias de seus fluxos de informações foram suprimidas, permitindo mais rapidez e independência dos clientes de RH nesses processos. Novamente, sobre a solicitação de férias:

> Sobre esse processo atualmente, como aconteceu comigo na semana passada: eu fiz a minha solicitação de férias por meio do sistema, e o meu chefe recebeu uma mensagem eletrônica que falava: 'você deve verificar e aprovar as férias do Edson'. Ele entrou no sistema e aprovou. Do ponto de vista de tempo, nós ganhamos, pois tínhamos muita burocracia.

A informatização dos subsistemas de RH propiciou o aumento do acesso ao conhecimento sobre gestão de pessoas em todos os níveis e unidades da organização. Os processos informatizados e os novos canais de comunicação entre o RH e seus clientes permitiram melhor nível de conhecimento sobre as práticas de gestão de pessoas.

> No passado o que circulava era papel, não circulava informação. Você não tinha uma base a partir da qual fosse possível acessar a informação, era uma caixa-preta, e quando se precisava de uma informação você tinha de falar com um intermediário. (...) Hoje tenho um sistema em que marco férias, vejo currículos, promovo, transfiro, demito e obtenho qualquer informação sem levantar da cadeira. Se alguma coisa não estiver aqui eu telefono e em pouco tempo obtenho a resposta.

Além disso, as maiores facilidades no acesso à informação e aos serviços de gestão de pessoas permitiram o aumento da interação entre a área de RH e seus clientes. Os novos canais de interação são um estímulo para a utilização dos serviços de gestão de pessoas:

Eu acho que a questão do acesso ao RH é a mesma do cartão de banco. No passado, você ia ao banco para fazer o essencial e evitava ir lá. Hoje, no caixa eletrônico a gente tem acesso a tantas opções, e tão rápido que você acaba acessando alternativas. Eu acho que com o RH não é diferente: vejo as novidades do dia, novidades sobre os benefícios, treinamento, um novo curso na Universidade Souza Cruz que eu poderia fazer. A facilidade no acesso também estimula as pessoas!

Processos estratégicos de gestão de pessoas

Na Souza Cruz, a unidade do Rio de Janeiro concentrava as equipes responsáveis pela formulação de políticas e ações corporativas de RH. Antes do projeto CSRH, as estruturas de RH de cada unidade da empresa ocupavam-se, na maior parte do tempo, com a execução de processos operacionais. Alguns processos estratégicos de RH, como o suporte às áreas para identificação de necessidades de treinamento, também eram executados por essas equipes. Por concentrarem tantas atividades, as estruturas de RH nas unidades eram relativamente grandes. Também é importante lembrar que, antes do projeto CSRH, os gerentes de linha envolviam-se com grande quantidade de trabalho operacional relacionado à gestão de pessoas.

Em um ambiente em que a disseminação da informação era pequena, o gerente de linha era a ligação entre a área de RH e os funcionários. As mudanças nos processos operacionais permitiram transformações nos processos estratégicos de RH, influenciando tanto a atuação dos analistas da área como a dos gestores de linha. De maneira geral, as mudanças possibilitaram o direcionamento dos esforços desses dois grupos a esse tipo de processo. Vejamos com detalhes como isso aconteceu.

Atuação dos analistas de RH: Com a diminuição das tarefas rotineiras relacionadas à operação dos subsistemas de RH e ao atendimento dos clientes internos, as equipes de RH localizadas nas diversas unidades foram reduzidas e tiveram suas responsabilidades modificadas, deixando grande parte das atividades operacionais. Aproveitando o novo fluxo de informações proveniente da informatização, os analistas concentraram suas atividades no suporte aos clientes em questões de gestão de pessoas. Atualmente essas responsabilidades se caracterizam pela atuação analítica em detrimento da atuação operacional. Antes da informatização, as equipes de RH nas unidades ocupavam-se primordialmente de tarefas burocráticas, eliminadas com a informatização:

Por exemplo, o atendimento relacionado ao benefício oftalmológico: você possui esse benefício para comprar óculos ou lentes. Você tem direito a esse valor anualmente, não a cada dois meses. Antes o controle era no balcão: você tem direito, você não! Hoje o sistema fornece a informação, se você recebeu o valor durante o ano, então você só terá direito no próximo ano.

Hoje em dia as estruturas de RH nas unidades ocupam-se do atendimento de demandas específicas sobre a administração de pessoas; do suporte às áreas clientes no que diz respeito à gestão de pessoas; e da tradução das demandas organizacionais para o desenvolvimento de políticas e serviços, em interação constante com o RH corporativo no Rio de Janeiro. As novas responsabilidades dos analistas de RH nas unidades foram descritas da seguinte maneira por executivos e analistas da área:

> O consultor de RH dá assistência à gerência de linha e aos funcionários em questões que não podem ser resolvidas com a central de serviço. Aqueles problemas que você não consegue resolver por telefone são cerca de 1% e, por se tratarem de novas demandas ou situações, é necessário sentar com a pessoa e fazer uma análise aprofundada. Nesse processo, muitas vezes detectam-se novas tendências ou situações que devem ser analisadas com cuidado pela área de RH, no sentido de melhorar nossas políticas e serviços.
>
> Uma promoção exige um apoio amplo do RH, afinal não é só promover uma pessoa, você tem de analisar as consequências do ponto de vista legal e de outros aspectos políticos da companhia. O gerente não conhece o contexto, os salários, de todos os cargos existentes na fábrica, inclusive no setor dele ele fica em dúvida e nós damos esse suporte a ele. Não se trata de autorizar a promoção, mas deixá-lo ciente das vulnerabilidades e alternativas em relação à sua decisão. Trata-se de uma análise da situação, e não uma decisão, já que a decisão é dele.

Com a informatização dos subsistemas de RH e do atendimento aos clientes, a nova informação disponível auxilia a área a implantar melhorias contínuas em seus processos. A tecnologia informatizada permite que se aprofunde o conhecimento sobre os processos de gestão de pessoas. Dessa maneira, a informatização é parte de uma política que visa explorar a presença dessas informações e criar um conhecimento mais profundo, mais amplo e perspicaz das atividades da área. A implementação dessa política deve ter como objetivo viabilizar o aperfeiçoamento e a inovação na organização, promovendo a inovação em gestão de pessoas (Zuboff, 1998). As palavras a seguir ilustram a atuação de uma analista envolvida com a melhoria contínua dos processos de atendimento.

Temos de tomar providências rápidas para que a demanda não seja geral. Eu vejo então o que está acontecendo na tela, o que está acontecendo numa unidade ou na empresa como um todo. Posso antecipar estas questões sendo mais proativa. Identifiquei que um determinado assunto sempre me traz problema, logo, antes que esse problema aconteça, tenho de elaborar respostas para minimizar seus impactos.

Atuação dos gestores clientes: A informatização dos subsistemas de RH transforma também a atuação dos gerentes de linha, na medida em que propicia maior acesso ao conhecimento relevante sobre as práticas de gestão de pessoas.

> A ideia é sistematizarmos e disponibilizarmos as informações que eles [os gerentes] precisam para gerir. Essas informações são várias, vou citar alguns exemplos: como está o status de férias da turma dele, como vão os treinamentos da área dele. (...) Informações da própria folha de pagamento, quanto custa para ele versus o que ele tem planejado, enfim são informações gerenciais relacionadas a ele e sua equipe, para facilitar a tomada de decisões, para que se redirecionem os esforços dele, essa é a ideia.

As novas funcionalidades em autoatendimento e a democratização da informação sobre a gestão de pessoas transformam os relacionamentos nas equipes de trabalho, permitindo a aproximação entre líderes e liderados com um foco mais estratégico. A disseminação do conhecimento sobre os processos e políticas de RH gerou novas responsabilidades aos gestores. Diminuíram suas atividades como elo entre as operações de RH e os funcionários, mas aumentaram as suas responsabilidades com questões mais relevantes na gestão de pessoas.

Esse novo relacionamento, marcado por um nível mais alto de esclarecimento de ambas as partes, caracteriza-se pela interação voltada ao desenvolvimento pessoal e organizacional. Esses aspectos são descritos respectivamente por um cliente e um executivo do RH:

> A instalação dos sistemas permitiu-se que o funcionário tenha um nível muito maior de acesso à informação, assim ele passa a demandar mais. Uma coisa é ele estar isolado, sem acesso à informação. O questionamento vem do acesso à informação, por esse aspecto aumenta a nossa responsabilidade. Ao permitir o acesso, ele vai apresentar um nível de questionamento mais elevado.

> Eles [os funcionários] não têm dificuldades em acessar o sistema e buscar os benefícios que são disponibilizados a eles, e antes quem atuava nessa relação era o gerente de linha, ele era o provedor que o nosso funcionário tinha antes do modelo informatizado. Então, veja a carga que tiramos do gerente de linha. Isso não é gerência de RH. O que seria isso? O gestor de

linha deve estar preocupado com desenvolvimento dos recursos humanos, com a satisfação do indivíduo no local de trabalho. Com esse modelo, demos instrumentos e ferramentas para o processo de gestão de pessoas conduzido pelo gerente. Criamos um ambiente melhor para a relação superior–subordinado, o gestor mudou o canal de contato, ele não fala tanto com o RH, mas fala muito mais com seu subordinado.

O processo de identificação de necessidades de treinamento exemplifica com exatidão os novos papéis dos gestores de linha e dos consultores de RH. O analista de RH dá suporte às discussões entre líder e liderado, quando são planejadas as ações de desenvolvimento. O analista de RH não é o ator principal, mas, sim, o funcionário e seu superior imediato. O analista permite que a discussão tenha a melhor qualidade possível: traz os conhecimentos necessários ao entendimento das competências, à identificação das lideranças, as estratégias de qualificação etc. A avaliação das necessidades de treinamento e desenvolvimento parte da análise das expectativas individuais e das expectativas que a organização tem em relação aos indivíduos. O consenso gera informações sobre as atividades de desenvolvimento, que são introduzidas no MIDAS, um banco de dados do qual se extraem todas as necessidades para aquele período. As atividades a serem desenvolvidas interna e externamente são então viabilizadas e acompanhadas pela equipe de RH.

Informatização da gestão de pessoas e o modelo de consultoria interna de RH

O modelo de *consultoria interna de gestão de pessoas* se tornou possível em razão dos novos padrões de relacionamento entre os sujeitos. Os novos canais de interação permitiram a democratização das informações sobre a gestão de pessoas, facilitando o acesso aos serviços de RH, reforçando as oportunidades oferecidas pela organização e estimulando os indivíduos a aproveitá-las. As necessidades de conhecimento passaram a ser mais fácil e rapidamente satisfeitas, permitindo maior independência dos gestores de linha e dos funcionários em relação ao RH.

Nesse novo contexto, a área de RH deixou de ser um intermediário centralizador do conhecimento, passando a apoiar as negociações das equipes no que diz respeito aos múltiplos interesses, constantemente em jogo. Os novos processos requerem mais diálogo entre líderes e liderados, que passariam a gerir não somente os aspectos técnicos de seu trabalho, mas também as amplas questões de desenvolvimento pessoal e organizacional, por meio da operacionalização dos subsistemas de RH.

O acesso ao conhecimento em gestão de pessoas geraria mais transparência nos relacionamentos e aumentaria a emancipação dos indivíduos. À medida que a interação entre líderes e liderados ganha papel central na gestão de pessoas, a organização assume a complexidade do comportamento organizacional, e incorpora a ideia de conflito e divergência, tendo em vista os interesses dos atores organizacionais.

Nos processos de negociação, as decisões tendem a ser mais ricas e completas. Em termos do modelo de *gestão estratégica de pessoas*, pode-se dizer que esses processos contribuem à geração de recursos humanos estratégicos e à construção de uma organização capaz de aproveitar plenamente o potencial desses recursos.

A informatização viabilizou também mudanças no relacionamento entre a área de RH e seus clientes internos. Ao permitir o contato com a área de RH e disponibilizar seus serviços de maneira complementar ao tradicional contato pessoal, questões mais simples e de menor importância passaram a ser resolvidas pela central de atendimento ou pelo portal *RH Online*, reduzindo o tempo para a entrega desses serviços e aumentando a satisfação dos usuários.

Por aumentar a qualidade dos processos e permitir a compreensão mais ampla da gama de serviços prestados pela área, essa nova estrutura tecnológica também contribuiu para a melhora da imagem da área de RH na organização. A nova informação, as ferramentas tecnológicas e a nova estrutura viabilizaram uma atuação mais analítica do RH. O antigo contato intensivo para a resolução e acompanhamento de questões operacionais cedeu espaço para o suporte estratégico, a inovação e a resolução de problemas específicos, processos que requerem conhecimento especializado. Assim, a informatização alterou a rotina da organização no que diz respeito à gestão de pessoas.

Nossas observações mostram que, nesse novo contexto, os analistas do RH concentram-se em tarefas mais analíticas, contribuindo à formulação e implantação estratégica por meio da gestão de competências e desenvolvimento de talentos, por exemplo. A constante especulação sobre as possibilidades dos sistemas de RH autoatendimento permite que se identifiquem novas oportunidades na prestação de serviços para a organização. Os funcionários de RH podem, então, desenvolver competências mais voltadas para a proposição de novas ideias e para a inovação.

Com o projeto CSRH, a área deixa de ser preponderantemente operacional para assumir uma atuação mais consultiva, implicando, contudo, na diminuição de seu quadro de funcionários. A racionalização de processos eliminou vagas de menor qualificação. Os dados a seguir demonstram o enxugamento da área de RH. O gráfico mostra a evolução do índice Número de funcionários/número de funcionários do RH, desde o início do projeto de informatização, em 1996.

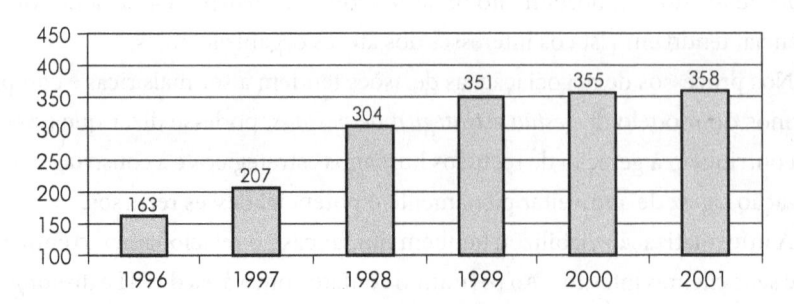

Figura 11.4.
Número de funcionários da empresa por analista de RH da Souza Cruz.

Valores: 1996: 163; 1997: 207; 1998: 304; 1999: 351; 2000: 355; 2001: 358.

Neste momento é necessário apontarmos alguns desafios da área de RH. Apesar do potencial da tecnologia para a consolidação de novos modelos de gestão de pessoas, não se pode dizer que a aprendizagem acontece naturalmente, tendo em vista que novas ferramentas tecnológicas são disponibilizadas. Na verdade, os indivíduos construíram o contexto para o desenvolvimento das competências necessárias à implantação de sistemas de informação que disseminam o conhecimento em gestão de pessoas.

A aprendizagem acontecerá à medida que o sistema social consolida novos comportamentos, entre os quais a descentralização da gestão de pessoas para os gerentes de linha. A gestão de pessoas precisaria estar associada às demais funções gerenciais, fazendo do envolvimento e do estilo dos líderes um dos componentes mais importantes do modelo de gestão de pessoas, por serem fatores idiossincrásicos e de difícil imitação. Os líderes seriam então os responsáveis diretos pela implantação do modelo, já que sua atuação refletiria seus pressupostos básicos. A consolidação desses comportamentos deve ser o objetivo de futuras pesquisas.

Dentro dessa abordagem, não devemos considerar a tecnologia como causa da consolidação do modelo de consultoria interna de recursos humanos. Uma visão mais sofisticada seria considerá-la uma facilitadora (*enabler*). Diversas pesquisas ilustram essa abordagem. Por exemplo, ao analisar o uso do software de comunicação *Lotus Notes* meses depois de sua implementação em uma empresa de consultoria e auditoria, Orlikowski (1996) questiona a extensão do poder de novas aplicações tecnológicas em mudar a maneira com que os profissionais realizam seu trabalho.

Nesse caso, o responsável pela tecnologia na empresa superestimou o quanto os usuários do sistema considerariam o potencial aparentemente óbvio de inovações da tecnologia, e o tempo que os profissionais investiriam na aprendizagem do novo sistema. Esse estudo relaciona o padrão de utilização do *Lotus Notes* aos subsistemas de remuneração e promoção da empresa. Esses sistemas se baseavam na competição entre consultores associados pela posição de consultores sócios, influenciando diretamente os padrões de utilização da TIC. Os sócios, que tinham relativa segurança no emprego, eram mais dispostos a aprender a nova tecnologia e a compartilhar informações e conhecimento no trabalho.

Em contraste, inúmeros consultores, preocupados com suas carreiras e com o risco de serem despedidos caso não produzissem diversos serviços a serem cobrados de seus clientes, relutavam em aprender o software para compartilhar seu conhecimento com os outros. A pergunta que a pesquisa coloca é: por que pessoas cujas promoções dependem de ser vistas como possuidoras de conhecimentos únicos deveriam estar dispostas a compartilhá-los com os outros? Somente porque uma tecnologia facilita isto? Da mesma forma, por que gerentes técnicos assumiriam novas e complexas responsabilidades com a gestão de pessoas?

Referências bibliográficas

ABBAD, G. *Um modelo integrado de avaliação de impacto de treinamento no trabalho* – Impact. Brasília, 1999. Doutorado (em Psicologia), UnB.

ABBAD, G. et al. Implantação de um sistema de avaliação de desempenho – métodos e estratégias. *Revista de Administração da USP*, v. 31, n. 3, jul./set., p. 38-52, 1996.

_____. Avaliação de treinamento: Análise da literatura e agenda de pesquisa. *Revista de Administração da USP*, v. 38, n. 3, p. 205-218, 2003.

ADAMS, A. et al. Experiential learning in teams. *Simulation and Gaming*. v. 36, p. 330-354, 2005.

AGUIAR, G.; SIQUEIRA, M. Diversidade cultural no trabalho: Os desafios em ser mulher em uma instituição financeira. *Anais do XXXI ANPAD*. Rio de Janeiro, 2007.

ALBAGLI, S.; MACIEL, M. L. Capital social e empreendedorismo local. Proposição de políticas para a promoção de sistemas produtivos locais de micro, pequenas e médias empresas. Rede de sistemas produtivos e inovativos locais, 2002. Disponível em: www.ie.ufrj.br/redesist. Acesso em: 15 ago. 2006.

ALBUQUERQUE, L. Gestão estratégica de pessoas. In: FLEURY, M. (Ed.). *As pessoas na organização*. São Paulo: Gente, 2002.

_____. *O papel estratégico de recursos humanos*. Faculdade de Economia, Administração e Contabilidade da Universidade de São Paulo, São Paulo, 1987.

_____. Estratégias de recursos humanos e competitividade. In: VIEIRA, M.; OLIVEIRA, L. (Eds.). *Administração contemporânea – Perspectivas estratégicas*. São Paulo: Atlas, 1999.

ALMEIDA, M. et al. Por que administrar estrategicamente recursos humanos? *Revista de Administração de Empresas*, v. 33, n. 2, abr./jun. 1993.

ALPERSTEDT, C. Universidades corporativas: Discussão e proposta de uma definição. *Anais da XXIV EnANPAD*. Florianópolis: ANPAD, 2000.

ALVES, M.; GALEÃO-SILVA, L. A crítica da gestão da diversidade nas organizações. *Revista de Administração de Empresas*, v. 44, n. 3, jul./set. p. 20-29, 2004.

AMIT, R.; SCHOEMAKER, P. J. H. Strategic assets and organizational rent. *Strategic Management Journal*, v. 14, n. 1, p. 33-46, 1993.

ANDREWS, K. R. *The concept of corporate strategy*. Homewood, Ill.: Dow Jones-Irwin, 1971. 245p.

ANSOFF, I. *Corporate Strategy*. Nova York: McGraw-Hill, 1965.

ANTONACOPOULOU, E.; GABRIEL, Y. Emotion, learning and organizational change: Towards an integration of psychoanalytic and other perspectives. *Journal of Organizational Change Management*, v. 14, n. 5, p. 435-451, 2001.

ANTONELLO, C. A metamorfose da aprendizagem organizacional – Uma revisão crítica. In: RUAS, R. et al. (Eds.). *Os novos horizontes da gestão – Aprendizagem organizacional e competências*. Porto Alegre: Bookman, 2005.

ARAÚJO, A. *Coach* – Um parceiro para o seu sucesso. São Paulo: Gente, 1999.

_____. *Personality and organization.* Nova York: Harper Collins, 1957.

ARGYRIS, C.; SCHÖN, D. *Organizational learning:* A theory of action perspective. Nova York: Basic Books. 1978.

_____. *Theory in practice:* Increasing professional effectiveness. São Francisco: Jossey-Bass, 1974.

ARGYRIS, C. et al. Action science, concepts, methods and skills for research and intervention. Jossey-Bass, 1985. Disponível em: http://www.actiondesign.com/action_science/index.htm. Acesso em: 4 abr. 2007.

ARMSTRONG, M. *Strategic human resource management:* A guide to action. 3. ed. Filadéfia: Kogan Page, 2006.

ARTHUR, J. Effects of human resource systems on manufacturing performance and turnover. *Academy of Management Journal,* v. 37, n. 3, p. 670-687, 1994.

ARTHUR, M.; HENDRY, C. Human resource management and the emergent strategy of small to medium sized business units. *International Journal of Human Resource Management,* v. 1, n. 3, p. 233-250, 1990.

BAIRD, L.; MESHOULAM, I. Managing two fits of strategic human resource management. *The Academy of Management Review,* v. 13, n. 1, jan, p. 116-128, 1988.

BAMBERGER, P.; PHILLIPS, B. Organizational environment and business strategy: Parallel versus conflicting influences on human resource strategy in the pharmaceutical industry. *Human Resource Management,* v. 30, p. 153-182, 1991.

BARBOSA, L. *Igualdade e meritocracia* – A ética do desempenho nas sociedades modernas. Rio de Janeiro: Fundação Getulio Vargas, 1999.

_____. Meritocracia à brasileira: O que é desempenho no Brasil? *Revista do Serviço Público,* v. 120, n. 3, set./dez. 1996.

_____. *O jeitinho brasileiro* – A arte de ser mais igual que os outros. Rio de Janeiro: Campus, 1992.

BARLEY, S.; KUNDA, G. Design and devotion: Surges of rational and normative ideologies of control in managerial discourse. *Administrative Science Quarterly,* v. 37, n. 3, set. p. 363-399, 1992.

BARLEY, S. et al. Cultures of culture: Academics, practitioners and the pragmatics of normative control. *Administrative Science Quarterly,* v. 33, n. 1, mar. p. 24-60, 1988.

BARNEY, J.; WRIGHT, P. *On becoming a strategic partner:* The role of human resources in gaining competitive advantage. Cornell University. Center for Advanced Human Resource Studies. Working Paper Series, p. 97-109, 1997.

_____. On becoming a strategic partner: The role of human resources in gaining competitive advantages. *Human Resource Management,* v. 37, n. 1, p. 31-46, primavera de 1998.

BARNEY, J. Firm resources and sustained competitive advantage. *Journal of Management,* v. 17, p. 99-120, 1991.

_____. Looking inside for competitive advantage. *The Academy of Management Executive,* v. 9, n. 4, p. 49-61, 1995.

BARON, J. N.; KREPS, D. M. Consistent Human Resource Practices. *California Management Review,* v. 41, p. 29-53, primavera de 1999.

BARROS, B.; PRATES, M. *O estilo brasileiro de administrar.* São Paulo: Atlas, 1996.

BASTOS, A. V. B.; BORGES-ANDRADE, J. E. Cognição e ação: O ator ocupa a cena nos estudos organizacionais. In: CLEGG, S.; HARDY, C. et al. (Eds.). *Handbook de Estudos Organizacionais* – Ação e análise organizacionais. São Paulo: Atlas, v. 3, p. 69-76, 2004.

BASTOS, O. Diagnóstico e avaliação de T&D. In: BOOG, G. (Ed.). *Manual de treinamento e desenvolvimento.* São Paulo: Makron, 1994.

BATESON, G. *Steps to an ecology of mind.* Nova York: Ballantine, 1971.

BECKER, B.; GERHART, B. The impact of human resource management on organizational performance: Progress and prospect. *The Academy of Management Journal,* v. 39, n. 4, p. 779-801, ago. 1996.

Referências bibliográficas

BECKER, B. et al. HR as a source of shareholder value: Research and recommendations. *Human Resource Management*, v. 36, n. 1, p. 39-47, primavera de 1997.

_____. *The HR Scorecard*: Linking people, strategy and performance. Boston: Harvard Business School Press, 2001.

BECKER, G. O papel da gestão de pessoas em processos de fusões e aquisições de empresas. *Anais do XXVI EnANPAD*. Salvador: ANPAD, 2002.

BEER, M.; RUH, R. Crescimento dos funcionários através do gerenciamento de desempenho. In: VROOM, V. (Ed.). *Gestão de pessoas, não de pessoal* – Os melhores métodos de motivação e avaliação de desempenho. Rio de Janeiro: Elsevier, 1997.

BEER, M. et al. Why change programs don't produce change. *Harvard Business Review*, p. 158-166, 1990.

BEER, M. et al. *Managing human assets*. Nova York: The Free Press, 1984.

BELLOQUIM, A.; CUNHA, N. Trabalhador do conhecimento e sociedade da informação: Tendências no Brasil. *Anais do XXVII EnANPAD*. Atibaia: ANPAD, 2003.

BENDER, J. HR service centers: The human element behind the technology. In: WALKER, A. (Ed.). *Web-based Human Resources* – The technologies and trends that are transforming HR. Nova York, NY: McGraw-Hill, 2001.

BENSON, J. Organizations: A dialectical view. *Administrative Science Quarterly*, v. 22, n. 1, p. 1-21, 1977.

BENTO, M. A. S. *Ação afirmativa e diversidade no trabalho*. São Paulo: Casa do Psicólogo, 2000.

BERGAMINI, C. Novo exame preocupado da avaliação de desempenho. *Revista de Administração da USP*, v. 18, n. 2, p. 5-11, abr./jun. 1983.

BERGER, P.; LUCKMANN, T. *A construção social da realidade*. Petrópolis: Vozes, 2003.

BERMAN, M. *Tudo o que é sólido desmancha no ar*. São Paulo: Cia das Letras, 1988.

BERTERO, C. O Administrador de recursos humanos e o planejamento empresarial. *Revista de Administração de Empresas*, v. 22, n. 1, p. 5-13, jan./mar. 1982.

BETIOL, M. I. Ser administradora é o feminino de ser administrador? Primeira Conferência da Rede Aliança. Paris: HEC – École des Hautes Etudes Commerciales, 2000.

BITENCOURT, C. A gestão de competências gerenciais e a contribuição da aprendizagem organizacional. *Revista de Administração de Empresas*, v. 44, n. 1, p. 58-69, 2004.

BITENCOURT, C. C. *Gestão de competências e aprendizagem nas organizações*. São Leopoldo: Unisinos, 2005.

BOFF, L.; ABEL, M. Autodesenvolvimento e competências: O caso do trabalhador de conhecimento como especialista. In: RUAS, R. et al. (Eds.). *Aprendizagem organizacional e competências*. Bookman: Porto Alegre, 2005.

BOHLANDER, G. et al. Treinamento e desenvolvimento. In: BOHLANDER, G. et al. (Eds.). *Administração de recursos humanos*. São Paulo: Thomson Learning, 2003.

BORBELY, J.; GOULD, S. Implementing web-based knowledge management. In: WALKER, A. (Ed.). *Web-based human resources* – The technologies and trends that are transforming HR. Nova York, NY: McGraw-Hill, 2001.

BORGES-ANDRADE, J. Desenvolvimento de medidas em avaliação de treinamento. *Estudos de Psicologia (UFRN)*, v. 7, n. especial, p. 31-43, 2002.

BOSQUETTI, M.; ALBUQUERQUE, L. Gestão estratégica de pessoas: Visão do RH versus visão dos clientes. *Anais do XXIX EnANPAD*. Brasília, 2005.

BOXALL, P. The strategic HRM debate and the resource-based view of the firm. *Human Resource Management Journal*, v. 6, n. 3, p. 59-75, 1996.

BRABET, J. *Repenser la gestion des ressources humaines?* Paris: Economica, 1993.

BRANDÃO, H.; GUIMARÃES, T. Gestão de competências e gestão de desempenho – Tecnologias distintas ou instrumentos de um mesmo construto? *Revista de Administração de Empresas*, v. 41, n. 1, p. 8-15, jan./mar. 2001.

BRESLER, R. A roupa surrada e o pai: Etnografia em uma marcenaria. In: MOTTA, F.; Caldas, M. (Eds.). *Cultura organizacional e cultura brasileira*. São Paulo: Atlas, 1997.

BREWSTER, C. Towards a 'European' model of human resources management. *Journal of International Business Studies*, v. 26, n. 1, p. 1-21, 1995.

BRITO, M. et al. Avaliação de desempenho e a liturgia do poder disciplinar: Um estudo de caso. In: *Anais do XXIV EnANPAD*. Florianópolis, 2000.

BROOKS, A. Power and the production of knowledge. Collective team learning in work organizations. *Human Resource Development Quarterly*, v. 5, n. 3, p. 213-235, 1994.

BROWN, A. Organizational identity and place: A discursive exploration of hegemony and resistance. *Journal of Management Studies*, v. 43, n. 2, p. 231-257, 2006.

BROWN, A. D.; STARKEY, K. Organizational identity and learning: A psychodynamic perspective. *The Academy of Management Review*, v. 25, n. 1, p. 102- 120, 2000.

BULLER, P. Successful partnerships: HR and strategic planning at eight top firms. *Organizational Dynamics*, v. 17, p. 27-42, 1998.

BURACK, E. Corporate business and human resource planning practices, strategic issues and concerns. *Organizational Dynamics*, v. 15, p. 73-87, 1986.

BURNS, T.; STALKER, G. M. *The management of innovation*. Londres: Instituto Tavistok, 1961.

CÁLAS, M.; SMIRCICH, L. Do ponto de vista da mulher: Abordagens feministas em estudos organizacionais. In: CALDAS, M. et al. (Eds.). *Handbook de estudos organizacionais*. São Paulo: Atlas, p. 330-333, 1999.

CALDAS, M. *Demissão*. São Paulo: Atlas, 2000.

CALDAS, M.; AZEVEDO, M. O discurso evolucionista e a prática involuntiva: Um estudo empírico exploratório sobre o impacto de mudanças tecnológicas sobre o desenho do trabalho em call centers. *Revista de Administração Contemporânea*, v. 9, n. 3, p. 33-55, 2005.

CALDAS, M.; WOOD, T. For the english to see: The importation of managerial technology in late 20th-century Brazil. *Organization*, v. 4, p. 517-534, 1997.

CALORI, R. Organizational development and the ontology of creative dialectical evolution. *Organization*, v. 9, n. 1, p. 127-150, 2002.

CALORI, R.; SARNIN, P. Corporate culture and economical performance: A french study. *Organization Studies*, v. 12, n. 1, p. 49-74, 1991.

CANÇADO, V. et al. Novos papéis de recursos humanos: Velhas fórmulas em novas embalagens? *Anais do XXIX EnANPAD*. Brasília: ANPAD, 2005.

CAPELLI, P.; CROCKER-HEFTER, A. Distinctive human resources are firms' core competencies. *Organizational Dynamics*, v. 24, n. 3, p. 7-22, inverno de 1996.

CAPPELLIN, P. Ações afirmativas, gênero e mercado de trabalho: A responsabilidade social das empresas na União Européia. In: BENTO, M. *Ação afirmativa e diversidade no trabalho*. São Paulo: Casa do Psicólogo, 2000.

CARINI, G. et al. Trialectics: A questionable logic for organization change research. *The Academy of Management Review*, v. 20, n. 3, p. 503-506, 1995.

CARR, A Understanding emotion and emotionality in a process of change. *Journal of Organizational Change Management*, v. 14, n. 5, p. 421-436, 2001.

CARR, A.; GABRIEL, Y. The psychodynamics of organizational change management: An overview. *Journal of Organizational Change Management*, v. 14, n. 5, p. 415-421, 2001.

CARVALHO, L. T&D estratégico. In: BOOG, G. (Ed.). *Manual de treinamento e desenvolvimento*. São Paulo: Makron, 1994.

CARVALHO, M. *Desenvolvimento de recursos humanos e treinamento: Um estudo de caso, a Petrobras*. Rio de Janeiro: EBAP/FGV, 1977.

CASEY, C. The changing contexts of work. In: BOUD, D.; GARRICK, J. (Eds.). *Understanding learning at work*. Londres: Routledge, 1999.

CASTELLS, M. *A sociedade em rede*. São Paulo: Paz e Terra, 1999.

DeMASSI, D. *O futuro do trabalho, fadiga e ócio na sociedade pós-industrial*. Rio de Janeiro: José Olympio, 2000.

CASTILLO, N. Challenging the labour's requalification hypothesis. *Educação e Sociedade*, v. 18, n. 58, p. 54-83, jul. 1997. Disponível em: http://www.scielo.br/scielo.php?script=sci_arttext&pid=S0101-73301997000100003&lng=en&nrm=iso.

CASTRO, A. Validação e avaliação do treinamento. In: BOOG, G. (Ed.). *Manual de treinamento e desenvolvimento – Um guia de operações*. São Paulo: Pearson Education do Brasil, 2001.

CHANDLER, A. *Strategy and structure*: Chapters in the history of american industrial enterprise. Cambridge MA: MIT Press, 1962.

CHIA, R. A "rhizomic" model of organizational change and transformation: Perspective from a metaphysics of change. *British Journal of Management*, n. 10, p. 209-227, 1999.

CLARKE, C. et al. Being real or really being someone else? Change, managers and emotion work. *European Management Journal*, v. 25, n. 2, p. 92-103, 2007.

CODA, R. et al. Um novo RH? Avaliando a atuação e o papel da área de RH em organizações brasileiras. *Anais do EnANPAD*. Brasília: ANPAD, 2005.

COOK, D.; FERRIS, G. Strategic human resource management and firm effectiveness in industries experimenting decline. *Human Resource Management*, v. 25, n. 3, p. 441-458, outono de 1986.

COOK, S.; YANOW, D. Culture and organizational learning. In: SHAFRITZ, J.; OTT, J. (Eds.). *Classics of organization theory*. Belmont CA: Wadsworth Thomson Learning, 2001.

COOPEY, J.; HARTLEY, J. Reconsidering the case for organization commitment. *Human Resource Management Journal*, v. 1, n. 3, p. 18-32, 1991.

CORDEIRO, A. Planejamento e instalações físicas de centros de treinamento. In: BOOG, G. (Ed.). *Manual de treinamento e desenvolvimento – Um guia de operações*. São Paulo: Pearson Education do Brasil, 2001.

CORIAT, B. Automação programável: Novas formas e conceitos de organização da produção. In: SCHMITZ, H.; CARVALHO, R. (Eds.). *Automação, competitividade e trabalho*: A experiência internacional. São Paulo: Hucitec, 1988.

COX, T. *Cultural diversity in organizations*: Theory, research and practice. São Francisco: Berrett-Koehler Publishers, 1993.

COX, T.; BLAKE, S. Managing cultural diversity: Implications for organizational competitiveness. *Academy of Management Executive*, v. 5, n. 3, 1991.

CRAIG, D.; ROY, R. Developing a customer-focused culture in the speculative house-building Industry. *Total Quality Management & Business Excellence*, v. 15, n. 1, p. 73-87, 2004.

CUMMINGS, T. G.; WORLEY, C. G. *Organizational development and change*. 6. ed. Cincinnati: South Western Publishing, 1997.

CUNHA, M. All that jazz: Três aplicações do conceito de improvisação organizacional. *Revista de Administração de Empresas*, v. 42, n. 3, jul./set. 2002.

DAFT, R.; WEICK, K. Toward a model of organizations as interpretation systems. *The Academy of Management Review*, v. 9, n. 2, p. 284-295, 1984.

DAMATTA, R. *O que faz o brasil, Brasil?* Rio de Janeiro: Rocco, 1998.

DAVEL, E.; VASCONCELLOS, J. Gerência e autoridade nas empresas brasileiras: Uma reflexão histórica e empírica sobre a dimensão paterna nas relações de trabalho. In: MOTTA, F.; CALDAS, M. (Eds.). *Cultura organizacional e cultura brasileira*. São Paulo: Atlas, 1997.

DAVIS, A. et al. The paradoxical process of organizational transformation: Propositions and a case study. *Research in Organizational Change and Development*, v. 10, p. 275-314, 1997.

DAWSON, S. Closing the gap: Lowering program costs and incresing perceived value with employee self--service. *Compensation & Benefits Management*, v. 14, n. 2, p. 59-62, primavera de 1998.

DEAL, T.; KENNEDY, A. *Corporate cultures*: The rites and rituals of corporate life. MA: Addison-Wesley: Reading, 1982.

_____. *Corporate cultures*: The rites and rituals of corporate life. Perseus Books: Revised Edition, 2000.

DEFILLIPPI, R.; ARTHUR, M. Boundaryless contexts and careers: A competency-based perspective. In: ARTHUR, M.; ROUSSEAU, D. (Orgs.). *The Boundaryless Career. A new employment principle for a new organizational era.* Nova York: Oxford University Press, 1996.

DEJOURS, C. *A loucura do trabalho*: Estudo de psicoterapia do trabalho. São Paulo: Cortez. 1987.

DELERY, J.; DOTY, D. Modes of theorizing in strategic human resource management: Tests of universalistic, contingency, and configurational performance predictions. *Academy of Management Journal*, v. 39, n. 4, p. 802-835, 1996.

DENILSON, D. et al. Paradox and performance: Toward a theory of behavioral complexity in managerial leadership. *Organization Science*, v. 6, p. 524-540, 1995.

DENT, E.; GOLDBERG, S. Challenging resistance to change. *Journal of Applied Behavioral Science*, v. 35, n. 1, p. 25-41, 1999.

DEVANNA, M.; TICHY, N. *Strategic human resource management*. Nova York: John Wiley & Sons, 1984.

DIAMOND, M. Resistance to change: A psychoanalytic critique of argyris and schon's contributions to organization theory and intervention. *Journal of Management Studies*, v. 23, n. 5, p. 543-562, 1986.

DIEESE (Departamento Intersindical de Estatatística e Estudos Socioeconômicos). Mapa da população negra no mercado de trabalho, 1999. Disponível em: www.dieese.org.br/esp/negro.xml

DIERICKX, I.; COOL, K. Asset stock accumulation and sustainability of competitive advantage. *Management Science*, v. 35, n. 12, p. 1504-1511, dez 1989.

DIETCH, J. Web-delivered employee benefits: from 'why' to 'wow!' In: WALKER, A. (Ed.). *Web-based Human Resources* – The technologies and trends that are transforming HR. Nova York, NY: McGraw-Hill, 2001.

DOOLIN, B. Enterprise discourse, professional identity and the organizational control of hospital clinicians. *Organization Studies*, v. 23, n. 3, p. 369-390, 2002.

DOTY, D. *Fit, equifinality and organizational effectiveness*: A test of two configurational theories. *Academy of Management Journal*. v. 36, n. 6, p. 1196-1250, 1993.

DRUCKER, P. *Prática de administração de empresas*. Rio de Janeiro: Fundo de Cultura, 1962.

DUHÁ, A.; PORTO, C. Práticas adotadas por empresas gaúchas para estimular o aprendizado organizacional: Estudo de caso de duas organizações. *Anais do XXVI EnANPAD*. Salvador: ANPAD, 2002.

DUTRA, J. *Competências* – Conceitos e instrumentos para a gestão de pessoas na empresa moderna. São Paulo: Atlas. 2004

_____. *Gestão por competências*. São Paulo: Gente, 2001.

DYER, L.; REEVES, T. HR strategies and firm performance: What do we know and where do we need to go? *International Journal of Human Resource Management*, v. 6, p. 656-670, 1995.

DYER, W. The cycle of cultural evolution in organizations. In: KILMANN, R. et al. (Eds.). *Gaining control of corporate culture*. São Francisco: Jossey-Bass, 1985.

EBOLI, M. *Educação corporativa no Brasil*. Mitos e verdades. São Paulo: Gente, 2004.

EDWARDS, M.; EWEN, A. *360° feedback*. Nova York: Amacon, 1996.

EGAN, T. et al. The effects of organizational learning culture and job satisfaction on motivation to transfer learning and turnover intention. *Human Resource Development Quarterly*, v. 15, n. 3, outono 2004.

EISENHARDT, K. Paradox, spirals, ambivalence: The new language of change and pluralism. *The Academy of Management Review*, v. 25, p. 703-706, 2000.

EISENHARDT, K.; MARTINS, J. Dynamic capabilities: what are they? *Strategic Management Journal*. 21: 1105-21, 2000.

ENRIQUEZ, E. *L'organisation en analyse*. Paris: PUF, 1991.

FACCHINI, A.; BIGNETTI, L. O papel do executivo e o alcance das práticas de RH: O desafio da eficácia. In: *Anais do XXVIII EnANPAD*, Curitiba: ANPAD, 2004.

FAIRHURST, G. et al. Discursiveness, contradiction, and unintended consequences in successive downsizings. *Management Communication Quarterly*, v. 15, n. 4, p. 501-540, 2002.

FERGUSON, K. *The feminist case against bureaucracy*. Filadélfia: Temple University Press, 1984.

FERNANDES, F. *A integração do negro à sociedade de classes*. São Paulo: Dominus, 1965.

FERNANDES, M.; NETO, A. A visão de 513 dirigentes das maiores empresas brasileiras sobre a gestão dos múltiplos vínculos contratuais. *Anais do XXVIII EnANPAD*. Curitiba: ANPAD, 2004.

FESTINGER, L. *A theory of cognitive dissonance*. Nova York: Harper, 1957.

FIOL, M. Consensus, diversity and learning in organizations. *Organization Science*, v. 5, n. 3, ago. 1994.

FIOL, M.; LYLES, M. Organizational Learning. *Academy of Management Review*, v. 10, n. 4, p. 803-813, 1985.

FISCHER, A. O conceito de modelo de gestão de pessoas – Modismo e realidade em gestão de recursos humanos nas empresas brasileiras. In: DUTRA, Joel Souza. (Org.). *Gestão por competências*. 1. ed. São Paulo: Gente, v. 1, p. 9-22, 2001.

FISCHER, A. L. Um resgate conceitual e histórico dos modelos de gestão de pessoas. In: FLEURY, M. (Ed.). *As pessoas na organização*. São Paulo: Gente, 2002.

FISCHER, A.; ALBUQUERQUE, L. (Coords.). *DELPHI RH – 2010*. Tendências em gestão de pessoas nas empresas brasileiras. Relatório de pesquisa. São Paulo, FEA/FIA/PROGEP, 2004.

FITZ-ENZ, J. *Retorno do investimento em capital humano*: Medindo o valor econômico do desempenho dos funcionários. São Paulo: Makron Books, 2001.

FLAMHOLTZ, E.; LACEY, J. *Personnel management, human capital theory and human resource accounting*. Los Angeles, CA: Institute of Industrial Relations, UCLA. 1981.

FLEURY, M.; FLEURY, A. Desenvolver competências e gerir conhecimentos em diferentes arranjos empresariais – O caso da indústria brasileira de plástico. In: FLEURY, M.; OLIVEIRA JR., M. (Eds.). *Gestão estratégica do conhecimento – Integrando aprendizagem, conhecimento e competências*. São Paulo: Atlas, 2001.

_____. Alinhando estratégia e competências. *Revista de Administração de Empresas*, v. 44, n. 1, jan./mar. 2004.

FLEURY, M. Gerenciando a diversidade cultural: Experiências de empresas brasileiras. *Revista de Administração de Empresas*, v. 40, n. 3, jul./set. p. 18-25, 2000.

FORD, J. D.; FORD, L. W. Logics of identity, contradiction, and attraction in change. *Academy of Management Review*, v. 19, p. 756-795, 1994.

_____. The role of conversations in producing intentional change in organizations. *Academy of Management Review*, v. 20, n. 3, p. 541-570, 1995.

FRANCIS, H.; KEEGAN, A. The changing face of HRM: In search of balance. *Human Resource Management Journal*, v. 16, n. 3, p. 231-249, 2006.

FREITAS, I.; BORGES-ANDRADE, J. Efeitos de treinamento nos desempenhos individual e organizacional. *Revista de Administração de Empresas*, v. 44, n. 3, jul./set. 2004.

FREITAS, M. *Cultura organizacional – Evolução e crítica*. São Paulo: Thomson Learning, 2007. (Coleção Debates em Administração)

FREITAS, M. E. *Cultura organizacional, formação, tipologias e impacto*. São Paulo: Makron Books, 1991.

FREITAS, M. et al. *Assédio moral no trabalho*. São Paulo: Cengage Learning. 2008. (Coleção Debates em Administração)

FREYSSENET, M. La requalification des opérateurs et la forme sociale actuelle d'automatisation. *Sociologie du Travail*, v. 4, p. 422-433, out. 1984.

GABRIEL, Y. *Organizations in depth, the psychoanalysis of organizations*. Londres: Sage. 1999.

GALBRAITH, J.; NATHANSON, D. *Strategy implementation*: The role of structure and process. St. Paul MN: West Publishing, 1978.

GARVIN, D. A. Construindo a organização que aprende. In: *Gestão do conhecimento*. Campus: Harvard Business Review, 2001. p. 50-81.

GEORGE, J. M. Emotions and leadership: The role of emotional intelligence. *Human Relations*, v. 53, p. 1027-1055, 2000.

GERSTEIN, M.; REISMAN, H. Strategic selection: Matching executives to business conditions. *Sloan Management Review*, v. 24, n. 2, p. 1-18, 1983.

GIDDENS, A. *The consequences of modernity*. Stanford: Stanford University, 1990.

GOFFMAN, E. *Asylums*. Nova York: Doubleday, 1961.

GOLDEN, K.; RAMANUJAM, V. Between a dream and a nightmare: On the integration of human resource management and strategic business planning process. *Human Resource Management*, v. 24, n. 4, inverno, p. 429-453, 1985.

GÓMEZ-MEJÍA, L.; BALKIN, D. *Compensation, organizational strategy and firm performance*. South-Western: Cincinnati, 1992.

GRANT, R. M. Prospering in dynamically-competitive environments: Organizational capability as knowledge integration. *Organization Science*, v. 7, n. 4, p. 375-387, jul./ago. 1996.

GREENGARD, S. HR call centers: A smart business strategy. *Workforce*, v. 78, n. 6, p. 116-132, jun. 1999.

GREY, C. O fetiche da mudança. *Revista de Administração de Empresas*, v. 44, n. 1, jan./mar. 2004.

GRILLO, A. Avaliação de desempenho: A experiência brasileira na administração pública. *Revista de Administração da USP*, v. 17, n. 1, p. 24-36, jan./mar. 1982.

GROTTO, D.; ANGELONI, M. A influência da cultura organizacional no compartilhamento do conhecimento: um estudo de caso. *Anais do III EnEO*. Atibaia: ANPAD, 2004.

GUEST, D. E. Human resource management and performance: A review and research agenda. *The International Journal of Human Resource Management*, v. 8, n. 3, p. 263-276, jun. 1997.

HAGAN, C. The core competence organization: Implications for human resource practices. *Human Resource Management Review*, v. 6, n. 2, p. 147-164, verão de 1996.

HALL, R. The strategic analysis of intangible resources. *Strategic Management Journal*, v. 13, n. 2, p. 135-144, fev. 1992.

HANASHIRO, D.; GODOY, A. Um preâmbulo à gestão da diversidade: Da teoria à prática. *Anais do XXVIII Encontro da ANPAD*. Curitiba: ANPAD, 2004.

HARRIS, L.; OGBONNA, E. Developing a market oriented culture: A critical evaluation. *Journal of Management Studies*, v. 36, p. 177-196, 1999.

HARRIS, L. Sabotage market-oriented culture change: An exploration of resistance justifications and approaches. *Journal of Marketing Theory & Practice*, v. 10, n. 3, 2002.

HARRIS, L.; OGBONNA, E., Exploring service sabotage: The antecedents, types, and consequences of frontline, deviant, antiservice behavior. *Journal of Service Research*, v. 4, n. 3, fev. 2002a.

HARRIS, L.; OGBONNA, E. The unintended consequences of culture interventions: A study of unexpected outcomes. *British Journal of Management*, v. 13, n. 1, p. 31. 2002b.

HECKSCHER, C. et al. Transformational processes. In: HECKSCHER, C.; DONNELLON, A. (Eds.). *The post bureaucratic organization*. Londres: Sage Publications, 1994.

HECKSCHER, C. et al. *Agents of change*: Crossing the post-industrial divide. Oxford: Oxford University Press, 2003.

HERZBERG, F. *Work and the nature of man*. Cleveland: World Publishing Company, 1966.

HENDRY, C.; PETTIGREW, A. HRM: An agenda for the 1990's. *International Journal of Human Resource Management*, v. 1, n. 1, p. 17-43, 1990.

HIPÓLITO, J. Competências e níveis de complexidade do trabalho como parâmetros orientadores de estruturas salariais. *Anais do XXIV EnANPAD*. Florianópolis: ANPAD, 2000.

HIRSCHHORN, L. *Beyond mechanization*: Work and technology in a postindustrial age. Cambridge, MA: The MIT Press, 1984.

HOCHSCHILD, A. *The managed heart* – Commercialization of human feeling. Berkley: University of California Press, 1983.

HUSELID, M. A. The impact of human resource management practices on turnover, productivity, and corporate financial performance. *Academy of Management Journal*, v. 38, n. 3, p. 635-672, 1995.

INKPEN, A. C. Learning through alliances: General Motors and NUMMI. *California Management Review*, v. 47, n. 4, p. 114-136, 2005.

ITAMI, H. *Mobilizing invisible assets*. Cambridge, Mass.: Harvard University Press, 1987. 186p.

JACKSON, S.; SCHULER, R. Understanding human resource management in the context of organizations and their environments. In: SCHULER, R.; JACKSON, S. (Eds.). *Strategic Human Resource Management*. Oxford UK: Blackwell, 1999.

JAIME JR., P. Um texto, múltiplas interpretações – Antropologia hermenêutica e cultura organizacional. *Revista de Administração de Empresas*, v. 42, n. 4, out./dez. 2002.

JOHNSON-CRAMER, M. E. et al. Managing change through networks and values. *California Management Review*, v. 49, n. 3, p. 85-109, 2007.

KAMOCHE, K. Strategic human resource management within a resource-capability view of the firm. *Journal of Management Studies*, v. 33, n. 2, p. 213-233, mar. 1996.

_____. A critique and a proposed reformulation of strategic human resource management. In: MABEY, C. et al. (Eds.). *Strategic human resource management*. A Reader: Sage, 1998.

KAPLAN, R.; NORTON, D. *Organização orientada à estratégia* – Como as empresas que adotam o Balanced Scorecard prosperam no novo ambiente de negócios. Rio de Janeiro: Campus, 2000.

_____. Putting the balanced scorecard to work. Boston: Harvard Business Review, set.-out. 1993.

_____. Using the balanced scorecard as a strategic management system. Boston: Harvard Business Review, jan.-fev. 1996.

_____. *Mapas Estratégicos* – Convertendo ativos intangíveis em resultados tangíveis. Rio de Janeiro: Elsevier, 2004.

_____. *A estratégia em ação* – Balanced scorecard. Rio de Janeiro: Elsevier, 1997.

_____. *Alinhamento* – Utilizando o balanced scorecard para criar sinergias corporativas. São Paulo: Elsevier, 2006.

_____. The balanced scorecard – Measures that drive performance. *Harvard Business Review*, jan.-fev. 1992.

KERN, H.; SCHUMANN, M. *La fin de la division du travail?* Paris: Maison des Sciences de l'Homme, 1984. 417p.

KERR, J. Diversification strategies and managerial rewards: An empirical study. *Academy of Management Journal*, v. 28, n. 1, p. 155-179, 1985.

KERR, J.; SLOCUM, J. Managing corporate culture through reward systems. *Academy of Management Executive*, v. 1, n. 12, 1987.

KESLER, G. A model and process for redesigning the HRM role, competencies, and work in a major multinational corporation. *Human Resource Management*, v. 34, n. 2, p. 229-252, verão de 1995.

KETS-DE-VRIES, M. *Organizational paradoxes*: Clinical approaches to management. Nova York: Routledge, 1995.

KIRKPATRICK, D. Evaluation of training. In: CRAIG, R. (Ed.). *Training and development handbook*. Nova York: McGraw-Hill, 1976.

KOLB, D. *The experiential learning*: Experience as the source of learning and development. Englewood Cliffs, NJ: Prentice-Hall, 1984.

KOJÈVE, A. *Une introduction à la lecture de hegel*. Paris: Seul, 1980.

KOTTER, J. *Leading change*. Boston, MA: Harvard Business School Press, 1996.

KOTTER, J.; HESKETT, J. *Corporate culture and performance*. Nova York: The Free Press, 1992.

KUNDA, G. *Engineering culture* – Control and commitment in a high-tech corporation. Filadélfia: Temple University Press, 1992.

KUNDA, G.; AILON-SOUDAY, G. Managers, markets, and ideologies: Design and devotion revisited. In: ACKROYD, S. et al. (Eds.). *The oxford handbook of work and organization*. Nova York, NY: Oxford University Press, 2006.

KUNDA, G. et al. Why do contractors contract? The experience of highly skilled technical professionals in a contingent labor market. *Industrial and Labor Relations Review*, v. 55, n. 2, p. 234-261, 2002.

LACERDA, E.; ABBAD, G. Impacto de treinamento no trabalho: Investigando variáveis motivacionais e organizacionais como suas preditoras. *Revista de Administração Contemporânea*, v. 7, n. 4, p. 77-96, 2003.

LACOMBE, B. Políticas e práticas de gestão de pessoas: As abordagens estratégica e institucional. *Anais do XXX ANPAD*. Salvador: ANPAD, 2006.

LACOMBE, B.; TONELLI, M. Na areia movediça. *RAE Executivo*, v. 1, n. 2, 2003.

LADO, A.; WILSON, M. Human resource systems and sustained competitive advantage – A competency-based perspective. *Academy of Management Review*, v. 19, p. 699-727, 1994.

LÄHTEENMÄKI, S. et al. Critical aspects of organizational learning research and proposals for its measurement. *British Journal of Management*, v. 12, p. 113-29, 2001.

LAINE, P. Struggling over subjectivity: A discursive analysis of strategic development in an engineering group. *Human Relations*, v. 60, n. 1, p. 29-58, 2007.

LAWLER, E. *The ultimate advantage*: Creating the high involvement organization. São Francisco: Jossey Bass, 1992.

LAWLER III, E.; MOHRMAN, A. Administração de recursos humanos: Construindo uma parceria estratégica. In: GALBRAITH, J.; LAWLER III, E. *Organizando para competir no futuro*. São Paulo: Makron Books, 1995.

LAWRENCE, P.; LORSCH, J. *Organizations and environment*. Cambridge: Harvard University Press, 1967.

LE BOTERF, G. *Desenvolvendo a competência dos profissionais*. Porto Alegre: Bookman, 2003.

LEGGE, K. *Human resource management* – Rhetorics and realities: Anniversary edition. Nova York: Palgrave Macmillan, 2005.

_____. Human resource management. In: ACKROYD, S. et al. (Eds.). *The Oxford handbook of work and organization*. Oxford: Oxford University Press, 2006.

_____. *Human resource management. Rhetorics and realities*. Nova York: Palgrave, 1995.

_____. Silver bullet or spent round? Assessing the meaning of the "high commitment management" performance relationship. In: STOREY, J. (Ed.). *Human resource management* – A critical text. Londres: Thomson Learning, 2001.

LEITE, J.; PORSSE, M. Competição baseada em competências e aprendizagem organizacional: Em busca da vantagem competitiva. In: RUAS, R. et al (Eds.). *Os novos horizontes da gestão*: Aprendizagem organizacional e competências. Porto Alegre: Bookman, 2005.

LENGNICK-HALL, C.; LENGNICK-HALL, M. *Human resource management in the knowledge economy* – New challenges, new roles, new capabilities. São Francisco: Berrett-Koehler Publishers, 2003.

_____. Strategic human resources management: A review of the literature and a proposed typology. *Academy of Management Review*, v. 13, n. 3, p. 454-470, 1988.

LENGNICK-HALL, C.; McDANIEL, R. Scanning policies, structure and adaptability in human service systems. *American Business Review*, v. 2, n. 1, p. 12-23, 1984.

LEONARD-BARTON, D. Core capabilities and core rigidities: A paradox in managing new product development. *Strategic Management Journal*, v. 13, n. edição especial, p. 111-125, verão de 1992.

LEPSINGER, R.; LUCIA, A. *360° feedback*. São Francisco: Jossey-Bass, 1997.

LETART, J. A look at virtual HR: How far behind am I? *HRMagazine*, jun. 1998.

LEVINSON, H. Avaliação de que desempenho? In: VROOM, V. (Ed.). *Gestão de pessoas, não de pessoal* – Os melhores métodos de motivação e avaliação de desempenho. Rio de Janeiro: Elsevier, 1997.

LEVY, F.; MURNANE, R. *The new division of labor*: How computers are creating the next job market. Princeton, NJ: Princeton University Press, 2004.

LÉVY-LEBOYER, C. *Feedback de 360°*. Barcelona: Ediciones Gestión, 2000.

LEWIS, M. W. Exploring paradox: Toward a more comprehensive guide. *The Academy of Management Review*, v. 25, n. 4, p. 760-776, 2000.

LEWIN, K. *Problemas de dinâmica de grupo*. São Paulo, Cultrix, 1978.

LIEBESKIND, J. Knowledge, strategy and the theory of the firm. *Strategic Management Journal*, v. 17, p. 93-107, 1996.

LIKERT, R. *The human organization*: Its management and value. Nova York: McGraw-Hill, 1967.

LIPPMAN, S. A.; RUMELT, R. P. Uncertain imitability: An analysis of interfirm differences in efficiency under competition. *Bell Journal of Economics*, v. 13, n. 2, p. 418-438, outono de 1992.

LIU, Y.; PERREWÉ, P. Another look at the role of emotion in the organizational change: A process model. *Human Resource Management Review*, v. 15, n. 4, p. 263-280, 2005.

LOPES, C. Algumas questões da agenda sindical nas últimas décadas. *São Paulo em perspectiva*, v. 12, n. 1, 1998.

LUCENA, M. *Avaliação de desempenho*. São Paulo: Atlas, 1992.

LUNDY, O. From personnel management to strategic human resource management. *The International Journal of Human Resource Management*, v. 5, n. 3, p. 687-720, set. 1994.

LYLES, M.; SCHWENK, C. Top management, strategy and organizational knowledge. *Journal of Management Studies*, v. 29, p. 155-74, 1992.

MAIER, G. W. et al. Psychological perspective of organizational learning. In: KIERKES, M. (Eds.). *Handbook of organizational learning and knowledge*. Oxford: Oxford University Press, p. 14-34, 2001.

MANDELL, B.; KOHLER-GRAY, S. Management development that values diversity. *Personel*, mar. 1990.

MARCONDES, R.; PAIVA, J. Afinal, a universidade corporativa e uma T&D revisitada? *Anais da XXV EnANPAD*. Rio de Janeiro: ANPAD, 2001.

MARIOTTO, F. Mobilizando estratégias emergentes. *Revista de Administração de Empresas*, v. 43, n. 2, p. 253-267, 2003.

MARTELL, K.; CARROLL, S. How strategic is HRM? *Human Resource Management*, v. 34, n. 2, p. 253-267, verão de 1995.

MARTIN, J. *Organizational culture*: Mapping the terrain. Thousand Oaks: Sage, 2002.

_____. *Culture in organizations* – Three perspectives. Oxford: Oxford University Press, 1992.

MASCARENHAS, A. O. Structural-historical contributions to a cultural perspective on organizacional learning. In: *Anais do V ENEO*. Belo Horizonte: ANPAD, 2008.

MASCARENHAS, A. O.; VASCONCELOS, F. C. *Tecnologia na gestão de pessoas* – Estratégias de autoatendimento para o novo RH. São Paulo: Thomson Learning, 2004.

MASCARENHAS, A. O. et al. *Paradoxos culturais na gestão de pessoas* – Cultura e contexto em uma cooperativa agro-industrial. In: VASCONCELOS, I. F.; VASCONCELOS, F. C. (Eds.). *Paradoxos organizacionais* – Uma visão transformacional. São Paulo: Thomson Learning, 2004.

MASLOW, A. A theory of human motivation. In: SHAFRITZ, J.; OTT, J. (Eds.). *Classics of organization theory*. Belmont: Wadsworth, 2001.

MATHIEU, J. et al. The influence of shared mental models on team process and performance. *Journal of Applied Psychology*, v. 85, n. 2, p. 273-283, abr. 2000.

MATOS, J.; IPIRANGA, A. Da aprendizagem grupal à organizacional: Uma análise sob a ótica das práticas de trabalho. *Anais do XXVIII EnANPAD*. Curitiba: ANPAD, 2004.

MAYO, E. *The human problems of an industrial civilization*. Nova York: Macmillan, 1933.

MCCORMICK, S. The virtual HR organization. *Management Accounting*, v. 40, n. 8, p. 48-51, out. 1998.

MCGRAPH, J. et al. Traits, expectations, culture and clout: The dynamics of diversity in work groups. In: JACKSON, S.; RUDERMAN, M. (Eds.). *Diversity in work teams: research paradigms for a changing workplace*. Washington: American Psycological Association, 1999.

McGREGOR, D. The human side of enterprise. In: SHAFRITZ, J.; OTT, J. (Eds.). *Classics of organization theory*. Belmont: Wadsworth, 2001.

_____. Uma análise apreensiva da avaliação de desempenho. In: VROOM, V. (Ed.). *Gestão de pessoas, não de pessoal* – Os melhores métodos de motivação e avaliação de desempenho. Rio de Janeiro: Elsevier, 1997.

MEISTER, J. *Educação corporativa*: A gestão do capital intelectual através das universidades corporativas. São Paulo: Makron Books, 1999.

MENDES, R. *Diversidade humana nas organizações*: Entre a teoria acadêmica e a prática empresarial. São Paulo, 2005. Dissertação (de Mestrado em Administração de Empresas). Fundação Getulio Vargas.

MEYER, H. et al. Divisão de papéis na avaliação de desempenho. In: VROOM, V. (Ed.). *Gestão de pessoas, não de pessoal* – Os melhores métodos de motivação e avaliação de desempenho. Rio de Janeiro: Elsevier, 1997.

MICHENER, H. et al. *Psicologia social*. São Paulo: Thomson Learning, 2005.

MIGUEL, L.; TEIXEIRA, M. Valores organizacionais e criação do conhecimento: Qual a relação? *Anais do XXIX EnANPAD*. Brasília: ANPAD, 2005.

MILES, R.; SNOW, C., Designing strategic human resource systems. *Organizational Dynamics*, v. 31, n. 1, p. 36-52, 1984.

MILES, R. et al. Organization strategy, structure, and process. *Academy of Management Review*, v. 3, p. 546-662, 1978.

MILKOVICH, G.; BOUDREAU, J. *Human resource management*. 8. ed. Boston: Irwin, 1997.

MILLER, D. The architecture of simplicity. *Academy of Management Review*, v. 18, n. 1, p. 116-138, 1993.

MINTZBERG, H. *Criando organizações eficazes*. São Paulo: Atlas, 2003.

_____. Patterns in strategy formation. *Management Science*, v. 24, n. 9, p. 934, maio 1978.

_____. *The rise and fall of strategic planning*. Nova York: The Free Press, 1994.

_____. *The structuring of organizations*. Englewood Cliffs: Prentice-Hall, 1979.

MINTZBERG, H.; WATERS, J. Of strategies, deliberate and emergent. *Strategic Management Journal*, v. 6, p. 257-272, 1985.

MINTZBERG, H. et al. *Safari de Estratégia* – Um roteiro pela selva do planejamento estratégico. Porto Alegre: Bookman, 2000.

MIRVIS, P. Formulating and implementing human resource strategy: A model of how to do it, two examples of how it is done. *Human Resource Management*, v. 24, n. 4, p. 385-407, inverno de 1985.

Referências bibliográficas

MORENO JR., V.; CAVAZOTTE, F. Using information systems to leverage knowledge management processes – The role of work context, job characteristics and task-technology fit. *Anais do XXIX EnANPAD*. Brasília: ANPAD, 2005.

MOTTA, F.; CALDAS, M. *Cultura organizacional e cultura brasileira*. São Paulo: Atlas, 1997.

MOTTA, F.; VASCONCELOS, I. *Teoria geral da administração*. São Paulo: Thomson Learning, 2002.

MUELLER, F. Human resources as strategic assets – An evolutionary resource-based theory. *Journal of Management Studies*, v. 33, p. 757-785, 1996.

MURITIBA, P. et al. Processo de avaliação de resultados de gestão de pessoas: Em direção a um modelo. In: *Anais do XXX EnANPAD*. Salvador: ANPAD, 2006.

NASCIMENTO, R.; SEGRE, L. Proposição e aplicação de um modelo de análise da flexibilidade: Um estudo de caso no consórcio modular da Volkswagen. *Anais do XXIX EnANPAD*. Brasília: ANPAD, 2005.

NELSON, R. R.; WINTER, S. G. *An evolutionary theory of economic change*. Cambridge, MA: Harvard University Press. 1982.

NELSON, R. Why do firms differ and why does it matter? In: FOSS, N. *Resources, firms and strategies – A reader in the resource-based perspective*. Oxford: Oxford University Press, 1997.

NEWTON, T.; FINDLAY, P. Playing God? The performance of appraisal. In: MABEY, C. et al (Eds.). *Strategic Human Resource Management – A reader*. Londres: Sage, 1998.

NOGUEIRA, P. R. Efetividade organizacional por meio do sistema de recursos humanos. *Revista de Administração de Empresas*. São Paulo, v. 22, n. 1, jan./mar. 1982.

NOGUEIRA, P. Necessidades de treinamento – Construção e validação de um instrumento. Rio de Janeiro: Arquivo Brasileiro de Psicologia, v. 34, 1982.

NOHRIA, N.; BERKLEY, J. The virtual organization. In: HECKSCHER, C. e DONNELLON, A. (Eds.). *The post bureaucratic organization*. Londres: Sage Publications, 1994.

NONAKA, I. The knowledge creating company. *Harvard Business Review*, v. 69, n. 9, p. 96-104, 1991.

NUNES, L. et al. *Expatriação de executivos*. São Paulo: Thomson Learning, 2008 (Coleção Debates em Administração)

O'TOOLE, J. Corporate and managerial cultures. In: COOPER, C. (Ed.). *Behavioral problems in organizations*. Englewood Cliffs, NJ: Prentice-Hall, p. 7-28, 1979.

OFFE, C. *Industry and inequality*. The achievement principle in work and social status. Londres: Edward Arnold, 1976.

OGBONNA, E.; HARRIS, L. Managing organizational culture: Compliance or genuine change? *British Journal of Management*, v. 9, n. 4, p. 273, 1998.

OGBONNA, E.; WILKINSON, B. The false promise of organizational culture change: A case study of middle managers in grocery retailing. *Journal of Management Studies*, v. 40, n. 5, p. 1151-1178, 2003.

OLIVEIRA, L. E. G. et al. *O lugar do negro na força de trabalho*. 2. ed. Rio de Janeiro: IBGE, 1981. 86p.

OLIVEIRA, L. Competências requeridas ao gestor de pessoas – Uma visão dos dirigentes das empresas do Brasil. In: *Anais do XXIV EnANPAD*. Florianópolis: ANPAD, 2000.

OLIVEIRA, P. et al. Uma análise da pesquisa sobre avaliação de resultados em gestão de pessoas na atualidade. *XXVII EnANPAD*. Atibaia: ANPAD, 2003.

OREG, S. Personality, context, and resistance to organizational change. *European Journal of Work and Organizational Psychology*, v. 15, n. 1, p. 73-101, 2006.

ORLIKOWSKI, W. Learning from notes: Organizational issues in groupware implementation, In: KLING, R. *Computerization and controversy*: Value conflicts and social choices. San Diego: Academic Press, 1996.

OUCHI, W.; PRICE, R. Hierarquies, clans and theory Z: A new perspective on OD. *Organizational Dynamics*, v. 7, p. 24-44, 1978.

OUCHI, W. *Teoria Z – Como as empresas podem enfrentar o desafio japonês*. São Paulo: Editora Fundo Educativo Brasileiro, 1982.

PAGÈS, M. et al. *O poder das organizações*. São Paulo: Atlas, 1993.

PASSERI, E.; GUILHERME, F. Gestão de recursos humanos: O trabalhador e as incertezas da flexibilização das relações de trabalho, uma amostra. *Anais do XXIV EnANPAD*. Florianópolis: ANPAD, 2000.

PAWLOWSKY, P. The treatment of organizational learning in management science. In: DIERKES, M. et al (Eds.). *Handbook of organizational learning and knowledge*. Oxford: Oxford University Press, p. 61-88, 2001.

PENROSE, E. T. *The theory of the growth of the firm*. Oxford/Nova York: Oxford University Press, 1995.

PEREIRA, J.; HANASHIRO, D. A gestão da diversidade: Uma questão de valorização ou de dissolução das diferenças? *Anais do XXXI ANPAD*. Rio de Janeiro: ANPAD, 2007.

PERROW, C. A framework for the comparative analysis of organizations. *American Sociological Review*, v. 32, p. 194-208, 1967.

PETERAF, M. A. The cornerstones of competitive advantage: A resource-based view. *Strategic Management Journal*, v. 14, n. 3, p. 179-191, mar. 1993.

PETERS, T. J.; WATERMAN, R. H. *In search of excellence*. Nova York: Harper & Row, 1982.

PETERS, T. Symbols, patterns and settings: An optimistic case for getting things done. *Organizational Dynamics*, v. 7, p. 3-22, 1978.

_____. Competitive advantage through people. *California Management Review*, v. 36, n. 2, p. 9-28, 1994.

_____. Seven practices of successful organizations. *California Management Review*, v. 40, n. 2, p. 96-124, 1998.

PICCININI, V. et al. Formal, flexível ou informal? Reflexões sobre o trabalho no Brasil. *Anais do XXIX EnANPAD*. Brasília: ANPAD, 2005.

PIDERIT, S. K. Rethinking resistance and recognizing ambivalence: A multidimensional view of attitudes toward an organizational change. *Academy of Management Review*, v. 25, n. 4, p. 783-94, 2000.

PILLA, B.; SAVI, N. O uso da Intranet no processo de avaliação de desempenho e desenvolvimento de competências de executivos. *Anais do XXVI EnANPAD*. Salvador: ANPAD, 2002.

PINTO, O. Técnicas de aprendizagem em ação. In: BOOG, G. (Ed.). *Manual de treinamento e desenvolvimento*. São Paulo: Pearson Education do Brasil, 1999.

PIZA, S. O teto de vidro ou o céu não é o limite. In: BENTO, M. A. S. *Ação afirmativa e diversidade no trabalho*. São Paulo: Casa do Psicólogo, 2000.

POCHMANN, M. et al. Ação sindical no Brasil. Transformações e perspectivas. *São Paulo em Perspectiva*, v. 12, n. 1, 1998.

PONTES, B. *Avaliação de desempenho – Uma abordagem sistêmica*. 2. ed. São Paulo: LTr., 1986.

POOLE, M. S.; VAN-DE-VEN, A. H. Using paradox to build management and organization theories. *Academy of Management Review*, v. 14, p. 562-578, 1989.

PORTER, M. *Vantagem competitiva*: Criando e sustentando um desempenho superior. Rio de Janeiro: Campus, 1989.

POWELL, W. Neither market nor hierarchy: Network forms of organization. *Research in Organizational Behavior*, v. 12, p. 295-336, 1990.

POWELL, W.; DIMAGGIO, P. *The new institutionalism in organizational analysis*. Chicago: University of Chigago Press, 1991.

PRAHALAD, C.; BETTIS, R. The dominant logic: A new linkage between diversity and performance. *Strategic Management Journal*, v. 7, p. 485-501, 1986.

PRAHALAD, C. K.; HAMEL, G. Strategy as a field of study: Why search for a new paradigm? *Strategic Management Journal*, v. 15, n. 5, p. 5-16, verão de 1994.

_____. The core competence of the corporation. In: FOSS, N. *Resources, firms and strategies – A reader in the resource-based perspective*. Oxford: Oxford University Press, 1997.

PURCELL, J. Best practice and best fit: Chimera or cul-de-sac? *Human Resource Management Journal*, v. 9, n. 3, p. 26-41, 1999.

_____. The meaning of strategy in Human Resource Management. In: STOREY, J. (Ed.). *Human Resource Management* – A critical text. London: Thomson Learning, 2001.

PURCELL, J.; HUTCHINSON, S. Front-line managers as agents in the HRM-performance causal chain: Theory, analysis and evidence. *Human Resource Management Journal*, v. 17, n. 1, 2007.

PUTNAM, R. *Comunidade e democracia, a experiência da Itália moderna*. Rio de Janeiro: Editora da Fundação Getulio Vargas, 2001.

QUINN, J. B. Strategic change: Logical incrementalism. *Sloan Management Review*, p. 7-21, 1978.

QUINN, R.; CAMERON, K. *Paradox and transformation*: Toward a theory of change in management. Cambridge, MA: Ballinger, 1988.

RAJAGOPALAN, N. Strategic orientations, incentive plan adoptions, and firm performance: Evidence from electric utility firms. *Strategic Management Journal*, v. 18, p. 761-785, 1996.

REIS, G. *Avaliação 360 graus* – Um instrumento de desenvolvimento gerencial. São Paulo: Atlas, 2000.

RICHARD, O. et al. Cultural diversity in management, firm performance and the moderating role of entrepreneurial orientation dimensions. *Academy of Management Journal*, v. 47, n. 2, p. 255-266, 2004.

RITTNER, C. Estagiários e trainees. In: BOOG, G. (Ed.). *Manual de treinamento e desenvolvimento*. São Paulo: Pearson Education do Brasil, 1999.

ROETHLISBERGER, F. The Hawthorne experiments. In: SHAFRITZ, J.; OTT, J. (Eds.). *Classics of organization theory*. Belmont: Wadsworth, 2001.

ROSENZWEIG, P. Managing the new global workforce: Fostering diversity, forging consistency. *European Management Journal*, v. 16, n. 6, dez. 1998.

RUAS, R. Gestão por competências: Uma contribuição à estratégia das organizações. In: RUAS, R. et al. (Eds.). *Aprendizagem organizacional e competências*. Porto Alegre: Bookman, 2005.

RUBIN, R. S. et al. Leading from within: The effects of emotion recognition and personality on transformational leadership behavior. *Academy of Management Journal*, v. 48, n. 5, 845-858, 2005.

RUMELT, R. P. How much does industry matter? *Strategic Management Journal*, v. 12, n. 3, p. 167-185, mar. 1991.

RYNES, S. et al. HR Professional' beliefs about effective human resource practices, correspondence between research and practice. *Human Resource Management*, v. 41, n. 2, p. 149-174, verão de 2002.

SAHLINS, M. Historical metaphors and mythical realities. *Association for Social Anthropology in Oceania Special Publications*, v. 1, 1981.

SAINSAULIEU, R. *L'Identité au travail*. Paris: Presses de la FNSP, 1977.

SARAIVA, L. A. et al. Dimensões dos discursos em uma empresa têxtil mineira. *Revista de Administração Contemporânea*, v. 8, n. 4, 54-79, 2004.

SARSUR, A. et al. Repensando as relações de trabalho: Novos desafios ante os múltiplos vínculos de trabalho. *Anais do XXVI EnANPAD*. Salvador: ANPAD, 2002.

SCHEIN, E. *Organizational culture and leadership*. São Francisco: Jossey-Bass, 1985.

_____. *Organizational culture and leadership*. 3. Ed. São Francisco, CA: Jossey-Bass, 2004.

_____. What is culture? In: AL., P. F. e. (Ed.). *Reframing organizational culture*. Londres: Sage, 1991.

SCHEIN, E.; KETS-DE-VRIES, M. Crosstalk on organizational therapy. *The Academy of Management Executive*, v. 14, n. 1, p. 31-51, 2000.

SCHULER, R.; JACKSON, S. Linking competitive strategies with human resource management practices. *Academy of Management Executive*, v. 1, n. 3, p. 207-219, 1987a.

SCHULER, R.; JACKSON, S. HRM and its link with strategic management. In: STOREY, J. (Ed.). *Human Resource Management* – a critical text. Londres: Thomson Learning, 2001.

SCHULER, R. et al. HRM and its link with strategic management. In: STOREY, J. (Ed.). *Human Resource Management* – A critical text. Londres: Thomson Learning, 2001.

SCHULER, R. et al. Organizational characteristics as predictors of personnel policies. *Personnel Psychology*, v. 42, p. 727-785, 1989.

SCHULER, R.; JACKSON, S. Organizational strategy and organizational level as determinants of human resources management practices. *Human Resource Planning*, v. 10, n. 3, p. 125-141, 1987b.

SCHULTZ, M.; HATCH, M. Living with multiple paradigms: The case of paradigm interplay in organizational culture studies. *Academy of Management Review*, v. 21, n. 2, abr, p. 529-557, 1996.

SEGNINI, L. R. P. Nota técnica: Do ponto de vista do Brasil: estudos organizacionais e a questão do feminismo. In: CALDAS, M. et al. (Eds.). *Handbook de estudos organizacionais*. São Paulo: Atlas, p. 330-333, 1999.

SENGE, P. *The fifth discipline*: The art and practice of the learning organization. Nova York: Doubleday, 1990.

_____. The leader's new work: Building a learning organization. In: KOLB, D. et al. (Eds.). *The organizational behavior reader*. Englewood Cliffs, NJ: Prentice-Hall, 1995.

SEO, M.; CREED, D. Institutional contradictions, praxis and institutional change: A dialectical perspective. *Academy of Management Review*, v. 27, p. 222-247, 2002.

SERGIOVANNI, T.; CORBALLY, J. *Leadership and organizational culture*. Urbana: University of Illinois Press, 1984.

SHAFRITZ, J.; OTT, J. (Eds.). *Classics of organization theory*. Belmont: Wadsworth, 2001.

SHAFRITZ, J.; OTT, J. Human resource theory, or the organizational behavior perspective. In: SHAFRITZ, J.; OTT, J. (Eds.). *Classics of organization theory*. Belmont: Wadsworth, 2001.

SILVA, J.; VERGARA, S. C. Sentimentos, subjetividade e supostas resistências à mudança organizacional. *Revista de Administração de Empresas*, v. 43, n. 3, p. 10-21. 2003.

SILVA, M. Coach e papéis gerenciais. In: RUAS, R. et al. (Eds.). *Os novos horizontes da gestão – Aprendizagem organizacional e competências*. Porto Alegre: Bookman, 2005.

SILVERZWEIG, S.; ALLEN, R. Changing the corporate culture. *Sloan Management Review*, v. 17, p. 33-49, 1976.

SIMON, H. A behavioral model of rational choice. *Quarterly Journal of Economics*, v. 69, p. 99-118, 1955.

SIMON, H. *The sciences of the artificial*. Cambridge, MA: MIT Press, 1969.

SKINNER, W. "Muito chapéu para pouco gado": Gestão de recursos humanos. In: VROOM, V. *Gestão de pessoas, não de pessoal* – Os melhores métodos de motivação e avaliação de desempenho. Rio de Janeiro: Elsevier, 1997.

SMIRCICH, L.; MORGAN, G. Leadership: The management of meaning. *The Journal of Applied Behavioral Science*, v. 18, n. 3, p. 257-73, 1982.

SMITH, E. Strategic business planning and human resources: Part 1. *Personnel Journal*, v. 61, n. 8, p. 606-10, 1982.

SMITH, M. Chris Argyris: Theoris of action, double-loop learning and organizational learning. *The encyclopedia of informal education*, 2001. Disponível em: http://www.infed.org/thinkers/argyris.htm. Acesso em: 28 jan. 2005.

SNELL, S. et al. Human resources strategy: The era of our ways. In: HITT, M. et al. *The Blackwell handbook of strategic management*. Malden, MA: Blackwell, 2005.

SNELL, S.; DEAN, J. Integrated manufacturing and human resource management: A human capital perspective. *The Academy of Management Journal*, v. 35, n. 3, p. 465-502, 1992.

SNOW, C.; SNELL, S. Staffing as strategy. In: SCHMITT, N.; BORMAN, W. (Eds.). *Personnel selection*. São Francisco: Jossey-Bass, v. 4, 1992.

SONNENFELD, J.; PEIPERL, M. Staffing policy as a strategic response: A typology of career systems. *The Academy of Management Review*, v. 13, n. 4, p. 588-600, out. 1988.

SOUZA, V. *Gestão do desempenho*: Julgamento ou diálogo? Rio de Janeiro: Editora da Fundação Getulio Vargas, 2002.

STANLEY, B.: POPE, D. Self-service lessons. *HRMagazine*, 5 ed., v. 45, p. 155, maio 2000. Disponível em Proquest Direct ABI/Inform: http://proquest.umi.com/pqdweb. Acesso em: mar. 2002.

STANLEY, D. et al. Employee cynicism and resistance to organizational change. *Journal of Business & Psychology*, v. 19, n. 4, p. 429-459, 2005.

STOPFORD, J. Organizational learning as guided responses to market signals. In: DIERKES, M. et al (Eds.). *Handbook of organizational learning and knowledge*. Oxford: Oxford University Press, p. 61-88, 2001.

STOREY, J.; SISSON, K. *Managing human resources and industrial relations*. Milton Keynes: Open University Press, 1993.

STOREY, J. Human Resource Management today: an assessment. In: STOREY, J. (Ed.). *Human Resource Management* – A critical text. Londres: Thomson Learning, 2001.

SYDOW, J. Understanding the constitution of interorganizational trust. In: BACHMANN, R.; LANE, C. (Eds.). *Trust within and between organizations*. Oxford: Oxford University Press, 1998.

TANGUY, L. Competências e integração social na empresa. In: ROPÉ, F.; TANGUY, L. (Eds.). *Saberes e competências* – O uso de tais noções na escola e na empresa. Campinas: Papirus, 1997.

TEECE, D. J. et al. Dynamic capabilities and strategic management. *Strategic Management Journal*, v. 18, n. 7, p. 509-533, ago. 1997.

TEIXEIRA, M. et al. Gerenciando confiança para desenvolver capital intelectual: O que os empregados esperam de seus líderes? *Anais do XXV EnANPAD*. Campinas: ANPAD, 2001.

TERPSTRA, D.; ROZELL, E. The relationship of staffing practices to organizational level measures of performance. *Perspective psychology*, v. 46, p. 27-48, 1993.

TEUNISSEN, J. Paradoxes in social science and research. In: KOOT, W. et al. (Eds.). *Contradictions in context*: Puzzling over paradoxes in contemporary organizations. Amsterdã: VU University Press, 1996.

THOMPSON, J. D. *Organizations in action*. Nova York: McGraw-Hill, 1967.

THORNBURY, J. KPMG: Revitalising Culture through Values. *Business Strategy Review*, v. 10, n. 4, 1999.

TICHY, N.; DEVANNA, M. Strategic Human Resource Management. *Sloan Management Review*, v. 23, n. 2, p. 47-61, inverno de 1982.

TREACY, M.; WIERSEMA, F. *A disciplina dos líderes de mercado*. Escolha seus clientes, direcione seu foco, domine seu mercado. Rio de Janeiro: Rocco, 1995.

TRICE, H.; BEYER, J. Changing organizational cultures. In: SHAFRITZ, J.; OTT, J. (Eds.). *Classics of organization theory*. Belmont CA: Wadsworth Thomson Learning, 2001.

TURNBULL, S. Corporate ideology – Meanings and contradictions for middle managers. *British Journal of Management*, v. 12, p. 231-242, 2001.

TYSON, S. Human resource strategy: A process for managing the contribution of HRM to organizational performance. *The International Journal of Human Resource Management*, v. 8, n. 3, p. 277-290, jun. 1997.

ULRICH, D. *Os campeões de recursos humanos*: Inovando para obter os melhores resultados. São Paulo: Futura, 1998.

VAN DE VEN, A. H.; POOLE, M. S. Explaining development and change in organizations. *Academy of Management Review*, v. 20, n. 3, p. 510-540, 1995.

VANMAANEN, J.; KUNDA, G. "Real feelings": Emotional expression and Organizational Culture. In: CUMMINGS, L.; STAW, B. (Eds.). *Research in organizational behavior*. Greenwich, CT: JAI Press, v. 11, p. 43-103, 1989.

VARGAS, M. Universidade corporativa: Diferentes modelos de configuração. *Revista de Administração da USP*, v. 38, n. 4, p. 373-379, out./dez. 2003.

VASCONCELOS, F. *Dinâmica organizacional e estratégia* – Imagens e conceitos. São Paulo: Thomson Learning, 2007.

VASCONCELOS, F.; CYRINO, A. Vantagem competitiva: Os modelos teóricos atuais e a convergência entre estratégia e teoria organizacional. *Revista de Administração de Empresas*, v. 40, n. 4, p. 20-37, 2000.

VASCONCELOS, I. F. A dialética da mudança: Análise crítica do conceito de paradoxos organizacionais. Relatório do GV pesquisa. São Paulo, FGV, 2004.

VASCONCELOS, F.; VASCONCELOS, I. Identidade e mudança: O passado como ativo estratégico. *Revista Organizações e Sociedade*, v. 8, n. 21, p. 45-57, 2001.

VASCONCELOS, I.; CRUBELLATE, J. Transitoriedade e permanência nas relações de trabalho: Discursos paradoxais para a (des)construção social da realidade. In: VASCONCELOS, I.; VASCONCELOS, F. (Eds.). *Paradoxos organizacionais*: Uma visão transformacional. São Paulo: Pioneira Thomson Learning, p. 255-285, 2004.

VASCONCELOS, I.; VASCONCELOS, F. Gestão de recursos humanos e identidade social: Um estudo crítico. *Revista de Administração de Empresas*, v. 42, n. 1, p. 64-78, jan./mar. 2002.

_____. *Paradoxos organizacionais*. Uma visão transformacional. São Paulo: Thomson, 2004.

VASCONCELOS, I. F.; VASCONCELOS, F. C. *Identidade e mudança*: O passado como ativo estratégico. In: Anais do I ENEO. Curitiba:ANPAD, 2000.

_____. *ISO 9000, consultants and paradoxes*: A sociological analysis of quality assurance and human resource techniques. In: Anais do XXIV EnANPAD. Campinas: ANPAD, 2001.

VASCONCELOS, I. F. et al. Tecnologia, paradoxos organizacionais e gestão de pessoas. *Revista de Administração de Empresas*, v. 43, n. 2, p. 94-106, 2003.

VIEIRA, A.; GARCIA, F. Sobre o conceito de qualificação: Teoria e prática. *Anais do XXVI EnANPAD*. Salvador: ANPAD, 2002.

VINCE, R. Being taken over: Managers' emotions and rationalizations during a company turnover. *Journal of Management Studies*, v. 43, n. 2, p. 343-365, 2006.

VINCE, R.; BROUSSINE, M. Paradox, defense and attachment: Accessing and working with emotions and relations underlying organizational change. *Organization studies*, v. 17, n. 1, p. 1-21, 1996.

VITELLI, A. Universidades corporativas: Fonte de vantagem competitiva para organizações na era do conhecimento? Anais da XXIV EnANPAD. Florianópolis: ANPAD, 2000.

WALKER, A. *Web-based human resources*. Nova York: McGraw-Hill, 2001.

WALKER, G. *Modern competitive strategy*. Nova York: McGraw-Hill, 2004.

WALTON, R. A. From control to commitment in the workplace. *Harvard Business Review*, v. 63, n. 2, p. 77-84, 1985.

WALTON, R. Do controle ao comprometimento no local de trabalho. In: VROOM, V. (Ed.). Gestão de pessoas, não de pessoal: Os melhores métodos de motivação e avaliação de desempenho. Rio de Janeiro: Campus, 1997.

WEICK, K.; WESTLEY, F. Organizational learning: Affirming an oxymoron. In: CLEGG, S. et al. (Eds.). *Handbook of organization studies*. Londres: Sage, p. 440-458, 1996.

WEICK, K. E.; BOUGON, M. G. Organizations as cognitive maps: Charting ways to success and failure. In: SIMS JR., H. P.; GIOIA, D. A. (Eds.). *The thinking organization*: Dynamics of organizational social cognition. São Francisco: Jossey-Bass Publishers, p. 102-135, 1986.

WEICK, K. *Organizational culture as a source of high responsability*. California: California Management Review, 1987.

WENGER, E.; SNYDER, W. M. Communites of pratice: The organizational frontier. *Harvard Business Review*, p. 139-145, jan./fev. 2000.

WERNERFELT, B. A resource-based view of the firm. *Strategic Management Journal*, v. 5, n. 2, p. 171-180, abr./jun. 1984.

WERNERFELT, B.; MONTGOMERY. C. A. What is an attractive industry? *Management Science*, v. 32, n. 10, p. 1223-1230, out. 1986.

WHITTINGTON, R. *O que é estratégia*. São Paulo: Thomson Learning, 2002.

WIENER, Y. Forms of value systems: A focus on organizational effectiveness and cultural change and maintenance. *Academy of Management Review*, v. 13, n. 4, p. 534-545, 1988.

WILHELM, W. Revitalizing the human resource management function in a mature, large corporation. *Human Resource Management*, v. 29, n. 2, p. 129-144, 1990.

WILLIAMS, M. Building genuine trust through interpersonal emotion management: A threat regulation model of trust and collaboration across boundaries. *Academy of Management Review*, v. 32, n. 2, p. 595-621, 2007.

WOOD, S.; WALL, T. Gestão de recursos humanos e desempenho empresarial. *Revista de Administração da USP*, v. 37, n. 3, p. 67-78, jul./set. 2002.

WOOD JR., T.; PICARELLI FILHO, V. *Remuneração e carreira por habilidades e por competências – Preparando a organização para a era das empresas de conhecimento intensivo*. São Paulo: Atlas, 2004.

WOOD JR., T. Organizações de simbolismo intensivo. *Revista de Administração de Empresas*, v. 40, n. 1, jan./mar. 2000.

WOODWARD, J. *Industrial organization: Theory and practice*. Londres. Nova York/Oxford: Oxford University Press, 1965.

WRIGHT, P.; McMAHAN, G. Theoretical perspectives for strategic human resource management. *Journal of Management*, v. 18, n. 2, p. 295-320, 1992.

WRIGHT, P.; SNELL, S. Toward a unifying framework for exploring fit and flexibility in Strategic Human Resource Management. *The Academy of Management Review*, v. 23, n. 4, p. 756-772, out. 1998.

WRIGHT, P. et al. Human resources and sustained competitive advantage: A resource-based perspective. *International Journal of Human Resource Management*, v. 5, n. 2, p. 301-326, maio 1994.

WUCHTY, S. et al. The increasing dominance of teams in production of knowledge. *Science*, 2007.

YOUNG, E. On the naming of the rose: Interests and multiple meanings as elements of organizational culture. *Organization Studies*, v. 10, n. 2, p. 187-206, 1989.

ZACCARELLI, L. et al. Paradoxos culturais na gestão de pessoas – Uma análise interpretativa do processo de mudança em uma multinacional. *RAC eletrônica*, v. 1, n. 3, 2007.

ZAMPETTI, R.; ADAMSON, L. Web-based employee self-service: A win-win proposition for organizations. In: WALKER, A. (Ed.). *Web-based human resources – The technologies and trends that are transforming HR*. Nova York, NY: McGraw-Hill, 2001.

ZARIFIAN, P. *O modelo da competência – Trajetória histórica, desafios atuais e propostas*. São Paulo: Senac, 2003.

_____. *Objetivo competência*. São Paulo: Atlas, 2001.

_____. Trabalho e comunicação nas indústrias automatizadas. *Tempo Social*, v. 3, p. 1-2, 1990/1991.

ZUBOFF, S. *In the age of the smart machine – The future of work and power*. Nova York: Basic Books, 1989.

_____. Automatizar/informatizar: As duas faces da tecnologia inteligente. *Revista de Administração de Empresas*, v. 34, n. 6, nov./dez. 1994.